마르틴 루터
1483–1546

루터의 부친 한스 루터와 모친 마르가레테 루터. 한스 루터는 한때는 갱부로 일하기도 했지만 부단한 노력 끝에 자수성가하여 만스펠트 의회원 자리에 오르기까지 했다.

루터가 부친의 반대를 무릅쓰고 수도사로 입회하였던 에르푸르트의 아우구스티누스 수도원.

1505년 7월, 작센 지방 슈토테른하임 마을 근방에서 뇌우를 만난 루터. 벼락이 옆에 떨어지자 두려움에 떨며 수도사가 되겠다고 서원하였다.

수도사 시절의 루터. 엄격한 규율로 유명한 아우구스티누스 수도원의 생활은 기도와 미사와 금식과 그 외 갖가지 규약과 고행으로 짜여져 있었다. 루터는 1년의 견습 기간을 거친 후 1506년 정식 수도자가 되었다.

종교 개혁의 시발점이 된 작센 선거후령의 중심지 비텐베르크. 수도원 대표로 로마를 방문했다가 가톨릭에 대한 의구심에 싸여 돌아온 루터는 경계의 대상이 되었고 결국 1511년 비텐베르크의 아우구스티누스 수도원으로 전출되었다.

루터와 멜란히톤의 동상이 서 있는 비텐베르크 마르크트 광장. 오른쪽 뒤편의 쌍탑 건물은 한때 루터가 설교하기도 했던 시립 교회이다.

비텐베르크 성(城) 교회. 종교 개혁을 촉발시킨 95개조 반박문이 게시된 곳으로 이름난 이 교회에는 루터와 멜란히톤의 무덤이 안장되어 있기도 하다.

1517년 10월 31일, 비텐베르크 성(城) 교회 문에 95개조의 반박 논제를 붙이는 루터. 면죄부의 효용성에 관해 조목조목 반박한 이 항의서는 종교 개혁의 신호탄으로 평가받고 있다.

95개조의 논제가 게시되었던 비텐베르크 성 교회 정문. 당시 교회 정문은 목조 문이었으나 현재는 95개조 반박문을 새겨 넣은 철제 문으로 바뀌어 있다.

루터의 하이델베르크 논쟁을 기념하는 명판. 루터 탄생 500주년인 1983년, 하이델베르크 시의 주도로 논쟁 장소였던 자리에 설치되었다.

중세 대학 도시 하이델베르크의 전경. 네카어 강 연안의 대학가 뒤로 웅장한 하이델베르크 성이 솟아 있다. 루터는 하이델베르크 대학에 부속되어 있던 아우구스티누스 수도원에서 면죄부를 둘러싸고 일명 하이델베르크 논쟁을 벌였다.

교황 레오 10세. 피렌체의 명문 메디치 가 출신. 사치스러운 생활로 교황청의 재정이 위기에 처하자 면죄부를 판매하여 비난을 받았으며 결국 이는 종교 개혁의 발단이 되었다.

신성 로마 제국 황제 막시밀리안 1세. 탁월한 외교력과 정치적 감각으로 합스부르크 왕가를 16세기 유럽의 지배적 세력으로 키워 낸 인물.
가톨릭 교회의 관행과 교황의 권위에 대한 루터의 비난을 교회에 대한 전복으로 보고 단호하게 반대 입장을 취했다.

신성 로마 제국 황제 카를 5세. 막시밀리안 1세의 뒤를 이은 그의 지배령은 일명 '해가 지지 않는 곳'이라 불릴 만큼 광대하였다. 기독교 세계를 통합하고 가톨릭 제국을 유지하기 위해 보름스 칙령을 공포하는 등 줄기차게 신교의 확산을 막고 반종교 개혁 운동을 펼쳤다.

루터와 그의 개혁을 지지하였던 독일 기사 울리히 폰 후텐과 프란츠 폰 지킹겐을 기념하는 동상.

마르틴 루터의 종교 개혁에 깊이 관여되었던 작센 선거후들. 왼쪽부터 현인 프리드리히, 그의 동생 불변공(不變公) 요한, 불변공 요한의 장남 관용공(寬容公) 요한 프리드리히. 세 인물 모두 상황에 따라 차이를 보이기는 했으나 루터의 종교 개혁을 지지하고 옹호하였으며 그가 위기에 처할 때마다 보호와 중재의 손길을 뻗어 주었다.

1519년 루터와 에크 사이에서 벌어진 라이프치히 논쟁. 로마 가톨릭 교회를 대변하는 잉골슈타트 대학 교수 에크와 벌인 이 공개 신학 토론의 결과 '오직 성경' 사상을 내세운 루터는 반교황주의자이자 이단으로 낙인찍혔고 이어서 교황의 파문 경고 교서가 발표되기에 이르렀다.

1520년 6월에 발표된 루터에 대한 파문 경고 교서 『엑수르게 도미네』. 루터는 교서를 실제로 받은 날 기준으로 60일 이내에 자신의 주장을 철회하든지 아니면 파문을 당하든지 선택해야 했다.

교황의 교서를 불사르는 루터. 1520년 12월 10일 감행한 이 일은 보름스에서 열리는 신성 로마 제국 의회에 소환되는 직접적인 계기가 되었다.

루터에 대한 파문 교서 『데체트 로마눔 폰티피쳄』. 루터는 교황의 수위권과 교회 회의의 무류성을 부인하였다는 이유로 1521년 1월 3일 이 교서를 통해 파문당했다.

보름스 의회에 참석하여 변론하는 루터. 카를 5세가 신성 로마 제국 황제로 즉위한 뒤 처음 열린 독일 제국 의회에 소환된 루터는 이틀에 걸쳐 그의 개혁적 사상에 대해 심문을 받았으나 끝까지 자신의 주장을 철회하기를 거부하였다.
이때 남긴 유명한 진술이 바로 "나는 결코 물러설 수도 없고 또 물러서지도 않겠습니다. 여기 나는 확고부동하게 서 있습니다."이다.

루터가 보름스 청문회를 마치고 피신한 바르트부르크 성의 전경. 루터 시대에 교회로부터 파문 당하는 것은 법적 보호의 테두리 밖으로 내쳐지는 것과 다름없었다. 이는 누가 그를 살해하거나 상해하여도 어떠한 처벌도 받지 않을 수 있다는 의미였다. 생존을 위해서는 피신과 칩거가 불가피한 일이었다.

바르트부르크 성 내에 있는 루터의 방(좌측 화보). 작센 선거후 프리드리히의 보호를 받으며 바르트부르크 성에 머무는 동안 루터는 여기서 신약성경을 독일어로 번역하는 작업을 하였다(우측 상단 화보). 1522년 9월 출간된 이 성경은 종교적 의미 외에도 새로운 표준 독일어 정립에 있어서 중요한 작품이다.

바르트부르크 성에서 자신이 번역한 성경에 기초해 설교하는 루터.

융커 게오르크로 행세한 루터. 1521년 5월부터 1522년 3월까지 바르트부르크 성에 숨어 지내면서 그는 머리와 턱수염을 기르고 게오르크라는 이름의 독일 지주 귀족층 기사 노릇을 하였다.

루터가 번역한 독일어 성경 완역본. 독일어 문어체로 완벽하게 번역되어 1534년에 출간된 루터 성경은 기독교 개혁에 있어서 가장 위대한 공헌 중 하나로 꼽힌다. 이 성경은 평신도들이 능동적으로 독서에 참여하는 계기를 만들어 줌으로써 진정한 종교 개혁이 성취되는 초석이 되었다.

루터와 그의 아내 카타리나 폰 보라. 루터의 초상화를 연대별로 그려 왔던 작센 선거후의 궁정화가 루카스 크라나흐에 의해 1529년에 그려진 그림이다. 루터는 종교 개혁의 열풍을 타고 수녀원을 탈출한 여러 수녀들 중 유일하게 배우자를 찾지 못했던 16세 연하의 카타리나와 1525년 결혼하였다.

루터가 38년간 살았던 루터 하우스. 비텐베르크에 있는 루터의 집으로 현재 종교 개혁 기념 박물관으로 사용되고 있다. 본래는 아우구스티누스 수도원 자리로 과거 루터가 수도사로 있었던 곳이기도 하다. 루터의 방을 비롯해 루터가 400여 명의 학생들을 가르쳤던 강의실 등이 남아 있다.

자녀들과 오붓한 한때를 보내는 루터. 루터는 수녀 출신인 카타리나와의 사이에 3남 3녀를 두었고 자애로우면서도 원칙이 있는 아버지의 역할을 충실하게 감당하였다.

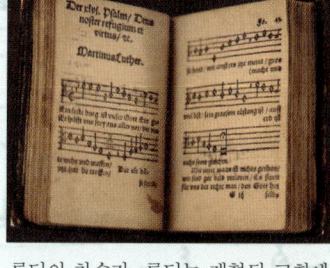

루터의 둘째 딸 마크달레나. 그녀는 열네 살 되던 해에 루터의 품에서 숨을 거두었고, 말년의 루터에게 깊은 슬픔을 안겨 주었다.

루터의 찬송가. 루터는 개혁된 교회에서 사용할 새로운 찬송가가 필요함을 느끼고 다수의 곡을 직접 작사 작곡하였다. 쉽고 밝은 선율에 그가 번역한 독일어 성경에서 인용한 가사를 붙인 찬송가를 부름으로써 회중은 뜻도 모르고 라틴어 찬송을 읊조릴 때와는 달리 누구나 찬송의 내용을 이해하고 음미할 수 있게 되었다.

루터의 문장(紋章). '루터의 장미'라고 불리는 이 문장은 루터가 직접 고안해 낸 것이다. 검은 십자가는 십자가에 못 박혀 죽으신 그리스도에 대한 믿음이 우리를 구원한다는 것을 상징하고, 중앙의 붉은 심장은 마음으로부터의 믿음이 기쁨과 위로와 평안을 가져온다는 것을 나타낸다. 흰 장미는 믿음의 기쁨을, 푸른 바탕은 믿음의 기쁨이 천국의 기쁨의 시작임을, 황금빛 테두리는 천국의 행복이 영원함을 의미한다.

요한 폰 슈타우피츠. 아우구스티누스 수도회 독일 관구장. 루터의 고해 신부이자 학문적 스승으로서 개혁 초반까지 후원과 조언을 아끼지 않았던 인물이다. 그는 루터의 관심을 개인적인 죄에서 인간의 본성으로 돌려놓는 데 큰 도움을 주었고 죄에 대한 고민을 성경 연구를 통해 해결하도록 권고하였다.

에라스무스. 네덜란드의 인문학자로 르네상스 시기의 가장 중요한 학자 중 한 사람. 종교 개혁 초반에는 루터에 대해 동조하고 호감을 표하기도 했으나 온건주의자인 그의 입장에서는 극단적이기 그지없는 루터의 태도에 대해 차차 경각심을 갖게 되었다. 결정적으로 예정론과 인간의 자유 의지에 대한 의견 차이로 인해 두 사람은 완전히 갈라서게 되었다.

울리히 츠빙글리. 루터의 영향으로 스위스 취리히에서 종교 개혁에 나선 그는 루터와 같이 성경을 최고의 권위로 받아들였지만 보다 더 엄격하고 포괄적으로 모든 교리와 의식에 성경을 적용시켰다. 특히 성찬론에 있어서 타협하기 어려운 의견 차이를 보이며 서로 다른 길을 걷게 되었다.

필리프 멜란히톤. 탁월한 어학적 재능, 다양한 학문에 걸친 풍부한 지식을 소유한 천재적 학자였던 그는 루터와 종교 개혁의 격변기를 함께 이겨낸 동역자이자 루터의 신학 사상을 체계화한 인물이다. 루터의 후계자로서는 유약하고 불분명한 정체성을 보였다는 평을 듣기도 하지만, 루터의 개혁적 주장을 치밀하게 이론화하고 책과 글로 뒷받침함으로 개신교의 신학적 입장과 교리를 기초했다는 점은 누구도 부인할 수 없을 것이다.

오직 의인은 믿음으로 말미암아 살리라.

로마서 1장 17절

마 르 틴 루 터
HERE I STAND

"나는 철회할 수도 없고 또 철회하지도 않겠습니다. 왜냐하면 양심에 거스르는 행동은 옳지도 않고 안전하지도 않기 때문입니다. 여기 나는 확고부동하게 서 있습니다."

HERE I STAND : A LIFE OF MARTIN LUTHER
by Roland H. Bainton

Copyright ⓒ 1978 by Roland H. Bainton
Originally published in English under the title *Here I Stand : A Life of Martin Luther*.
Published by The United Methodist Publishing House(Abingdon Press),
201 Eighth Ave., South, Nashville, Tennessee 37203, USA.
All rights reserved.

Korean Edition published by Word of Life Press, Seoul, 1982, 1996, 2016.
Translated and published by permission.
Printed in Korea.

마르틴 루터

ⓒ 생명의말씀사 1982, 1996, 2016

1982년 4월 20일 1판 1쇄 발행
1994년 11월 20일   11쇄 발행
1996년 10월 10일 2판 1쇄 발행
2007년 4월 25일   7쇄 발행
2016년 10월 28일 3판 1쇄 발행
2017년 11월 7일   2쇄 발행

펴낸이 | 김재권
펴낸곳 | 생명의말씀사

등록 | 1962. 1. 10. No.300-1962-1
주소 | 서울시 종로구 경희궁1길 5-9(03176)
전화 | 02)738-6555(본사) · 02)3159-7979(영업)
팩스 | 02)739-3824(본사) · 080-022-8585(영업)

기획편집 | 태현주, 이은정
디자인 | 박소정, 조현진
인쇄 | 영진문원
제본 | 정문바인텍

ISBN 978-89-04-16564-3 (03230)

저작권자의 허락없이 이 책의 일부 또는 전체를
무단 복제, 전재, 발췌하면 저작권법에 의해 처벌을 받습니다.

마르틴 루터
HERE I STAND

저자 서문

이 『마르틴 루터』 초판이 발행된 지도 벌써 27년이 지났다(원서 초판은 1950년도에 출판되었다-편집자 주). 그 후로 가톨릭교도들은 프로테스탄트의 선창자(先唱者)인 루터에게 퍽 부드러워졌다. 여기에 대한 공로를 인정받고 싶은 생각은 조금도 없다. 개신교도들은 이 책을 통해 가톨릭을 보다 잘 이해하게 되었다고 한다.

가톨릭의 태도가 변화하게 된 요인은 여러 가지다. 먼저 사회학적 요인을 들어 보자. 20세기가 시작될 무렵 개신교도들 대부분은 독일인, 스칸디나비아인 그리고 앵글로색슨인으로 이루어진 튜턴족 계열이었다. 가톨릭교도들은 라틴족 계열의 이탈리아, 스페인, 프랑스 사람의 대부분, 그리고 게일족 계열의 아일랜드 사람, 그리고 슬라브족 계열의 폴란드 사람으로 이루어져 있었다. 20세기로 넘어올 즈음에는 가톨릭교도들의 경제 수준이 개신교도 쪽보다 낮았으며 어느 정도 홀대를 받았다. 그러나 오늘날은 그들도 똑같이 잘살고 있다.

어떤 지역에서는 그들이 정치적으로 우세하다. 코네티컷주의 뉴헤이번 같은 곳에서는 수십 년 동안 아일랜드나 이탈리아 출신이 시장(市長) 자리를 차지하고 있다. 가톨릭에서 교회와 국가의 분리를 인정하게 되면서 양자 사이의 친분은 점점 두터워졌다. 당시 국교를 정한다 해도 가톨릭이 국교가 될 턱은 없었다는 점을 생각하면 이것은 그들에게 유익한 일이었다. 미국의 경우 가톨릭 교도에서 대통령이 나올 수 있었던 것은 그들이 이 제도를 말없이 인정한 덕분이다.

신앙의 전쟁터에서 가톨릭과 개신교가 공동 전선을 펴게 된 것은 하나의 공동의 적, 곧 세속주의가 출현했기 때문이다. 이 세속주의는 공산주의식 무신론이나 자본주의식 무관심의 형태로 드러났다. 또 다른 요인으로는 변화의 유행을 들 수 있다. 전통적인 종교에서 이탈하는 사람에게는 자주 의식, 자기 실현, 어떤 확신을 몸소 성취하는 즐거움이 따르기 마련이다. 가톨릭교도가 개신교도가 될 수도 있고 그 반대의 경우도 마찬가지다. 그리고 한 종교가 다른 종교의 요소를 각자의 틀 안에서 사용하면서 변화가 일어날 수도 있다. 전에 참석했던 한 성공회 미사에서는 루터의 '내 주는 강한 성이요'(A Mighty Fortress)를 폐회송으로 불렀다. 그 후 얼마 안 되어 어느 회중 교회 예배에 참석했는데 그곳 성가대는 '하나님의 어린양, 세상의 죄를 없애시는 주여, 우리를 불쌍히 여기소서'(Agnus Dei qui tollis peccata nostra miserere nobis)라는 미사곡을 부르고 있었다. 그리고 카리스마 운동 역시 교파를 초월해서 일어나고 있다.

그러나 무엇보다도 큰 변화는 가톨릭 내부에서 일어났다. 1920년대의 근대 사상가들이 내세웠다면 파문당하기에 충분했을 견해들이 이제는 묵인되고 있다. 1959년에 있었던 교황 요한네스 23세(Johannes XXIII)의 '아조르나멘토'(aggiornamento), 이른바 '현실화 조치'는 극적인 방향 전환이었다. 반종교 개혁 이후 초기의 가톨릭에서는 참호를 파고 방어하는 일에만 급급해 왔다. 1864년, 『오류표』(Syllabus Errorum)라는 교서에서는 로마의 교황이 "진보, 자유주의 및 최근의 문명에 따를 수 있다거나 그래야만 한다."는 주장도 하나의 오류라고 선언했었다. 그 후로 가톨릭 교회는 이 가운데 일부를 따랐으며 개신교에서는 이 가운데 많은 것에 환멸을 느껴 왔다.

제2차 바티칸 공의회부터 반전이 시작되었는데 여기에 준비가 없었던 것이 아니다. 그동안 학자들은 계시, 무오설, 성례, 권위, 성경 비평 같은 교의 문제를 재정립하기 위해 신중하게 작업을 해 오고 있었다. 루터 문제만 해도 그렇다. 이제는 그가 변절자라는 데니플레(Heinrich S. Denifle)의 주장이나 타고 난 반역자라는 그리자르(Hartmann Grisar)의 주장은 더 이상 들을 수 없다. 그 대신 로르츠(Joseph Lortz)는 우리가 누구와 의견을 달리한다 해서 그 사람을 경박하다거나 천박한 사람으로 몰아붙일 필요가 없다고 한다.

  루터는 진지하고 심오한 사람이었다. 단지 과장이 있었을 뿐이다. 개신교도라면 누구나 이 점을 토론의 한 기초로 삼을 수 있을 것이다. 나는 어느 도미니쿠스 수도회 수도사가 빨간 스웨터를 입고 루터의 이신칭의(以信稱義) 교리에 대해서 열렬하게 강의하는 것을 들은 적이 있다. 그리고 또 나는 루터가 마지막 2년 동안 쏟아 낸 비판에는 악의가 가득 찼었다며 흥분하는 어느 개신교도의 글을 읽은 적이 있다. 사실 내 판단에도 루터는 그 2년 동안 마음의 안정을 잃고 있었다.

  루터에 대한 나의 견해도 그동안 많은 변화를 거쳤다. 1920년대에 나는, 그가 재세례파들의 처형을 서서히나마 묵과한 데 대해 몹시 유감스럽게 생각했었다. 나로서는 도무지 그럴 수 없는 일이었다. 그러나 이제 나는 다른 성도들을 못 살게 구는 성도들을 보다 잘 이해하게 되었다. 이 책이 쓰여진 때는 미국에서 맥카시 선풍이 일던 시대였다. '여기 나는 확고부동하게 서 있다.'(Here I Stand)라는 원리를 누구나 크게 외치던 시대였다.

특히 이때 내 마음을 끈 대목은 두 가지였다. 물어보나마나 그 첫째는 루터가 이성과 양심의 이름으로 교회와 국가에 도전한 일이다. 다른 하나는 그가 자신의 입장을 밝힌 다음에도 그것을 얼마든지 다시 생각해 보려 했다는 점이다. 보름스 의회 사건 이후 바르트부르크 성에 숨어 살면서 그는 곧잘 "너 혼자만 옳은 거냐?"라는 말을 되뇌이곤 했다. 결단을 요하는 순간에는 단호한 입장을 취하면서도 그 문제를 전적으로 재검토해서 자신이 납득하도록 했다. 신학 문제에 있어서도 마찬가지였다. 이신칭의가 의심을 몰아내는 부적은 아니었다. 믿음을 위한 투쟁에 일생을 쏟은 그였다.

이것이 그때 나의 상황이었다. 이것은 오늘 우리의 상황이다. 이 책이 받은 찬사에 대해 내가 흐뭇하게 생각하는 점이 있다면 이 책을 통해 영적 위기를 극복했다는 많은 분들의 간증이다.

로마 가톨릭 교회에서 루터의 파문 취소에 대한 이야기를 어느 정도 허용하는 데 대해 나는 흡족하게 여긴다. 이 문제는 잘 해결될 것으로 본다. 루터, 그는 결코 이단자가 아니었다. 누구의 말처럼 '마지못해 나선 반역자'로 부르는 편이 더 낫다.

루터에 관한 최근의 영어판 저서나 번역서를 보려면 나의 『대륙 종교 개혁 참고 문헌』(Bibliography of the Continental Reformation)을 광범위하게 확대한 그리치(Eric W. Gritsch)의 책 『종교 개혁사 문헌』(Archiv für Reformationsgeschichte)을 참고하기 바란다. 이 책은 근래 미국에서 동일하게 『종교 개혁사 문헌』(Archive for Reformation History)으로 번역되었다.

롤런드 베인턴(Roland H. Bainton)

목차

저자 서문   06
삽화 목록   18
마르틴 루터 연대표   22

제1장 서원   30
에르푸르트의 대학생, 뇌우를 만나 수도사가 되기로 서원하다

가정과 학교에서 | 종교적인 동요 | 수도원이라는 항구

제2장 수도원   50
로마 가톨릭 교회의 고해 성사에 대해 의구심을 갖게 되다

거룩하신 분에 대한 공포 | 평안을 위한 몸부림 | 성인들의 공로 | 로마 여행

제3장 복음   70
대속주 예수 그리스도를 통한 유일한 구원의 길을 깨닫다

고해의 실패 | 신비주의자들의 방법 | 복음적인 체험

제4장 맹공격 92
면죄부의 부당함을 지적하는 95개조의 반박 논제를 내걸다

성 베드로 대성당 건축을 위한 면죄부 | 95개조의 논제

제5장 사악한 자 114
아우크스부르크에서 카예타누스 추기경의 심문을 받다

도미니쿠스 수도회의 공격 | 사건이 독일로 넘어가다 | 카예타누스와의 면담 | 망명의 위협

제6장 작센의 후스 140
라이프치히에서 요한 에크와 공개 신학 논쟁을 벌이다

에크의 도전 | 라이프치히 논쟁 | 후스를 지지하다

제7장 독일의 헤라클레스   164
개혁의 선봉에 서서 인문주의자와 독일 민족주의자들의 추종을 얻다

인문주의자들 : 에라스무스 | 멜란히톤과 뒤러 | 민족주의자들 : 후텐과 지킹겐

제8장 포도밭의 멧돼지   186
교황으로부터 파문 경고 교서를 받다

성례와 교회론 | 고소 재개 | 교서 『엑수르게 도미네』 | 파문 경고 교서의 추적

제9장 황제에게 호소   206
신성 로마 제국 황제 카를 5세에게 청문회 개최를 요청하다

교서 발표 | 『적그리스도의 저주스러운 교서 반박』 | 『그리스도인의 자유』

제10장 여기 나는 확고부동하게 서 있다   230
보름스 의회 청문회에서 입장 철회를 거부하다

청문회의 약속과 철회 | 황제가 책임을 지다 | 루터의 초청장이 다시 발급되다 | 의회 앞에 선 루터 | 보름스 칙령

제11장 나의 밧모섬 · 262
현인 프리드리히의 보호 아래 바르트부르크 성에 은거하다

바르트부르크 성에서 | 비텐베르크에서의 종교 개혁 : 수도원 제도 | 미사 | 폭력이 시작되다

제12장 유랑자 돌아오다 · 282
비텐베르크로 돌아와 과격주의 개혁론을 진정시키다

혼란 | 돌아오라는 초청 | 비텐베르크로 되돌아옴

제13장 유일한 기초 · 298
종교와 윤리의 원리를 오직 예수 그리스도의 기초 위에 놓다

자연, 역사 그리고 철학론 | 유일한 계시자 그리스도 | 말씀과 여러 성례 | 도덕에 대한 위협 | 선의 근거

제14장 성벽의 재건 · 322
보수적인 그리스도인의 원리를 사회 개조에 적용하다

직업론 | 경제론 | 정치론 | 교회론과 국가론

제15장 중도적 입장   342
교황주의자, 가톨릭 온건파, 청교도, 과격주의자들 사이에서 길을 걷다

개혁된 교황 제도의 적대감 | 온건한 가톨릭 신자들의 움츠림 : 에라스무스 | 청교도들의 이탈 : 카를슈타트 | 혁명적인 성도들 : 뮌처 | 선동자들의 추방

제16장 베헤못, 리워야단 그리고 거센 물결   368
츠빙글리파, 재세례파의 선동과 농민 전쟁의 여파로 상처받다

적수 : 츠빙글리와 재세례파 | 종교와 사회적 불안 | 루터와 농민들 | 뮌처가 반역을 조장하다 | 농민들의 대몰락이 종교 개혁에 미친 영향

제17장 인격을 닦는 학교   394
수녀와 결혼하여 가정을 세우고 위로를 얻다

카타리나 폰 보라 | 가정 생활 | 자녀들과 식탁 담화 | 결혼관 | 가정의 위로

제18장 지역 교회   422
지역에 따른 종교의 자유를 표방하는 지역주의를 묵인하다

개혁의 확산 | 실제적인 교회 문제 | 경건한 제후 | 항의 | 프로테스탄트의 동맹 : 마르부르크 회담 | 『아우크스부르크 신앙 고백』

제19장 교회 교육 450
성경을 번역하고, 요리 문답, 예배 의식, 회중용 찬송가의 기초를 정비하다

성경 번역 | 번역에서의 교리적인 문제들 | 요리 문답 | 예배 | 음악 | 찬송가

제20장 교회의 목회자 478
명설교자이자 탁월한 강사요 능력 있는 기도의 사람으로 살다

설교 | 그리스도의 탄생에 대한 설교 | 요나서 강해 | 기도

제21장 신앙을 위한 투쟁 498
강한 성(城)이신 주를 의지하여 끝나지 않는 영적 싸움을 싸우다

루터의 끈질긴 투쟁 | 우울증 | 간접적인 방법 | 천사와의 씨름 | 성경이라는 반석

제22장 루터가 미친 영향 518
다재다능한 독일의 선지자, 모든 개신교의 원줄기가 되다

헤센의 방백 필리프의 중혼 | 재세례파들에 대한 태도 | 유대인들에 대한 태도 | 교황주의자들과 황제 | 루터가 미친 영향

참고 문헌 538
삽화 출처 556

삽화 목록

hic-haec-hoc. 라틴어 지시대명사의 어미 변화.
루터 시대의 학교 풍경을 그린 목판화.
당나귀 가면을 쓴 학생.
루터의 부친 한스 루터와 모친 마르가레테 루터. 루카스 크라나흐 作.
죽은 사람에게 소망을 저버리도록 유혹하는 악령들.
심판관으로 무지개 위에 앉아 계신 그리스도.
에르푸르트 시가지 전경.
16세기 수도사들의 성가 부르는 모습.
루터가 수도사로 들어간 아우구스티누스 수도회 수도원의 뜰.
루터 당시의 미사 집례 광경.
1522년 판 루터 성경에 나오는 삽화.
16세기 수도사들의 모습.
1627년의 비텐베르크 전경.
1541년 판 루터 성경의 표지.
'현인 프리드리히의 성모자 경배.' 루카스 크라나흐 作.
참된 회개와 거짓된 회개에 대한 풍자화. 한스 홀바인 作.
브란덴부르크의 알브레히트의 초상화.
면죄부 판매를 묘사한 풍자화.
면죄부 상인과 면죄부.
비텐베르크 성(城) 교회.
그리스도의 용서가 교황의 면죄보다 무겁다는 내용의 풍자화.
슈팔라틴과 십자가의 그리스도.
루터와 카예타누스의 면담을 그린 1556년도 목판화.
백파이프 부는 나귀로 묘사된 교황.
보는 방향에 따라 추기경으로 보이거나 광대로 보이게 그린 풍자화.

필리프 멜란히톤의 초상화. 하인리히 알데그레버 作.
요한 에크의 초상화.
적그리스도에 대한 15세기의 풍자화.
당대인이 묘사한 라이프치히 논쟁 광경.
루터와 후스가 작센 가에서 빵과 포도주를 나눠 주고 있는 모습.
루터를 독일의 헤라클레스로 묘사한 풍자화. 한스 홀바인 作.
'멜랑콜리아.' 알브레히트 뒤러 作.
전우로 그려진 루터와 후텐.
후텐과 루터가 교황을 향하여 볼링공을 던지는 모습을 그린 풍자화.
에베른부르크 성.
루터를 반박하는 교서 『엑수르게 도미네』의 표지.
루터의 『독일 기독교 귀족에게 고함』의 표지.
그리스도와 적그리스도.
『마인츠에서 루터의 책을 불태우는 데 반대함』이라는 후텐의 항의문의 표지.
교황의 교서를 불태우는 루터.
후텐의 『루터 반박 교서에 대한 풍자』의 표지.
보름스 의회와 거리의 질서.
지롤라모 알레안드로의 초상화.
머리 위에 비둘기가 그려져 있는 루터의 초상화.
보름스 의회에서 열린 루터의 첫 청문회.
보름스 의회에서 열린 루터의 두 번째 청문회.
바르트부르크 성.
바르트부르크 성에서 융커(독일의 지주 귀족층) 게오르크로 행세한 루터.
성경을 번역하는 '복음사가 마태' 루터.
주교들, 수도사들, 수녀들이 짝을 지어 결혼하는 모습.

상(像) 파괴자들을 비난하는 풍자화.
작센의 선거후 현인 프리드리히의 초상화.
루터의 전신 초상화.
루터의 『그리스도인의 자유』의 표지.
예루살렘 성벽 재건을 그린 목판화.
한 가장(家長)의 일하는 모습.
루터의 소책자 『고리대금』의 표지.
십자가에 못 박힌 그리스도 앞에 무릎 꿇은 현인 프리드리히와 루터.
작센 공작 텁석부리공(公) 게오르크의 초상화.
토마스 뮌처의 초상화.
현인 프리드리히의 동생, 불변공 요한의 초상화.
'분트'에 충성을 다짐하는 농민들.
1524년에 일어날 대격변에 대한 예언.
수도원을 약탈하는 농부들.
수도원을 점령하는 농부들.
루터의 『살인자이자 도둑 떼거리인 농민들에 대한 반박』의 표지.
상부(上部) 슈바벤 농부들의 항복.
루터와 농부들에 대한 세 가지 관점.
    루터가 농부들을 가르치고 있다.
    무장한 루터가 농민화를 신을 준비를 하고 있다.
    한 농부가 루터에게 한 입으로 두말한다면서 비난하고 있다.
교회 앞에서 결혼식을 올리는 광경.
결혼할 당시의 카타리나 폰 보라와 마르틴 루터.
루터가 식구들과 함께 식탁에 앉아 있는 모습을 그린 목판화.
일곱 머리를 가진 괴물로 묘사된 루터.

그리스도께서 교황을 무장 해제시키는 모습을 그린 풍자화.
한편이 된 루터와 루시퍼를 그린 가톨릭 측 풍자화.
마귀가 루터에게 선전 포고문을 전달하는 모습을 그린 풍자화.
마르부르크 회담 참석자들의 서명.
'천사와 씨름하는 야곱.' 루카스 크라나흐 作.
'천사와 씨름하는 야곱.' 게오르크 렘베르거 作.
루터 성경 요한계시록에 나오는 음녀 바벨론에 관한 삽화.
    음녀 바벨론이 교황의 삼중관을 쓰고 있다.
    게오르크 공작의 항의로 삼중관이 한 겹의 왕관으로 바뀌어 그려졌다.
    프리드리히가 죽은 다음에 출간된 판에서는 도로 삼중관이 등장하고 있다.
루터의 요리 문답에 나오는 목판화들.
루터와 멜란히톤을 찬양하는 노래.
루터 찬송가의 한 페이지.
복음주의 예배와 가톨릭 예배.
1534년 판 루터 성경에 나오는 '그리스도의 탄생' 삽화.
루터의 추종자였던 쥐트펜의 헨드릭이 순교하는 장면을 그린 목판화.
마귀와 죽음이 인간을 괴롭히는 모습. 루카스 크라나흐의 미완성 그림.
마르틴 루터를 그린 1523년도 동판화. 다니엘 호퍼 作.
루터가 직접 쓴 '내 주는 강한 성이요'의 악보.
재세례파 설교자. 루터 성경 호세아서 표지 그림을 개작한 그림.
하위 통치자, 작센의 선거후 요한 프리드리히.
말년의 루터.

마르틴 루터 연대표

1483년	11월	10일	마르틴 루터, 아이슬레벤에서 출생
1484년		초여름	가족이 만스펠트로 이사
1497년		부활절경	마크데부르크의 학교 입학
1498년			아이제나흐의 학교로 전학
1501년	5월		에르푸르트 대학 입학 허가받음
1502년	9월	29일	문학사 학위 취득
1505년	1월	7일	문학 석사 학위 취득
	7월	2일	뇌우를 만나 수도 서원함
	7월	17일	에르푸르트의 아우구스티누스 수도회 입회
1507년	5월	2일	첫 미사 집례
1508년		겨울	비텐베르크 대학에서 한 학기 수강
1509년	10월		에르푸르트로 돌아옴
1510년	11월		로마 여행
1511년	4월 초		에르푸르트로 돌아옴
			비텐베르크로 전출됨
1512년	10월	19일	비텐베르크 대학에서 신학 박사 학위 취득
1513년	8월	16일	비텐베르크 대학에서 시편 강의 시작
1515년	4월		로마서 강의 시작
1516년	9월	7일	로마서 강의 마침
	10월	27일	갈라디아서 강의 시작
1517년	10월	31일	95개조의 반박 논제 벽보 게시
1518년	4월	26일	하이델베르크 논쟁
	7월		프리에리아스, 루터 공격
	8월	5일	신성 로마 제국 황제 막시밀리안 1세, 교황에게 서한을 보냄
	8월	7일	교황, 루터를 로마로 소환

	8월 8일	루터, 선거후 프리드리히에게 호소
	8월 25일	멜란히톤, 비텐베르크 대학에 부임
	8월 31일	루터, 프리에리아스에게 답장
	9월 26일	루터, 아우크스부르크로 출발
	10월 12-14일	추기경 카에타누스와 면담
	10월 20-21일	아우크스부르크에서 탈출
	10월 30일	비텐베르크로 돌아옴
	11월 8일	면죄부에 대한 공식 견해를 나타내는 교서 『쿰 포스트쿠암』 발표
	11월 28일	루터, 교회 회의 소집 호소
	12월 2일	망명 각오
	12월 18일	선거후 프리드리히, 루터를 추방하려 하지 않음
1519년	1월 4-6일	루터, 밀티츠와 면담
	1월 12일	막시밀리안 1세 사망
	6월 28일	카를 5세, 신성 로마 제국 황제로 피선
	7월 4-14일	루터와 에크, 라이프치히 논쟁 벌임
1520년	1월	후텐과 지킹겐, 루터에게 도움 제의
	5월	『선행에 관한 설교』 출간
	6월 11일	100명의 기사, 루터에게 신변 보호 제의
		『로마의 교황 제도』 출간
	6월 15일	60일간의 여유를 준 파문 경고 교서 『엑수르게 도미네』 발표
	8월	『독일 기독교 귀족에게 고함』 출간
	10월 6일	『교회의 바벨론 유수』 출간
	10월 10일	루터, 교황의 교서 접수
	11월 4일	쾰른에 있던 카를 5세, 청문회 개최하기로 약속
	11월 12일	쾰른에서 루터의 책 불사름

	11월		『적그리스도의 저주스러운 교서 반박』 출간
			『그리스도인의 자유』 출간
	11월	28일	루터, 보름스로 초청받음
	12월	10일	루터, 교황의 교서 불사름
	12월	17일	보름스 초청 철회됨
1521년	1월	3일	루터에 대한 파문 교서 『데체트 로마눔 폰티피쳄』 발표
	1월	5일	프리드리히, 보름스에 도착
	1월	27일	보름스 의회 개최
	2월	10일	루터에 대한 교서, 특별 재판관 알레안드로에게 도착
	2월	13일	알레안드로, 세 시간에 걸쳐 루터 반박
			교서 반송
	2월	14일	가톨릭 온건파 글라피옹, 중재 시도
	2월	17일	루터에 대한 반박 칙령 초안 작성
	2월	19일	격렬한 반대에 부딪힘
	2월	22일	루터 소환 결정
	3월	2일	칙령의 두 번째 초안 작성
	3월	6일	루터, 다시 보름스로 초청받음
	3월	8일	루터의 책들에 대해 몰수령 내려짐
	3월	26일	칙령 발표
	4월	10일	글라피옹, 후텐 및 지킹겐과의 협상 실패에 대해 보고
	4월	16일	루터, 보름스에 도착
	4월	17일	보름스 의회에서 첫 번째 청문회 개최
	4월	18일	두 번째 청문회 개최
	4월	19일	신성 로마 제국 황제 카를 5세, 자신의 결정 발표
	4월	20일	의회, 위원회에 의뢰

	4월	23-24일	위원회 앞에서 청문회 진행
	4월	26일	루터, 보름스를 떠남
	5월	4일	루터, 바르트부르크 성에 도착
	5월	8일	카를 5세, 보름스 칙령 최종안에 서명
	5월	26일	보름스 칙령 발표
	9월	29일	멜란히톤, 복음주의적 성찬 집례
	11월	12일	13명의 수도사가 아우구스티누스 수도회 수도원을 떠남
	12월	3-4일	비텐베르크에서 학생들과 읍민들의 소요 발생
			루터, 비텐베르크에 잠행했다가 바르트부르크 성으로 돌아감
	12월		신약성경 번역 시작
			설교집 집필
	12월	25일	카를슈타트, 미사에서 평신도에게 포도주 분배
	12월	27일	츠비카우 선지자들, 비텐베르크에 도착
1522년	1월	6일	비텐베르크의 아우구스티누스 수도회 해산
	1월	9일	하드리아누스 6세, 교황으로 피선
	2월	26일	비텐베르크 성 교회 목사 유스투스 요나스 결혼
	3월	1-6일	루터, 비텐베르크로 돌아옴
	9월-		지킹겐과 독일 기사들, 트리어 대주교령 습격
1523년	5월		
	9월		루터의 독일어 신약성경 출간
1523년	3월	6일	뉘른베르크 의회의 칙령 실행 보류
	3월		『국가 정부』 출간
		오순절	『예배 순서』 출간
	7월	1일	브뤼셀에서 종교 개혁의 첫 순교자들 화형당함
	8월	23일	후텐 사망

	11월	19일	클레멘스 7세, 교황으로 피선
1524년			찬송가 출간
	1-2월		『기독교 학교를 세우고 운영할 것을 독일의 모든 시의원에게 권고함』 출간
	4월	18일	제2회 뉘른베르크 의회의 칙령 발표
	9월		에라스무스, 『자유 의지에 관하여』 출간
1525년	1월		『하늘의 선지자들에 대한 반박』 출간
	3월		농민들, 『12개 항목』 발표
	4월	19일	『평화 권고, 슈바벤 농민들이 제시한 12개 항목에 대한 답변』 출간
	5월	5일	현인 프리드리히 사망
	5월	5일	『살인자이자 도둑 떼거리인 농민들에 대한 반박』 출간
	5월	15일	프랑켄하우젠 전투
			뮌처 사로잡힘
	5-6월		농민들, 진압됨
	6월	13일	루터, 카타리나 폰 보라와 결혼
	7월		『농민들을 반박한 책에 대한 공개장』 출간
	크리스마스 전		독일어 미사 순서 작성
	12월		『노예 의지에 관하여』 출간
1526년	1월		『독일어 미사』 출간
	6월	25일	슈파이어 의회, 보름스 칙령 실행 보류
	-8월	27일	
			『요나서 강해』 출간
1527년	1월		『군인도 구원받을 수 있는가』 출간
	4월		『이것은 내 몸이니라』 출간
	여름		앓아누움

			심각한 우울증에 빠짐
			'내 주는 강한 성이요' 작사 작곡
1528년	3월	22일	『작센 선거후령 교구 목사 방문자들을 위한 지침』 출간
	3월	28일	『성찬에 관한 고백』 출간
1529년	4월	19일	복음주의자들, 제2회 슈파이어 의회 칙령에 대해 항의
	10월	1-4일	마르부르크 회담
			독일어 요리 문답 출간
1530년	4월	16일	루터, 코부르크 성에 칩거
	6월	25일	『아우크스부르크 신앙 고백』 제출
			『시편 82편 강해』 출간
			치안 방해와 신성모독에 대해 사형 구형 주장
1531년			『친애하는 독일 민족에게 고함』 출간
1534년			완역 독일어 성경 출간
			재세례파, 뮌스터에서 폭동 일으킴
1536년			성찬론에 있어서 의견 차이를 보이던 스위스 츠빙글리파와
			비텐베르크 협정 맺음
			멜란히톤, 평화적인 재세례파의 사형을 찬성하는 성명서 발표
1539년			헤센의 방백 필리프의 중혼
1543년	1월	4일	『유대인에 대한 반박』 출간
	7월		창세기 주석(1535-1545년 강의분) 출간
1545년	3월	25일	『마귀가 세운 로마의 교황 제도에 대한 반박』 출간
1546년	2월	18일	루터, 아이슬레벤에서 사망

마르틴 루터
HERE I STAND

제1장 서원
에르푸르트의 대학생, 뇌우를 만나 수도사가 되기로 서원하다

"성 안나여, 살려 주소서! 수도사가 되겠습니다."
이처럼 성인의 이름을 부르며 애원하던 사람이 후에 성인 숭배를 쓸데없는 것으로 반박하게 되었고, 수도사가 되겠다고 맹세한 그가 나중에 수도원의 모든 것을 배척하게 되었다. 가톨릭 교회의 충실한 아들이던 그가 나중에는 중세 가톨릭의 틀을 풍비박산내고 말았다. 교황의 독실한 종이었던 그가 나중에는 교황들을 적그리스도로 간주해 버렸다. 이 청년이 바로 마르틴 루터이다.

1505년 7월의 후덥지근한 어느 날, 한 여행자가 작센 지방의 슈토테른하임 마을 근방을 터덜터덜 걷고 있었다. 온 사방이 후끈거렸다. 그는 작지만 야무진 체구에 대학생복 차림을 한 청년이었다. 그가 마을 가까이에 이르렀을 때 하늘에 먹구름이 뒤덮이기 시작했다. 갑자기 소나기가 퍼붓더니 뇌성벽력과 함께 폭우로 변했다. 시커먼 하늘을 가르는 번개 때문에 그는 그만 땅에 나뒹굴고 말았다. 안간힘을 쓰며 몸을 일으키는 그의 입술에서 "성 안나여, 살려 주소서! 수도사가 되겠습니다."라는 절규가 터져 나왔다.

이처럼 성인의 이름을 부르며 애원하던 사람이 후에 성인 숭배를 쓸데없는 것으로 반박하게 되었고, 수도사가 되겠다고 맹세한 그가 나중에 수도원의 모든 것을 배척하게 되었다. 가톨릭 교회의 충실한 아들이던 그가 나중에는 중세 가톨릭의 틀을 풍비박산내고 말았다. 교황의 독실한 종이었던 그가 나중에는 교황들을 적그리스도로 간주해 버렸다. 이 청년이 바로 마르틴 루터(Martin Luther)이다.

그의 파괴 작업이 더욱더 처참했던 것은 그것이 이미 진행되고 있던 붕괴 작용에 박차를 가했기 때문이었다. 종교 개혁으로 종교계의 기존 질서가 파괴될 무렵 정치적 연합 역시 서서히 민족주의로 깨져가고 있었다. 하지만 이 역설적인 인물은 유럽의 기독교 의식을 되살려 놓았다. 그가 살고 있던 당시, 곧 르네상스 시기의 교황들은 세속화되고, 품위가 없고, 경박했으며, 관능적이요, 호사스러웠고 제멋대로였다는 점은 가톨릭 역사가들도 인정하는 사실이다. 당시 지식층이 교회를 상대로 반기를 들지 않았던 것은 교회가 자신들의 마음과 기분에 맞았기 때문이었다.

정치가 신앙 문제에 전혀 신경을 쓰지 않는 것도 마찬가지였다. 당시 정치가 믿음에 대해서 어느 정도로 신경을 쓰지 않았는가 하면 프랑스의 '가장 그리스도인다운 왕'(프랑수아 1세, François I)과 교황 성하(레오 10세, Leo X)께서 조금도 거리낌 없이 이슬람교 군주인 술탄(쉴레이만 1세, Süleyman I)과 군사 동맹을 맺고 신성 로마 제국에 대항할 정도였다. 루터는 이것을 모조리 뒤바꿔 놓았다. 다음 1세기 반 동안에는 종교가 다시 정치에서까지 지배적인 요소가 되었으며, 사람들은 믿음을 위해서라면 기꺼이 죽고 또 죽일 만큼 믿음에 대한 관심이 커졌다. 오늘날 서방 세계에 기독교 문명의 흔적이 조금이라도 남아 있다면 이 루터라는 사람에게 돌려야 할 공로가 결코 적지 않을 것이다.

그가 논쟁의 초점이 되는 것은 아주 당연하다. 그에 대한 묘사가 무수하기로는 그가 살고 있던 당시에도 마찬가지였다. 그를 추종하는 자들은 그를 주의 선지자와 독일의 구원자로 칭송했다. 가톨릭 측의 반대자들은 그를 멸망의 자식이요 기독교의 파괴자로 몰아붙였다. 농민 봉기자들은 그를 제후들의 아첨쟁이로 따돌렸는가 하면, 과격파들은 그를 이스라엘 자손들을 이집트에서 끌어내어 사막에서 목말라 죽게 한 모세에 비유했다. 그러나 이러한 판단은 머리말이 아니라 맺음말에 해당한다. 먼저 할 일은 그 사람을 이해하는 것이다.

그러기 위해서는 루터가 무엇보다도 종교성이 강한 사람이었음을 인정해야겠다. 겉으로 보기에는 굵직굵직한 위기의 사건들이 극적인 전기 작가들의 눈

제1장 서원 | 33

을 휘둥그레지게 만들지 모르지만, 루터 자신이 구도자로서 겪은 내적인 격변에 비하면 아무것도 아니다. 바로 이런 이유에서 이 연구는 그가 출생한 1483년보다 1505년에 처음 경험했던 심각한 신앙적 위기에서 시작하는 것이 타당할 것 같다. 유아기와 청소년기는 수도원에 들어가게 된 동기를 설명하는 정도에서 그치겠다.

가정과 학교에서

루터의 서원은 새겨들을 필요가 있는데 그 이유는 이 대목에서도 학자들의 견해가 각각 다르기 때문이다. 루터가 후에 이 서원을 파기한 것을 통박하는 사람들은 그가 처음부터 서원을 하지 말았어야 했다는 입장에서 그의 배신을 설명한다. 그가 참된 수도사였다면 수도자의 모자를 내던지지 않았을 것이라는 얘기다. 루터가 수도원을 비난한 것 역시 그가 소명감 없는 수도자였다는 묘사를 통해 오히려 그를 반박하는 재료가 되고 있다. 그리고 그의 서원은 순수한 '소명'(vocation)이 아니라 내적인 갈등에서 나온 결단, 곧 가정과 학교에서의 부적응에 대한 하나의 탈출구로 해석되고 있다.

이러한 설명을 뒷받침한다는 증거가 몇 가지 있기는 하지만 빈약하다. 그것을 글자 그대로 신뢰할 수 없는 것은 그 내용이 모두 루터의 노년기의 대화에서 따온 것이기 때문이다. 이때의 대화는 부정확하게 기록된 경우가 많다. 설령 그 내용이 정확한 것이라 해도 그것을 액면 그대로 받아들일 수 없는 것은 개신교인 루터로서는 더 이상 당시 가톨릭 시대의 의도를 객관적으로 회상할 입장에 놓여 있지 않았기 때문이다.

hic-haec-hoc.
라틴어 지시대명사의 어미 변화.

사실 부모의 규율이 너무 엄격해서 거기에 대한 반발로 수도사가 된 것으로 얘기하는 대목도 있다. 루터는 "어머니께서는 내가 밤을 하나 훔쳤다고 피가 나도록 때리신 적이 있지. 어머니의 의도야 좋은 데 있었지만 그 규율이 너무 엄격해서 난 수도원으로 도망쳤어."라고 말했다고 한다. 그리고 "한번은 아버지께서 어찌나 호되게 매질을 하셨던지 난 달아나고 말았지. 그 후로 아버지께서 가까스로 내 마음을 돌려놓기까지는 아버지에 대한 끔찍한 생각을 버릴 수 없었어."라고 한 말과 "학교에서는 어느 날 아무것도 아닌 일로 아침 한나절에 회초리를 열다섯 대나 맞았지. 격 변화와 동사 활용에 대한 질문을 받고 입이 떨어지지 않았기 때문이었지."라고 한 말도 전해지고 있다.

루터 시대의 학교 풍경.

두말할 필요없이 당시 사람들은 아이들을 거칠게 다루었으며 루터 역시 이런 실례를 들어서 보다 더 다정한 대우가 필요함을 강조한 것으로 볼 수도 있다. 그러나 그러한 엄격한 규율이 순간적인 원망 이상의 것을 가져왔다는 증거는 어디서도 찾아볼 수 없다. 루터는 집안에서 아주 귀여움받는 아이였다. 부모는 그를 머리가 똑똑한 소년, 곧 법률 전문가로 자라서 멋진 결혼을 하고 나중에 노년이 된 자기들을 잘 부양해 줄 자식으로 기대했다.

루터가 문학 석사 학위를 받았을 때 부친은 법전을 한 권 선물했으며 친근한 '너'(Du)가 아니라 정중한 '당신'(Sie, 제17장에서는 같은 용례에서 'Ihr'가 쓰였다-편집자 주)으로 불렀다. 루터는 부친을 매우 존경했으며 자신이 수도원에 들어가는 것을 부모가 찬성하지 않는 데 대해 몹시 괴로워했다. 부친이 돌아가시자 루터는 너무나 상심하여 며칠을 두고 일을 하지 못했다.

그는 어머니에 대한 정은 별로 없었지만, 매질까지도 좋은 뜻에서 나온 것으로 얘기하고 있다. 그리고 어머니가 즐겨 부르던 짧은 민요도 잊지 않고 있었다.

남들이 너와 날 반기지 않는다면
그건 우리 잘못일 수밖에…….

당시의 학교 역시 다정하지는 않았지만 그렇다고 잔인하지도 않았다. 그 학교의 목적은 라틴어를 술술 말하게 하는 데 있었을 뿐이다. 학생들은 라틴어가 필요하다는 것을 알기 때문에 매질을 원망하지 않았다. 당시의 라틴어는 교회, 법률, 외교, 국제 관계, 학문, 여행 등 안 쓰이는 데가 없었다. 가르치는 데는 으레 회초리가 따랐다. 학급에서는 한 학생을 '이리'(lupus)로 세워 놓고 자기도 모르게 독일어를 내뱉는 학생이 있으면 잡아내게 했다. 그날 공부를 제일 못한 꼴찌는 점심 때마다 당나귀 가면을 받았다. 이렇게 해서 '당나귀'(asinus)가 된

당나귀 가면을 쓴 학생.

학생은 또 독일어로 말하는 학생이 잡힐 때까지 그 가면을 쓰고 있어야 했다. 이와 같은 벌점은 한 주간 동안 가산되어 주말에 자작나무로 회초리질하는 데 참고가 되었다. 여기서 단 하루 동안 매를 열다섯 대나 맞았다는 얘기가 얼마든지 나올 수 있었다.

그러나 이 모든 엄격한 규율에도 불구하고 소년들은 라틴어를 익혔고 또 그것을 좋아했다. 루터 역시 뒤지기는커녕 열심히 공부했으며 나중에는 수준급이 되었다. 교사들은 결코 맹수가 아니었다. 트레보니우스(Trebonius)라는 교사는 교실에 들어설 때마다 미래의 시장, 수장, 박사, 이사들 앞에서 모자를 벗고 인사를 했다. 루터는 교사들을 따랐으며 그들이 자신의 다음 과목 이수를 인정하지 않을 때는 가슴 아파했다.

그는 또한 우울하지 않았고, 일반적으로 명랑했으며, 노래를 좋아하고, 기타 치는 솜씨가 좋았으며, 독일의 풍경에 매혹된 사람이었다. 되돌아보면 에르푸르트만큼 아름다운 곳이 또 어디 있었던가! 온 사방에 나무가 우거졌으며 마을 주변에는 과수원과 포도밭이 자리 잡고 있었는가 하면 논밭은 독일 염색 산업의 원료인 푸른 꽃의 아마와 노란 사프란으로 아름다웠다. 그리고 이 멋진 풍경 속에 에르푸르트의 성벽, 성문 그리고 뾰족지붕의 뾰족탑들이 자리 잡고 있었다. 루터는 이곳을 새 베들레헴이라고 불렀다.

종교적인 동요

하지만 루터는 때때로 이루 말할 수 없는 우울증에 빠지곤 했는데 그 이유는 개인적인 갈등 때문이 아니라 당시의 종교 때문이었다. 이 사람은 결코 이탈리아 문예 부흥 시대의 아들이 아니라 외진 튀링겐 지방에서 태어난 독일 사람이었다. 이곳 튀링겐 사람들은 신앙심이 깊은 나머지 여전히 교회 건물도 아치와 하늘을 찌르는 듯한 뾰족탑으로 지었다. 루터는 고딕 시대에 어울리는 인물이라서 그의 믿음을 중세 종교의 마지막 꽃 한 송이로 불러도 무방할 정도였다.

루터의 부친 한스 루터와 모친 마르가레테 루터.
루카스 크라나흐 作.

그뿐 아니라 그는 당시 사람들 가운데 종교적으로 가장 보수적인 농민의 자식이었다.

그의 부친 한스 루터(Hans Luther)와 모친 마르가레테 루터(Margarethe Luther)는 야무지며 튼튼하고 까무잡잡한 얼굴을 한 독일 농민이었다. 이들은 실제로 땅을 경작하지는 않았다. 그것은 그들이 상속받은 것이 없어서 농촌을 등지고 광산으로 떠난 사실로 미루어 알 수 있다. 땅을 파면서 그의 부친은 광부들의 수호신인 성 안나의 도움으로 그럭저럭 잘 지내는 가운데 마침내 대여섯 개의 용광로를 소유하게 되었다. 그러나 그가 지나칠 정도로 부요한 것은 아니었다. 그의 아내는 여전히 숲속으로 가서 땔감을 해오지 않으면 안 되었다. 이 가정의 분위기는 농부들의 분위기, 곧 헐벗고, 거칠고, 때로는 야박스럽고, 아무 말이나 잘 믿어 버리며, 독실한 그런 정도였다. 아버지 한스는 자식의 잠자리 곁에서 기도를 드렸고 마르가레테 또한 기도의 여성이었다.

독일의 옛 토속 종교의 일부 요소와 기독교적 미신이 뒤섞인 것이 이 배우지 못한 서민들의 신앙이었다. 그들 생각에는 숲, 바람, 물에는 요정, 도깨비, 인어, 마귀할멈 따위가 득실거리고 있었다.

폭우, 홍수, 전염병을 가져오고 인간에게 죄를 짓게 하고 우울증에 빠지게 하는 것 모두가 악령들의 짓이었다. 루터의 어머니는 이 잡신들이 계란, 우유, 버터 따위를 훔치는 못된 장난까지 하는 것으로 믿었으며, 루터 자신도 이러한 신앙에서 결코 벗어나 본 일이 없었다. "사방에 마귀들이 득실거리고 있어."라고 그는 말한 적이 있다. "프로이센은 이 마귀들로, 라플란드는 마녀들로 꽉 차 있으니까……. 내 고향에 가면 푸벨스베르크라는 높은 산이 있지. 그 꼭대기에 있는 호수에 돌이 굴러떨어졌다 하면 호수 속에 사는 포로 귀신들이 난리를 치는 바람에 온 사방이 폭풍으로 시달리는 거야."

학교 교육 역시 가정에서의 이러한 단련을 해소시키기는커녕 오히려 보강했다. 초등학교에 들어가면서 성가를 배웠다. '거룩하시도다' (Sanctus), '찬송하리로다' (Benedictus), '하나님의 어린양' (Agnus Dei), '고백하나이다' (Confiteor)를 암송하고 시편과 찬송을 부르는 연습을 했다. 루터는 '마리아의 노래' (Magnificat)를 얼마나 좋아했는지 모른다. 이 어린이들은 미사, 저녁 기도회, 거룩한 절기의 호화찬란한 행진에 빠지지 않았다. 루터가 공부하던 읍마다 교회와 수도원이 가득 차 있었다. 어디나 마찬가지로 뾰족탑, 뾰족지붕, 수도원, 신부, 여러 수도회의 수도사, 유물투성이요, 종소리, 면죄의 선언, 종교 행렬, 사원에서의 병고침이 판을 쳤다. 하루도 거르지 않고 만스펠트에서는 병자들이 수도원 곁에 자리 잡고 있으면서 저녁 기도회 종소리를 듣고 병이 낫기를 바랐다. 루터는 한 귀신 들린 사람에게서 귀신이 실제로 빠져나가는 것을 본 것으로 기억하고 있었다.

에르푸르트 대학 역시 다를 것이 없었다. 당시 이 학교는 르네상스의 영향을 받지 않았다. 교과서로는 베르길리우스(Publius Vergilius Maro) 같은 고전이 항상 중세의 인기를 차지하고 있었다. 아리스토텔레스(Aristoteles)의 물리학은 이 시인을 뒤따라 하나님의 생각대로 사고하는 법을 배우는 하나의 과정으로 여겨졌으며 지진이나 뇌우같이 자연스럽게 설명할 수 있는 것도 하늘이 직접 개입한 것으로 해석되었다. 신학과 밀접한 관련을 가진 이 모든 공부와 루터가 법률을 공부하기 전에 따놓은 석사 학위는 하나같이 검정 옷차림의 성직자의 과정이기도 했다. 가정, 학교, 대학의 모든 훈련이 하나님에 대한 공포와 교회에 대한 경외심을 주입하도록 짜여져 있었다.

이 모든 분야에서 루터가 당시 사람들과 다른 점은 하나도 없었다. 그리고 후에 그가 왜 그처럼 중세 종교에 반기를 들었는가 하는 점도 이것으로는 설명이 되지 않는다. 루터가 당시 청소년들과 다른 점이 있다면, 그것은 유별나게도 주기적으로 되풀이되는 즐거운 마음과 우울한 마음에 민감했으며 거기서 헤어나지 못했다는 점이다. 이러한 마음의 동요 때문에 그는 일생 동안 괴로워했다. 그의 말에 따르면 이것은 그가 어릴 적부터 시작되었으며 수도원에 들어가기 전 6개월 동안은 그 우울 증세가 한층 심했다고 한다.

우리가 이러한 상태를 단지 사춘기의 증세로 간단히 넘겨 버릴 수 없는 것은 당시 그의 나이가 21세였으며 장년 시절에도 이와 비슷한 체험이 계속되었기 때문이다. 그리고 또 이것을 하나의 병적인 우울 증세로 처리해 버릴 수 없는 것은 보다 더 수준 높은 일에 대한 천재적이고 지속적인 역량이 이 '환자'에게서 발휘되었기 때문이다.

이에 대한 설명은 중세 종교가 고의적으로 공포와 희망을 가지고 번갈아 가며 장난하는 가운데 만들어 낸 긴장 상태에서 찾아야 옳다. 당시 지옥에는 항상 활활 타오르는 불이 지펴져 있었다. 이것은 사람들이 언제나 두려워하면서 살았기 때문이 아니라 그렇지 않았기 때문이요, 공포심을 불어넣어 사람들로 하여금 교회의 여러 성례에 매달리게 하려는 목적에서였다. 사람들이 너무 겁에 질려 오금을 못 쓰게 되면 거기에 대한 진정제로 연옥이 소개되었다. 연옥이란 지옥에 갈 정도로 악하지도 않고 그렇다고 천국에 갈 정도로 선하지도 못한 사람들이 더 속죄를 받을 수 있는 중간 지대였다. 또 이렇게 해서 사기가 올라가 너무 태평스러워지면 연옥의 온도를 높여 놓았으며, 다시 이 압력은 면죄를 통해서 누그러지는 식이었다.

내세의 변덕스런 온도보다 더 분노가 폭발하게 하는 것은 하늘나라 고위층의 들쭉날쭉하는 짜증과 친절이었다. 어떤 때는 하나님이 아버지로 묘사되는가 하면 또 어떤 때는 날벼락을 휘두르는 자로 그려졌다. 그런 하나님의 마음이 자신의 보다 친절한 아들의 중재로 누그러질 수도 있는가 하면 또 이 아들은 자기 어머니가 아니고서는 아무도 달랠 수 없는 사정없는 심판관이었다. 또 어머니는 여자이면서 하나님과 마귀와 마찬가지로 자기에게 애원하는 자들을 위해서라면 속임수도 별로 부끄럽게 여기지 않았다. 만약 이분도 너무 멀다고 생각되면 그녀의 모친인 성 안나를 부르면 되었다.

이러한 내용이 그 당시에 어떻게 제시되었는지는 르네상스 시대의 여러 베스트셀러에 잘 소개되어 있다. 주제는 죽음이었으며 베스트셀러마다 가르치는 내용은 소득세 지불 방법이 아니라 지옥 도피 기술이었다.

죽은 사람에게 소망을 저버리도록 유혹하고 있는 악령들.

『죽는 기술』(On the Art of Dying)이라는 책을 보면, 죽은 사람의 영혼 주위에 악령들이 모여들어 하나님의 자비에 대한 소망을 저버리는 돌이킬 수 없는 죄를 범하도록 유혹하는 장면이 목판화로 그려져 있다. 이미 용서받기는 다 틀렸다는 점을 강조하는 뜻에서 그가 간통한 여자나 박절하게 거절했던 거지가 눈앞에 나타나고 있다. 여기에 딸린 다른 목판화에는 용서받은 죄인들의 모습이 나타나면서 그를 격려하고 있다. 곧 거기에는 닭과 함께 있는 베드로, 옥합을 들고 있는 막달라 마리아, 십자가에서 회개한 도둑, 박해자 사울이 그려져 있는데 제목은 '절망하지 말라'(Never Despair)이다.

이 말을 듣고 안심하는 사람이 있으면 또 다른 그림이 나타나서 겁을 불러일으켰다. 당시 분위기를 가장 시원하게 설명해 주는 책이 있는데 그것은 1493년에 뉘른베르크에서 출판된 하르트만 셰델(Hartmann Schedel)의 『뉘른베르크 연대기』(Nürnberg Chronicle)이다. 2절판으로 된 이 큰 책은 아담으로부터 인문주의자 콘라트 켈티스(Conrad Celtis)까지의 인류 역사를 이야기하면서 인간의 존재가 얼

심판관으로 무지개 위에 앉아 계신 그리스도.

마나 덧없는가를 묵상하는 것으로 결론을 내리고 있다. 여기에는 '죽음의 춤' (중세 미술에서 종종 볼 수 있는, 죽음이 인간을 무덤으로 인도하는 그림)의 목판화가 있다.

맨 마지막 장면은 심판의 날로서 그 큰 종이 한 장에 예수께서 심판관으로 무지개 위에 앉아 계신 모습이 그려져 있다. 그의 오른쪽 귀에 나와 있는 백합은 구속받은 자들을 상징하는데 이들은 그림에서 보듯이 천사들의 안내를 받아 천국으로 인도된다. 그리고 그의 왼쪽 귀에서는 칼이 한 자루 나와 있는데 이것은 저주받은 자들의 운명을 상징한다. 마귀들은 이들의 머리채를 무덤에서 끌어내어 활활 타오르는 지옥에 내던진다.

"1493년에 출판된 역사책이 아메리카 발견은 싣지 않고 심판의 날로 결론을 내리다니 알다가도 모를 일이군." 하고 어느 현대 편집자는 꼬집고 있다. 셰델 박사가 마지막 원고를 마친 때는 그 해 6월이요 콜럼버스(Christopher Columbus)가 제1차 항해에서 돌아온 때는 그 해 3월이었다. 어쩌면 이 뉴스가 아직 뉘른베르크까지는 알려지지 않았을지도 모를 일이다. 어쨌든 아슬아슬하게 셰델 박사는 이 엄청난 노다지를 놓치고 말았다. "그 역사책에 이 위대한 사건이 기록되기만 했다면 오늘날 그 잔존 사본이 얼마나 높이 호가되었을지." 하고 그 현대 편집자는 적고 있다.

그러나 셰델 박사가 설사 그 사실을 알고 있었다 해도 그 새로운 세계의 발견이 역사에 기록될 만한 가치를 지닌 것으로 보지 않았을지도 모른다. 1488년에 발견된 희망봉만 해도 그가 모르고 있었을 리 없다. 하지만 여기에 대해서는 일언반구도 없다. 그 이유는 간단하다. 그의 생각에, 역사는 이 땅에 퍼져 살면서 더 퍼져 갈 땅을 더 많이 차지하는 것을 최선으로 갈망하는 인류의 기록이 아니었다. 그에게 있어서 역사란 무수한 사람들이 눈물 골짜기를 거쳐 하늘의 예루살렘으로 순례하는 과정의 종합에 지나지 않았다.

지금 죽는 사람들은 누구나 먼저 간 헤아릴 수 없는 무리와 함께 언젠가 심판대 앞에 서서 "잘 하였도다."라는 말이나 "나를 떠나……영영한 불에 들어가라."라는 말을 듣기로 되어 있었다. 백합과 칼을 양쪽 귀에 꽂고 무지개 위에 앉아 있는 그리스도의 모습은 당시 어느 책에나 빠지지 않았다. 루터는 그리스도를 심판관으로 표현한 그림들을 보면서 이루 말할 수 없는 두려움을 느꼈다고 간증한다.

수도원이라는 항구

중세의 어느 누구나 마찬가지로 루터는 자신의 곤경을 어떻게 헤쳐나가야 하는지를 알고 있었다. 교회의 가르침인즉, 눈치가 있는 사람이라면 가만히 있다가 죽을 때 가서야 참회하고 은혜를 비느라 법석을 피우지 않는다는 것이었다. 처음부터 끝까지 유일한 탄탄대로는 교회가 성례, 순례, 면죄, 성인들의 중재 따위를 통해서 제공하는 도움을 하나도 빠뜨리지 않고 붙잡고 늘어지는 것뿐이었다. 하지만 하늘에 있는 중재자들의 활동만 기댈 뿐 이들의 환심을 살 일을 까마득히 잊은 채 죽치고 앉아만 있다면 그 또한 천하에 둘도 없는 바보가 아닐 수 없었다!

그에게 수도원의 길을 택하는 것보다 더 나은 방법이 또 어디 있었겠는가? 사람들마다 세상 종말이 시토 수도회 수사들 때문에 지연되고 있을 뿐이라고 믿었다. 그 시기는 그리스도께서 "천사에게 최후의 심판 날을 알리는 나팔을 불도록 지시하자 자비로운 어머니 마리아께서 자기 아들의 발 앞에 엎드리면서 '잠깐만, 최소한 시토 수도회의 내 친구들만이라도 준비할 짬을 내도록 참아달라.'라고 간청한" 무렵이었다.

마귀들도 성 베네딕투스(Benedictus)를 가리켜 자기들 손아귀에서 사람들을 훔쳐간 강도로 불평하던 참이었다. 수도복을 입고 죽는 사람은 그 복장만 보고도 하늘에서 우대받기로 되어 있었다. 한번은 한 시토 수도회 수도사가 심한 열병 때문에 그만 옷을 벗은 채 죽고 말았다. 천국 문 앞에 도착했지만 그 제복을 입지 않았다는 이유로 성 베네딕투스에게 입장을 거절당했다. 하늘나라 담을 빙빙 돌면서 다른 친구들은 어떻게 지내나 보려고 창문을 기웃거리는데 그 가운데 한 친구가 그를 알아보고 중재에 나섰다. 그러자 성 베네딕투스는 두고 온 옷을 가지고 오도록 집행 연기를 허락했다. 이 모든 내용은 그때 누구나 진심으로 믿던 것이다.

무슨 어처구니없는 낭설이냐고 점잖은 신학자들은 나무랄지 모르지만 이것이 바로 서민의 신앙이었으며 루터 역시 한 서민이었다. 아니 토마스 아퀴나스(Thomas Aquinas)까지도 수도원에 들어가는 것을 제2의 세례요 죄인이 처음 세례받을 때 누리던 순수한 상태로 되돌려 놓는 것이라고 했다. 수사가 그 후에 죄를 지으면 회개를 통해 순수한 상태를 되찾을 수 있다 해서 더 특전을 누리는 것이라고 당시 사람들은 믿고 있었다. 수도원 생활이야말로 하늘나라로 통하는 가장 멋진 지름길이었다.

루터가 이 모든 사실을 모를 리 없었다. 머리에 두 눈이 뚫린 남자라면 수도원 생활이 무엇이라는 것쯤은 알고 있었다. 산 증거가 에르푸르트의 거리거리에 쫙 깔려 있을 정도였다. 소년티를 벗지 못했는데도 검소한 생활 때문에 겉

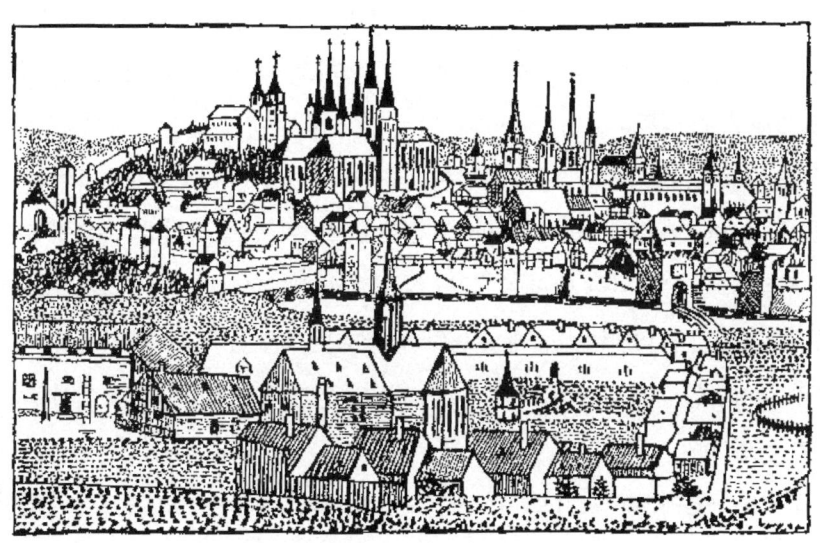

에르푸르트 시가지 전경.

늙어 버린 어린 카르투지오 수도회 수사들이 곳곳에서 눈에 띄었다. 마크데부르크에서 루터는 안할트의 빌헬름(Wilhelm von Anhalt) 공의 여윈 모습을 본 적이 있다. 이 사람은 호화로운 궁전을 마다하고 탁발 수도사가 되어 동냥 자루를 차고 거리를 헤매고 있었다. 이것은 다른 모든 수사와 마찬가지로 그가 수도원 생활의 일과를 실천하는 장면이었다.

"내 눈으로 직접 그를 보았지."라고 루터는 말한다. "그건 내가 마크데부르크에 살던 열네 살 때였어. 마치 당나귀처럼 자루를 등에 지고 가더군. 금식과 철야 고행으로 어찌나 말랐던지 뼈와 살갗밖에 없는 해골 같은 모습은 차마 볼 수 없었지. 그 모습을 보고 자신의 생활을 수치스럽게 여기지 않을 사람은 없었을 거야."

왜 어린 나이에도 억지로 늙어야 하며 귀족들이 스스로 비천한 꼴을 하는지 그 이유를 루터는 훤히 알고 있었다. 현재의 삶은 내세를 위해 단련받는 짧막한 기간에 지나지 않았으며, 내세가 오면 구원받은 자들은 영원한 희락을 누리고 저주받은 자들은 영원한 고통을 당하기로 되어 있었다. 그때가 되면 결코 꺼지는 일이 없는 절망을 두 눈으로 직접 볼 것이요 저주받은 자들의 신음하는 소리를 두 귀로 듣기로 되어 있었다. 유황불의 열기를 들이마시면서 조금도 시들지 않고 이글거리는 불 속에서 몸을 뒤척이기로 되어 있었다. 영원히, 영원히, 그리고 또 영원히.

이것은 루터를 키워 온 당시 관념이었다. 그의 신앙이나 반응에서 특이한 것이라곤 전혀 찾아볼 수 없다. 다만 그 강도에 차이가 있을 뿐이다. 죽음의 문제를 생각하고 그가 이루 말할 수 없이 우울해한 것도 사실이지만 그게 그다지 특이한 일은 아니었다. 나중에 수도원 생활에 반기를 들게 된 이 사람은 다른 수많은 사람들과 똑같은 이유에서, 곧 자신의 영혼을 구원하려는 뜻에서 수도사가 되었다.

그가 수도원에 들어가기로 결심하게 된 직접적인 계기는 1505년 7월 후덥지근한 어느 날 뜻밖에 죽을 뻔한 일을 겪게 된 데서 비롯되었다. 그때 그의 나이

21세였으며 에르푸르트 대학생이었다. 부모님을 찾아뵙고 학교로 돌아가는 길에 갑자기 벼락을 맞아 땅에 나뒹굴었다. 그 순간 그는 인생의 드라마가 대단원의 막을 내리는 것을 보았다. 마냥 무시무시한 하나님, 가차 없는 그리스도, 자신의 곱슬머리를 얼씨구나 하고 낚아채서 지옥에 붙들어 매려고 웅덩이와 숲속에 숨어 있다 뛰쳐나오는 마귀들이 눈에 들어왔다. 이때 그가 자기 아버지의 성인, 곧 광부들의 수호신에게 "성 안나여, 살려 주세요! 수도사가 되겠습니다!" 하고 절규한 것은 당연하고도 당연한 일이었다.

루터는 자신이 도저히 거스를 수 없는 하늘의 부르심을 받은 것으로 믿는다고 거듭거듭 주장한다. 그가 이 서원에서 풀려날 수 있었는가 없었는가 하는 문제는 뒤로 미루더라도 장본인이 거기에 얽매인 것으로 느낀 것이다. 자신의 뜻은 아니었지만 하늘의 끌림에 못이겨 그는 수도사의 길을 택했다. 두 주일 동안 그는 자신의 남은 일을 처리하면서 수도원을 골랐다. 그가 선택한 수도원은 엄격한 수도회, 곧 아우구스티누스 수도회의 개혁파였다. 친구들과 작별하고 그는 수도원 문전으로 향했다.

16세기 수도사들의 성가 부르는 모습.

이 소식을 전해 들은 루터의 부친은 몹시 화를 냈다. 루터야말로 노년에 자신이 덕을 보려고 어렵게 가르쳐 놓은 자식이었다. 부친은 다른 두 자식들이 죽어 '이것이 그때 노발대발하며 반역한 데 대한 따끔한 매구나.' 하는 생각이 들기까지 조금도 노기를 풀지 않았다.

루터가 수련 수사가 되는 장면을 상상해 보자. 직접적인 증거 자료는 어디서도 찾을 수 없으니 아우구스티누스 수도회의 전례를 통해 이 장면을 엮어 보도록 하자.

수도원장이 제단의 계단에 발을 딛자 후보생은 엎드렸다. "그대는 뭘 원하는가?" 하고 묻자 "하나님의 은혜와 귀하의 자비로소이다."라는 대답이 나왔다. 이어서 수도원장이 그를 일으켜 세우면서 결혼한 몸인지, 노예인지, 남모르는 병을 앓고 있는지를 물었다. 그런 일이 없다는 대답이 나오자 수도원장은 앞으로 견뎌야 할 여러 가지 힘든 생활, 즉 자신을 부정해야 하며, 음식도 변변치 못하고, 육신을 죽이고, 가난의 치욕과 구걸의 수치를 감수해야 하며, 지겹게 갇혀 살아야 하는 삶에 대해 얘기해 주었다. "이 모든 짐을 마다하지 않고 짊어지겠는가?" "네."라는 대답이 나왔다. "하나님의 도우심과 인간의 허약한 체질이 허용하는 한 따르겠나이다."

이어서 그는 1년간의 수습 기간을 거쳐도 좋다는 허락을 받았다. 성가대의 찬양과 함께 머리를 깎았다. 일반 복장은 수련 수사의 의복으로 바뀌었다. 다시 이 신참이 무릎을 꿇자 수도원장이 "주여, 당신의 종을 축복하소서." 하고 읊조렸다. "오, 주여, 우리의 충심에서 나오는 간청을 들으사 당신의 이 종에게 축복을 내리소서. 당신의 거룩한 이름으로 저희들이 그에게 수도사의 옷을 입혔사옵니다. 당신의 도움을 받아 주의 교회 안에서 충성하며 우리 주 예수 그리스도를 통해 영생을 얻게 하소서, 아멘."

마지막 찬송과 함께 루터는 엎드린 채 팔을 펴서 십자가 모습을 취했다. 이어서 그는 형제들의 평화의 키스를 받으며 수도원으로 받아들여졌다. 그리고 다시 "구원받을 사람은 시작하는 자가 아니라 끝까지 견디는 자니라."라는 수도원장의 권면이 이어졌다.

  루터가 수도원에 들어간 의의는 간단하다. 곧 중세 교회에 대한 크나큰 반기는 교회가 정해 놓은 길을 따르려는 한 사람의 애틋한 노력에서 비롯되었다는 점이다. 마치 아브라함이 이삭을 제단의 칼로 찌르려 했을 때야 비로소 인간을 제물로 드리는 것이 필요없다는 사실을 깨달았고, 바울이 히브리인 중의 히브리인으로서 모든 의를 성취하려 했기에 유대교의 율법주의에서 벗어날 수 있었듯이, 루터의 반항의 근원 역시 결코 평범한 헌신이 아니었다.

제2장 수도원
로마 가톨릭 교회의 고해 성사에 대해 의구심을 갖게 되다

수도원 생활의 특전 가운데 하나는, 죄인이 모든 어수선한 것으로부터 해방된 채 마음대로 완전한 덕목을 갖추라는 권고를 실천하면서 자신의 영혼을 구원할 수 있었다는 점이다. 여기에는 사랑, 소박, 자선뿐 아니라 정절, 가난, 순종, 금식, 철야 그리고 육신의 극기도 포함되어 있었다. 인간이 자신을 구원하는 데 있어서 할 수 있는 일이라면 빠짐없이 실천하기로 결심한 루터였다. 그러나 이런 방법으로 마음의 평안을 얻을 리 만무했다. 그가 그처럼 몸부림 친 데에는 자신의 죄를 보상하려는 목적이 있었지만, 원장(元帳)의 잔고는 마냥 그대로인 것 같았다. 그는 자신이 무슨 수를 써도 하나님을 만족시켜 드릴 수 없다는 데 골머리를 앓고 있었다.

수도원 생활의 처음 1년 동안은 마귀가 아주 잠잠했던 것으로 루터는 회고한다. 자신의 내적인 폭풍우가 가라앉고 비교적 평온하게 수련 기간을 마쳤던 것으로 짐작된다. 이것은 그 해 말에 있었던 그의 성직자 서약 허용이라는 단순한 사실에서도 충분히 알 수 있다. 수습 기간의 의도는 후보생에게 자신을 시험하고 또 시험받는 기회를 제공하는 데 있었다. 그는 자신의 마음을 살펴보고 수도원 생활을 제대로 해내는 데 어려움이 있으면 일일이 털어놓을 수 있었다. 만약 동료나 윗사람들이, 루터에게 수도원 생활에 대한 소명이 없는 것으로 판단했다면 그는 쫓겨났을 것이다. 루터가 인정받았다는 것은 본인이나 그의 동료들 중 누구도 그가 수도원 생활에 부적합하다고 판단하지 않았다는 사실에서 짐작할 수 있다.

수련 수사 기간 동안 그는 영혼에 평화를 가득히 채우도록 만들어진 종교 의식에 전념했다. 기도드리는 시간이 하루 일곱 번씩이나 되었다.

여덟 시간을 자고 수도사들은 다음날 새벽 한 시나 두 시에 수도원 종소리와 함께 일어났다. 첫 번째 종이 울리면 벌떡 일어나 십자가 성호를 긋고, 발목까지 오는 긴 흰 옷(robe)을 입고 소매 없이 앞뒤로 걸쳐 입는 겉옷(scapular)을 착용했다. 이 복장을 하지 않고는 아무도 자기 방을 나설 수 없었다.

두 번째 종이 울리면 각자가 조용히 예배당으로 가서 성수를 자신에게 뿌리고 주제단(主祭壇) 앞에서 무릎을 꿇은 채 이 세상의 구주께 헌신의 기도를 올렸다. 이어서 모두들 성가대석에 앉았다. 이 첫째 일과는 45분간 진행되었다.

이러한 7회의 일과는 선창자를 따라 모두 부르는 '성모 찬송'(Salve Regina)으로 끝났다. "곧 구원하소서. 오, 여왕님이시여, 그대 자비의 어머니, 우리의 생명, 우리의 기쁨, 우리의 소망이시여, 그대에게 하와의 유랑 자손인 저희들이 부르짖나이다. 그대에게 이 눈물 골짜기에서 시들어 가는 저희들이 하소연하나이다. 우리의 중보자가 되어 주소서. 고마우신 동정녀 마리아시여, 저희를 위해 기도하소서. 그대 하나님의 거룩한 어머니시여."라는 노래가 그것이다. '성모송'(Ave Maria)과 '주기도문'(Pater Noster)을 부른 다음 수도사들은 둘씩 짝을 지어 말없이 예배당을 빠져나갔다.

하루의 일과는 이러한 의식으로 꽉 차 있었다. 수도사 마르틴은, 자신이 성인들이 걸어간 길을 걷고 있다고 확신했다. 서약을 할 때도 어찌나 즐거워했던지 다른 형제들도 그가 계속할 수 있을 것으로 보았다. 수도원장 발 앞에 엎드려서 그는 서약을 했으며 다음과 같은 기도를 드렸다. "황공스럽게도 우리의 유한한 몸을 입으셨던 주 예수 그리스도시여, 주님의 무한한 자비를 믿고 비나이다. 거룩한 조상들이 순결과 자아 부정의 표로서 택한 이 복장에 축복하소서. 주의 종, 마르틴 루터가 이 옷을 입나이다. 그에게 주님의 불멸을 덧입혀 주소서. 오, 하나님 아버지와 성령과 더불어 사시며 통치하시는 분, 영원을 가로지르시는 하나님이시여, 아멘."

이렇게 해서 엄숙한 서약이 끝났다. 이제 그는 한 사람의 수사였다. 태어나자마자 갓 세례를 받은 어린아이와 같이 순결한 수사였다. 루터는 교회가 가장 확실한 구원의 길로 제시한 삶을 자신만만하게 걸었다. 그는 하루하루를 기도, 노래, 묵상, 조용한 동무들, 규율, 검소한 생활 속에서 보내는 것으로 만족했다.

거룩하신 분에 대한 공포

또 다른 뇌우가 사로잡지 않았던들 그는 이런 생활을 계속했을 것이다. 이번의 뇌우는 영혼 속에서 일어난 것으로서 그가 처음으로 미사를 집례할 때 엄습하고 말았다. 그는 상급자에 의해 사제로 선발되어 이 처음 예식과 함께 그 직무를 시작했다.

미사가 교회의 은혜의 수단 가운데 핵심이었던 만큼 처음 집례하는 사람은 언제나 곤혹을 치러야 했다. 빵과 포도주가 하나님의 살과 피가 되고 갈보리의 제사가 재현되는 곳이 바로 이 제단이었다. 사제가 빵과 포도주를 변화시켜 하나님의 살과 피로 만드는 기적은 천사들도 시샘하는 능력이요 특전이었다. 성직자와 평신도의 차이가 바로 여기에 있다. 교회의 국가에 대한 수위권(首位權)도 마찬가지로 여기에 그 뿌리가 있다. 그 어느 왕이나 황제가, 비천한 사제가 제단에서 베푸는 은혜에 비길 만한 것을 인류에게 베푼 적이 있던가?

나이 어린 사제가 하나님께서 인간의 모습으로 나타나도록 하는 의식을 집

루터가 수도사로 들어간 아우구스티누스 수도회 수도원의 뜰.

전하면서 부들부들 떠는 것도 충분히 이해가 간다. 그러나 많은 사람들이 그 일을 해왔으며 수백 년의 경험이 있기에 예식서라는 것이 생겨났으며 모든 가능한 두려움을 내다보고 거기에 대한 대책을 처방해 놓았다.

미사 집례자가 관심을 가져야 할 대목은 형식이었다. 복장을 제대로 갖추고 나지막한 음성으로 낭송하되 더듬지만 않으면 되었다. 사제의 영혼의 상태 역시 단정하지 않으면 안 되었다. 제단 앞에 나서기 전에 자신의 모든 죄를 고백하고 용서를 받아야 했다. 사제라면 이러한 모든 조건을 하나라도 어기지 않으려고 조바심 내는 것도 무리가 아니다. 루터는 복장 위반이 일곱 가지 치명적인 죄악보다 더 무섭게 여겨졌다고 간증한다.

그러나 성례의 효력은 그것을 집행하는 올바른 의도에 달려 있기 때문에 훈련병은 어떤 실수도 치명적인 것으로 여기지 말라고 예식서에는 기록되어 있었다. 가령 집례 도중 사제의 머리에 고해하지 않아서 용서받지 못한 무서운 죄가 떠오른다 해도 당장 제단에서 달아날 것이 아니라 그 의식을 마친 다음에 얼마든지 용서를 받을 수 있었다. 그리고 너무 괴로워서 더 이상 계속할 수 없을 경우에는 선배 사제가 곁에 앉아 있으니 걱정할 필요가 없었다. 그러므로 집례자가 이겨 내기 어려운 난관에 봉착할 일은 없었다.

따라서 루터가 몹시 두려워하면서 첫 미사에 임했다고 볼 수는 없다. 그 날짜를 한 달이나 미룬 것은 어떤 심각한 망설임 때문이 아니었다.

그 이유는 아주 즐거운 데 있었다. 그는 자기 부친이 그 자리에 참석하기를 바랐으며 그러기에 날짜도 부친에게 편리한 때로 정했다.

대학 시절 이후 서로 헤어져 있던 아버지, 대학을 졸업했을 때 로마법전을 한 권 선물하면서 그에게 정중한 말씨를 사용하기 시작하던 아버지, 그가 수도원에 들어가는 것을 격렬하게 반대했지만 이제는 모든 원망을 털어 버리고 다른 부모들처럼 이날을 축제의 날로 반기려 하는 아버지, 한스 루터가 당당

루터 당시의 미사 집례 광경.

하게 20명의 기수들과 말을 타고 와서 수도원에 푸짐한 선물을 했다. 수도원 종소리와 "새 노래로 여호와께 노래하라."라는 시편 낭송과 함께 그날이 시작되었다.

루터는 제단 앞에 서서 미사의 처음 부분을 낭송하기 시작하자마자 "우리는 주께, 곧 살아 계시며 참되시고 영원한 하나님께 바치옵니다."라는 대목에 이르렀다. 후에 그는 이렇게 적었다.

이 말을 읽으면서 나는 완전히 멍청하게 겁을 먹었다. '내 혀가 뭐길래 감히 그 하늘의 왕께 지껄일 수 있단 말인가? 인간들도 이 땅의 왕 앞에서는 모두 부들부들 떨어야 마땅하지 않은가? 나는 누구인가? 감히 하늘의 왕께 눈과 손을 들어 올리는 나는 누구인가? 그분 둘레에는 천사들이 옹위하고 있으며 그분의 지시 하나로 땅이 진동하는 판이다. 그런데 비천한 인간인 내가 "이걸 원합니다. 저걸 주세요." 하고 말해도 되는가? 티끌, 잿가

루, 죄투성이인 내가 살아 계시고 영원하며 참되신 하나님께 감히 입을 열다니.' 하는 생각이 떠올랐기 때문이다.

거룩하신 분에 대한 공포, 무한자에 대한 두려움이 새로운 날벼락이 되어 그를 후려쳤으며 몸서리치는 자제로 가까스로 끝까지 제단을 붙들 수 있었다.

세속화된 세대를 사는 사람들은 이 중세 선배님의 오싹한 느낌을 이해하기 어려울지도 모른다. 사실 루터의 신앙에는 아주 원시적인 성격의 요소, 곧 인류의 유년기로 거슬러 올라가는 요소가 몇 가지 있다.

그를 괴롭히던 공포는 악령, 곧 거룩한 장소를 침입하거나 주문을 잘못 외웠을 때 당장 아무렇게나 인간의 원수로 둔갑한다고 믿던 야만인의 악령에 대한 공포였다. 그의 신앙은 옛날 이스라엘 사람들이 여호와 존전의 상징인 법궤 앞에서 느끼던 공포였다.

루터는 구주의 몸이 되는 성찬의 빵에 대해서도 똑같은 느낌을 가졌다. 그러기에 이 빵이 돌아갈 때 그는 공포에 사로잡혔다. 그의 하나님은 시내산 언덕에 깔려 있는 칙칙한 구름 속에 계시던 하나님이요, 얼굴을 가리지 않고 그 존전에 들어갔다가는 살아남을 수 없는 것으로 여기던 모세의 하나님이었다.

하지만 루터의 체험은 원시적인 것을 훨씬 넘어선다. 그것은 자신이 만든 망원경으로 끝없는 은하계를 멍하니 바라보면서 자신이 형편없이 왜소하다는 느낌 때문에 몸을 사리는 현대인에게 그렇게 난해한 것만도 아니다.

루터는 자신의 무가치성을 깨달으면서 더 겁이 났다. "나는 티끌, 잿가루, 죄투성이이다." 피조물이자 불완전한 존재라는 의식이 하나같이 그를 괴롭혔다. 하나님에 대해서 끌리면서 동시에 배척받는 자신이었다. 오로지 이 궁극자와의 조화를 통해서만 그는 평화를 찾을 수 있었다.

그러나 어떻게 하찮은 인간이 감히 신령한 폐하 앞에 설 수 있었겠는가? 어떻게 범죄자가 감히 하늘의 거룩자를 대할 수 있었겠는가? 지고한 하나님, 거룩한 하나님 앞에서 루터는 넋을 잃었다. 이런 경험을 표현하면서 그는 영어로

1522년 판 루터 성경에 나오는 삽화.
"내가 볼 때에 그의 발 앞에 엎드러져 죽은 자같이 되매."

'기습 공격'을 의미하는 단어(Blitzkrieg)에 해당하는 표현을 사용했다. 그가 사용한 독일어는 바로 '안페히퉁'(Anfechtung)이다. 이 단어는 도무지 영어로 번역될 수 없다. 이것은 하나님께서 인간을 시험하시려고 보내는 시련일 수도 있고 마귀가 인간을 파멸하려고 덤비는 공격일 수도 있다. 그것은 의심, 소란, 아픔, 겁, 공포, 절망, 황량함, 자포자기 등 인간 영혼을 엄습하는 모든 것이다.

완전히 맥이 풀린 채 루터는 제단에서 부친과 손님들이 자신의 동료들과 어울리며 즐거워할 식탁으로 내려왔다. 얼씬거릴 수 없는 하늘 아버지 때문에 후들후들 떨고 난 그였기에 이제 지상의 아버지에게서 뭔가 위로의 말씀이 나오길 갈망했다. 다정한 한스의 입술에서, 자신의 원망이 이젠 말끔히 가셨으며 아들의 결정을 진실로 축하한다는 말이 떨어지기를 얼마나 고대하던 그였던가! 식탁에 앉은 마르틴이 어린애처럼 옆으로 얼굴을 돌리면서 말했다. "아버지, 제가 수사가 되는 걸 왜 그리 말리셨죠? 지금도 마음이 누그러지신 편은 아닌 것 같군요. 이 생활은 참 편안하고 경건하답니다."

이것은 늙은 한스로서는 참기 어려운 말이었다. 안 그래도 끓어오르는 마음을 가라앉히느라 안간힘을 쓰던 그였다. 그는 버럭 화를 내고 말았다. 그것도 박사들, 석사들, 여러 귀빈들이 같이한 자리에서 말이다. "너, 배워먹은 학자놈아. 그래, 네 부모를 공경하라는 성구도 못 읽어 봤느냐? 네 에미 애비가 이렇게 늙도록 밥벌이에 시달리는 것이 누구 때문이냐?"

루터로서는 천만뜻밖이었다. 그러나 그에게도 할 말은 있었다. 부모와 처자식을 버린 자는 정신 세계에서 더 큰 혜택을 받는다는 것은 모든 책에 실려 있는 그대로였다. "그러나 아버지, 제가 세상에 남아 있는 것보다는 기도를 통해서 더 많은 혜택을 아버지께 드릴 수 있습니다." 하고 루터는 대답했다. 이 말과 함께 그는, 자신에게는 결정적인 이론처럼 느껴지던 얘기를, 곧 자신은 뇌성벽력이 치던 날 구름 사이로 하늘의 음성을 듣고 부름받은 몸이라는 점을 덧붙였음에 틀림없다.

"제발." 하고 노년의 한스가 타일렀다. "그게 마귀의 허깨비가 아니었길 바란다."

이것이 모든 중세 종교의 약점이었다. 회의주의 시대를 사는 오늘날 우리는 이 믿음의 시대에 향수를 느낀다. 사람이 태어날 때부터 하늘 문이 열리고 더 이상 영혼을 시달리게 하는 의심 없이 천진스런 확신의 분위기에 파묻혀 산다는 것은 얼마나 행복할까! 중세를 이런 식으로 그려 보는 것은 한낱 낭만주의에 지나지 않는다.

중세 사람은 초자연적인 세계에 대해서 조금도 의심치 않았지만 이 초자연 세계 자체는 둘로 갈라져 있었다. 하나님과 마귀가 그것이다. 마귀는 얼마든지 빛의 천사로 위장할 수도 있었다. 그렇다면 부모를 섬기라는 평범하고 뚜렷한 성경 말씀을 제쳐 두고 결국 악령의 왕초가 비춰 준 셈인 비전을 따른 루터가 옳았던가?

수도원 종소리와 "새 노래로 여호와께 노래하라."라는 시편의 낭송과 함께 시작된 이 하루는, 거룩자에 대한 두려움과 지난날에 있었던 날벼락이 하나님에 대한 비전이었던가 아니면 사탄의 유령이었던가 하는 의심과 함께 끝나고 말았다.

평안을 위한 몸부림

이 영혼의 두 번째 동요는 루터에게 결국 수도원을 포기하게 만드는 혼란을 가져왔다. 그러나 그 사이에는 긴 공백이 있었다. 사실 그는 파문당한 뒤에도 3년 동안 수도사 복장을 하고 있었다. 통틀어서 말하면 그는 19년 동안 수도사의 옷을 입고 있었다. 그의 발전은 점진적인 것이었으므로 우리는 그가 한사코 고통만 받고 있었다거나 미사를 집전할 때마다 겁을 집어먹은 것으로 생각해서는 안 된다.

그는 정신을 가다듬고 정해진 일과와 맡겨지는 임무를 제대로 수행해 나갔다. 예를 들어 수도원장이 아우구스티누스 수도회에서 강사 자리를 맡으려면 대학 공부를 계속해야 한다는 귀띔을 했을 때도 그는 무난히 모든 일을 처리했다.

그러나 인간이 하나님으로부터 소외되어 있다는 문제는 또 다른 형태로 그 모습을 드러내고 있었다. 임종의 시작만이 아니라 날마다 제단 앞에 선 사제는 지극히 높고 지극히 거룩하신 분을 대해야 했다. 인간 자신이 거룩하지 않고서야 어떻게 하나님 앞에 감히 설 수 있겠는가?

루터는 최선을 다해 거룩의 길을 좇았다. 수도원 생활은 그러한 추구에 대한 한 가지 답이었으며, 세상에 있을 때 루터는 어떤 형태의 수도원이든 거기에 고차원의 의가 있다고 생각했다. 그러나 수도사가 된 후에 그의 눈에 비친 수도원은 그 층이 여러 가지였다. 그럭저럭 넘기는 수도사가 있는가 하면 엄격한 사람도 있었다. 저 카르투지오 수도회의 소년들은 피기도 전에 늙어 버렸으며, 저 안할트의 군주는 피골이 상접해 있었다. 물론 이들이 전형적인 인물들은 아니었다. 그들은 강훈(强訓)으로 하늘나라를 탈위하겠다는 야심만만한 자들이었으며, 영웅적인 선수들이었다.

루터가 수사가 된 것이 하나님에 의해서였든, 마귀에 의해서였든 이제 그는 어엿한 수사였으며 또한 그는 죽을 때까지 그대로 남고 싶었다. 수도원 생활의 특전 가운데 하나는, 죄인이 모든 어수선한 것으로부터 해방된 채 마음대로 완전한 덕목을 갖추라는 권고를 실천하면서, 자신의 영혼을 구원할 수 있었다는 점이다. 여기에는 사랑, 소박, 자선뿐 아니라 정절, 가난, 순종, 금식, 철야 그리고 육신의 극기도 포함되어 있었다. 인간이 자신을 구원하는 데 있어서 할 수 있는 일이라면 빠짐없이 실천하기로 결심한 루터였다.

사흘 동안 빵조각 하나 입에 안 대고 계속 굶기도 많이 했다. 그에게는 축제의 절기보다 금식의 절기가 더 위로가 되었다. 부활절보다는 사순절이 더 뿌듯했다. 정해진 규칙 이상으로 철야 고행과 기도에 전념했다. 덮어도 좋다는 담요까지 팽개쳐 얼어 죽을 뻔한 적도 있었다. 종종 그는 자신의 순결함을 자랑하면서 "오늘은 나쁜 일을 하나도 안 했어."라고 말할 정도였다. 그러고도 모자라서 "정말 제대로 금식했는가?", "정말로 가난했는가?"라고 하며 조바심을 느끼곤 했다. 그럴 때마다 가능한 한 모든 것을 자신에게서 벗겨 냈다. 그는 나중에 이러한 엄격한 생활 때문에 자신의 소화 기능이 나빠진 것이라고 여겼다.

난 성실한 수도사였어. 내 종단의 규칙을 어찌나 꼼꼼하게 지켰던지 그놈의 수도원 생활로 수도사가 하늘나라에 갈 수 있다면 그건 바로 나를 두고 한 말일 거라는 자화자찬까지 늘어놓을 정도였으니까. 그때 나와 함께 수도원에 있던 형제들은 이 사실이 정말이라고 말해 줄거야. 아마 그 일을 계속했다면 철야, 기도, 독서 그리고 다른 일로 죽고 말았을걸.

이런 극적인 방법으로 마음의 평안을 얻을 리 만무했다. 그가 그처럼 몸부림 친 데는 자신의 죄를 보상하려는 목적이 있었지만 원장(元帳)의 잔고는 마냥 그대로인 것 같았다. 그러므로 역사가들 가운데는 루터가 아주 엄청난 죄인이었던 것으로, 모르긴 하지만, 돌이키기 어려운 성(性) 문제가 있었던 것으로 주장하는 사람도 있다. 그러나 루터 자신은 이것만이 특별히 문제되었던 것은 아니었다고 밝힌다. 그는 여전히 순결했다. 에르푸르트 대학에서도 여자의 고해는 하나도 받지 않았다. 그리고 후에 비텐베르크에서도 단 세 명의 여인의 고해를 받았을 뿐인데 얼굴도 모르는 여자들이었다. 물론 그가 목석은 아니었지만 성적인 유혹이 다른 정신적인 문제 이상으로 크게 그를 괴롭히지는 못했다.

그는 자신이 무슨 수를 써도 하나님을 만족시켜 드릴 수 없다는 데 골머리를 앓고 있었다. 나중에 산상 설교에 대해서 설명하면서 루터는 자신의 환멸을 날카롭게 표현한다. 예수님의 훈계에 대한 그의 이야기를 들어 보자.

이 말씀은 너무 높고 너무 힘든 것이라서 아무도 실천할 수 없다. 이것은 우리 주님의 말씀뿐 아니라 우리 자신의 체험과 느낌으로 입증되고 있는 그대로다. 올바른 남자나 여자, 아무라도 예를 들어 보자. 그의 비위를 거스르지 않는 사람들과는 아무 말썽이 없겠지만, 누군가 조금이라도 성가시게 군다면 친구에게는 안 그런다 할지라도 원수에게는 당장에 버럭 화를 내고 말 것이다. 혈육이 있는 사람이라면 아무도 견뎌 내지 못할 노릇이다.

간단히 말해서 루터 자신에게는 이러한 조건을 제대로 실천할 힘이 없었다.

성인들의 공로

자신에게는 그런 힘이 없더라도 다른 사람들에게는 있을지 모를 일이었다. 교회가 죄에 대해서는 개인적인 입장을 취하면서 선에 대해서는 협동적인 입장을 취하고 있었다. 죄는 각자 개인이 책임져야 하지만 선을 위해서는 공동으로 투자할 수 있었다.

이렇게 힘을 합할 근거가 있는 것은 성인들, 복 되신 동정녀, 그리고 하나님의 아들은 자신들의 구원에 필요한 정도 이상으로 선했기 때문이다. 특히 그리스도께서는 죄가 없으실 뿐 아니라 하나님이시기에 무한정으로 선하시다. 이 남아돌아가는 의의 공로가 장부에 미지불로 되어 있는 사람들에게 양도될 수 있는 하나의 기금 또는 보고(寶庫)를 이루었다.

이 양도는 교회를 통해서 이루어지며 특히 교황을 통해서 그 효력을 발휘한다. 교황이란 사도 베드로의 후계자로서 매고 푸는 열쇠를 위임받은 사람이다. 이러한 기금 융통을 면죄라고 불렀다.

정확히 말해서 이 면죄가 어느 정도의 효력을 발휘할 수 있는지 뚜렷하게 정의된 적이 한 번도 없었지만 서민들은 아무리 황당무계한 주장이라도 믿어 버렸다. 아무도 교황 자신이 지상에서 정한 벌칙금을 면제시키는 데 있어서 그 기금으로 어음을 발행하는 처사를 따지려 들지 않았다. 양도 수속 같은 번거로운 절차를 밟을 필요없이 단지 인가 하나만으로 이런 일이 가능하다고 여겼을 뿐이다. 문제는 그가 연옥의 쑤시는 아픔을 진정시켜 줄 수 있는가 없는가 하는 데 있었다.

　루터가 살던 몇 십 년 동안 어떤 교황은 살아 있는 자들과 죽은 자들 모두가 면죄받으면 연옥에 가서까지 덕을 보는 것으로 장담했다. 살아 있는 자들의 경우 그들의 아직 용서받지 못한 죄책과 거기에 따르는 형기(刑期)는 하나님 외에는 아무도 모르므로 연옥을 완전히 피한다는 보장은 할 수 없었지만 그 기간의 장단에 관계없이, 몇 년 몇 월 몇 일까지 감해질 수 있는가 하는 사실은 교회가 자신 있게 말해 줄 수 있었다. 그리고 이미 죽어서 연옥에 있는 자들의 경우 그들의 죄악은 모두 집계가 끝나 파악되어 있으므로 당장에라도 빼내 올 수 있었다. 어떤 면죄 교서에서는 한 걸음 더 나아가 처벌의 감축뿐 아니라 죄의 용서에까지도 손을 뻗쳤다. 거기에는 완전한 사죄와 지존자와의 화해까지 제공되어 있었다.

　　　　　이러한 엄청난 자비를 더 많이 받으려면 장소를 잘 골라야 했다. 신학적인 이유와는 아무런 관계없이 단지 선전 효과를 노리는 뜻에서 교회는 성인들의 공로 분배 문제를 성인들의 성해(聖骸) 방문과 관련시켰다.

　교황들은 자주 거룩한 뼈 하나를 봄으로써 얼마나 큰 덕을 보는가 하는 점에 대해서 정확하게 제시해 놓았다. 가령 할레에 있는 성인들의 유골을 예로 들어 보자. 교황 레오 10세(Leo X)는 그 유골 하나하나에 연옥의 형기를 4,000년 감해 주는 면죄의 효과가 있다고 정해 놓았다.

　그러한 보물이 가장 많이 보관되어 있는 창고는 로마에 있었다. 이곳에 있는 성 칼리스투스(Callistus) 지하 납골당 한 곳만 해도 40명의 교황과 76,000명의 순교자가 묻혀 있었다. 모세가 본 떨기나무 가지 하나와 헤롯 왕 때 베들레헴에서 죽은 갓난아기들의 뼈가 300개나 있었던 곳이 로마였다. 성 베로니카(Veronica)의 손수건에 그려진 그리스도의 초상화가 있는 곳이 로마였다. 사도 바울의 쇠고랑과 황제 도미티아누스(Domitianus)가 사도 요한의 머리털을 자를 때 사용했던 가위가 보관되었던 곳이 로마였다. 이 로마의 성벽 가운데 아피우스 성문 쪽 벽에는 흰 돌자국이 있는데 그것은 폭도들이 아직 죽을 때가 되지 않은 베드로에게 던진 돌이 흰 눈으로 변했던 흔적이다. 로마의 한 교회에는 십자가가 세워져 있는데 그것이 어느 날 성 비르기타(Birgitta)에게 기울면서 얘기를 건네기도 했다. 그런가 하면 유다가 우리 주님을 팔고서 받은 동전을 하나 가지고 있다는 교회도 있었다. 그 동전은 이제 매우 비싸졌다. 자그마치 1,400년의 면죄를 베풀 수 있는 물건이 된 것이다.

성지 순례를 통해서 얻는 면죄보다 더 많은 것을 얻을 수 있는 곳이 바로 라테라노 대성당과 성 베드로 대성당 사이의 길이었다. 그것뿐이랴. 로마의 또 다른 교회에는 유다가 목매달아 죽은 12자짜리 대들보도 있었다. 하지만  이것은 엄밀히 말해서 성보(聖寶)가 아니며 그 신빙성을 약간 의심받고 있었다.

라테라노 대성당 앞에는 '거룩한 계단'(Scala Sancta)이 있었는데 모두 28개의 계단으로서 이것은 소위 빌라도의 궁전 앞에 있던 것이다. 무릎을 꿇은 채 기어서 계단을 하나씩 오를 때마다 '주기도문'을 외우면서 끝까지 올라가면 연옥에 있는 사람을 하나 구원할 수 있었다.

무엇보다도 로마에는 베드로와 바울의 시신이 고스란히 간직되어 있었다. 여러 교회가 혜택을 나눠 갖자는 뜻에서 그 몸이 갈라졌는데 두 사람의 머리는 라테라노 대성당에, 몸 반쪽씩은 각각 그들의 이름이 붙여진 교회에 안치되어 있었다. 이 지상 어디에 로마처럼 영적인 면죄의 특권을 푸짐하게 하사받은 도시가 또 있었던가!

로마 여행

영원한 도시인 로마로 여행 갈 기회가 오자 루터는 마냥 즐거웠다. 아우구스티누스 수도회 내부에 교황이 해결할 수밖에 없는 논쟁이 생겨 에르푸르트 분회를 대표해서 두 형제가 이 성도(聖都)로 파송되었던 것이다. 그 가운데 한 형제가 마르틴 루터였다. 때는 1510년이었다.

로마 여행을 통해 마르틴 루터의 성격이 아주 잘 드러나고 있다. 그가 그곳에서 목격한 것과 그다지 관심 없이 본 것이 그를 조명해 준다. 르네상스의 예술 같은 데는 흥미가 없는 그였다. 물론 아직은 위대한 작품이 드러나지 않은 때이기도 했다.

때는 겨우 성 베드로 대성당의 새로운 교회 현관 기둥이 놓여졌으며 시스티나 성당이 완공되기 전이었다. 그러나 핀투리키오(Pinturicchio)가 벽에 그린 프레스코화는 볼 수 있었으니, 루터가 르네상스 시기의 모든 마돈나보다 복음서 기록자 누가가 그렸다는 동정녀 마리아에게 더 흥미를 갖지 않았더라면 그 프레스코화를 보고 경탄을 금치 못했을 것이다. 또다시 고대의 잔해는 열성을 불러일으키기는커녕 형제 살해 범죄 위에 세워지고 순교자들의 피로 얼룩진 이 도시가 바벨탑처럼 하늘의 공의에 따라 무너졌다는 점을 실례를 들어 교훈하는 데 그쳤다.

르네상스의 로마나 고풍의 로마보다는 성인들이 자리 잡은 로마가 더 루터의 마음에 들었다. 맡겨진 수도회의 일은 이 특별한 기회를 이용해서 자신의 영혼을 구원하는 데 방해가 될 정도로 시간이 많이 걸리는 일은 아니었다. 루터의 심정은 영원한 도시가 눈에 들어오는 순간 "야, 거룩한 로마다!" 하고 외치는 순례자의 심정이었다. 오직 이곳에서 얻을 수 있는 엄청난 영적 혜택을 자신과 자신의 친척들을 위해 모조리 긁어모을 참이었다. 그러나 주어진 시간은 한 달뿐이었다. 분초를 어렵게 쪼개어 사용할 수밖에 없었다. 아우구스티누스 수도회의 일과도 수행해야 했지만 일반 고해에 참여하고, 거룩한 예배당 미사에도 참석하며, 카타콤과 교회들을 방문하고, 뼈, 유골 상자 그리고 모든 성보를 숭배할 여유는 있었다.

여러 종류의 환멸이 일시에 몰려들었다. 그 가운데는 그의 직접적인 문제와 관련되지는 않았지만 전반적인 실망에 따른 것도 있었다.
일반 고해에 참예하면서 그는 고해 신부의 무자격에 당황했다. 이탈리아 신부들의 철저한 무지와 경박성을 보고 그는 어안이 벙벙했다. 자기는 겨우 미사의 한 부분을 낭송하고 있는데 그들은 여섯 일곱 부분을 거뜬히 해치웠다. 자신은 겨우 복음편에 와 있는데 그들은 벌써 다 마치고 "파싸! 파싸!"(Passa! Passa!, 빨리 따라오라구!) 하면서 으름장을 놓았다.
루터가 자신의 수도원에서 한 발자국만 더 옮겨서 미사 신부들을 찾아가 보았다면 독일에서도 똑같은 꼴을 목격했을 것이다. 이 미사 신부들이란 성찬을 받을 사람 앞에서가 아니라 죽은 사람들을 위해서 하루에도 몇 차례씩 규정된 미사를 되풀이하는 임무를 맡은 자들이었다. 그러한 습관은 불경을 낳았다.
또한 이탈리아 성직자들 가운데는 지나칠 정도로 신앙심이 없어서 성체를 두고 "그대는 빵이니 빵으로 남을 것이요, 그대는 포도주이니 포도주로 남을지어다."라는 식의 망발을 퍼붓는 자도 있었다.
소박한 북부 지방에서 온 독실한 신자에게 이러한 사실은 정말 충격이었다. 교회는 오래전부터 성례의 효력은 집례자의 성격에 좌우되는 것이 아니라고 가르쳐 왔던 만큼 루터가 그들 때문에 자신의 구도의 타당성을 두고 낙심할 필요는 없었다.
마찬가지로 로마 성직자들의 눈살 찌푸리게 하는 품행에 대한 소문이 루터의 귀에 들렸다 해도 그것 때문에 영적인 축복을 수여하는 거룩한 로마의 능력에 대한 그의 신앙이 파괴되지는 않았을 것이다. 그와 동시에 만약 지옥이 있다면 로마야말로 바로 그 위에 세워져 있다는 얘기를 듣고 소스라치게 놀랐다. 그가 얄궂은 얘기를 지어내는 사람은 아니었지만 명예롭지 못한 지역에 성직자들의 출입이 잦다는 것도 들어서 알고 있었다. 그런가 하면 자신들이 여자들과 어울리기 때문에 덕스럽다고 떠벌리는 자들도 있다는 소문이 나돌았다. 교황 알렉산데르 6세(Alexander VI)의 불미스런 기억은 아직도 악취를 풍기고 있었다. 가톨릭 역사가들은 르네상스 당시 교황들의 망신거리를 솔직히 인정하고 있으며 신교의 개혁과 마찬가지로 구교의 개혁도 이러한 비리를 근절하는 데 큰 관심을 기울였다.

그러나 이러한 씁쓸한 사실 때문에 신실한 자들의 순수한 선에 대한 루터의 확신이 박살나지는 않았다. 문제는 자신과 자기 식구들에게 돌아갈 여분의 공로가 그들에게 있는가, 그 여러 곳의 성지에 그곳을 찾는 사람들에게 돌아갈 공로가 있는가 하는 점이었다. 바로 이 대목에서 그의 의심은 꼬리를 물기 시작했다.

그는 엉금엉금 기어서 빌라도의 계단을 오르면서 한 계단을 오를 때마다 '주기도문'을 외웠으며 연옥에서 한 영혼이라도 구출해 보겠다는 일념으로 각 계단에 입을 맞추었다. 루터는 자기 부모님이 연옥에 가 계셨다면 자신이 그들에게 그처럼 특이한 혜택을 베풀 수 있었을 텐데 그렇지 않은 것이 속상할 정도였다. 그래서 할 수 없이 할아버지 하이네(Heine Luther)를 끌어내 주기로 마음먹었다. 한 계단 한 계단 되풀이 읊조리는 '주기도문', 그리고 그때마다 했던 키스, 맨 윗 계단에 선 루터는 몸을 일으키며 소리쳤다.

그러나 이때 한 이야기는 전설에서 말하는 "의인은 믿음으로 말미암아 살리라!"가 아니었다. 아직 그가 그 정도로 발전하지는 않은 때였다. 그가 한 얘기는 "그게 사실이란 것을 누가 알지?"였다.

참으로 얼떨떨하게 만드는 의심이었다. 신부들이야 경박스럽거나 말거나, 교황들이야 음란하거나 말거나, 교회에 은혜의 특효약이 있다면 상관할 게 못

되었다. 그러나 그리스도께서 딛고 오르셨다는 바로 그 계단을 오르며 모든 기도를 줄줄 외워도 아무 소용이 없다면 그동안 믿어 오던 소망의 위대한 터전 가운데 한 층이 또 무너지는 셈이었다.

　루터는 자신이 로마에 갈 때는 양파를 들고 갔지만 돌아올 때는 마늘을 가지고 되돌아왔다고 쏘아붙인 적이 있다.

제3장 복음
대속주 예수 그리스도를 통한 유일한 구원의 길을 깨닫다

하나님께서 그리스도를 통해 이 모든 일을 하신다니, 가장 높으신 분, 가장 거룩하신 분이 또한 사랑이시라니, 감히 입으로 부를 수도 없는 하늘의 왕께서 몸소 우리의 육신을 덧입으시고, 배고픔과 추위, 죽음과 좌절에 시달리시다니, 이 얼마나 놀라운 은혜인가! 그분은 구유 속에 누워 계셨으며, 목수 일을 하셨으며, 세상 죄에 짓눌려 버림받은 자로 죽어 가셨다. 복음은 하나의 기적이라기보다는 하나의 불가사의요 구구절절이 놀라운 일로 가득 차 있다. 이것을 이해할 수 있는 사람은 누구인가? 철학으로는 어림도 없다. 오로지 믿음만이 이처럼 숭고한 신비를 붙잡을 수 있다. 이것은 현명하고 예리한 사람들에게는 감춰진 십자가의 어리석음이다.

로마에서 돌아오자마자 주거지가 바뀌는 바람에 루터는 새로운 영향을 받았다. 그는 에르푸르트에서 비텐베르크로 전속되어 그곳에서 나머지 일생을 마치게 되었다. 에르푸르트와 비교할 때 비텐베르크는 인구가 2,000에서 2,500명에 지나지 않는 작은 마을이었다. 이 읍의 전체 길이는 약 1.4km에 지나지 않았다. 당대 사람들은 이곳을 '튀링겐의 보석' 이라 부르기도 하고 '악취나는 모래 언덕' 이라 부르기도 했다. 이곳은 모래 지대 위에 세워졌기 때문에 '흰 언덕', 곧 '비텐베르크'(Witten-Berg)로 불렸다. 루터가 이곳을 두고 칭찬한 적은 한 번도 없지만 이런 노래를 부른 적은 있다.

자그만 땅, 자그만 땅, 모래 더미야.
파보자니 흙이 얕고 거두자니 수확이 빈약하구나.

그러나 사실은 그곳에서 아무것도 나지 않는 것은 아니었다. 곡식, 채소, 과일은 풍성했으며 근처 숲속에서는 사냥도 즐길 수 있었다. 한쪽으로는 엘베강이 흐르고 다른 한쪽으로는 해자가 읍을 둘러싸고 있었다. 두 개의 물줄기가 위쪽 성벽을 가로지르는 나무 수도관을 통해 들어와 시가지의 한복판으로 두 길을 내며 흐르다가 물방앗간에서 하나로 합쳐졌다. 덮개 없이 느리게 흐르는 물은 편리하기도 했지만 불결하기도 했다. 루터가 살았던 아우구스티누스 수도회 수도원은 성(城) 교회 정반대 쪽에 있었다.

이 마을의 으뜸가는 자랑거리는 선거후인 프리드리히 3세(Friedrich III), 별칭 '현인(賢人) 프리드리히'가 애지중지하는 대학이었다. 그는 이 새로운 대학이 1세기의 역사를 가진 라이프치히 대학의 명성에 도전하기를 바라며 애쓴 사람이다. 이 새로운 재단이 바라던 대로 번창하지 않자 선거후는 아우구스티누스 수도회와 프란체스코 수도회를 초청해서 새로운 세 명의 교수를 영입하는 데 성공했다. 그 가운데 한 명이 루터였다. 때는 1511년이었다(루터가 1511년 비텐베르크로 전출되기는 했으나, 강의는 그 이듬해 신학 박사 학위를 취득하고 나서 시작했다-편집자 주).

루터는 이렇게 이사하면서 한 사람과 친하게 사귀게 되었는데, 바로 그의 성장에 결정적인 영향을 끼쳤던 아우구스티누스 수도회 독일 관구장 요한 폰 슈타우피츠(Johann von Staupitz)였다. 그보다 더 훌륭한 영적 선배가 또 있을 수 없

1627년의 비텐베르크 전경.

제3장 복음 | 73

었다. 이 관구장은 스콜라 철학자들이 영적 질환에 대해 처방해 놓은 치료책을 모조리 알고 있었다. 그뿐 아니라 자신의 종교 생활을 열렬하게 유지하면서 동시에 남의 고통을 충분히 이해해 주는 사람이었다. 루터는 "슈타우피츠 박사님이 계시지 않았다면, 난 지옥에 빠져들고 말았을 거야."라고 말했다.

루터의 여러 가지 난제는 끈질기게 계속되었다. 그것의 정확한 흐름을 우리로서는 알 길이 없다. 그의 전율은 크레셴도를 거치다가 어느 한 대목에서 쾅 하고 끝난 것이 아니다. 오히려 그는 여러 가지 위기를 통과하면서도 상대적인 안정을 느낀 사람이다. 시간, 장소, 또는 논리적 연관성을 꼬집어 말하기엔 무대가 너무 길다. 하지만 이것만은 명백하다. 루터는 하나님으로부터 소외된 한 영혼의 괴로움을 달래고자 당시 가톨릭의 자원을 샅샅이 뒤진 사람이다.

선행의 길을 시도해 보았지만 자신의 행위로는 결코 자신을 구원할 수 없다는 것을 발견한 사람이었다. 성인들의 공로를 통해 덕을 볼까 했지만 그것은 하나의 의심으로 끝나고 말았다. 이 의심은 순간적으로만 심각했던 것이 아니라 그의 확신을 모조리 부서뜨리기에 충분했다.

고해의 실패

그와 동시에 그는 다른 길을 탐사하려고 노력했으며 가톨릭은 그에게 내놓을 것이 많았다. 구원은 인간의 성취에 의존하는 것이 결코 아니었다. 교회의 성례 제도는 인간에게 하나님의 도우심과 은총을 중재하도록 고안되어 있었다. 특별히 고해 성사는 성도들뿐 아니라 죄인들에게도 위로를 제공했다. 이러한 제도가 마련된 것은 단지 사람들이 모든 잘못을 털어놓고 용서를 구하도록 하는 데 그 의의가 있었다.

루터는 이 비상한 자비를 자신의 것으로 삼으려고 쉴 새 없이 안간힘을 썼다. 고해가 아니었다면 오래전에 마귀에게 잡혀 먹히고 말았을 것이라고 간증한 적이 있다. 시간을 가리지 않고 하루에도 몇 차례씩 아니 어떤 때는 내리 여섯 시간을 고해했다. 죄란 어느 것이고 토해 내야 용서받을 수 있었다. 그러므로 영혼을 샅샅이 뒤지고 기억을 이 잡듯이 털며 갖가지 동기를 저울질해야 했다. 여기에 대한 한 가지 도움이 있는데 그것은 참회자가 일곱 가지 큰 죄(교만, 탐심, 욕정, 화, 과식, 시기, 게으름)와 십계명을 훑는 것이었다. 루터는 한 번 고해할 때마다 하나도 빠뜨리지 않기 위해 자신의 생활을 검토하곤 했다. 그러자 하루는 고해를 들어 주던 사제가 지겨운 나머지 "이봐요, 하나님께서 당신에게 화를 내시고 있는 게 아니라 당신이 하나님께 화를 내고 있군요. 소망을 가지라는 하나님의 명령은 잊었나요?" 하고 소리치고 말았다.

이처럼 끈덕지게 고해하다 보니 대충 큰 범죄는 분명히 제거되었다. 루터가 꺼림칙해하는 찌꺼기 죄는, 슈타우피츠가 보기에는 병든 사람의 조바심으로밖에 보이지 않았다. "여보게." 하고 그는 말했다. "그리스도께 사죄를 받고 싶거든 뭐 좀 용서할 거리를 가지고 들어오라구. 이 따위 시시껄렁하고 자질구레한 죄가 아니라 아버이 살해니, 신성모독이니, 간음이니 하는 걸로 말야."

그러나 루터에게 문제되는 것은 죄의 크고 작음이 아니라 죄가 모조리 토해 내졌느냐 그렇지 않느냐였다. 이런 그에게 가장 어려운 문제는 하나도 빠뜨리지 않고 기억해 냈다는 확신을 가지는 것이었다. 그는 체험을 통해서 기억이 얼마나 교활하게 자아(ego)를 감싸는가를 터득했으며 여섯 시간이나 고백한 뒤에도 여전히 검열을 피해 빠져나간 죄가 있다는 걸 알고서 소스라치게 놀라기도 했다. 더욱더 괴로운 것은 인간의 비행 가운데는 기억되기는 고사하고 아예 생각나지도 않는 것이 더러 있다는 발견이었다.

인간들은 아무런 양심의 가책도 없이 종종 죄를 저지르곤 한다. 아담과 하와는 먹지 말라는 나무의 열매를 먹고도 언제 그랬느냐는 듯이 시원한 곳을 찾아 산책을 즐겼으며, 요나는 여호와께서 맡겨 주신 사명을 뿌리치고 달아나는 판에 배 밑창에서 단잠을 즐겼다. 각각 비난하는 자와 마주친 다음에야 죄책이 떠올랐다. 그런가 하면 비난을 들을 때 아담처럼 "하나님이 주셔서 나와 함께 있게 하신 여자 그가……주므로"와 같은 식의 말로 얼버무리곤 한다. 이건 마치 하나님께 대고 "여자가 날 꾀었는데 그 여잔 당신이 내게 준 여자죠. 그러니 잘못은 당신에게 있단 말이오." 하고 덤비는 식이다.

루터의 얘기에 따르면 인간에게는 일일이 열거하고 고백하고 사죄를 받을 수 있는 어떤 특수한 죄목보다 근본적으로 잘못된 점이 있다. 인간의 본성 그 자체가 타락해 있는 것이다. 참회 제도가 실패하는 것은 그것이 특수한 잘못만을 대상으로 삼기 때문이다. 용서를 받아야 할 대상은 전적으로 인간이라는 것을 루터는 간파하게 되었다. 이 구도의 과정을 거치는 동안 그는 객관적 타당성이라는 울타리를 통과하면서 정서적으로 혼란을 일으켰다. 그러기에 자신의 고해를 들어 주는 사람에게서 자신의 잘못을 너무 과장한다는 얘기를 들었을 때 루터는 이 상담자가 내용을 이해하지 못하고 있으며, 따라서 그의 위로 역시 쓸모없다는 결론을 내렸다.

그 결과 이루 말할 수 없이 소름 끼치는 불안이 그를 사로잡았다. 자신의 영혼이 공포의 내습을 받았다. 바람에 흩날리는 나뭇잎 소리만 들어도 부들부들 떨 정도로 마음의 갈피를 잡지 못했다. 영혼이 망상으로 겁을 먹었다. 어둑어둑한 때 일어나 보면 자기 생명을 데려가려고 누가 찾아와 서 있는 것만 같은 망상이었다. 하늘의 천사들은 모조리 후퇴하고 나약한 영혼에게 날름거리며 손짓하는 악마밖에 없었다. 육체적인 어떤 고통보다도 더 지독한 고문이 많았다고 루터는 자주 간증했다.

그의 설명을 듣고 있으면 그것이 전형적인 정신 질환과 너무도 흡사하기 때문에 그의 불안의 원인을 정말 진정한 종교적인 갈등으로 보아야 할 것인지 아니면 위선(胃腺) 같은 분비선의 결함으로 보아야 할 것인지 의심이 갈 정도다. 이러한 질문에 대해서는 그의 생애의 다른 시기를 검토하고 많은 자료를 살핀 후에야 제대로 답을 내릴 수 있다. 여기서는 그 어떤 질환 때문에 그의 엄청난 작업 능력이 손상된 일도 없었고, 그가 씨름한 문제들은 상상에 의한 것이 아니라 그가 양육받고 자란 종교 안에 이미 내포되어 있었으며, 그의 정서적인 반응은 그가 나중에 우울증이 걷힌 다음에 인정했듯이 지나쳤으며, 중세 종교가 제공한 도움을 하나도 빠뜨리지 않고 차례차례 섭렵했다는 정도로 그치자.

그는 하나의 강력한 막다른 골목에 부딪혔다. 죄를 용서받으려면 고해해야 했다. 고해하려면 먼저 생각해 내고 기억에 떠올려야 했다. 생각나지도 않고 기억에도 없으면 고해할 수도 없었다. 고해하지 않으면 용서받을 수 없었다. 여기서 빠져나가는 길은 이 전제를 부정하는 것밖에 없다. 그러나 루터로서는 아직 그럴 단계는 아니었다.

이 시점에서 슈타우피츠는 루터의 관심을 개인적인 죄에서 인간의 본성으로 돌려놓으려 함으로써 큰 도움을 주었다. 루터는 여기서 그가 터득한 내용을 나중에 이렇게 말했다. 곧 의사는 환자가 천연두에 걸린 여부를 알아보기 위해 물집을 하나하나 다 조사할 필요가 없으며 흉터를 하나하나 긁어내는 식으로 이 병을 치료할 수는 없다. 특수한 잘못에 집중하라는 것은 절망해 버리라는 얘기나 다름없다. 파도를 본 베드로는 물에 빠지고 말았다. 변화받아야 할 대상은 인간의 본성 전부였다.

신비주의자들의 방법

이것은 신비주의자들이 꿰뚫어 본 내용이었다. 슈타우피츠는 그 신비주의자 가운데 한 사람이었다. 신비주의자들이라 해서 참회 제도를 배척하지는 않았지만 그들이 말하는 구원의 길은 본질적으로 달랐으며 통째로 인간을 그 대상으로 삼고 있었다. 인간이란 연약한 존재로, 더 이상 몸부림치며 뭘 얻으려 할 것이 아니라 하나님의 존재와 사랑 앞에 고분고분하게 엎드려야 했다.

이러한 새 삶에는, 그들의 말에 따르면 일정한 준비 기간이 필요하며 그동안 자아의 주장, 오만불손, 교만, 실리추구, '나', '나에게', '나의 것'에 결부된 사고 방식을 모조리 털어 버려야 했다. 루터가 공로를 받으려고 몸부림치던 그 노력도 '자기 주장'의 한 형태였다. 뭘 하려고 노력할 것이 아니라 자신을 굴복시키며 하나님 속에 빠져들어 가야 옳았다. 신비주의자들이 제시하는 길의 끝은 피조물이 창조주에게, 물방울이 바다에, 촛불이 이글거리는 태양에 말려 들어 가는 것이다. 발버둥치는 사람이 들뜬 상태를 극복하고 자신의 몸을 두들겨 패는 일을 그만두며 영원하신 분에게 겸손히 항복한 채 존재의 심연에서 자신의 평화를 찾는 것이다.

루터가 이 길을 지나칠 리 만무했다. 때때로 자신이 천사들의 합창을 듣는 것 같은 고상한 분위기에 빠져들기도 했지만 이내 소외 의식이 되돌아오고 말았다. 이것을 가리켜 신비주의자들은 영혼의 밤중, 메마름, 약탕기가 더 이상 부글거리지 않을 때까지 불을 때지 않는 것이라 불렀다. 그는 환희가 돌아올 때까지 기다리라는 충고를 받았다. 그러나 루터에게는 이 기쁨이 돌아오지 않았다. 그러기엔 인간과 하나님의 적대감이 너무 컸다. 인간이 아무리 무기력하다 해도 조물주에게는 여전히 반역자인 것을 어쩌랴.

루터의 괴로움이 더 예리했던 것은 인간이 지금까지 괴로워하던 모든 난제를 한꺼번에 의식했기 때문이다. 그가 한 번에 한 문제씩 차례로 취급했다면 보다 더 쉽게 해결할 수 있었을지도 모른다. 개별적인 죄로 시달리는 사람들에게는 교회가 참회 제도를 통해서 용서를 베풀지만 이 사죄는 루터가 도달할 수 없는 조건에 의존하고 있었다. 이러한 시험을 감당 못할 정도로 허약한 사람들에게는 몸부림을 그만두고 신성의 심연에 자신을 망각하는 신비주의적인 길이 있었다. 그러나 루터에게는 하나님이 더러운 인간이 다가갈 수 있는 호의적인 심연으로 그려지지 않았다. 하나님은 거룩하고 장엄하게 파괴적이며 모조리 태우는 그 무엇이었다.

하나님께서는 접근할 수 없는 빛 가운데 계시다는 것을 모르는가? 우리 연약하고 무지한 피조물들은 하나님의 경이로움의 측량할 수 없는 빛에서 발휘되는 신비한 위엄을 탐구하고 이해하려 든다. 우리는 접근한다. 즉 거기에 접근하려고 준비한다. 그런데 그때 우리를 압도하며 박살내는 그의 능력은 또 무슨 경이인가!

루터의 고통은 너무도 날카로웠기에 종교에서 이야기하는 어떠한 손쉬운 도움도 마음을 달래 주지 못했다. 기도를 해도 공포는 가라앉지 않았다. 무릎을 꿇고 앉은 그에게 유혹자는 "여보게 친구, 기도는 무슨 기도야? 자네 주위는 조용할 뿐이지 않은가? 하나님께서 자네 기도를 듣거나 조금이라도 관심을 가지실 것 같은가?" 하고 뇌까렸다.

슈타우피츠는 루터가 너무 종교를 어렵게 만들고 있다는 것을 깨닫도록 도왔다. 꼭 한 가지 필요한 것이 있었는데 그것은 하나님을 사랑하는 일이었다. 물론 이것은 신비주의자들이 즐겨 얘기하는 충고 가운데 하나였지만 이 의도적인 위로의 말이 화살처럼 아프게 와 박혔다. 모든 걸 태워 버리는 하나님을 어떻게 사랑할 수 있겠는가? 시편에도 "여호와를 경외함으로 섬기라."라는 말이 있다. 그렇다면 노발대발하며, 심판하며, 정죄하는 하나님을 누가 사랑할 수 있단 말인가? 무지개 위에 앉아서 저주받은 사람들을 지옥불로 몰아붙이는 그리스도를 누가 사랑할 수 있단 말인가? 십자가는 보기만 해도 번뜩이는 번개나 다름없었다. 그럴 때면 그 성난 아들로부터 자비로우신 어머니에게 달아나곤 하던 그였다. 성인들을 21명이나 자신의 특별한 수호 성인으로 정해 놓고 세 명씩 교대로 일주일 가운데 하루를 맡아달라던 그였다. 그러나 모든 게 허사였다. 하나님께서 성내시고 계신데 중재는 무슨 중재란 말인가?

최종적이요 가장 혹심한 의심이 이 젊은이를 엄습했다. 어쩌면 하나님마저도 공정하지 않을지 모를 일이었다. 이 의구심은 하나님의 특성과 행동에 대한 견해에 따라 두 가지 형태로 나타났다. 이 양자의 밑바닥에는 하나님은 너무 절대적이어서 인간적 정의 관념으로는 도저히 제한할 수 없다는 생각이 깔려 있었다. 루터를 키워 온 스콜라 철학자들은, 하나님은 아무런 구애도 받지 않는 분이므로 그분이 만든 규칙 이외의 것으로는 아무도 그분을 제약할 수 없다고 생각했다. 인간의 업적이 아무리 갸륵해도 하나님께서 꼭 보상해야 할 의무가 있으신 것은 아니다. 대개는 하나님께서 보상하실 것으로 예상해도 무방하지만 거기에 대한 명확한 확실성은 어디에도 없다. 루터에게 이것은 하나님은 변덕스럽고, 인간의 운명은 점칠 수 없다는 뜻으로 풀이되었다. 이 두 번째 견해가 더욱더 괴롭게 했던 것은 인간의 운명은 이미, 어쩌면 불리하게 정해졌다는 뜻이 담겨 있었기 때문이다. 하나님은 너무도 완벽하기 때문에 그 어느 것도 우연일 수 없다. 인간의 운명은 이 세상의 터가 닦여진 이후로 쭉 결정지어져 있었으며 대부분 인간의 성격 역시 이미 고정되어 있었다.

이 견해가 더욱더 루터에게 파고들었던 것은 그것이 자기 수도회의 창설자의 견해였기 때문이다. 곧 아우구스티누스(Aurelius Augustinus)는 바울의 뒤를 따라 하나님께서는 인간의 공로에 상관없이 어떤 사람은 귀한 그릇으로, 또 어떤 사람은 천한 그릇으로 쓰려고 이미 선택하셨다고 주장했다. 버림받은 자들은 아무리 발버둥쳐도 버림받은 자들이요, 구원받은 자들은 무슨 짓을 해도 구원받은 자들이다. 구원받은 것으로 생각하는 사람들에게는 이것이 이루 말할 수 없는 위로가 되지만 저주받은 것으로 생각하는 사람들에게는 소름끼치는 고문이다. 루터는 이렇게 절규한 적이 있다.

> 하나님께서 단지 변덕을 부리며 인간들을 내팽개치고, 강퍅하게 하며, 저주한다는 것은 우리의 이성이 상상할 수 없는 얘기가 아닌가? 그건 마치 그처럼 자비롭고 선하신 분이 비참한 자들의 죄와 고문을 두고 영원토록 희희낙락거린다는 얘기나 다름없지 않은가? 이건 돼먹지 못한 소리요 잔인하며 하나님께 용납될 수 없는 소리다. 이것 때문에 모든 세기에 걸쳐서

상심한 사람이 얼마나 많은지 모른다. 그렇지 않을 사람이 어디 있겠는가? 나 자신도 이 절망의 심연에 들어설 때 몇 번이나 차라리 태어나지 않았다면 좋았을걸 하고 탄식했는지 모른다. 하나님을 사랑하라고? 난 그분을 증오했던 사람이다!

모독의 발언이 터져 나오고야 말았다. 이러한 발언이 극악한 죄가 되는 것은 그것이 만물 가운데 가장 위대한 분, 위엄스런 하나님에 대한 무례이기 때문이다. 루터가 슈타우피츠에게 이 얘기를 하자 "난 모르겠는걸!"(Ich verstehe es nicht!)이라는 대답이 떨어졌다. 그렇다면 온 세상에서 그처럼 시달린 사람이 루터밖에 없었다는 말인가? 슈타우피츠에게는 그런 시련이 전혀 없었는가? "없었지." 하고 그는 대답했다. "그건 자네의 밥과 물이잖아." 분명히 그는 루터가 여러 가지 불안에 휩싸여 있음을 눈치챘던 것으로 보인다. 그래서 그는 그리스도께서는 죄를 용서하려고 피를 쏟으셨다는 말로 안심시킬 수밖에 없었다. 그러나 루터는 복수자 그리스도에 대한 모습에 너무나도 눌려 있었기 때문에 구속자 그리스도에 대한 생각으로 위로받을 처지가 아니었다.

그러자 슈타우피츠는 이 고문당하는 영혼에게 뭔가 효과적인 치료책을 궁리하기 시작했다. 그는 루터가 도덕적으로 진지하고, 종교적으로 예민하며, 비상한 재능을 가진 사람이라는 걸 파악하고 있었다. 왜 그의 곤경이 그처럼 엄청나며 그처럼 끈덕진지 알다가도 모를 일이었다. 이론과 위로로는 전혀 통하지 않았다. 뭔가 다른 방법이 있어야 했다. 어느 날 슈타우피츠 관구장은 수도원 뜨락에서 수도사 마르틴이 그가 애지중지하는 배나무 아래 있는 것을 보고 다가가 박사 학위 과정을 밟은 다음 대학에서 설교도 하고 성경 강의도 맡아 보라고 제안했다. 루터는 입을 딱 벌리면서 열다섯 가지 이유를 주섬주섬 대며 죽어도 그런 일은 못하겠다고 잡아뗐다. 요컨대 그 많은 일을 하다 보면 치여 죽고 말 것이라는 얘기였다. "그거 잘됐군." 하고 슈타우피츠는 응수했다. "하늘에 가면 하나님께서 영리한 사람들에게 맡기실 일이 밀려 있으니까."

슈타우피츠의 제안이 무모하지는 않으나 대담했다는 점을 생각하면 루터가 아연해한 것도 당연했다. 종교적인 문제로 붕괴 직전에 놓인 젊은이에게 병든 사람들의 교사, 설교자, 상담자의 일을 맡기려는 셈이었기 때문이다. 슈타우피츠의 얘기는 사실 "의사 선생, 남의 병을 고치면서 자기 병을 고쳐 보시지."라고 하는 말이나 다름없었다. 루터는 근본적으로 건전한 사람이라서 남의 치료를 맡겨 놓으면 그들을 생각해서라도 위협에서 약속으로 눈길을 돌리게 될 것이요, 그가 남들에게 간직하라고 외치는 은혜가 어느 정도 자신의 몫이 될 것임을 슈타우피츠는 파악했음에 틀림없다.

슈타우피츠는 또한 루터가 가르치게 될 과목을 통해서 도움을 받게 되리라는 것도 알았다. 루터에게 물려주려는 자리는 슈타우피츠가 맡고 있던 성경 교수 자리였다. 여기서 그가 겸손히 은퇴하는 배경에는 이 몸부림치는 형제를 그의 종교의 원전(原典)으로 몰아 그것과 씨름하게 하려는 의도가 있었을 것이라고 추측할 수도 있다. 그런가 하면 루터가 왜 좀더 일찍 이 생각을 하지 않았을까 하고 궁금해하는 사람도 있을 수 있다. 그 이유는 성경을 대할 수 없었기 때문이 아니라 루터가 하나의 규정된 과정을 따랐을 뿐이요, 당시 성경은 신학 교육의 필수 과목이 아니었기 때문이다.

하지만 기독교의 비밀을 캐려는 사람이라면 누구나 어쩔 수 없이 성경으로 이끌릴 수밖에 없는 것은 기독교의 기초가 과거에 일어났던 일, 곧 하나님께서 역사의 한 대목;에서 그리스도를 통해 나타나신 성육신이기 때문이다. 성경에는 바로 이 사건이 기록되어 있다.

복음적인 체험

루터는 성경의 내용을 배우며 가르치는 일에 전념했다. 1513년 8월 1일, 그는 시편 강의를 시작했다. 1515년 가을에는 사도 바울의 로마서를 강의했다.

갈라디아서는 1516년과 1517년에 걸쳐서 취급되었다. 이 연구가 루터에게는 다메섹으로 가는 길이었다.

그의 혼란을 해결한 세 번째 종교적 위기는 슈토테른하임에서의 날벼락을 통한 첫 격동이나 처음으로 미사를 집례하는 도중에 그를 엄습해 온 두 번째 전율과 같은 지진에 비하면 나지막한 음성과 같았다. 이 세 번째 위기를 재촉한 것은 벼락도 아니요, 하늘의 허깨비도 아니요, 종교 의식도 아니었다. 그 장소도 앞을 내다볼 수 없이 폭우가 퍼붓던 외진 길이나 거룩한 제단이 아니라 아우구스티누스 수도회의 탑 안에 있던 조용한 서재였다. 루터의 문제 해결은 일상 임무를 수행하는 가운데 그 실마리가 잡혔다.

그의 첫 강의는 시편에 관한 것이었다. 그는 시편과 구약을 하나의 전체로 보았다. 그 시대 사람들과 마찬가지로 그에게도 그것은 구속자의 삶과 죽음을 그림자로 보여 주는 기독교의 책이었다.

이것이 그리스도와 관련이 있다는 점은 그가 시편 22편을 읽을 때 틀림없는 사실이 되었다. 그리스도께서 "나의 하나님, 나의 하나님, 어찌하여 나를 버리셨나이까."라고 십자가에서 운명하시면서 외친 말씀은 바로 1절의 인용이었다. 이것이 무슨 뜻일까? 그리스도께서는 분명히 하나님의 버림을 받고 내팽개쳐진 것으로 느끼셨다. 그렇다. 그리스도께도 '안페히퉁'(Anfechtung, 믿음의 시련)이 있었다. 루터가 한 시간의 10분의 1도 견딜 수 없어서 죽을 뻔했다고 했던 철저한 황량함을 그리스도께서는 돌아가시면서 이미 체험하셨다. 사람들에게 배척받으신 그리스도는 동시에 하나님의 배척을 받으셨다. 이것이야말로 채찍질, 가시 면류관, 못질보다 얼마나 더 지독했겠는가! 십자가에서와는 달리 동산에서는 땀방울 대신 피로 흥건히 젖으셨던 분이다. 그리스도께서 지옥에 내려가셨다는 것은 바로 하나님으로부터의 이 소외감에 지나지 않았다. 그리스도께서는 루터가 당할 것을 이미 당하셨다.

곧 루터는 뒤러(Albrecht Dürer)가 '비탄에 젖은 그리스도'(Man of Sorrows)를 그

1541년 판 루터 성경의 표지.

리며 자기 자신의 모습을 투영했듯이, 그리스도께서 당하신 그 고난을 자신이 당하고 있다는 걸 깨달았다.

그리스도께서는 왜 이런 절망을 맛보셨을까? 루터는 자신이 그런 고통을 받는 이유에 대해서는 잘 알고 있었다. 그는 전능자 앞에서 무기력하고, 거룩자 앞에서 더러우며, 하늘의 왕을 상대로 모독스런 발언을 내뱉은 사람이다. 그러나 그리스도는 약하지도, 더럽지도, 입이 거칠지도 않으셨다. 그렇다면 무엇 때문에 그와 같은 슬픔에 사로잡히셨을까? 여기에 대한 유일한 해답은 그리스도께서 우리 모두의 불의를 짊어지셨다는 사실에서 찾을 수밖에 없다. 죄가 없지만 우리를 대신해서 죄가 되고 그렇게 함으로써 우리와 한 몸이 되어 우리의 소외감에 참여하셨던 분이다. 참으로 사람이었던 분이기에 그분은 자신이 인류와 함께 거룩한 하나님에게서 떨어져 나가는 걸 느낄 정도로 인류와의 일체감을 의식하셨다. 이 얼마나 새로운 그리스도의 모습인가! 그렇다면 죄인들을 정죄하려고 무지개 위에 앉아 있는 심판관은 어떻게 되는 건가? 그분은 여전히 심판관이시다. 진리가 오류를 가려내고 빛이 흑암을 몰아내듯이 심판할 수밖에 없지만 그분은 심판을 하면서 정죄할 수밖에 없는 자들과 더불어 고통을 느끼고 사형 선고를 받은 자들과 한마음을 느끼시는 분이다. 무지개 위의 심판관이 십자가 위의 버림받은 자로 바뀐 것이다.

여기서 또한 하나님에 대한 새로운 견해가 드러나고 있다. 소름끼치는 분은 자비로운 분이기도 하다. 노여움과 사랑이 십자가에서 융해되어 버린 것이다. 죄의 흉측함을 부정하거나 망각할 수는 없지만 죄인이 죽는 것보다는 돌이켜서 살기를 바라시는 하나님께서 쓰라린 죽음의 고통 속에서 화해를 발견하신 것이다. 이것은 아들이 자신의 희생제사로 노발대발하는 하나님을 달랬다는 얘기가 아니다. 또한 주님께서 자신을 부정하기까지 하는 인자하심으로 우리의 결핍을 메꿔 주셨다는 얘기만도 아니다. 그것은 버림받은 그리스도의 철저한 슬픔 속에서 어떻게 설명할 수 없는 방법으로 하나님께서 세상과 화해하실 수 있었다는 얘기다. 그렇다 해서 신비가 모두 풀리는 것은 아니다. 하나님께서는 여전히 때때로 깊은 어둠 속에 계신다. 우리에게는 두 하나님, 즉 이해할 수 없는 수수께끼 하나님과 그리스도를 통해서 우리에게 알려진 하나님이 계시는 것이다. 그분은 여전히 이글거리는 불이지만 이제는 정화, 단련, 치료하려는 뜻에서 타고 계시는 분이다. 십자가가 마지막 말은 아니므로 할 일 없이 소일하며 번의하는 하나님도 아니다. 자기 아들을 죽음에 내주었다가 다시 일으켜 세우신 분이기에, 그분과 함께 죄에 대해서 죽고 새로운 삶으로 일어나고자 한다면 우리를 그분과 함께 일으켜 세우실 것이다.

이것을 이해할 수 있는 사람은 누구인가? 철학으로는 어림도 없다. 오로지 믿음만이 이처럼 숭고한 신비를 붙잡을 수 있다. 이것은 현명하고 예리한 사람들에게는 감춰진 십자가의 어리석음이다. 이성은 물러설 수밖에 없다. "하나님께서 가냘픔 속에 자신의 힘을, 어리석음 속에 자신의 지혜를, 사나움 속에 다정함을, 죄악 속에 자신의 정의를, 노여움 속에 자신의 자비를 감추시는" 비밀이 이성으로 이해될 턱이 없다.

하나님께서 그리스도를 통해 이 모든 일을 하신다니, 가장 높으신 분, 가장 거룩하신 분이 또한 사랑이시라니, 감히 입으로 부를 수도 없는 하늘의 왕께서 몸소 우리의 육신을 덧입으시고, 배고픔과 추위, 죽음과 좌절에 시달리시다니, 이 얼마나 놀라운 은혜인가! 그분은 구유 속에 누워 계셨으며, 목수 일을 하셨으며, 세상 죄에 짓눌려 버림받은 자로 죽어 가셨다. 복음은 하나의 기적이라기보다는 하나의 불가사의요 구구절절이 놀라운 일로 가득 차 있다.

하나님께서는 먼저 그리스도를 통해 시작하신 일을 우리를 통해서도 계속하실 수밖에 없다. 아무런 잘못도 저지른 적이 없는 분이 십자가에서 버림을 받았다면, 정말 하나님과 떨어져 있는 우리는 깊은 상처를 받지 않을 수 없다. 그렇다고 해도 우리가 나무랄 입장이 못 되는 것은 그 상처를 통해서 우리가 낫기 때문이다.

평화로운 생각만 앞세우는 회개는 위선이다. 옛 사람을 털어 버리려면 그 사실을 정말 진지하게 생각하고 깊은 상처를 받아야 한다. 나무와 사람이 벼락을 맞으면 동시에 두 가지 일이 일어난다. 나무는 갈라지고 사람은 당장 죽는다. 그러나 죽은 사람은 하늘을 쳐다보고 갈라진 나뭇가지는 하늘로 향한다. ……우리는 구원을 청한다. 그리고 하나님께서는 저주보다는 구원하시려고……모든 성도 가운데서 가장 저주받고 버림받은 분이 바로 그리스도였다는 점을 생각하면 저주를 피해 달아나는 자들은 저주를 받기 마련이다.

십자가를 깊이 생각하면서 루터는 하나님이 심술궂거나 변덕스런 분이 아니심을 확신하게 되었다. 하나님께서 사마리아 사람처럼 우리의 상처에 쿡쿡 쑤시게 하는 포도주를 부으실 수밖에 없는 것은 그 다음에 아픔을 가라앉히는 기름을 바르려는 뜻에서다. 그러나 여전히 남는 문제는 하나님의 정의다. 노여움이 녹아 자비가 될 수 있고 하나님이 더욱더 그리스도인의 하나님이 되실 것이지만, 정의가 흐지부지되어 관용으로 뒤바뀐다면 그런 분이 어떻게 성경이 보여 주는 정의로운 하나님일 수 있겠는가?

이 시점에서 사도 바울 연구는 루터에게 이루 말할 수 없이 귀한 것이 되었고 그와 동시에 마지막 장애물을 제공했다. 바울이 하나님의 정의를 정확하게 얘기해 주는 이 대목에서 루터는 그만 후들후들 떨고 말았다. 하지만 그는 바울 역시 자기와 똑같은 문제를 안고 필사적으로 고민하다가 해답을 얻은 사람이기에 붙잡고 늘어졌다. 마침내 헬라어의 여러 가지 의미를 정확하게 분석하는 중에 빛이 쏟아졌다. 바울 서신에서 '정의'(justice)에 해당하는 헬라어에는 두 가지 의미가 있는데 영어에서는 '정의'(正義, justice)와 '칭의'(稱義, justification)로 번역되고 있다. 전자는 판사가 알맞은 판결을 내리는 것과 같은 엄격한 법의 시행이다. 후자는 죄가 없는 것으로 취급한다는 말로, 판사가 판결을 보류하고 죄수를 가석방시켜 그에 대한 신뢰와 친근한 관심을 보여 줌으로써 그 사람이 교화되고 궁극적으로 살을 한 근 떼어 내는 것보다 더 정의가 보존된다는 결의를 고취시키는 것과 같은 하나의 과정을 두고 하는 말이다. 마찬가지로 그리스도인의 거듭남의 체험에서 비롯되는 정신적 향상도, 혹 그것이 완전하게 될 수는 없을지 모르지만, 하나님의 정의를 분명히 드러내는 것으로 취급될 수 있었다.

그러나 여기서부터는 인간적인 비유가 통하지 않는다. 하나님께서는 앞날의 성취를 예상하는 조건으로 용서하지 않으신다. 그리고 인간은 현재나 앞으로 있을 무슨 업적으로 하나님과 올바른 관계에 들어서는 것도 아니다. 인간 쪽에 있어야 할 한 가지 필수 요건이 있다면 하나님께서 그리스도를 통해 구원을 시도하셨다는 점을 믿는 믿음이요, 하나님께서 자신의 여러 약속을 지키실 것이라는 신뢰요, 그분의 뜻과 길에 전적으로 의탁하는 것이다. 믿음은 업적이 아니다. 그것은 하나의 선물이다. 하지만 이 믿음은 말씀을 듣고 연구함으로써 가능하다. 이런 면에서 루터의 체험은 규범이 되고 있다. 새롭게 되는 전 과정을 가리켜 루터는 '이신칭의'(以信稱義, 믿음으로 죄가 없다는 취급을 받는 것)라고 하는데 이것은 바울을 연구하면서 얻은 말이다.

루터 본인의 얘기를 들어 보자.

바울의 로마서를 이해하려고 애쓰는 나에게 가장 큰 장애물은 '하나님의 의'였다. 그것은 이 의라는 말을 하나님은 의로운 분이요 따라서 불의한 사람들을 공정하게 처벌하신다는 뜻으로 받아들였기 때문이다. 그때 나의 상황으로 말하면, 수도사로서는 털끝만치도 흠잡을 데 없었지만 하나님 앞에서는 여전히 마음이 괴로운 죄인이었기에 도무지 나의 공로로는 그분을 누그러뜨릴 자신이 없었다. 그러므로 나는 공정하고 성난 하나님을 사랑하지 않았으며 오히려 증오하고 그분에게 투덜댔다. 그러면서도 여전히 나는 바울을 붙잡고 늘어지면서, 그의 말에 무슨 뜻이 담겨 있는지를 계속 생각했다.

밤낮을 가리지 않고 곰곰이 생각하던 어느 날, 나는 하나님의 의와 "의인은 믿음으로 말미암아 살리라."라는 말 사이에 관련이 있다는 것을 깨달았다. 그때 나는 하나님의 의란 하나님께서 은혜와 순수한 자비를 발휘하신 나머지 우리의 믿음을 보시고 우리를 죄가 없는 것으로 취급하시는 그 의라는 것을 터득했다. 그 순간 나는 새로 태어나서 활짝 열린 문을 통해 낙원에 이른 기분이었다. 성경 전체가 새로운 의미로 다가왔으며, 전에는 '하나님의 정의' 때문에 내 속은 증오로 꽉 차 있었지만 이제는 그것이 이루 말할 수 없이 소중하게 되었고 더 큰 사랑을 불러일으켰다. 바울 서신의 이 대목이 나에게는 하늘로 통하는 문이었다.

그리스도께서 자신의 구주시라는 사실을 참으로 믿는 순간 당신 곁에는 은혜로운 하나님이 서 계신다. 그것은 당신을 데리고 들어가서 하나님의 마음과 뜻을 활짝 열어 제치고 순수한 은혜와 넘치는 사랑을 보게 하는 것이 바로 믿음이기 때문이다. 믿음 안에서 하나님을 뵙는다는 것은 다름이 아니라 더 이상 노여움이나 불친절을 찾아볼 수 없는 그분의 아버지의 마음, 다정한 마음을 우리가 대하게 된다는 것이다. 하나님을 성난 분으로 보는 사람은 그분을 제대로 보는 것이 아니라 마치 그분의 얼굴에 검은 구름이 덮였을 때처럼 하나의 커튼을 대하고 있는 것일 뿐이다.

루터는 그리스도와 하나님을 새롭게 보게 되었다. 곧 고난받는 구속자와 갈보리 위에서 가려졌던 것이 벗겨져 드러난 하나님을 사랑하게 되었다. 그러면 이 새로운 견해를 통해서 그가 저 지옥의 숱한 잡신들에게서 거뜬히 벗어날 수 있었을까? 십자가를 통해서 하나님의 노여움과 은혜 사이의 갈등이 해결되고 바울의 도움으로 하나님의 정의와 용서 사이의 모순이 풀리기는 했지만 하나님과 마귀의 갈등은 어떻게 되는 걸까? 하나님은 만물의 주인이신가? 아니면 그분 자신도 숱한 악마들에게 훼방을 받으시는 분인가? 이러한 질문은 얼마 전까지만 해도 현대인에게 중세의 유물에 지나지 않는 것으로 보였으며 악마들에 대한 공포는 단순히 그들의 존재를 부정함으로써 물리쳤다. 오늘날은 이 음흉한 것이 너무 판을 치고 있기 때문에 어쩌면 저 하늘의 궁전에도 악의에 찬 세력이 있지 않을까 하는 생각을 해볼 정도다. 정신적 질환의 고통이 무엇인지 잘 아는 사람들은 그들의 운명을 재촉하겠노라고 억척스럽게 덤비는 사탄의 손길이 무엇을 뜻하는지 안다. 루터의 답변은 과학적인 것이 아니라 종교적인 것이다. 그는 전등불을 켜서 악마들을 내쫓지 않았다. 그 까닭은 오래전에 성전 휘장이 갈라지며 땅이 요동하고 흑암이 이 땅에 내려앉던 때 이미 그에게는 이 악마들이 일망타진되었기 때문이다. 그리스도께서는 처절한 고뇌를 겪으면서 하나님의 노여움과 은혜를 녹여 하나로 만들어 버리고 사탄의 졸개들을 깡그리 쫓아 버리셨다.

루터의 찬송을 듣고 있자면 집결한 군대의 말굽소리와 전쟁터의 함성, 승리의 노래가 들린다.

마귀의 감옥에 나 묶여 있었네.
사망의 고통이 날 휘감고 있었네.
밤낮으로 나의 죄 날 할퀴었네.
내 어머니 왜 날 낳으셨던고.
갈수록 영글어 가는 내 괴로움
인생이 재미없었네.
죄로 나 미쳐 버렸네.

하나님 아버지 이맛살 찌푸리셨네.
마냥 시달리는 날 보시고.
영원한 긍휼하심 맹세하셨네.
네 시달림 끝내 주마고.
돌이켜 보여 주신 모습 아버지 마음

그러신 그분은 쓰라렸다네.
아끼던 분 값으로 대신하느라.

아들의 말씀 들어 보게나.
"나만 붙잡아라.
이제부터 넌 마음을 놓아라.
내 목숨 건 건 너 때문, 네 몫이야.
나는 네 것 너는 내 것
내가 있어 주는 한
우리 삶은 감겨 올라가노니
얼씬도 못하지, 저 원수놈."

제4장 맹공격
면죄부의 부당함을 지적하는 95개조의 반박 논제를 내걸다

"교황의 면죄로는 죄책이 제거되지 않습니다. 면죄로 하나님과 화해된다고 말하는 자들을 조심하십시오. 열쇠의 권세 곧 교황권으로 불완전한 회개가 참된 회개로 둔갑할 수는 없습니다. 참으로 회개하는 사람은 면죄를 받지 않아도 죄책과 처벌을 완전히 감면받습니다. 교황이 제거할 수 있는 것은 그가 이 땅에서 부과해 놓은 처벌뿐입니다. '내가 무엇을 하늘에서 매든지 너는 이 땅에서 다 풀 수 있으리라.'라는 말씀을 그리스도께서 하신 적이 없습니다."

 루터의 새로운 통찰력에는 이미 그의 원숙한 신학의 정수가 담겨 있었다. 1513년과 1516년 사이에 행해진 시편과 로마서 강의에는 이 두드러진 사상이 나타나 있었다. 그 후에 나온 것은 설명으로서, 뼈대가 잘못 조립되는 걸 막으려고 목청을 반음 정도 높인 것에 지나지 않는다.

이 모든 꽃잎이 둘려 있는 한가운데 자리 잡고 있는 것은 죄의 용서에 대한 확언이었다. 이 죄의 용서는 하나님께서 완전히 분에 넘치는 은혜를 베푸셨기에 그리스도의 십자가와 부활을 통해 가능하게 되었다. 곧 노여움과 자비를 하나로 만들고 지옥의 무리들을 뿌리뽑으며 죄와 사망을 상대로 승리를 거둔 그리스도의 십자가와 인간으로 하여금 죄에 대해서는 죽고 새로운 삶에 대해서는 살게 하는 힘을 드러낸 부활을 통해 가능하게 되었다. 물론 이것은 바울의 신학에 활력을 불어넣고 강도를 높여 선명하게 설명한 것이었다. 이 주요 원리 너머로는 결코 넘어설 수 없는 루터였다.

그의 새로운 점은, 적극적으로는 자신의 성례와 교회 이론을 뒷받침하는 데 있어서 실제적인 추론을 끌어낸 것과 소극적으로는 당시 가톨릭의 모순을 들춰낸 것이다.

처음에 루터가 그렸던 것은 신학 교육의 개혁에 지나지 않았다. 곧 교황령이나 형식에 치우친 스콜라 철학보다는 성경에 중점을 두는 신학 교육을 내다보았을 뿐이다.

물론 이것은 그가 교회의 여러 가지 비리에 무관심했다는 얘기는 아니다. 로마서 강의 노트를 보면 성직자들의 사치, 탐심, 무지, 게걸스러움이 연이어 난타당하고 있으며 무사(武士)요 교황인 율리우스 2세(Julius II)의 간사한 핑계가 적나라하게 질타당하고 있다.

하지만 이러한 혹평을 실제로 강의실에서 내뱉었는지는 확실치 않다. 왜냐하면 이러한 내용이 강의를 받아쓴 학생들의 노트에는 하나도 적혀 있지 않기 때문이다. 사실 루터는 당시 일부 사람들에 비하면 교회 내부의 탈선에 대해서 항의를 하지 않고는 못 배길 정도의 입장은 아니었다.

단 한 가지 이유로 그는 너무 바빴다. 1516년 10월, 한 친구에게 이런 편지를 띄웠다.

> 비서가 둘은 있어야 할 지경이오. 낮에는 편지 쓰는 일 말고는 아무것도 할 수 없다오. 난 지금 수도회의 설교자, 식사 때의 낭독자, 교구 설교자, 연구실의 지도자, 11개 수도원의 감독, 리츠카우에 있는 양어장의 책임자, 토르가우에서의 논쟁 조정자, 바울에 대한 강사, 시편 주석 자료 수집자 그리고 앞에서 얘기한 대로 편지 쓰는 일로 눈코 뜰 새가 없는 사람이라오. 성무 일과와 미사 집례에도 제대로 시간을 할애할 수 없소. 이 세상, 육신, 마귀를 상대로 하는 나의 시험 같은 건 더 말할 필요도 없소. 이거 참 게으른 사람 다 됐다오.

그러나 바로 이처럼 힘든 일을 통해 개혁자로서의 활동이 나타났다.

한 마을 교회의 교구 신부로서 그는 양떼의 영적인 복지를 책임져야 했다.

이 양들은 자신이 한때 그랬듯이 면죄를 얻어내느라 정신이 없었다. 이러한 혜택을 받을 수 있는 곳은 로마 한 군데만이 아니었다. 기독교 세계의 교회 가운데 면죄를 베푸는 특권을 교황들에게서 위임받은 곳이 많았다. 그 가운데 비텐베르크의 성(城) 교회는 모든 죄를 완전히 사면하는 아주 예외적인 특권을 받은 교회였다. 이 고백의 날로 선정된 날은 11월 1일이었다. 이날은 만성절(萬聖節)로서 성인들의 공로가 곧 면죄의 바탕이었으며 그들의 유골과 유품이 이날 전시되었다.

작센의 선거후요 루터의 제후인 현인 프리드리히는 소박하고 진지한 신심의 인물로서 비텐베르크를 성보의 한 저장소라 여기며 독일의 로마로 만드는 데 일생을 바쳤다. 그는 유럽의 곳곳을 여행했으며 외교적인 협상은 성인들의 유품을 하나씩 교환함으로써 쉽게 이루어졌다. 가령 덴마크의 왕 같은 사람은 그에게 크누트 왕(Cnut)과 성 비르기타(Birgitta)의 유품을 보낼 정도였다.

이 수집품의 요체는 정말 그리스도의 이마를 찔렀던 것으로 판명되었다는 가시면류관의 가시 하나였다. 프리드리히가 이런 전래의 보물을 어찌나 많이 모았던지 1509년 루카스 크라나흐(Lucas Cranach)가 집계한 목록에 보면 5,005개로 나와 있다. 이 조각들에 딸린 면죄 연한은 연옥 생활을 1,443년 감해 줄 수 있는 것으로 계산되었다.

이 수장품 속에는 성 히에로니무스(Eusebius Hieronymus)의 이가 하나, 성 크리소스토무스(Chrysostomus)의 이가 넷, 성 베르나르두스(Bernardus)의 이가 여섯, 성 아우구스티누스(Aurelius Augustinus)의 이가 넷, 우리 성모님의 머리카락이 넷, 그녀의 망토 세 벌, 허리띠 넷, 그리스도의 피가 뿌려진 베일 조각 일곱이 들어 있었다. 그리스도의 유품으로는 아기 시절의 옷 한 벌, 구유 조각 열셋, 한 줌의 지푸라기, 동방 박사들이 가져온 금 한 조각과 몰약 세 조각, 예수님의 수염 한 가닥, 손에 박혔던 못 가운데 하나, 예수께서 하늘로 오르시기 전에 딛고 있던 돌 한 조각이 있었다. 여기에는 모세의 가시덤불도 한 가지 있었다.

'현인 프리드리히의 성모자 경배.' 루카스 크라나흐 作.

1520년 이 수집품은 19,013개의 거룩한 뼈로 불어났다. 정해진 날 이 뼈를 보고서 약정 헌금을 하는 사람들은 본인들을 위해서든 타인들을 위해서든 교황께서 1,902,202년 하고도 270일간 연옥 생활을 감해 주는 면죄를 받을 수 있었다. 이것이 바로 만성절에 공개되는 보물들이었다.

루터는 1516년 설교를 통해서 세 번 이 면죄를 비판했다. 이 가운데 마지막 설교는 만성절의 전야인 할로윈(Halloween)에 행해졌다. 전반적으로 그는 온건하고 확신 없이 얘기했다. 그러나 그가 완전히 자신 있게 말할 수 있는 부분도 있었다. "아무도 죄의 용서가 완전하다고 얘기할 수 없는 것은 완전한 용서란 흡족한 뉘우침과 고해를 드러내는 자들에게만 허락되는데 아무도 뉘우침과 고해가 완전히 흡족하다는 것을 알 수 없기 때문이다."라고 그는 밝혔다.

교황이 사람들을 연옥에서 구출한다는 주장은 오만불손한 일이다. 만약 정말 그가 그렇게 할 수 있다면 그들 모두를 구출하지 않는 그의 처사는 잔인하

참된 회개와 거짓된 회개에 대한 풍자화. 한스 홀바인 作.

다. 그러나 설령 그에게 이러한 능력이 있다 해도 그것은 산 자들보다는 죽은 자들에게 더 써먹어야 할 것이다.

그 어느 경우를 막론하고 면죄부의 판매는 아주 위험하며 자기 만족을 유발하기 쉽다. 면죄로 용서받을 수 있는 것은 교회가 규정한 사적인 의무 이행뿐이요 자칫 잘못하다간 속사람의 참회를 방해하기 쉽다. 속사람의 참회란 영혼의 참된 뉘우침, 참된 고해, 그리고 참된 보상으로 이루어진다.

루터는 자기 선거후가 이 설교를 잘못 이해한 것으로 기록하고 있다. 선거후로서는 오해할 만도 했다. 면죄를 통해서 성인들의 공로가 분배될 뿐 아니라 세입도 늘어나던 참이었다. 면죄는 16세기의 '빙고'(bingo)였다.

이 제도는 십자군 원정을 통해서 발전되었다. 처음에는 이단자와 싸우면서 목숨을 바치거나 그러기로 목숨을 내건 사람에게만 면죄가 허용되었지만, 나중에는 그 성지에까지 갈 수는 없지만 헌금을 통해서 원정에 참여하는 사람에게도 확대되었다. 이 방법은 어찌나 돈벌이가 잘되었던지 삽시간에 교회, 수도

원, 병원 건축비를 충당하는 데까지 적용되었다. 고딕 양식의 대성당들은 다 이런 식으로 마련된 자금의 결과물이었다.

당시 현인 프리드리히는 이 면죄를 이용해서 엘베강에 다리를 개축하고 있었다. 물론 면죄가 꼭 돈에만 눈독을 올리는 데까지 타락하지는 않았다. 진지한 설교자들은 죄의식을 불러일으키려고 힘썼으며 짐작건대 순수하게 관심을 가진 사람들만이 면죄부를 샀다. 하지만 오늘의 교회는 당장 이 면죄부 거래를 하나의 치욕으로 인정한다. 당시 설교자 가운데 한 사람이 뉘우침, 고해, 헌금을 면죄의 세 가지 필수 요건으로 들었다는 점을 생각할 때 이것은 지당한 일이다.

홀바인(Hans Holbein)의 풍자화를 보면 돈이 금고 속에 떨어지기 전에는 면죄부가 발급되지 않도록 시간이 짜여져 있다는 점이 잘 그려져 있다. 이 풍자화에는 교황이 그의 보좌에 앉아 있는 한 방이 묘사되어 있다. 그는 아마 레오 10세인 것으로 보이는데 그것은 메디치(Medici) 가문의 문장(紋章)이 벽 이곳저곳에 걸려 있는 것으로 미루어 짐작할 수 있다. 교황은 무릎을 꿇고 있는 한 도미니쿠스 수도회 수도사에게 면죄부를 건네주고 있다.

양쪽 성가대 자리에는 교회 고위 성직자들이 자리 잡고 있다. 오른쪽을 보면 그 고위 성직자 가운데 한 사람이 한 손은 무릎 꿇고 엎드린 한 청년의 머리에 얹고 한 손은 한 여인이 동전이나마 넣고 있는 철띠 두른 대형 금고를 지팡이로 가리키고 있다.

왼쪽 책상에서는 여러 명의 도미니쿠스 수도회 수도사들이 면죄부를 준비해서 나눠 주고 있다. 그 가운데 한 사람은 아무것도 내놓을 수 없으면서도 면죄부를 구걸하는 거지를 노려보고 있다. 또 한 사람은 돈을 낱낱이 세면서 전액이 지불되기 전에는 면죄부가 건네지는 일이 없도록 쥐고 서 있다. 한편 이 풍자화 왼편에는 다윗과 므낫세와 한 악명 높은 죄인이 참으로 회개하면서 하나님께만 매달리는 모습이 그려져 있다.

비텐베르크에서 발급된 면죄부는 성 교회와 그곳 대학의 재정을 뒷받침했다. 바꿔 말해서 루터의 공격은 자기가 속한 기관의 세입원을 덮치는 셈이었다. 물론 이 첫 공격은 자기 조국이 게걸스러운 이탈리아의 교황 제도 때문에 속아 빼앗기는 처사에 대한, 착취당하는 한 독일인의 반역이 아니었다. 후에 루터의 뒤를 이은 사람들이야 다분히 이러한 동기에서 일어났지만 그의 첫 공격은 그렇지 않았다. 그는 자기 교구민의 영원한 복지를 담당하는 사람으로서 성 교회와 대학이야 어찌 되든 그 양떼들에게 영적인 함정을 경고하지 않으면 안 되었다.

성 베드로 대성당 건축을 위한 면죄부

그 다음 해인 1517년, 그의 관심은 이 면죄부가 엄청나게 변조되는 또 다른 실례로 쏠렸다. 이 사건은 독일의 성직계와 세속계를 장악하려는 호엔촐레른(Hohenzollern) 가문의 그럴싸한 핑계에서부터 비롯되었다. 한 가문에게 성직록을 긁어모으는 것은 기막힌 부의 원천이었는데, 그 이유는 주교마다 엄청난 세입을 장악했으며 주교들 가운데는 제후 노릇을 하는 사람도 있었기 때문이다. 호엔촐레른 가문 출신의 브란덴부르크의 알브레히트(Albrecht von Brandenburg)는 도무지 주교가 될 나이가 되지 않았는데도 이미 할버슈타트와 마크데부르크의 대주교직을 차지했으며 마인츠의 대주교까지도 노리고 있었다. 이 자리를 차지하면 독일의 수좌(首座) 대주교가 되는 판이었다.

물론 그는 이 자리를 차지하려면 돈을 듬뿍 내놓아야 한다는 것을 잘 알고 있었다. 취임하면서 지불해야 할 돈만 해도 10,000두카트(ducat, 당시 유럽 여러 국가에서 사용된 금화)였으며 교구에서는 이것을 부담할 능력이 없었다. 이미 10년 사이에 대주교가 세 명이나 죽어 갔으니 바닥이 날 대로 난 처지였다. 그 가운데 한 대주교는 자신이 겨우 4년 임기만 마치고 죽게 되어서 곧 이어 후계자 취임 비용을 자기 양떼들에게 지우는 게 미안하다며 사과까지 했다.

관구에서는 알브레히트가 그 비용을 감당할 수 있거든 그 자리를 차지하라고 내놓았다. 자신이 한꺼번에 세 개의 관구를 차지하는 변칙을 잘 넘기려면, 아니 그보다는 교황권을 놓고 서로 겨누고 있는 합스부르크(Habsburg) 가문의 콧대를 더 꺾어 놓으려면 교황에게 더 많은 돈을 내놓아야 한다는 계산이 나왔다.

하지만 그는 교황에게는 돈이 몹시 필요했던 만큼 돈이 말해 줄 것이라고 자신했다. 당시 교황은 레오 10세로서 고상하고 게으르기가 페르시아 고양이와 다를 바 없는 메디치 가문 출신이었다. 무엇보다도 뛰어난 그의 장기는 교황청의 재산을 축제, 전쟁, 노름 그리고 사냥에 허비하는 것이었다. 자신의 거룩한 직분 수행 때문에 그의 발가락에 입맞추는 일이 방해를 받을 정도였다. 3대 교황의 재산, 곧 선임자, 그 자신 그리고 후임자의 재산이 그의 낭비로 다 날아가 버렸다.

가톨릭 역사가 루트비히 폰 파스토어(Ludwig von Pastor)는 위기의 때에 이렇게 "자신의 고귀한 직책의 임무에 대해서 이해가 없는 사람"이 교황의 자리에 오른 것은 "하나님께서 자기 교회에게 내린 모진 시험 중 하나였다."라고 밝히고 있다.

이 당시 레오가 특별히 필요로 했던 것은 그의 전임자가 시작한 계획, 곧 새로운 성 베드로 대성당의 건축을 완공하는 자금이었다. 콘스탄티누스 황제(Constantinus I) 시대에 세워진 낡은 목조 바실리카는 불량품으로 낙인이 찍혔으며 거인 같은 교황 율리우스 2세는 추기경 회의에서 으름장을 놓아 베드로와 바울의 유골 위에 판테온 신전처럼 웅장한 돔을 세운다는 엄청난 계획을 통과시켰다. 현관 기둥이 세워졌지만 율리우스가 죽자 일은 부진해졌고 기둥에는 잡초만 무성하게 되었다.

이 계획을 인수받은 레오는 당연히 돈이 필요했다.

알브레히트와 교황의 협상은 독일에서 교황의 재정을 독점하고 있던 독일의 은행가 가문 푸거(Fugger) 가를 통해 진행되었다. 교회는 세입이 들어오기 전에 자금이 필요할 경우 16세기의 로스차일드(Rothschild) 가나 모건(Morgan) 가라 할 수 있는 그 가문에서 엄청난 이자로 빌려 썼다. 이 빚을 갚기 위해 면죄부가 발급되었으며, 푸거 가에서는 이 수금을 총지휘했다.

결국 이들이 어떤 역할을 할지 알고 있던 알브레히트는 처음 협상을 이들에게 의뢰했다. 교황이 12사도들 몫으로 금 12,000두카트를 요구한다는 연락이 왔다. 알브레히트는 일곱 가지 몹쓸 죄악 몫으로 7,000두카트를 제시했다. 결국 10,000두카트로 낙찰되었다. 이것은 십계명 몫은 아니었으리라. 알브레히트는 원하는 자리의 임명을 따내기 전에 그 돈을 완불하지 않으면 안 되었으며, 이 거금을 푸거 가문에서 빌렸다.

브란덴부르크의 알브레히트.

그러자 교황은 알브레히트로 하여금 투자한 돈의 이윤을 돌려받을 수 있게 하려는 뜻에서 그의 관구에서 8년 동안 면죄를 베푸는 특권을 허락했다. 그 수입의 절반은 이미 지불된 금화 10,000두카트에 덧붙여 교황에게 보냄으로 성 베드로 대성당 건축 자금에 충당하도록 해야 했으며, 나머지 절반은 푸거 가문에 빚을 갚아야 했다.

이러한 면죄가 루터의 교구에서는 실제로 제공되지 못했는데 그것은 세속 당국자의 동의 없이는 교회가 면죄를 끌어들일 수 없었으며 현인 프리드리히는 성 베드로 대성당 건축을 위한 면죄 때문에 비텐베르크의 만성절에 베풀어지는 갖가지 면죄가 손해 보는 것을 원치 않았기 때문이다.

결국 면죄부 상인들은 이 선거후의 땅인 작센까지 들어오지는 않았지만 루터의 교구민들이 경계선을 넘어가 더없이 엄청난 특권을 받고 돌아올 수 있을

면죄부 판매를 묘사한 풍자화.

정도로 가까이서 맴돌 수는 있었다.

알브레히트는 이 면죄부 상인들에게 면죄를 통해서 얻어진다는 영적인 축복을 간략하게 설명하면서 터무니없는 허세를 부렸다. 푸거 가에 빚진 돈을 갚아야 한다는 얘기는 일언반구도 비치지 않았다.

그 지시 사항에는 교황 레오 10세 성하께서 완전 면죄부를 발급하셔서 복 되신 사도들인 베드로와 바울, 이루 헤아릴 수 없이 많은 순교자들과 성인들의 유골이 곰팡이가 슬고 비와 우박으로 계속 그 신성함이 손상받을 수밖에 없는 딱한 상태를 개수하는 비용에 충당하도록 하셨다는 점이 밝혀져 있었다. 그들은 유아 세례를 받을 때 누리던 순진한 상태로 되돌아갈 것이요, 하늘의 왕께 누를 끼침으로써 저지른 죄를 포함해서 연옥의 모든 고통을 면죄받기로 되어 있었다. 이미 연옥에 가 있는 사람들 몫으로 면죄부를 확보하는 사람들은 뉘우치거나 죄를 고해할 필요가 없었다.

그리고 그 지시 사항에 따르면, 그리스도의 십자가와 교황의 문장을 설교하는 자리에 세워 놓고 모두들 능력껏 바치게 하면 되었다. 왕, 왕후, 대주교, 주교, 제후들은 당연히 25개의 플로린 금화(florin, 이탈리아 피렌체에서 주조되어 한때 유럽의 기축 통화 역할을 한 금화)를 바칠 것으로 예상했다. 수도원장, 성당 고위 성직자들, 백작, 남작, 그 외 고위 귀족들에게 요구되는 금화는 그보다 적은 20개였다. 다른 성직자들과 하위 귀족들은 여섯 개였다. 시민과 상인들의 몫은 세 개였다. 그보다 못한 사람들은 한 개였다.

우리는 이 건물의 건축 못지않게 영혼 구원에 지대한 관심을 가지고 있는 만큼 아무도 그냥 돌아가는 사람이 있어서는 안 되겠습니다. 무일푼 가난뱅이라도 기도와 금식을 바칠 수는 있습니다. 하늘나라는 부자와 가난한 사람 모두의 것입니다.

이 면죄의 선언은 능수능란한 면죄부 상인 테첼(Johann Tetzel)에게 맡겨졌다. 그는 도미니쿠스 수도회의 수도사였다. 그가 한 읍에 이를 때쯤 되면 고관 대작들이 마중 나가 그를 반기고 함께 엄숙한 행렬을 이루며 시내로 들어갔다. 교황의 문장이 달린 십자가가 앞을 인도했으며 교황의 면죄 교서는 황금으로 수놓은 벨벳 쿠션에 매달아 높이 치켜세워졌다. 십자가는 엄숙하게 장터에 세워지고 이어서 설교가 시작되었다.

면죄부 상인과 면죄부.

자, 들어 보시오. 하나님과 사도 베드로께서 여러분을 부르고 계십니다. 여러분 영혼의 구원과 우리 곁을 떠난 사랑하는 사람들의 구원을 곰곰이 생각해 봅시다. 여기 이 신부님, 저기 저 귀족님, 저기 저 상인, 저기 저 아저씨, 저기 저 노인 양반, 지금 당장 여러분의 교회로, 사도 베드로의 교회로 들어오십시오.

여러분 앞에 서서 간청하는 가장 거룩한 십자가를 찾아오십시오. 여러분은 이 세상의 여러 유혹과 위험이라는 무서운 폭풍에 휩싸여 요동하고 있는데, 여러분의 유한한 몸뿐 아니라 불멸하는 영혼의 항구를 찾지 못하고 있다는 사실을 생각해 보지 않으셨습니까? 뉘우치고 고해하며 속죄하는 사람은 모두 자기들의 죄를 말끔히 용서받는다는 걸 잊지 마십시오.

사랑하는 친척들과 친구들이 죽어서 여러분에게 외치는 소리를 들어 보십시오. "우릴 좀 살려 줘. 제발 좀 살려다오. 이 지긋지긋한 고문, 너희들의 잔돈 몇 푼이면 거뜬히 면할 수 있을 텐데."라고 하는 음성을.

여러분, 그럴 마음이 없습니까? 귀를 크게 여십시오. 죽은 아버지가 아들에게, 죽은 어머니가 딸에게 애원하는 소리를 들어 보십시오. "널 낳아 길러 준 우리잖니. 네게 유산까지 남겨 주었는데 그렇게 박절하고 잔인하게 작은 걸 아낀다고 우리를 풀어 주지 않니? 여기 이 불 속에 그냥 누워 있게 내버려 둘 작정이냐? 우리에게 약속된 영광을 너도 미뤄 버리겠니?"

여러분은 그들을 구원할 수 있습니다. 그것은 동전이 궤짝 속에 짤랑하고 떨어지는 순간 그 영혼은 연옥에서 튀어오르기 때문입니다.

이 면죄부를 받지 않으시렵니까? 신령하고 불멸하는 한 사람의 영혼을 고향 낙원으로 보내는 데 단돈 4분의 1플로린입니다.

이러한 장광설(長廣說)을 비텐베르크에서는 현인 프리드리히의 금지 때문에 떠벌릴 수 없었지만 테첼은 경계선을 약간 넘어 서 있었다. 루터의 교회 구역 사람들이 와서 그 사죄를 받아가기에 그리 멀지 않은 곳까지 들이닥쳤다. 다녀온 사람들 얘기로는 교황의 면죄가 있으면 성모님께 불경한 짓을 한 사람까지도 용서를 받을 수 있으며 그 면죄부 상인들이 세워 놓은, 교황의 문장이 그려진 십자가는 그리스도의 십자가와 다름없다고 테첼이 말했다는 것이다.

나중에 루터의 추종자 가운데 한 사람이 그린 풍자화를 보면 못 구멍과 가시관만 있고 가운데는 텅 빈 십자가가 있다. 그 옆에서 더욱 눈길을 끄는 것은 메디치 가문의 상징이 새겨진 교황의 문장으로서, 그 앞에서는 면죄부 상인이 자기 상품을 고래고래 선전하고 있다.

95개조의 논제

이건 해도 너무한 일이었다. 그런데 공교롭게도 또 만성절 전야제의 일이었다. 이때 현인 프리드리히는 자기 면죄부를 내놓고 팔려는 참이었는데 루터가 입을 열었다. 이번에는 당시 관습에 따라 95가지 논제(論題)를 라틴어로 써서 성 교회 대문에 붙여 놓고 토론을 해 볼 셈이었다. 짐작건대 이때까지만 해도 루터는 알브레히트의 부정한 거래 내용을 다 알지는 못했던 것으로 보인다. 그러나 알브레히트가 반타작해 간다는 건 알고 있었음에는 틀림없다. 그는 테첼의 유명한 설교와, 면죄의 효력에 대해서 거침없이 허세의 절정을 보여 준 알브레히트의 인쇄된 지시 사항만 공격했을 뿐이다.

비텐베르크의 성(城) 교회.

교황 식스투스 4세(Sixtus IV)는 1476년에 연옥에 있는 영혼들을 당장 꺼내 줄 수 있다고 약속한 바 있다. 따라서 테첼의 짤랑 소리는 교황의 재가를 받고 있었다. 그리고 레오 10세는 1513년에만도 십자군들에게 모든 죄에 대한 완전 감면과 지존자와의 화해를 약속한 바 있다. 알브레히트는 과거의 모든 구실을 집대성한 나머지 연옥의 사자들을 대신해서 면죄부를 사는 사람들에게는 참된 회개도 필요없다고 하기에 이르렀다.

루터의 논제는 그것이 성난 가운데 대충대충 만들어진 것이라서 일반적인 토론 제목과는 달랐다. 이 95개의 주장은 명쾌하고 대담하며 꾸밈이 없었다. 다음에 이어진 토론에서 그는 자신의 뜻을 보다 더 자세하게 설명했다. 다음 요약도 이 논제와 나중에 따른 성명을 중심으로 한 것이다. 여기에는 세 가지 요점이 있는데 이른바 비용 목적에 대한 반대, 교황에게 연옥을 지배하는 권세가 있다는 점의 부정 그리고 죄인의 복지에 대한 관심이다.

첫 번째 공격의 화살은 사도 베드로의 유골을 기독교 세계 공동의 한 예배당에 안치하는 데 돈을 쓴다는 그럴듯한 의도에 꽂혔다.

모든 기독교 세계의 돈이 이 밑 빠진 교회에 빨려 들어가고 있습니다. 이것이 기독교 세계의 공동 자산이라는 말에 독일인들은 코웃음을 칠 뿐이죠. 이러다간 머지않아 로마의 모든 교회, 궁전, 성벽, 다리를 세우는 데 우리 돈을 바쳐야 할 판입니다. 먼저 우리가 가꿔야 할 것은 지역 교회가 아니라 살아 있는 성전이요, 우리에게 필요도 없는 성 베드로 대성당은 꿈에도 그릴 수 없는 것입니다. 우리 관구의 교회들이 약탈당하는 것보다는 그게 아예 세워지지 않는 편이 훨씬 더 낫습니다.

교황은 모든 교회에 면죄를 허락하는 것보다 한 교회에라도 선한 목자를 임명해야 옳습니다. 왜 교황은 자기 돈으로 성 베드로 대성당을 세우지 않는 건가요? 그는 크로이소스(Kroisos)보다 더 부자가 아닙니까? 그는 차라리 성 베드로 대성당을 팔아서 면죄부 상인들에 의해 가죽이 벗겨지는 가난한 사람들에게 주는 편이 더 나을 것입니다. 면죄부 상인들의 횡포를 안다면 성 베드로 대성당을 자기 양들의 피와 가죽으로 짓느니 차라리 흙더미 속에 묻혀 있기를 바랄 것입니다.

이러한 논리는 독일인들에게서 진지하게 "옳소!"를 받기 마련이었다. 그들은 이탈리아 교황청의 돈만 바라는 처사는 못마땅하게 여기면서도 독일 동맹

국들의 그런 근성은 예사로 지나치고 있었다. 루터는 모든 돈이 푸거 가의 금고가 아니라 로마로 실려간다는 알브레히트의 얘기를 그대로 받아들임으로 이 오해를 부채질했다. 하지만 어떤 면에서 볼 때 알브레히트의 묘사는 옳았다. 그는 이미 로마로 간 돈을 되돌려 받고 있을 뿐이었다.

하지만 어느 경우를 막론하고 루터에게 중요한 것은 결코 재정이 아니었다. 금화가 한 닢도 비텐베르크에서 빠져나가지 않는다 해도 그 제도를 당장 도려내고 싶은 그였다.

그의 두 번째 요점은 교황이 연옥에 대한 권세를 쥐고 있어 죄나 처벌을 감면할 수 있다는 점을 부정하는 것이었다. 사죄는 참회의 성례 때 참으로 회개하는 자에게 베풀어지는 것이다.

그리스도의 용서가 교황의 면죄보다 무겁다는 내용의 풍자화.

교황의 면죄로는 죄책이 제거되지 않습니다. 면죄로 하나님과 화해된다고 말하는 자들을 조심하십시오. 열쇠의 권세(교황권)로 불완전한 회개가 참된 회개로 둔갑할 수는 없습니다. 참으로 회개하는 사람은 면죄를 받지 않아도 죄책과 처벌을 완전히 감면받습니다. 교황이 제거할 수 있는 것은 그가 이 땅에서 부과해 놓은 처벌뿐입니다. "내가 무엇을 하늘에서 매든지 너는 이 땅에서 다 풀 수 있으리라."라는 말씀을 그리스도께서 하신 적이 없습니다.

연옥의 처벌을 교황이 감면할 수 없는 것은 처벌은 하나님께서 정하신 것이요 교황에게는 자기 마음대로 양도할 여공(餘功)의 보고(寶庫)가 없기 때문이다.

제4장 맹공격 | 109

성인들에게 남아 돌아가는 공이 있다는 것은 천만부당한 얘깁니다. 여공이란 처음부터 없던 것입니다. 설령 그런 여공이 있다 해도 그것은 나중에 사용할 수 있게 저축할 수 있는 것이 아닙니다. 성령께서 오래전에 그것을 다 사용하시려 했을 것입니다.

물론 그리스도께는 공로가 있었습니다. 그러나 좀 더 연구해 보기 전에는 그것이 바로 면죄라는 얘기는 부정하겠습니다. 그의 공로는 교황의 열쇠와 상관없이 어느 때나 사용 가능한 것입니다.

그러므로 교황에게는 연옥을 지배할 법적인 권한이 전혀 없다고 주장하는 바입니다. 만약 교회가 교황에게 그런 권한이 있다고 선포한다면 그때는 나의 판단을 바꾸겠습니다.

교황에게 아무나 연옥에서 구출해 낼 권세가 있다면 모조리 다 꺼내 버리고 그 연옥을 폐쇄해 버리는 것이 사랑의 도리가 아니겠습니까? 숱한 사람을 치사하게 돈을 받고 끄집어낸다고 하다니, 더없이 거룩한 사랑으로 그곳을 텅 비게 하지 못하는 것은 무슨 까닭인가요?

사람들의 영혼이 연옥에서 해방된다는 것은 오만불손한 얘깁니다. 금고에 동전이 짤랑 하고 떨어지자마자 영혼이 풀려난다는 건 탐심을 더 자극시킬 뿐입니다. 교황은 차라리 아무것도 받지 말고 다 풀어 주는 게 나을 겁니다. 교황이 연옥에 대해서 행사할 수 있는 유일한 권세는 영혼들을 위해 중보의 기도를 드리는 것인데 이것은 어느 신부나 자기 교구에서 행사하는 권세입니다.

지금까지 루터의 공격은 조금도 이단적이거나 독창적이라고 볼 수 없다. 알브레히트의 지시가 교황의 교서에 기초한다지만 아직까지는 거기에 대한 정확한 발언이 나오지 않았기에 많은 신학자들이 루터의 주장에 동감했다.

그러나 루터의 더 지독한 말은 다음에 나온다.

면죄는 그걸 받는 사람에게 전적으로 해롭습니다. 그건 그것이 사랑의 방향을 바꿔 놓고 쓸데없는 안도감을 불러들이는 바람에 구원이 방해를 받기 때문입니다.

그리스도인들은 모름지기 사면장을 받는 사람보다 가난한 사람을 구제하는 사람이 더 낫다는 걸 알아야 합니다. 곤경을 해결해 주기보다는 면죄부를 사는 데 돈을 쓰는 사람이 받는 것은 교황의 면죄부가 아니라 하나님의 분노입니다.

흔히들 아주 쪼들리는 자들만을 돌보라는 얘기를 합니다. 벌거벗은 자는 입히지도 말고 병든 자는 위문하지 않아도 된다는 얘기겠죠. 무엇이 쪼들리는 경우입니까? 왜 자연의 인정은 가리지 않고 후하게 베풀어 어디도 옹색하지 않도록 배려하는 걸까요? 이와 비교할 수 없는 하나님의 사랑은 더 많은 것을 베풀지 않겠습니까? 언제 그리스도께서 "겉옷 가진 자는 그걸 팔아 면죄부를 사거라." 하고 말씀하셨던가요? 사랑은 숱한 허물을 가리며 예루살렘과 로마의 모든 사면보다 더 귀합니다.

면죄가 더없이 치명적인 해독을 끼치는 것은 그것을 통해서 자만이 생기기 쉽고 그렇게 함으로써 구원이 위험하게 되기 때문입니다. 면죄부만 손에 쥐고 있으면 확실히 구원받는 것으로 여기는 사람들처럼 저주받은 자들도 없습니다.

하나님께서는 그 반대로 일하시기에 우리는 구원받은 것으로 생각하는 순간 멸망받은 느낌을 갖기 마련입니다. 하나님께서는 어떤 사람에게 의롭다는 판정을 내리시려는 순간 그를 정죄하십니다. 그분이 살리려는 자는 먼저 죽이실 수밖에 없는 겁니다. 하나님의 은총은 그것이 눈앞에 있는데도 아주 멀리 있는 것으로 느껴질 정도로 노여움의 형태로 전달되기 마련입니다.

인간은 먼저 자신에게는 건전한 면이 전혀 없다는 걸 소리 높여 외쳐야 합니다. 공포에 사로잡혀야 합니다. 이것이 바로 연옥의 고통입니다.

나는 연옥이 어디 있는지는 모르지만 그것을 이 세상에서 체험할 수 있다는 건 압니다. 그 고통이 어찌나 강렬한지 그것이 한 시간의 10분의 1만 계속됐더라도 그만 재가 되고 말았을 정도의 체험을 한 사람을 나는 알고 있습니다. 이 혼란 속에서 구원이 시작됩니다. 우리가 완전히 멸망한 것으로 느낄 때 빛은 터져 나옵니다. 평화는 믿음의 눈으로 읽는 그리스도의 말씀 안에 있습니다.

이 믿음이 없는 사람은 교황에게 백만 번 사면을 받는다 해도 멸망받은 자요 이것이 있는 사람은 연옥에서 빠져나가려 하지 않을 것입니다. 참된 회개는 오히려 벌을 달게 받기 마련이니까요. 그리스도 안에서 세례받은 사람은 도살장으로 끌려가는 양과 같지 않으면 안 됩니다. 그리스도의 공로는 사면을 낳을 때보다 십자가를 낳을 때 훨씬 더 큰 힘을 발휘하기 마련입니다.

루터의 『95개조의 논제』(Ninety-five Theses)의 주제는 속상해하는 독일인들의 불평에서부터 고뇌에 찬 영혼의 씨름을 하는 자의 부르짖음에 이르기까지 다양했다. 한 부분에서는 재정적인 완화책을 요구하는가 하면 다른 부분에서는 자아의 십자가 처형을 부르짖었다. 대중은 첫 번째 것을 확실히 이해할 수 있었다. 두 번째 부분의 완전한 의미를 파악할 수 있는 사람은 소수였지만 전반적인 혁명을 일으킬 힘이 이 사람들에게 있었다. 경제적 착취에 대한 불평은 100년을 두고 외쳐 왔지만 아무 효과가 없었다. 면죄를 가리켜 한낱 치부의 수단이 아니라 하나님의 거룩한 자비에 대한 신성모독으로 몰아붙이는 사람의 말을 듣고서야 사람들은 너도나도 발 벗고 일어났다.

루터는 이 논제를 일반 백성에게 퍼뜨리기 위한 조치를 단 한 번도 취하지 않았다. 그는 단지 학자들을 초청해서 토론을 벌이고 저명인사들을 불러 그 뜻을 명확히 밝혔을 뿐이다.

이것을 은밀하게 독일어로 번역해 출판에 넘긴 것은 다른 사람들이 한 일이다. 삽시간에 이 내용은 독일의 화젯거리로 번져 나갔다.

  카를 바르트(Karl Barth)가 자신의 개혁자로서의 뜻밖의 출현을 두고 한 얘기는 루터에게도 똑같이 적용될 수 있다. 곧 그는 캄캄한 밤중에 오래된 성당의 꼬불꼬불한 나선형 종탑 계단을 기어 올라가는 사람과 같다. 아무것도 보이지 않는 칠흑 같은 어둠 속에서 자신의 몸을 가늠하려고 손을 뻗치다 보니 손에 밧줄이 하나 붙잡혔다. 그 순간 그는 뎅그렁 뎅그렁 하는 종소리에 그만 놀라고 말았다.

제5장 사악한 자
아우크스부르크에서 카예타누스 추기경의 심문을 받다

루터는 심각한 의구심을 가진 채 아우크스부르크로 떠났다. 이때의 위험은 3년 후 그가 각성한 민족의 옹호자로서 보름스로 갈 때보다 훨씬 더 컸다. 이 당시 그는 이단의 혐의를 받는 아우구스티누스 수도회의 한 은둔자에 지나지 않았다. 그는 자기 앞에 화형주가 세워져 있는 것을 내다보면서 "이제 죽을 수밖에 없군. 부모님께 이 무슨 못할 짓이람." 하고 중얼거렸다. 도중에 장염이 발병하는 바람에 거의 죽을 뻔했다. 그보다 더 괴로운 것은 자기를 비평하는 사람들의 빈정댐이 결국 옳지 않은가 하는 되풀이되는 의심이었다. 곧 '너 혼자만 현명하고, 모든 역사는 잘못인가?' 하는 의심이 그것이었다.

 루터는 이 논제를 성 교회 대문에 붙일 때 그것을 널리 뿌려야겠다는 생각은 추호도 없었다. 오직 관심 있는 사람들만을 위한 것이었다. 한 사본이 다음과 같은 편지와 함께 마인츠의 알브레히트에게 전해졌다.

그리스도 안에서 아버지요 지극히 뛰어나신 각하, 이 땅의 찌꺼기인 제가 감히 귀하의 존전에 다가서는 무례를 용서하소서. 제가 저 자신의 하찮음과 무가치함을 여실히 깨닫고 있음은 주 예수께서 증거하시는 그대로입니다. 지고하신 각하께서는 흙으로 된 이 작은 알갱이를 어여삐 여기사 귀하와 교황 성하의 관대한 조치를 바라는 청을 들어주소서.

이어서 루터는 면죄를 받으면 인간이 처벌뿐 아니라 죄책의 감면도 약속받는다는 테첼의 설교를 들은 대로 보고한다.

높은 곳에 계시는 하나님, 이것이 당신의 보호에 맡겨진 영혼들이 죽음을 맞이하는 길입니까? 지금이야말로 당신께서 이 문제를 살피셔야 할 때입니다. 더 이상 저는 침묵할 수 없습니다.

우리가 우리의 구원을 이루려면 두렵고 떨리는 마음을 가져야 합니다. 면죄는 아무런 안정도 제공하지 못하며 외적인 교회법상의 처벌만 감면할 뿐입니다. 그리스도께서 명령하신 것은 면죄의 전파가 아니라 복음의 전파입니다. 그런데 주교가 면죄의 갈퀴를 손에 들지 않고서는 복음을 전하는 일이 없다면 이 얼마나 소름끼치는 일이요 위험천만한 일입니까? 면죄부 상인들에게 귀하도 모르게 동의도 받지 않고(여기서 루터는 그에게 빠져나갈 구멍을 제공하고 있다) 발급된 지시를 보면 면죄부야말로 인간이 하나님과 화해하고 연옥을 빠져나가는 데 있어 더없이 고귀한 하나님의 선물이라고 얘기되고 있습니다. 참된 회개는 불필요한 것으로 밝혀져 있더군요.

영매하신 각하, 귀하께서 이 터무니없는 지시를 제시함으로써 누군가 이 책을 들고 일어나 반박하며 귀하의 고귀한 명성을 욕되게 하는 일이 없기를 우리 주 예수 그리스도를 통해서 당신께 간청하는 일 외에 또 무슨 일을 제가 할 수 있겠습니까? 그런 일이 없기를 바라지만 빨리 조치를 취하지 않으면 장담할 수 없는 일입니다. 귀하신 아버지께서는 저의 간언을 통찰하소서. 저 역시 당신의 한 마리 양입니다. 주 예수의 보호하심이 영원하기를 비나이다. 아멘.

　　　　1517년 만성절 전야에, 비텐베르크에서

저의 논제들을 살펴보시면 그처럼 자신만만하게 선포되는 면죄 교리가 얼마나 미심쩍은 것인지 아시게 될 것입니다.

　　　　아우구스티누스 수도회 신학 박사, 마르틴 루터

알브레히트는 이 논제들을 로마로 띄웠다. 교황 레오 10세는 여기에 대해 두 가지를 얘기한 것으로 전해지고 있다. 어느 모로 보나 그의 말이라는 신빙성은 없지만 거기에는 암시적인 내용이 담겨 있다. 그 첫마디는 "루터는 술취한 독일인이다. 술이 깨면 생각이 달라질 것이다."라는 말이다. 그 둘째는 "탁발 수도사 마르틴은 훌륭한 녀석이다. 이 모든 법석은 수사들의 시기 때문이다."라는 말이다.

누가 한 말이든 여기에는 어느 정도 사실이 담겨 있다. 루터가 술이 깬 다음에 생각이 달라질 독일인은 아니라 해도 달래면 쉽게 따를 사람이었다. 만약 교황이 1년 뒤로 미루지 않고 교서를 그때 당장 발표하면서 면죄 교리를 뚜렷하게 밝히고 터무니없는 폐습을 바로잡았다면 루터는 수그러졌을지도 모를 일이다. 많은 문제에 있어서 그는 아직 완전히 소화하지 못했고 논쟁하고 싶어 안달이 난 사람도 결코 아니었다. 자기 반대자들이 소동을 포기했다면 언제라도 뒤로 물러설 참이었다.

그 사건이 미결로 남아 있던 4년 동안 그가 쓴 편지에 보면 놀랍게도 공적인 토론에 대한 관심이 희박했음이 드러나 있다. 그는 교수와 교구 사제의 여러 임무에 몰두하고 있었으며 교황의 관(三重冠)에서 한 겹을 쳐내는 일보다는 비텐베르크 대학의 히브리어 교수를 물색하는 데 더 바빴다. 즉시 진솔한 조치가 따랐다면 흥분을 가라앉혔을지도 모른다.

그러나 교황은 콧대 높은 촛불 끄개를 시켜서 이 탁발 수도사를 질식시켜 버리는 편을 택했다. 곧 아우구스티누스 수도회의 총회장을 새로 임명함으로써 그로 하여금 "마르틴 루터라는 그의 수도회 수사의 불을 꺼서 그 연기가 대화재로 번지는 일이 없게" 했다. 그 첫 번째 기회는 다음 5월에 있었다. 그 해에 3년마다 열리는 이 수도회 분회의 회의가 하이델베르크에서 열렸다. 루터는 자신의 관구장 대리로서의 임기가 만료된 것을 보고하고 그 수도회의 창시자 아우구스티누스의 신학 중 인간 타락에 대해서 변호하기로 되어 있었다. 면죄 문제는 의제에 없었지만 아우구스티누스의 신학은 루터의 공격에 근거를 제공했다.

이 계기를 두고 두려워할 이유는 얼마든지 있었다. 여러 곳에서 위험하다는 경고가 들려왔다. 그의 원수들 가운데는 그가 한 달 안에 화형당할 것이라고 떠들어 대는 사람들이 있는가 하면 그 기간을 두 주간으로 잡는 사람도 있었다. 하이델베르크로 가는 길에 암살될 가능성이 있다는 경고도 들렸다.

"그러나" 하고 루터는 적고 있다. "순종하겠소. 나는 걸어서 갈 참이오. 우리의 제후 현인 프리드리히께서는 아무런 청탁도 없었는데 내가 로마로 끌려가는 일이 없도록 하셨지." 그렇지만 만약의 사태에 대비하는 뜻에서 루터는 신분을 숨기고 여행했다. 터덜터덜 나흘 동안 길을 걸은 후 그는 이런 편지를 썼다. "나는 걸으면서 참된 회개를 하고 있소. 나의 회개는 완전한 만큼 이미 온전한 참회는 이루어졌으며, 더 이상 면죄가 필요없소."

루터는 의외로 하이델베르크에서 귀빈 대우를 받았다. 궁정백(宮廷伯, count palatine, 본래 중세 독일 각지에 흩어져 있는 왕궁의 업무를 맡아 보던 궁내관 직위였으나 지방 분권화에 따라 강력한 지방 권력을 행사하게 된 세습 영방 군주) 즉 팔츠 백작은 그와 슈타우피츠 등을 식사에 초대하고 손수 그들을 데리고 예배실의 장식과 무기를 보여주었다. 회의에서 루터는, 겉으로는 올바른 행동이라도 하나님 보시기에는 치명적인 죄(大罪)일 수 있다는 아우구스티누스의 견해를 옹호했다.

"농부들이 그 얘기를 들었다면 돌로 쳐 죽일걸." 하고 어떤 사람이 솔직하게 말해 장내는 시끄러웠다. 루터를 신랄하게 공격하고 폭언을 퍼붓는 글이 회의에 제출되었지만 거기에 대한 반격은 일체 없었다. 나이 많은 층에서는 머리를 흔드는 정도로 그쳤지만 젊은 층에서는 열성적이었다.

"마음이 든든한 것은" 하고 루터는 적고 있다. "그리스도께서 유대인들의 배척을 받자 이방인들에게로 가셨듯이 이 참된 신학은 고집스런 저 노인네들의 배척을 거쳐 젊은 세대에게로 넘어갈 것이기 때문이오."

이 젊은이들 가운데서 후에 루터파 운동의 뛰어난 지도자들이 여럿 나왔다. 그 가운데는 뷔르템베르크의 개혁자인 요하네스 브렌츠(Johannes Brenz)도 있었고 스트라스부르의 지도자인 마르틴 부처(Martin Butzer)도 있었다. 후자는 도미니쿠스 수도회 수사로서 이때 공개 회의의 방청권을 받은 사람이다. 그는 "루터는 아주 점잖게 대답하며 이루 말할 수 없이 침착하게 남의 얘기를 듣는 사람이다. 그의 논리는 사도 바울의 예리한 관찰력을 그대로 드러내었다. 에라스무스(Desiderius Erasmus)가 넌지시 말하는 내용을 그는 거침없이 터놓고 얘기하는 사람이다."라고 보고했다.

동료 수사들에게 따돌림받기는커녕 루터는 뉘른베르크 대표들과 함께 말을 타고 오다가 길이 갈릴 때 그들과 헤어졌다. 거기서부터는 에르푸르트 대표들의 마차에 동승했다. 거기에는 자신의 옛 스승 우징겐(Usingen, 본명은 Bartholomaeus Arnoldi)이 앉아 있었다. 루터는 "나는 그분과 얘기를 나누면서 설득하려고 노력했지만 그분은 걱정하며 당황할 뿐이었다."라고 말했다. 전반적으로 루터는 개선 장군과 같은 기분이었다. 이 모든 내용을 그는 "갈 때는 걸어갔지만 올 때는 마차를 타고 왔다."는 말로 간략하게 적고 있다.

도미니쿠스 수도회의 공격

미루어 짐작건대 아우구스티누스 수도회 측에서 자신들의 시끄러운 형제를 적극적으로 제지하기를 꺼린 것은 도미니쿠스 수도회 측 곧 자신들의 경쟁 수도회에서 그를 너무 몰아붙였기 때문인 듯하다. 이것이 교황 레오 10세가 언급한 것으로 전해지는 말 중 두 번째 것의 진상이다.

도미니쿠스 수도회에서는 테첼에게 출판할 권리를 주는 뜻에서 박사 학위까지 주며 그를 응원했다. 그는 자신의 박사 학위 수여식에서 '짤랑짤랑 소리'를 터놓고 변호했다.

> 동전이 궤짝 속에 짤랑 하고 떨어지는 순간
> 영혼은 연옥에서 튀어오른다.

그의 논제가 인쇄되었다. 비텐베르크 대학생들은 훔치기도 하고 사기도 하면서 이 책을 800권이나 모아 선거후, 대학 당국, 루터 몰래 불태워 버렸다. 루터는 이들의 성급함에 몹시 당황했다. 테첼에게는 아무런 대응도 하고 싶지 않았다.

그러나 그는 할 수 없이 일반 대중에게 자신의 견해를 보다 더 상세하게 알려야 했다. 『95개조의 논제』(Ninety-five Theses)는 오로지 전문 신학자들만을 상대로 한 것이었지만 출판사를 통해 독일 방방곡곡으로 퍼져나갔다. 다듬지 않고 발표한 주장들 가운데 설명과 해명이 필요한 대목이 많았다. 그러나 과거에 발표한 것을 다시 복사하거나 설명하는 것으로 만족할 루터가 아니었다. 청탁을 받고 월요일에 써 준 설교가 일요일에 듣고 받아쓴 사람의 노트와 비교하면 일치하지 않았다. 우유를 통 속에 넣고 돌리면 버터가 나오듯이, 여러 가지 사상이 그의 속에서 맴돌고 있었기 때문에 항상 통에서는 새로운 버터가 나왔다.

『95개조의 논제에 대한 확답』(Resolutions Concerning the Ninety-five Theses)에는 몇 가지 새로운 점이 나타나 있다. 고해 성사를 뒷받침하는 데 사용되던 라틴어역 불가타 성경 성구가 오역이라는 사실을 루터는 발견했다. 마태복음 4장 17절이 라틴어 번역본에는 '고해하라.'(do penance)로 되어 있지만 에라스무스의 헬라어 신약성경에는 단순히 '뉘우치라.'(be penitent)로 되어 있었다. 문자 그대로의 의미는 '네 마음을 바꿔라.'였다. "이 문맥에 힘입어" 하고 루터는 슈타우피츠에게 확답을 바치는 글에서 적고 있다. "제가 감히 말씀드리지만 헬라어의 마음의 변화보다 라틴어의 행동을 더 중요하게 여기는 자들은 틀렸습니다."

이것은 루터가 말하는 하나의 '불타는 듯이 선명한' 발견이었다. 이 결정적인 실례를 통해 교회의 한 가지 성례가 성경의 제정에 근거하지 않음이 드러났다.

루터는 아주 우연한 기회에 내뱉은 또 다른 말 때문에 곤혹을 치러야 했다. "로마 교회가 과거 그레고리우스 1세(Gregorius I) 시대 이전으로 되돌아간다고 가정해 봅시다. 그때 로마 교회는 다른 교회들 위에 있지 않았습니다. 최소한 그리스 교회들 위에 군림하지는 않았습니다." 이건 로마 교회의 수위성이 교회의 초창기로 거슬러 올라가는 하늘의 제도에 따른 것이 아니라 역사의 곤경에서 생긴 하나의 역사적 발전이라는 얘기나 마찬가지였다.

이와 같이 엄청난 의미를 지닌 발언은 곧 이어서 수도회끼리의 논쟁을 불러일으켰을 뿐 아니라 그때마다 루터의 전제에 함축되어 있던 과격론을 이끌어 내는 데 이바지했다. 곧 그는 교황의 연옥으로부터 풀어 주는 권세뿐 아니라 그곳에 보내는 자격까지 당당하게 부정했다.

루터는 자신이 금제(禁制)의 대상이라는 말을 듣고서, 그를 악평하던 자들의 말을 빌리자면, 무모하게 그 금제에 대해서 설교하면서 파문과 복귀로 지상에 있는 교회의 외적인 교제는 영향을 받지만 하나님의 은혜는 그것과 무관하다고 외쳤다. 돈 문제로 파문하는 주교는 돼먹지 못한 친구들이요 그런 사람들의 말은 들을 필요가 없었다.

루터의 입에서 나왔다는 이러한 발언을 반대자들이 인쇄하여 독일 제국의 의회에 와 있던 교황의 사절에게 배포했다. 사절 쪽에서는 그 인쇄물을 로마에 보낸 것으로 소문이 나돌았다. 루터는 이 유인물 때문에 이루 말할 수 없는 손해를 입게 되었다는 소식을 전해 들었다.

그는 자신의 뜻을 밝히기 위해 자신이 설교한 내용 가운데 기억나는 내용을 출판하기로 했지만 그의 화해 시도는 결코 적절하지 못했다. "설령 모(母)교회가 견책하는 데 있어서 잘못을 범한다 해도" 하고 그는 쓰고 있다. "그리스도께서 가야바와 안나스 그리고 빌라도를 존경했던 것처럼 우리도 여전히 이 교회를 존경해야 합니다. 파문이란 여러 성례의 외적인 공유, 매장, 공중기도와만 관련됩니다. 이 금지 조치 때문에 이미 마귀에게 할당되지 않은 사람이 새롭게 마귀의 자식이 되지는 않습니다. 영적인 교제를 갈라놓는 분은 하나님뿐입니다. 우리는 파문 상태에서 죽는 걸 두려워할 필요가 없습니다. 그 판결이 공정하다 해도 저주받은 사람이 참으로 뉘우치면 여전히 구원받을 수 있으며, 만약 그 판결이 부당하다면 그는 그대로 복받은 사람입니다."

이 설교는 8월에 가서야 비로소 출판되었다. 그 사이에 비평가들 가운데 보다 혹독한 측의 활동이 개시되었다.

당시 교황은 더 이상 우물쭈물하고 싶지 않았다. 그는 비협조적인 아우구스티누스 수도회에게 등을 돌리고 도미니쿠스 수도회에 도움을 청했다. 도미니쿠스 수도회 출신으로서 로마 교황궁 신학 장관으로 있던 실베스테르 프리에리아스(Sylvester Prierias)에게 루터에게 보낼 답장을 작성하는 임무를 맡겼다. 그는 이것을 짤막한 순서에 따라 작성했다. 서두는 면죄가 아니라 금제와 교황의 여러 대권으로 장식되었다.

프리에리아스는 보편 교회란 실제로 로마 교회라고 밝혔다. 로마 교회는 추기경들이 대표하고 있지만 실제로는 교황에게 달려 있다. 보편 교회가 신앙과 도덕 문제에 있어서 잘못을 저지를 수 없는 것처럼 참된 교회 회의나 로마 교회도 마찬가지요 공적인 입장에서 말하는 교황 역시 마찬가지다. 이 로마 교회와 로마 교황의 가르침을 거룩한 성경의 힘과 권위의 근거가 되는 오류 없는 믿음의 규범으로 받아들이지 않는 사람이 있다면 누구나 이단이다. 면죄의 문제에 있어서 로마 교회가 하는 일을 부인하는 자는 이단이다.

프리에리아스는 루터의 잘못을 반박하며 그를 가리켜 놋쇠 두뇌와 철로 된 코를 가진 문둥이라고 했다.

루터는 이렇게 반박했다.

> 테첼을 무시한 게 잘못이었군요. 터무니없긴 했지만 그래도 귀하보다는 더 예리한 데가 있었습니다. 귀하는 성경을 한 번도 인용하지 않았고 아무

런 이유도 대지 못하고 있습니다.

교회는 실제로 교황에게 달려 있다구요? 끔찍하게 가증스런 짓까지도 교회의 행적으로 볼 의향이시군요. 율리우스 2세(Julius II)가 무참히 흘려 놓은 피를 보십시오. "늑대로 와서 사자로 통치하고 개로 죽다."라는 말 그대로인 보니파키우스 8세(Bonifacius VIII)의 울화통 터지는 횡포를 보십시오. 교회의 대표가 추기경이라면 전체 교회의 총회는 뭘로 본다는 거지요? 제가 진실을 오류와 뒤섞는다 해서 문둥이로 부르시는군요. 뭔가 진실이 있다는 걸 인정하시다니 반갑습니다. 교황을 권세와 폭력을 휘두르는 황제로 만드시는군요. 막시밀리안 황제(Maximilian I)와 독일 국민들이 이걸 용납하지 않을 것입니다.

이 소책자가 과격하다는 것은 그 독설이 아니라 교황도 잘못을 저지를 수 있고, 교회 회의도 잘못을 저지를 수 있으며, 오로지 성경만이 최종적인 권위라는 점을 강조했다는 데 있다.

이 선언이 나오기 이전에 교황은 이미 행동을 취했다. 8월 7일, 루터는 로마에 출두해서 이단과 명령 불복종이라는 혐의에 답변하라는 소환장을 받았다. 60일간의 여유가 있었다. 그 다음날 루터는 선거후에게 글을 써서 이 사건이 로마로 이송되는 일이 없도록 하겠다던 그의 다짐을 상기시켰다. 이때부터 괴로운 협상이 계속되었으며 마침내 보름스 의회에서 루터 청문회를 갖는 것으로 낙착되었다.

이 계기의 의의는 독일 국가의 한 총회가 가톨릭 교회 회의의 역할을 하게 되었다는 점에 있다. 교황들마다 교회 회의의 숨통을 막아 버리거나 조정하려고 안간힘을 쓰고 있었다. 그 결과 세속적인 총회가 교회 회의의 기능을 담당하게 되었는데 그렇게 되기까지는 그 밖에 여러 가지 많은 방법들이 먼저 강구되어야 했다.

사건이 독일로 넘어가다

독일 의회에서 청문회를 갖기 위한 첫 조치는 루터의 심문을 로마에서 독일로 옮기는 일이었다. 이를 위해 루터는 8월 8일 자기 선거후의 개입을 요청했다. 그는 이 항소를 직접 제후에게 쓴 것이 아니라 제후의 궁정 신부인 게오르크 슈팔라틴(Georg Spalatin)에게 썼다. 이때부터 슈팔라틴은 이 교수와 제후의 중재자 역할을 담당했다.

프리드리히로 말하면 오른손이 하는 일을 왼손이 모르게 할 정도로 일을 잘 처리하는 사람이요, 루터의 견해를 옹호하지만 다른 백성보다 더 봐 준다는 인상을 주지 않을 만큼 아주 신중했던 사람이다. 이 선거후는 루터와 일생 동안 주고받은 말이 스무 마디를 넘지 않는다고 장담한 적이 있다. 이때 슈팔라틴을 통해서 항소를 전해 들은 프리드리히는 교황의 사절인 카예타누스(Cajetanus) 추기경과 협상하여 루터가 앞으로 있을 아우크스부르크 의회에서 먼저 개인적인 심문을

슈팔라틴과 십자가의 그리스도.

받도록 주선했다. 이 청문회는 의회 앞이 아니라 비공개로 갖게 되었지만 최소한 독일 땅에서 열리기로 되어 있었다. 하지만 여기서 얻은 득점은 카예타누스 추기경의 수완과 성격으로 상쇄되고 말았다.

그는 강직하고 능수능란한 고급 교황 당원이었다. 그는 루터의 『프리에리아스에게 보내는 답장』(Answer to Prierias)이나 『금제에 대한 설교』(The Sermon on the Ban) 따위를 도무지 참을 수 없었다. 그가 온건해질 수 없었던 것은, 막시밀리안 황제가 그 말썽 많은 설교의 요약을 듣고 노발대발하면서 8월 5일에 직접 교황에게 편지를 써서 "일반 백성들뿐 아니라 제후들까지 유혹되는 일이 없게

제5장 사악한 자 | 125

하려면 마르틴 루터의 면죄부에 대한 더없이 위험스러운 공격을 제지해야 한다."고 발 벗고 나섰기 때문이다. 황제, 교황, 추기경, 이 셋이 반대하는데 루터가 화형주(火刑柱)를 피한다는 건 아주 힘든 노릇이었다.

루터는 심각한 의구심을 가진 채 아우크스부르크로 떠났다. 이때의 위험은 3년 후 그가 각성한 민족의 옹호자로서 보름스로 갈 때보다 훨씬 더 컸다. 이 당시 그는 이단의 혐의를 받는 아우구스티누스 수도회의 한 은둔자에 지나지 않았다. 그는 자기 앞에 화형주가 세워져 있는 것을 내다보면서 "이제 죽을 수밖에 없군. 부모님께 이 무슨 못할 짓이람." 하고 중얼거렸다. 도중에 장염이 발병하는 바람에 거의 죽을 뻔했다. 그보다 더 괴로운 것은 자기를 비평하는 사람들의 빈정댐이 결국 옳지 않은가 하는 되풀이되는 의심이었다. 곧 '너 혼자만 현명하고, 모든 역사는 잘못인가?' 하는 의심이 그것이었다.

루터의 친구들은 안전 통행증이 없이는 아우크스부르크에 들어가지 말라고 충고했으며 프리드리히는 마침내 막시밀리안 황제에게서 이 통행증을 허락받았다. 카예타누스는 이 얘기를 듣자마자 화가 머리끝까지 치밀어 올랐다. 그는 "절 믿지 못하신다면 왜 제 의견을 묻나요? 절 신임하신다면 왜 굳이 안전 통행증이 필요합니까?"라고 했다.

그러나 루터는 이유를 몰랐지만 카예타누스 추기경은 훨씬 더 마음이 느긋한 상태였다. 의회는 이미 끝났으며 그 회기 중에 그는 이미 많은 것을 알아냈다. 그의 사명은 투르크족에 대항하는 위대한 새 십자군을 만드는 데 있어서 유럽 북부를 규합하는 것이었다. 보헤미아 지방의 이단자들이 이 대원정에 참여하게 하려면 먼저 복귀시켜 놓아야 했고, 이 목적으로 세금을 매겨야 했으며, 저명인사들은 그들대로 유명세를 바쳐야 했다. 마인츠의 대주교는 추기경으로 승진될 예정이었고, 막시밀리안 황제는 믿음의 보호자로서 투구와 검의 장식을 받게 되어 있었다. 그러나 어쨌든 주의 포도원에서 잡초는 뽑혀야만 했다.

이 의회는 중세 시대 특유의 화려함과 정중함이 돋보이는 가운데 열렸다. 추기경에 대한 예의가 하나도 생략되지 않았다. 마인츠의 알브레히트는 그답게 얼굴을 붉히면서 심홍색 옷을 받아 입었으며 황제는 두말없이 그 검을 받았다. 그러나 막상 일이 시작되자 제후들은 교회의 이름으로 투르크족을 물리치는 싸움을 주저했다.

그들은 십자군 원정을 여러 번 치렀고 교회가 착취해 간 다음에 세금을 거둬들일 수 없던 자신들의 무기력을 원통해하던 참이었다. 독일 국민들의 불평은 그전에도 여러 번 제기되었지만 이번에는 독아(毒牙)가 숨어 있었다. 문서에 보면 이런 내용이 밝혀져 있다.

> 사냥꾼 니므롯의 이 자손들은 작은 수도원, 대수도원, 성직록(聖職錄), 참사회의 봉급, 교구의 교회는 움켜쥐면서도 이 교회에는 목회자를 두지 않는다. 목자 없는 백성 그대로다. 성직자의 첫해 수입세(성직 취임세)와 면죄 건수는 늘어만 가고 있다. 교회 재판소에 제출된 사건들만 해도 그렇다. 로마 교회는 양쪽에 모두 미소를 띄우면서 잔돈푼이 굴러 들어오기를 바라고 있다. 독일의 돈이 자연의 원리를 무시하고 알프스 산맥을 넘어 날아가고 있다. 우리에게 주어진 목회자들은 이름만 목자일 뿐이다. 그들이 노리는 것은 양의 털이요 백성의 죄 덕분에 점점 살만 쪄가고 있다. 할당된 미사는 소홀히 취급되고 독실한 기금 갹출자들은 재앙의 날이 오기를 손꼽아 기다리고 있다.
>
> 거룩한 교황 레오는 이 폐단을 중지하시라.

카예타누스의 큰 목적은 모두 물거품이 되어 버렸다. 십자군 원정도 세금도 모두 거절당했다. 그렇다면 주의 포도원의 잡초 뽑는 일은 성공할 수 있었는가? 그는 조심스럽게 행동하지 않으면 안 된다는 것을 느꼈으나 루터가 자기 주장을 취소할 경우에만 교회에 복귀시키고 그렇지 않을 경우에는 로마로 묶어 보내라는 교황의 지시에 매인 몸이었다. 이 경우에는 세속 군대의, 특별히 막시밀리안 황제의 도움을 청하도록 되어 있었다. 사실 이 황제의 항의에 힘입어 이러한 교황의 지시가 나왔는지도 모른다.

이 교황 문서의 순수성은 처음에는 루터를 통해서, 나중에는 현대 역사가들을 통해서 강한 반박을 받았다. 여기에 대한 근거로는 소환장에 명시된 60일이 차기도 전에 교황이 그런 즉각적인 행동을 취하지 않았을 것이라는 이유가 제시되었다. 그러나 교황은 루터에게 출두할 여유를 60일간 허락했을 뿐이지 그렇지 않을 경우에 대한 약속은 전혀 언급이 없었다. 그뿐 아니라 메디치 가의 추기경이 10월 7일 카예타누스에게 편지했듯이, "시끄러운 이단의 경우에는 더 이상의 의식이나 소환장을 준수할 필요가 없었다."

그 원본이 현재 남아 있지 않기 때문에 이 지시의 순수성은 결코 입증될 길이 없다. 하지만 바티칸 장서각에는 바로 그날 교황이 프리드리히에게 띄워 보낸 다른 편지의 사본이 남아 있는데 이것 또한 지엄하기 짝이 없다.

> 사랑하는 아들이여, 사도의 축복을 그대에게 비노라. 생각건대 그대의 고귀한 가문의 으뜸가는 자랑이라면 하나님에 대한 믿음과 교황청의 명예와 위엄을 보전하는 일이었도다.
> 그런데 듣자 하니 아우구스티누스 수도회 은둔자들 가운데 하나님의 교회에 덤벼드는 마르틴 루터라는 수사가 그대의 지원을 받고 있다더군. 물론 그게 터무니없는 소문인 줄 알고 있지만 다시 한 번 촉구하거니와 그대의 고귀한 가문의 명성이 그 따위 중상모략에 말려드는 일이 없도록 하라. 루터의 가르침에 이단이 포함되었다는 내용을 이곳 교황궁 신학 장관으로부터 전해 들었기에 그 자가 카예타누스 추기경 앞에 서도록 소환했노라. 루터가 교황청의 사법권 아래 들어오도록 일을 보살핌으로써 그대가 하나님의 교회를 상대로 더없이 악독한 이단이 일어나게끔 조장했다는 비난을 후세대로부터 듣는 일이 없도록 하라.

카예타누스와의 면담

이 편지에 비추어 생각할 때, 카예타누스에게 내린 지시의 엄연한 사실만은 의심할 필요가 없다. 그 지시는 분명히 그의 자유를 제약하고 있었으며 한 새로운 각서에 따르면 그는 루터의 가르침을 알아보는 일만 해야 했다. 결코 토론이 있어서는 안 되었다.

1518년 10월 12일부터 14일까지, 화, 수, 목요일에 걸쳐서 세 차례의 면담이 있었다. 거기 동석한 사람 가운데는 슈타우피츠도 끼어 있었다. 첫날은 루터가 최대한의 경의를 표하며 엎드리자 카예타누스 추기경은 더없이 다정하게 그를 일으켜 세웠고 이어서 주장을 취소하지 않으면 안 된다는 식으로 타일렀다. 여기에 대해 루터는 자신이 비텐베르크에서도 얼마든지 할 수 있는 일을 이곳 아우크스부르크에서 하려고 힘든 여행을 한 것이 아니라고 대답했다. 자신의 잘못이 무엇인지 지적받고 싶었다.

추기경은 맨 먼저, 1343년에 발표된 교황 클레멘스 6세(Clemens VI)의 교서

루터와 카예타누스의 면담을 그린 1556년도 목판화.

『우니게니투스』(Unigenitus, 독생자)에 분명히 밝혀져 있는, 교회가 공로의 보고라는 점을 루터가 부인하고 있다고 대답했다. 카예타누스는 이렇게 말했다. "여기에 보면 그리스도의 공로들이 면죄의 한 보물이라는 교황의 발언이 나와 있소." 이 본문을 잘 알고 있던 루터는 거기에 정말 그런 말이 있다면 자신의 주장을 취소하겠다고 대답했다. 카예타누스는 싱글벙글하면서 책장을 넘기다가 그리스도께서 자신의 희생으로 한 보물을 얻었다는 대목을 짚었다. "아, 그렇군요." 하고 루터가 말했다. "하지만 아까는 그리스도의 공로들이 한 보물이다라고 말씀하셨죠. 여기에는 그가 한 보물을 '취득하다.'로 되어 있네요. '이다.'와 '취득하다.'는 같은 얘기가 아닙니다. 독일 사람들이 문법에 무식한 것으로 생각하시는 것은 아니겠죠?"

이 답변은 무례할 뿐 아니라 사리에 맞지도 않았다. 루터가 이때 으스대며 큰소리 친 것은 자신이 궁지에 몰렸기 때문이다. 아무런 편견 없이 읽는 독자라면 누구나 정확하게 풀어서 설명한 것으로 볼 것이다. 그 교서에는 그리스도께서 자신의 희생으로 하나의 보물을 취득하셨는데 이것이, 신실한 자들을 현세의 처벌에서 풀어 주도록 하는 뜻에서 열쇠의 권세를 통해, 베드로와 그의 후계자들의 처분에 맡겨졌다는 내용이 밝혀져 있다. 그리고 이 보물은 동정녀 마리아와 성인들의 공로를 통해서 갈수록 많아져 가며, 교황은 이 비축물을 하나의 보고 또는 기금으로 사용해서 1350년 희년에 로마를 방문하는 자들 가운데 뉘우치고 고해하는 자들의 모든 죄를 전적으로 감해 준다는 내용이 포함되어 있다.

그리스도와 성인들의 여공(餘功)의 보고(寶庫)에 대한 모든 개념이 틀림없이 그대로 나와 있었다. 그러나 루터는 입장이 난처했다. 자신의 주장을 취소하거나 이 교서를 배척하거나, 아니면 그것을 그럴듯하게 해석할 수밖에 없었다. 그는 후자를 택했다. 그러나 이것이 까다롭다고 생각하여 글로 써서 알리게 해달라고 요청했다. 그러면서 그는 "이만큼 말다툼했으면 충분하지 않습니까?" 하는 얘기를 지나치는 말처럼 했다.

순간 추기경은 아찔했다. 루터와 다투는 일이 없도록 하라는 지시가 생각났기 때문이다. "이 사람아." 하고 그가 재빨리 다그쳤다. "난 자네하고 다툰 게 아냐. 지금이라도 자네를 로마 교회에 복귀시키고 싶은 심정이니까." 그러나 철회가 있어야만 복귀가 가능했기에 루터는 얘기할 기회나 반박할 기회도 없이 정죄 받을 수는 없다고 항의했다. 그는 "저는 성경, 교부들, 여러 교서, 또는 올바른 논리를 거스른 적이 없습니다. 제게 잘못이 있을 수도 있지요. 여기에 대해서는 바젤, 프라이부르크, 루뱅, 필요하다면 파리 대학들의 판단에 따르겠습니다." 추기경의 관할권을 빠져나가려는 시도치고는 턱없이 서투른 처사였다.

보는 방향에 따라 추기경으로 보이거나 광대로 보이게 그린 풍자화.

글로 쓴 발언이라야 그보다 더 교묘한 노력을 기울여서 그 교서 위에 자신에게 유리한 건축물을 짓는 것에 지나지 않았다. 루터가 입장을 바꾸면서 교서와 교서를 작성한 교황의 권위를 무뚝뚝하게 배척하자 카예타누스는 이 사실을 명심하게 했다.

"저는 한 인간적인 교황의 모호하고 흐릿한 교서 때문에 성경의 그 많고 분명한 증거를 물리칠 정도로 오만한 사람이 아닙니다. 그건 어느 교회 법학자의 말처럼 '믿음의 문제에 있어서 교회 회의가 보다 더 나은 권위와 논리로 무장되어 있을 경우 이 교회 회의는 교황뿐 아니라 어떤 신자보다도 위에 서기' 때문입니다." 추기경은 성경 역시 해석할 수밖에 없지 않느냐는 말로 루터를 타일렀다. 교황은 해석자요, 교황은 어떤 교회 회의나 그 밖에 교회 안에 있는 그 무엇보다 위에 서있지 않느냐는 얘기였다. "성하께서는 성경을 남용하고 계십니다." 하고 루터가 내쏘았다. "교황이 성경보다 위라는 점은 반대합니다."

이때 추기경은 버럭 화를 내면서 루터에게 당장 물러가고, 아무 때라도 '레보코'(*Revoco*, 저는 취소합니다)를 말하기 전에는 다시 나타나지 말라며 고래고래 소리 질렀다.

백파이프 부는 나귀로 묘사된 교황.

루터는 집으로 편지하면서 이 추기경에게 문제를 처리하도록 맡기느니 차라리 나귀에게 하프를 타라고 하는 게 나을 것이라고 했다. 오래지 않아서 풍자화가들은 이 소재를 주제로 하여 교황을 그려 댔다.

카예타누스는 화가 가라앉자 슈타우피츠와 함께 식사하는 자리에서 루터에게 취소를 권면할 것을 당부하면서 루터에게 슈타우피츠보다 더 좋은 친구가 없지 않느냐고 부추겼다. 슈타우피츠는 대답했다. "저도 여러 번 노력해 봤지만 그 사람의 성경 실력은 따라갈 재간이 없습니다. 교황의 대변자인 당신이 알아서 할 일이죠." "난 그 친구와 다시는 얘기를 주고받지 않겠어." 하고 추기경이 말했다. "그의 눈 좀 보게나. 호수마냥 깊어. 그리고 그의 머리에 담긴 생각은 사람을 깜짝깜짝 놀라게 하지 않나?"

슈타우피츠는 루터에게 수도회에 순종하기로 맹세한 서약을 면제해 주었다. 그는 아우구스티누스 수도회의 무거운 짐을 벗어보려 했거나 아니면 이 탁발 수도사의 사슬을 풀어 주고 싶었는지 모르지만 루터는 자신이 배척받은 느낌이었다. 그는 나중에 "나는 세 번 파문당했는데" 하고 말했다. "첫 번은 슈타우피츠에게서, 두 번째는 교황에게서, 세 번째는 황제에게서였다."

루터는 또 소환이 있을까 해서 다음주까지 아우크스부르크에서 기다렸다. 이어서 그는 카예타누스의 결정에 대해 교황에게 보내는 호소장을 벽에 게시했다. 거기서 그는 면죄 교리가 지금까지 한 번도 공식으로 선언된 적이 없는 만큼 미심쩍은 문제, 특히 구원에 필요하지도 않은 문제에 대한 토론을 이단으로 취급할 수는 없다는 점을 지적했다.

그는 자신을 로마로 불러들이는 것은 도미니쿠스 수도회 밑에 복종시키려는 처사라고 불평했다. 그뿐 아니라 로마에서는 안전 통행권이 있어도 안전한 곳이 못 된다는 점을 지적했다. 로마의 교황 레오 10세마저도 안전하지 않았다. 이것은 후에 드러난 대로, 바로 추기경들이 교황을 독살하려던 음모와 관련된 얘기였다.

어쨌든 루터는 가난한 탁발 수도사 주제인지라 여비도 없었다. 카예타누스는 처음에는 그를 정중하게 맞이했지만 나중에는 토론할 기회도 주지 않고 취소만 요구했다. 여러 대학에 이 문제를 호소하자는 제의도 묵살되고 말았다. "성경에 있는 것만 가르치는 저로서는 부당한 대우를 받는다고 생각합니다. 그러므로 저는 잘못 알고 있는 레오로부터 더 잘 알고 있는 레오에게 호소합니다."

이때 추기경에게 루터를 체포할 권한이 부여되었다는 소문이 귀에 들어왔다. 성의 문은 모조리 삼엄하게 경비되고 있었다. 우호적인 시민들의 묵인 아래 루터는 밤에 도망쳤다. 어찌나 급하게 나왔던지 그는 수도복을 그대로 입고, 승마용 바지, 박차, 등자, 검도 준비하지 않은 채 말을 몰 수밖에 없었다. 뉘른베르크에 도착해서 교황이 카예타누스에게 보냈다는 지시서를 보았다. 루터는 그것의 출처를 의심했지만 그와 동시에 교황의 결정에 대해서 총회에 호소하는 문제를 생각해 보았다. 10월 30일, 그는 다시 비텐베르크로 돌아왔다.

망명의 위협

이곳에서의 생활은 아주 위험하게 되었다. 카예타누스는 면담의 보고를 현인 프리드리히에게 보내면서 루터가 교황의 교서에 대해서 한 말은 차마 글로 옮길 수 없을 정도라고 했다. 그러니 프리드리히가 루터를 묶어서 로마로 보내든지 아니면 그의 영토에서 추방하든지 하라는 얘기였다. 이 선거후는 이것을 루터에게 보여 주었다. 그러나 루터는 카예타누스와의 면담 내용에 자신이 후에 생각한 문제까지 곁들여서 출판함으로써 이 제후의 입장을 난처하게 했다. 더 이상 교황의 교서를 호의적으로 설명할 길이 없었다. 그보다 그것을 거짓 문서로 강조해 버렸다. 유한한 한 교황의 모호한 교서가 성경의 뚜렷한 여러 증거와 대조되었다.

루터의 얘기를 계속 들어 보자.

그 교서를 부정한다 해서 못된 그리스도인은 아닙니다. 그러나 복음을 부정한다면 우리는 이단입니다. 나는 이 교서를 저주하고 혐오합니다. 그 사도의 사절은 자신의 위엄을 벼락 삼아 내게 으르렁거리면서 취소할 것을 요구하였지요.

나는 교황이 성경을 남용한다는 점을 지적했습니다. 내가 교황의 성결성을 존경한다면 그리스도와 진리의 성결성은 흠모하는 바입니다.

나는 우리 세대에 일어난 이 로마 교회의 새로운 군주 체제를 반대하지는 않지만 이 로마 주교의 교서에 복종하지 않고서는 그리스도인이 될 수 없다는 데는 반대하겠습니다. 그리고 그 교서로 말하자면 그리스도의 공로가 면죄의 한 보물이라는 점은 반대합니다. 그리스도의 공로는 교황과 관계없이 은혜를 가져오기 때문입니다. 그리스도의 공로는 죄를 없애고 또 공로를 늘입니다. 면죄는 공로를 없애고 죄를 남겨 놓습니다.

이 아첨꾼들은 교황을 성경 위에 올려놓고 잘못을 저지를 수 없는 사람이라고 우겨댑니다. 그렇게 되면 성경은 사라지고 교회에 남는 것은 인간의 말뿐입니다. 나는 로마 교회의 이름으로 바벨론을 세우려는 자들을 단호히 반대합니다.

11월 28일, 루터는 교황의 결정에 대해 총회에 호소하는 문제를 한 공증인에게 위임했다. 거기서 그는 성령 안에서 합당하게 소집된 교회 회의가 바로 하나의 교회(가톨릭 교회)를 대표하며 인간이기에 잘못, 죄, 거짓말을 저지를 수 있는 교황보다 위에 선다는 점을 밝혔다. 사도 베드로마저도 이러한 약점을 벗어나지 못했다. 교황의 명령이 하늘의 지령에 위배된다면 순종할 필요가 없었다.

그러므로 그릇된 자문을 받고 있는 레오 그리고 그의 파문, 금지, 단죄, 지탄, 판결, 벌금, 그 밖에 사악하고 포악스런 그의 위협과 이단과 배도 선언 등 모든 문제를 두고 안전한 곳에서 총회를 개최하여 심사 숙고하기를 호소합니다.

루터는 이 호소문을 인쇄하도록 넘기면서 모든 인쇄물은 자기에게 맡겨 놓았다가 자신이 실제로 파문을 받을 경우에만 배포하라고 당부했다. 그러나 인쇄소에서는 이 당부를 무시하고 당장 일반에게 퍼뜨리고 말았다. 이렇게 되자 교황의 동의를 받지 않고 교회 회의 개최를 호소하는 것은 그 자체가 이단이 된다고 교황 율리우스 2세가 못 박아 놓았던 만큼 루터는 참으로 난처한 입장에 몰리고 말았다.

현인 프리드리히로서는 곱절로 난처했다. 그는 누구 못지않은 가톨릭 제후로서 유골 숭배에 빠져 있었고 면죄부를 숭상했다. 또한 루터의 가르침을 이렇다 저렇다 판단할 입장이 아니라는 그의 주장 역시 진지한 고백이었다. 그런 문제에 있어서는 꼭 자문을 받던 그였다. 그런 이유에서 그는 비텐베르크 대학을 세웠으며, 바로 그런 이유에서 그는 사법 문제와 신학 문제에 대한 자문을 이 대학에 의뢰하곤 했다. 루터 역시 신앙 문제에 있어서 자기 제후를 가르칠 사명을 맡은 그 대학 박사들 가운데 한 사람이었다. 이 제후가 자신의 성경 박사에게 잘못이 있는 것으로 믿어야 했던가?

물론 교황 쪽에서 그를 이단으로 선언하면 문제는 그걸로 해결될 테지만 아직 교황은 판결을 내리지 않은 상태였다. 비텐베르크 신학 교수들도 루터를 반박하지 않고 있었다. 독일 학자들 가운데 루터가 옳다는 사람이 방방곡곡에 있었다. 이런 판국에 프리드리히가 교황의 정죄가 있기 전에 행동을 취한다면 그는 하나님의 말씀을 거스르는 셈이 되지 않겠는가? 반면에 교황은 루터를 감금할 것을 권하면서 그를 '사악한 자'라고 불렀다. 여기에 응하지 않는 것은 이단자를 숨기는 셈이지 않겠는가?

이러한 여러 가지 질문이 프리드리히를 괴롭혔다. 그는 당시 여러 제후들과는 달리 한 번도 자신의 경계선을 넓히는 문제나 자신의 위엄을 유지하는 문제에 대해서 물어 본 적이 없었다. 그의 한 가지 질문은, '믿는 제후로서 나의 임무는 무엇인가?'였다. 이 갈림길에서 그는 몹시 번민했으며 11월 19일 황제에게 이 사건을 취하하거나 독일 안에서 편견 없는 재판관들과 청문회를 할 수 있도록 허락해 달라는 내용의 간청서를 띄우는 것 이상의 행동은 취하려 하지 않았다.

루터는 선거후에게 이렇게 편지했다.

> 그 사절이 각하를 비난하다니 억울합니다. 그는 작센의 온 집안에 오명을 뒤집어씌우려 하고 있습니다. 그가 저를 로마로 보내거나 추방하도록 제의한다는 말을 듣고 있습니다. 가난뱅이인 수도사를 쫓아내서 어쩌겠다는 건지요? 각하의 영토 안에서도 위험에 처한 제가 밖으로 나가면 오죽하겠습니까? 그러나 각하께서 저 때문에 고난받는 일이 없도록 기꺼이 각하의 지배권을 떠나렵니다.

슈타우피츠에게는 루터가 이런 편지를 썼다.

> 제후께서는 그 면담에 대한 제 견해를 출판하는 것을 반대하셨지만 마침내 동의하셨습니다. 그 사절은 그분께 나를 로마로 보내거나 추방하라고

요청했답니다. 제후께서는 저 때문에 아주 염려하시지만 제가 어딘가 다른 곳에 있다면 그걸 더 반겨하실 것입니다. 저는 슈팔라틴에게 금지령이 오는 대로 떠나겠다고 얘기했습니다. 그는 한사코 제가 황급하게 프랑스로 도피하는 것을 말렸습니다.

아우크스부르크에서 한 이탈리아 사람이 선거후가 포기하면 어디로 가겠느냐고 질문하자 루터는 "하늘을 지붕 삼아……"라고 대답했다.
11월 25일, 그는 슈팔라틴에게 소식을 띄웠다.

나는 언제라도 로마의 저주가 내릴 것으로 기대하고 있네. 만반의 준비가 된 셈이지. 그 저주가 내릴 때 나는 아브라함처럼 정한 곳은 없지만 하나님은 어디나 계시다는 한 가지 확신으로 허리를 동이고 있을 거라네.

슈타우피츠는 오스트리아 잘츠부르크에서 루터에게 이런 편지를 보냈다.

세상은 진리를 미워하고 있네. 그러한 미움이 그리스도를 십자가에 못 박았지. 오늘날 자네에게도 이 십자가 말고 또 무엇이 준비되어 있는지 나로서는 알 수 없군. 자네에겐 친구도 별로 없는데 그나마 그 친구들마저도 원수가 무서워서 숨는 일이 없기를 바라네. 비텐베르크를 떠나 내게로 오게. 우리 함께 살고 함께 죽세. 프리드리히 선거후께서도 동의하고 있어. 우리 함께 버림받은 그리스도를 따르세.

루터는 자기 회중에게, 작별 인사는 하지 않겠지만 자기가 없어지면 이를 자신의 인사로 받아달라는 얘기를 했다. 그는 저녁 식사에 몇 명의 친구를 초대했다. 두 시간 안으로 떠나고 말았을 그에게 슈팔라틴에게서 전갈이 왔다. 제후가 남아 있기를 바란다는 내용이었다.

정확히 무슨 일이 일어났는지는 전혀 알 수 없다. 수년 후에 루터는 제후에게 자기를 숨기려는 계획이 있었던 것으로 적고 있다. 그러나 이 사건이 있은 지 서너 주 후에 루터는 또 이렇게 쓰고 있다. "처음에는 제후께서 내가 이곳에 남는 것을 달가워하지 않으셨어."

2년 후 프리드리히는 로마를 향해 자신의 입장을 이렇게 변호했다. 루터에게 불리한 행동을 취하지 않았던 것은 떠나겠다는 루터의 제안을 받아들이려는 참에 루터는 놓아두는 것보다 감시해야 덜 위험할 것이라는 교황 사절의 충고가 있었기 때문이라고 했다. 물론 프리드리히는 속으로는 루터를 어떤 은신처로 유인할 계획이었지만, 사건이 지난 다음이니까 이렇게 말할 수 있었을 것이다. 그와 동시에 순간적으로는 프리드리히가 복종하려 했으나 교황 쪽에서 행동을 개시하기 전까지는 지연하고 있었던 것으로 볼 수도 있다.

어쨌든 12월 18일, 프리드리히는 루터를 위해 로마 교황청에 보내는 문서를 카예타누스에게 전했는데 이것은 루터를 위한 단 한 번의 글이었다.

저로서는 성하께서 루터에게 아버지로서 취할 행동을 보인 것으로 확신하지만 그에게 취소할 만한 충분한 이유가 제시되지 않은 것으로 이해됩니다. 그의 가르침이 부당하고 비기독교적이며 이단적이라는 점이 지금까지 한 번도 드러나지 않았다고 여러 대학의 학자들은 주장하고 있습니다. 반대 입장의 학자들은 극소수로서 그것도 그의 업적을 시기하는 뜻에서 그렇게 생각할 뿐입니다. 그의 가르침이 비신앙적이거나 받아들일 수 없는 것이라고 이해된다면 그를 변호하지 않겠습니다.

제게 유일한 목적이 있다면 그리스도인다운 제후의 직분을 다하는 것입니다. 그러므로 로마에서는 이 문제에 대한 답변을 내리소서. 그를 로마로 보내거나 추방하는 문제는 그가 이단의 정죄를 받은 다음에나 취할 행동인 것 같습니다.

토론하자는 그의 제의와 여러 대학의 판단에 따르겠다는 제의는 마땅히 숙고되어야 할 것으로 봅니다. 어떤 점에서 그가 이단이라는 것이 지적되어야 마땅하며 그 전에는 정죄하는 일이 없어야겠습니다. 함부로 잘못을 범하고 싶지도 않으며 교황청에 불순종하고 싶지도 않습니다. 비텐베르크 대학에서 최근에 그를 위해 청원을 올린 점을 아울러 말씀드립니다. 여기 그 사본을 동봉합니다.

루터는 슈팔라틴에게 이렇게 평했다.

우리의 훌륭하신 제후께서 로마 사절에게 띄운 글을 보았네. 맙소사, 그 글을 읽으면서 얼마나 기뻤는지, 그리고 몇 번이나 읽었는지 자넨 모를 걸세.

제6장 작센의 후스
라이프치히에서 요한 에크와 공개 신학 논쟁을 벌이다

루터는 모든 교황을 다 적그리스도로 보았다. 라이프치히 토론이 있기 전날 밤, 그는 자신의 생각으로 인해 새삼 놀랐다. 그리스도의 대리자로서 하나님 아버지께 그처럼 헌신해 온 사람이 결국은 그리스도의 큰 원수일지도 모른다는 생각 그 자체가 끔찍했다. 그와 동시에 적그리스도의 파멸이 확실하다는 점을 떠올릴 때 이러한 생각은 위로가 되기도 했다. 만약에 루터가 두 증인들처럼 쓰러진다 해도 하나님께서는 일찌감치 루터의 공격자를 손으로 처치하실 참이었다. 이제 이것은 한낱 사람을 상대로 하는 싸움이 아니라 통치자들과 권세들과 하늘에 있는 이 어둠의 세상 주관자들을 상대로 하는 싸움이었다.

추측건대 교황의 정책이 약간 누그러진 것은 추기경 카예타누스의 분별 있는 보고 때문이었을 것이다. 이단이란 교회의 기존 교리를 배척하는 것인데 면죄의 교리는 아직 공식적인 교황의 정의가 없었다. 카예타누스는 한 사람이 이단자는 아니라도 성가신 대상이 될 수 있음을 잘 알고 있었다. 교황이 먼저 입을 열어야 했고 그런데도 루터가 따르지 않는다면, 그때 가서 금지령으로 그를 옭아맬 수 있었다.

마침내 교황의 선언이 나왔는데 어디로 보나 카예타누스 자신이 작성한 것이었다. 1518년 11월 9일 『쿰 포스트쿠암』(*Cum Postquam*) 교서는 논쟁의 쟁점 가운데 많은 주제를 분명히 밝혔다.

면죄는 오로지 처벌에만 적용되고 죄책에는 적용할 수 없었다. 그 죄책은 먼저 고해 성사를 통해서 면제되어야 했다. 지옥의 영원한 고통이 아니라 지상과 연옥에서의 일시적인 처벌만 감소될 수 있었다. 물론 교황 자신이 지상에서 부과한 여러 가지 처벌에 대해서는 사면권을 행사하여 완전히 마음대로 할 수 있었다. 그러나 연옥의 처벌에 대해서는 그리스도와 성인들의 공로로 이루어진 보고(寶庫)를 기도로 하나님께 제시하는 수밖에 없었다. 이 교서를 통해서 가장 지독했던 폐단이 몇 가지 꼬리를 감추었다.

　이것이 좀 일찍 나왔다면 논쟁이 끝났을지도 모르지만 그 사이에 루터는 교황의 푸는 권세뿐 아니라 금지령을 통해서 묶는 권세까지 공격해 버렸다. 한 걸음 더 나아가 교황과 교회 회의도 잘못을 저지를 수 있다고 선언했다. 고해성사를 뒷받침하는 데 사용되던 성경 본문을 도려내고 교회법 가운데 일부도 성경과 일치하지 않는다고 부정했다. 도미니쿠스 수도회로부터 골치 아픈 이단자로 불렸는가 하면 교황에게는 사악한 자라는 말을 들은 그였다.

　그러나 이런 그를 어떻게 다뤄야 했는가? 1518년 12월에 비롯된 회유 정책은 정치적인 색채가 짙었다. 교황은 십자군 원정 계획이 거절되고 세금이 거부되었으며 독일 국민의 원성이 빗발친다는 점을 잘 알고 있었다. 여기에는 보다 더 심각한 문제가 있었다. 막시밀리안 황제가 1월 12일에 죽었다. 그 때문에 신성 로마 제국의 자리를 놓고 벌이는 선거전이 서둘러졌다. 일찍이 막시밀리안은 손자 카를로스(Carlos, 훗날 카를 5세)를 자신의 후계자로 선출하려는 계획을 세운 것으로 알려져 있었다.

　이 제국은 기울어져 가는, 그러나 여전히 중세의 당당한 유산이었다. 황제의 자리는 선거로 정했으며 유럽의 제후라면 누구나 자격이 있었다. 하지만 선거후들은 주로 독일계였으며 독일인을 택하는 편이었다. 그와 동시에 그들은 현실적으로 그 자리를 지탱하기에 충분한 힘을 가진 독일인이 아무도 없다는 걸 잘 알고 있었다. 바로 이런 이유에서 그들은 두 큰 세력 가운데 한 사람을 지도자로 받아들일 자세가 되어 있었으며, 프랑스의 프랑수아(François)와 스페인의 카를로스(Carlos) 둘 가운데 누구냐 하는 문제만 남아 있었다.

　하지만 이때 교황은 이 둘을 다 반대했는데 그 이유는 어느 쪽으로 권세가 불어나든 교황의 안전을 유지하는 데 균형이 깨질 우려가 있었기 때문이다. 독일 제후들이 독일인 가운데는 후보자가 없어서 낙심하고 있을 때 교황은 현인 프리드리히를 지지하겠다고 나섰다. 이러한 상황에서 마르틴 루터에 대한 이 제후의 마음씀이 걸렸을 것이다.

 물론 사태는 프리드리히가 자신의 무자격을 알기에 합스부르크 가에 표를 던져 자신을 탈락시킴으로써 뒤바뀌었다. 1519년 6월 28일 이 합스부르크 가문에서 신성 로마 제국의 카를 5세(Karl V)가 피선되었다. 그러나 사태가 그리 크게 바뀌지는 않았는데, 그 이유는 그 후 1년 반 동안 카를은 스페인에 너무 얽매이느라 독일에 관심을 가질 겨를이 없었고 프리드리히는 여전히 중심 인물이었기 때문이다. 그러므로 교황은 루터 문제에 관한 한 이 제후를 무시할 입장이 못 되었다.

 교황의 정책은 회유적이었으며 카예타누스에게는 한 조수가 임명되었다. 그는 현인 프리드리히와 관련 있는 독일인으로서 카를 폰 밀티츠(Karl von Miltitz)라는 사람이었다. 그를 임명한 것은 이 선거후의 환심을 사고 선거가 끝날 때까지 루터의 입을 막자는 뜻에서였다. 이러한 여러 목적을 위해서 밀티츠는 바티칸의 화살통에 들어 있는 온갖 화살, 곧 면죄에서부터 성무 정지에 이르는 다양한 화살로 무장되었다.

 프리드리히를 누그러뜨리려는 뜻에서 그는 비텐베르크의 성 교회에 새로운 특권을 몇 가지 안고 왔다. 그 특권이란 프리드리히의 유명한 수장품 속에 있는 성인들의 유골 하나하나마다 적절한 헌금을 한 사람들에게는 연옥의 처벌을 100년 줄여 주는 것이었다. 그뿐 아니라 이 제후는 오랫동안 욕심내 오던 명예, 곧 교황이 주는 황금 장미(golden rose, 로마 교황이 가톨릭 교회를 위해 업적을 쌓은 신도나 교회에 하사하는 장미 모양의 장식)를 받게 되어 있었다. 이 명예를 수여하면서 레오 10세는 그에게 이런 편지를 썼다.

> 사랑하는 아들이여, 더없이 거룩한 이 황금 장미는 거룩한 금식의 제14일째 되는 날 신성하게 만든 것이다. 거기에 거룩한 기름을 바르고 향을 뿌린 다음 교황의 축도가 내려졌노라. 이것을 짐의 가장 사랑하는 아들 곧 고귀

한 혈통과 집안의 카를 폰 밀티츠가 그대에게 증정할 것이다. 이 장미는 우리를 구속한 구주의 가장 고귀한 보혈의 상징이다. 이 장미는 꽃 가운데 꽃이요, 이 땅에서 가장 아름답고 향기로운 꽃이다.

그러므로 사랑하는 아들이여, 이 신성한 향기가 그대의 마음속 깊이 스며들어 앞에 얘기한 카를 폰 밀티츠가 제시하는 일은 무엇이든지 수행하기를 바라노라.

이 장미가 전달되기까지 적지 않은 시간이 지연됐는데 그것은 장미가 안전을 위해 아우크스부르크에 있는 푸거 가의 금고에 보관되어 있었기 때문이다.

프리드리히는 지연에 대한 또 다른 이유를 나름대로 지적했다. 그는 "밀티츠는 내가 그 수도사를 내쫓고 이단자로 선언하지 않으면 황금 장미를 주려 하지 않을 거야."라고 말한 적이 있었다.

루터가 듣기에 밀티츠는 자신을 넘겨주는 조건으로 장미를 수여한다는 교황의 편지로 무장되어 있었지만 밀티츠가 이 행동을 취하지 못하고 망설였던 것은 "그 제후에게서 그 수도사를 살 수 있다고 생각한다면 자넨 바보 천칠세." 하고 큰소리치는 한 추기경이 말렸기 때문이었다. 두말할 것 없이 밀티츠에게는 교황과 교황청이 프리드리히에게 보내는 편지가 많았다. 하나같이 그 '사탄의 자식, 멸망의 자식, 타락한 양, 포도밭의 가라지인 마르틴 루터'를 따돌리는데 도우라는 내용이었다. 그 의도를 안 밀티츠는 수도사 마르틴을 체포해야겠다고 단단히 각오하며 출발했을 것이다. 루터는 슈타우피츠에게 "나중에 제후의 궁정에서 안 일이지만, 밀티츠는 70통의 사도 서신으로 무장하고 왔다는군요. 선지자들을 잡아 죽이는 자주빛 옷 입은 바벨론인 예루살렘으로 절 데려가려고 말입니다."라고 썼다.

밀티츠는 독일 땅에서는 이 탁발 수도사가 자기 주머니 속에 든 것이나 다름없는 것처럼 장담했지만 너무 거만한 절차는 현명하지 못함을 곧 깨닫게 되었다. 오는 도중에 들른 주막집에서 얘기를 나눈 사람 중에는 교황보다는 루터

편이 더 많았다. 3대 1로 루터가 우세했다.

지금까지 천 년 동안 교회를 이처럼 괴롭혀 온 사건이 또 없었으며 이 장애물을 치우는 자에게는 로마에서 금화 10,000두카트라도 내놓을 것이라고 솔직히 털어놓았다. 로마 교황청의 의욕은 여기서 그치지 않았다. 현인 프리드리히는 고분고분 따르기만 한다면 추기경을 한 사람 지명하는 임명권을 허락받을 것이라는 암시도 받았다. 그는 이 이야기를 루터를 추기경으로 만들 수도 있다는 뜻으로 해석했다.

밀티츠는 감언(甘言) 보따리를 한아름 안고 도착했다. 한번은 그가 "우린 모든 걸 곧 끝내게 될 겁니다." 하고 루터에게 말했다. 그는 루터에게 면죄에 대한 교황의 새 교서에 따르는 게 좋지 않겠느냐고 얘기했다. 루터는 거기에 성구가 하나도 들어 있지 않다고 대답했다. 그러자 밀티츠는 만약에 루터의 반대자들이 토론과 출판을 하지 않을 경우 루터 자신도 그렇게 하겠느냐고 더 물었다. 루터는 그러마고 약속했다. 밀티츠는 감격의 눈물을 흘렸다. 이런 행동을 루터는 '악어의 거짓 눈물'이라고 나중에 쏘아붙였다.

이때 바로 테첼이 속죄 염소가 되었다. 밀티츠는 그를 불러서 너무 호사스럽게 두 마리의 말이 끄는 마차를 몰며 여행한 것과 사생아를 둘이나 둔 점을 들어 문책했다. 테첼은 한 수도원으로 물러가 원통해하면서 죽었다. 루터는 테첼에게, "너무 괴로워하지 마세요. 이 소동은 당신이 시작한 것이 아니니까요. 그 아이에겐 다른 아비가 있습니다."라고 편지를 쓴 적이 있다.

그동안 이곳의 선거후는 이것을 절호의 기회로 삼아 자신의 계획에 밀티츠를 사용했다. 곧 루터의 사건을 독일 성직자들에게 위임하고 그 책임은 트리어의 대주교인 리하르트 폰 그라이펜클라우(Richard von Greiffenklau zu Vollrads)에게 맡기자는 것이었다. 이 대주교로 말하자면, 그도 선거후라서 독일인들의 마음을 사고, 대주교라서 교황의 마음을 사고, 선거에서 교황이 미는 후보자에게 반대하기 때문에 루터의 마음을 살 수도 있는 사람이었.

프리드리히는 이 대주교와 함께 다가오는 보름스 의회에서 청문회를 열 것을 주선했다. 그러나 교황은 이 제안을 인준하지도 부정하지도 않아 당분간은 아무런 조처가 따르지 않았다.

그동안 루터는 논쟁에 계속 말려들고 있었다. 반대자들이 휴전을 고수하는 조건으로 논쟁을 삼가기로 했으나 그대로 따르지 않았다. 비텐베르크 대학이 일종의 루터파 학원으로 여겨지고 있었다. 교수진 가운데 출중한 사람으로는 카를슈타트(Andreas Karlstadt)와 멜란히톤(Philipp Melanchthon)이 있었다.

앞 사람은 루터의 선배로서 루터에게 박사 학위를 수여했다. 카를슈타트는 박식했으나 학식이 많은 사람들이 종종 그렇듯이 신중한 면은 없었다. 그는 민감하고, 감수성이 예민하고, 열렬하고, 경우에 따라서는 격정적이었다. 그가 루터의 가르침에 심취하면서 비평가들을 얼마나 호되게 몰아붙였던지 루터 본인도 주춤해지는 때가 있었다.

멜란히톤은 보다 더 상냥하고 어렸다. 이때 나이 겨우 21세였다. 그러나 그는 학문의 천재로서 이미 유럽에서 명성을 누리고 있었다. 그의 겉모습은 호감을 주지 않았다. 말이 더디고 걸을 때면 어깨가 흉하게 올라갔다. 루터는 언젠가 사도 바울이 어떻게 생겼을 것이라고 생각하느냐는 질문을 받은 적이 있었다. 그러자 그는 너털웃음을 웃으면서 "멜란히톤처럼 비쩍 마른 새우였을 거야."라고 대답했다.

필리프 멜란히톤.
하인리히 알데그레버 作.

그러나 멜란히톤이 입을 열면 마치 성전에 앉아 계시던 소년 예수님 같았다. 그는 처음에 신학이 아니라 헬라어 교수로 부임했으며 루터에 대해서 아무런 흥미도 없었지만 곧 루터의 매력에 끌리고 말았다. 그의 회심은 영혼의 해산하는 고통에서 비롯된 것이 아니라 사도 바울에 대한 루터의 해석에 동의하는 마음에서 비롯되었다. 이들이 비텐베르크 방어진의 지도자들이었다.

에크의 도전

이때 이스라엘을 조롱하러 나타난 블레셋 군대의 골리앗은 요한 에크(Johann Eck)라는 잉골슈타트 대학 교수였다. 루터의 논제가 세상에 드러났을 때 그는 『오벨리스크』(Obelisks)라는 책으로 공박했던 사람이다. 오벨리스크란 호메로스(Homeros)의 글에 들어 있는 가짜 어구를 표시하는 데 사용하던 단검표였다. 여기에 대해 루터는 『아스테리스크』(Asterisks)라는 책으로 맞섰다.

요한 에크

에크의 공격이 루터의 가슴을 아프게 했던 것은 그가 옛 친구였으며, 탁발 수사가 아니라 인문주의자였으며, '딴 마음을 품은 이탈리아 사람' 이 아니라 독일인이었으며, 하찮은 사람이 아니라 얕잡아 볼 수 없는 사람이었기 때문이었다. 얼굴은 백정같이 생겼고 목소리는 황소 같았지만 천재적인 기억력, 폭포 같은 달변, 무시무시할 정도의 통찰력을 가진 사람이었다. 빈이나 볼로냐 어디에든 삼위일체, 천사의 본질, 또는 고리대금 계약 등의 문제를 벽보를 붙이며 덤빌 테면 덤벼라 할 전문적인 논쟁가였다. 특히 사람을 괴롭히는 것은, 독설을 그럴듯하게 위장하여 상대편에게 잘못을 뒤집어씌우는 결론으로 몰아붙이는 수완이었다.

에크는 자신의 학교가 아니라 라이프치히 대학을 교묘하게 비텐베르크의 도전자로 삼는 데 성공했다. 그렇게 함으로써 그는 오래된 질투심을 새로운 논쟁으로 끌어들였다. 다시 말해서 비텐베르크와 라이프치히는 경쟁 지역인 작센 선거후령과 작센 공작령을 대표하는 두 대학이었다. 에크는 라이프치히 대학의 후원자인 작센 공작 텁석부리공(公) 게오르크(Georg)에게 접근했다. 작센의 제후들은 다 수염을 길렀지만 '현인'(賢人), '불변공'(不變公), '관용공'(寬容公) 등으로 불렸고, 이 특별한 호칭은 게오르크 공작의 것이 되었다. 이 사람은 에크가 라이프치히 대학에서 카를슈타트와 논쟁하는 걸 허락했다.

카를슈타트는 루터를 옹호하면서 이미 에크에게 신랄한 공격을 가했다. 그러나 에크가 노리는 것은 결코 이류와의 대결이 아니었다. 그는 당당하게 루터에게 미끼를 던져 로마 교회가 콘스탄티누스 황제 시절에는 다른 여러 교회 위에 있지 않았으며 베드로 교구의 담당자가 언제나 베드로의 후계자와 그리스도의 대리인 취급을 받은 것은 아니라는, 쉽게 말해서 교황권이란 최근에 생긴 것이요 따라서 인간들이 만들어 낸 것이라는 루터의 주장에 도전했다.

루터는 이렇게 반박했다.

> 로마 주교의 권위가 인간이 만든 법령에 바탕을 두고 있다 해서 거기에 불순종하라는 얘기는 아닙니다. 그리스도의 양떼가 모두 베드로에게 맡겨졌다는 점을 인정할 수 없다는 거죠. 그렇다면 바울에게 맡겨진 양은 누구였습니까? 그리스도께서 베드로에게 "내 양을 먹이라."라고 말씀하신 것은 베드로의 허락 없이는 아무도 양을 먹일 수 없다는 뜻이 아닌 걸로 아는데 안 그렇습니까? 그리고 로마의 주교들이 잘못을 저지를 수 없다거나 그들만이 성경을 해석할 수 있다는 점에도 동의할 수 없습니다. 교황의 교서는 문법을 새로 지어내서 "너는 베드로라."라는 그리스도의 말씀을 "너는 제1인자다."로 바꿔 버리고 있습니다. 이런저런 교서는 복음을 깡그리 뭉개 버릴 뿐입니다. 이러한 교서의 더없이 돼먹지 못하고 비뚤어진 신성모독을 나는 도저히 참을 수 없습니다.

누가 보아도 이 논쟁은 에크와 루터 사이에 벌어지고 있었지만 교황이 '사악한 자'로 점찍은 사람을 보수적인 라이프치히 대학의 주최로 열리는 공개 토론에 끌어내서 모든 사람에게 보인다는 것은 외람된 일이었다. 그 지역 주교가 제지하고 나섰다. 그러나 게오르크 공작이 빈정대며 맞섰다. 그는 나중에 루터의 가장 가혹한 반대자가 되었지만 당시로서는 '동전이 궤짝 속에 짤랑 하고 떨어지는 순간 영혼은 연옥에서 튀어오른다.'는 점에 관해 정말 알고 싶었다. 그는 주교에게 "토론은 옛날부터, 아니 성 삼위일체에 대해서도 허용되어 있습니다. 싸우지 못하게 할 바에야 뭐하러 양 지키는 개를 둡니까? 토론을 벌일 수 없는 신학자들을 뒷바라지하느니 차라리 수놓을 줄 아는 할머니들에게 돈을 쓰는 게 훨씬 나을 겁니다."라고 얘기했다. 일은 게오르크 공작의 뜻대로 되었다. 루터에게는 라이프치히에서 토론하도록 안전 통행증이 발급되었다. "그놈의 것이 화근이 아니길." 하고 내뱉는 테첼은 억지로 뒷전에 물러나 있었다.

    루터는 이 토론을 위해 스스로 준비했다. 그가 교황의 수위성을 주장할 수 있었던 것은 최근 400년 동안의 교서뿐이라고 밝혀 놓았으므로 손수 이 교서를 연구하지 않으면 안 되었다. 그렇게 하는 동안 그의 결론은 더욱더 과격한 쪽으로 기울었다. 한 친구에게 그는 2월에 이런 편지를 띄웠다.

    에크는 내게 새로운 전쟁을 불러일으키고 있는 걸세. 그는 로마 가톨릭 친구들을 단단히 혼내주는 장본인이 될 거네. 지금까지 내가 한 것은 시시한 장난이었으니까.

3월에 루터는 슈팔라틴에게 이렇게 귀띔했다.

    여기 에크가 이미 올림픽 경기에서 승리한 것으로 허풍떠는 편지들을 동봉하네. 현재 나는 토론을 위해 교황의 교서들을 공부하고 있어. 자네에게만 몰래 하는 말이지만, 교황이란 자가 적그리스도의 사도인지도 모르겠네. 그의 교서에서 그리스도를, 곧 진리를 더럽히고 십자가에 못 박는 꼴이 그 정도니까.

적그리스도라는 말에는 불길한 내용이 암시되어 있었다. '의인은 믿음으로 말미암아 살리라.'라는 말보다 '교황이 적그리스도다.'라는 말이 더 잘 먹힌다는 점을 루터는 아직 모르고 있었다. 루터는 모르고 있었지만 그가 아직 공공연하게 내뱉지 않고 있던 의구심은 적그리스도라는 개념을 부활시켜 변형시킨 중세의 여러 열심파의 생각이기도 했다.

적그리스도란 포로 생활을 하고 있던 유대인들이 메시아의 오심이 적메시아의 여러 음모 때문에 늦춰지고 있으며 구주께서 오시기 전에 이 적메시아의 횡포가 절정에 이를 수밖에 없다는 점을 내세워 재앙으로부터 위로를 받으려고 지어낸 가공 인물이다. 따라서 그들에게 있어서 현세의 가장 따분한 모습은 앞으로 있을 더없이 보람된 모습이 되었다. 요한계시록에서는 이 적메시아가 적그리스도로 표현되어 있으며 여기에 세상 종말이 오기 전에 두 증인이 증거하다가 순교를 당하지 않으면 안 된다는 내용이 있다. 그때가 되면 천사장 미가엘과 흰 말을 타고 불꽃 같은 눈을 지닌 인물이 함께 나타나서 그 짐승을 깊은 곳에 내던지게 될 것이다.

루터가 살던 시대에 이 주제가 어떤 식으로 다뤄졌는지는 『뉘른베르크 연대기』(Nürnberg Chronicle)에서 뽑은 한 목판화에 선명하게 그려져 있다. 이 그림의 왼쪽 아래를 보면 아주 그럴싸하게 생긴 적그리스도가 사람들을 속이고 있고 오른쪽에는 두 증인이 설교대에서 뭇사람들을 가르치고 있다. 가운데 우뚝 솟은 언덕은 감람산으로서 여기서 그리스도께서는 하늘로 오르셨으며 적그리스도가 지옥으로 내던져질 곳도 바로 이곳이다. 그림 위쪽을 보면 미가엘이 자신의 검으로 후려치는 모습이 나와 있다.

이 주제는 중세 후기에 프란체스코 수도회 계통의 프라티첼리파, 위클리프파, 후스파, 곧 교황들을 당장 내던져질 적그리스도로 본 열심파 사람들에게 인기가 대단했다. 루터는 자신도 모르게 이 열심파의 대열에 발을 들여놓았다. 한 가지 다른 점이 있다면 이것이다. 그들은 특히 생활이 악한 교황들만 골라

적그리스도에 대한 15세기의 풍자화. 그림 위쪽을 보면 적그리스도가 미가엘의 칼을 맞고 마귀들에 의해 지옥으로 끌려가고 있다. 우뚝 솟은 언덕은 감람산으로서 그리스도께서 하늘에 오르신 곳이며, 적그리스도가 내던져지는 곳이기도 하다. 그림 아래쪽을 보면 왼쪽에서는 적그리스도가 마귀의 귓속말을 듣고서 사람들을 속이고 있다. 오른쪽에서는 두 증인이 증거를 하고 있다.

서 적그리스도로 보았지만 루터는 그리스도의 적이란 집합체, 곧 그리스도의 진리를 더럽히는 하나의 기관, 교황 정치 제도이기에 모범을 보인 사람이 있다 해도 온갖 교황이 적그리스도라는 주장을 폈다. 바로 그런 이유에서 루터는 레오 10세를 적그리스도로 쏘아붙인 지 일주일도 못 되어 개인적으로는 그를 존경한다는 말을 연거푸 사용했다.

그러나 이 모든 것은 시작에 지나지 않았다. 루터는 라이프치히 토론이 있기 전날 밤 자신의 생각으로 인해 깜짝 놀랐다. 그리스도의 대리자로서 하나님 아버지께 그처럼 헌신해 온 사람이 결국은 그리스도의 큰 원수일지도 모른다는 생각 그 자체가 끔찍했다. 그와 동시에 적그리스도의 파멸이 확실하다는 점을 떠올릴 때 이러한 생각은 위로가 되기도 했다. 만약에 루터가 두 증인들처럼 쓰러진다 해도 하나님께서는 일찌감치 루터의 공격자를 손으로 처치하실 참이었다. 이제 이것은 한낱 사람을 상대로 하는 싸움이 아니라 통치자들과 권세들과 하늘에 있는 이 어둠의 세상 주관자들을 상대로 하는 싸움이었다.

라이프치히 논쟁

이 논쟁은 7월에 라이프치히에서 열렸다. 에크는 일찍이 와서 성체 축일 행렬에서 제의(祭衣)를 걸치고 거리를 누볐다. 비텐베르크 일행은 며칠 뒤에 도착했는데, 루터, 카를슈타트, 멜란히톤 및 다른 박사들은 큰 도끼를 손에 쥔 200명의 학생들과 함께 왔다. 에크에게는 라이프치히 시의회가 76명의 호위병을 제공해서 비텐베르크 사람들과 그들에게 가담했다고 여겨지는 보헤미아 사람들로부터 밤낮으로 보호하게 했다. 아침 저녁으로 깃발을 나부끼는 호위병들이 피리와 북소리에 맞춰 행군한 다음에 성문 곁에 섰다.

본래 이 토론은 대학 안마당에서 열리기로 예정되었지만 대수도원장들, 백작들, 황금 양모 기사단, 배운 사람 못 배운 사람 할 것 없이 워낙 몰려들었기 때문에 게오르크 공작은 자기 성의 강당을 내놓았다. 의자마다 태피스트리로 장식되었는데 비텐베르크 일행의 자리는 성 마르티누스(Martinus)의 상징이, 에크의 자리는 용을 때려잡은 성 게오르기우스(Georgius)의 상징이 짜 넣어져 있었다.

첫날 모든 사람은 성 토마스 교회의 여섯 시 미사에 참석했다. 이때 12파트의 성가대를 지휘한 게오르크 라우(Georg Rhau)는 나중에 비텐베르크에서 루터의 음악 출판인이 되었다. 이어서 모든 사람들은 성(城)으로 자리를 옮겼다. 첫 회기의 두 시간은 게오르크 공작의 비서가 신학 토론을 예의바르게 진행하는 문제에 대해 라틴어로 연설하면서 지나갔다. "중요한 연설이라니요." 하고 게오르크 공작은 말했다. "신학자님들에게 그런 권면이 필요하겠습니까?" 이어서 '오소서, 성령이여'(Veni, Sancte Spiritus)라는 성가대의 성가와 함께 읍의 고적대는 신나게 피리를 불어 댔다.

이때쯤 해서 점심 때가 되었다. 게오르크 공작은 식탁의 음식에 일가견이 있었다. 에크에게는 사슴 고기를, 카를슈타트에게는 노루 고기를 그리고 모든 좌석에는 포도주를 내놓았다.

오후에는 토너먼트식으로 먼저 옥신각신 싸움이 벌어졌다. 첫째 문제는 속기사들을 두느냐 마느냐 하는 것이었다. 에크는 속기사들을 의식하다 보면 토론의 열기에 찬물이 끼얹어질 것이라며 반대했다. "진리는 기온이 좀 낮아야 더 잘 번창할 것 같은데요." 하고 멜란히톤이 한마디했다. 에크가 졌다.

다음 문제는 심판을 두느냐 마느냐 하는 것이었다. 루터는 여기에 반대했다. 프리드리히로서는 트리어의 대주교가 이 사건을 주재하기를 바랐지만 이 시점에서는 경쟁안을 불쑥 내놓는다는 인상을 주고 싶지 않았다. 그러나 게오르크 공작은 끈질겼다. 루터가 졌다. 에르푸르트 대학과 파리 대학이 선발되었다. 이것은 전에 여러 번 이 사건을 다루는 방법으로 채택하자던 주장으로 되돌아가는 셈이었다. 파리 대학에서 이것을 받아들이자 루터는 자신이 그동안 불신하게 된 신학자들만 참석시킬 것이 아니라 교수진 전체를 참석시키자고 요구

당대인이 묘사한 라이프치히 논쟁 광경.

했다. "그럴 바에야 구둣방과 양복점 사람들에게 맡기시지?" 하고 에크가 불쑥 내뱉었다.

세 번째 질문은 경기장에 책을 들고 오게 할 것인가 하는 것이었다. 에크가 여기에 반대했다. 그는 카를슈타트가 처음 며칠간 큰 책 꾸러미를 가지고 시간을 끌면서 청중을 잠재워 버렸던 것을 비난했다. 특히 라이프치히 일행은 점심시간에 깨우지 않으면 안 될 지경이었다. 카를슈타트는 에크가 폭포수와 같은 달변으로 청중의 혼을 빼려고 한다고 비난했다. 카를슈타트가 졌다. 토론에서 나온 얘기를 심판관들이 결정을 내린 다음에 공표한다는 것은 만장일치로 통과되었다. 이런 논의 후에야 본 토론이 시작되었다.

한 증인은 이 논쟁자들의 모습을 이렇게 남겨 두었다.

마르틴은 중간 키에 걱정과 연구로 몸이 말라서 살갗 위로 드러난 뼈를 거의 다 셀 수 있을 정도다. 그는 한창 나이이며 그의 음성은 또렷하고 사람의 마음을 파고든다. 그는 학식이 풍부하며 성경을 잘 알고 있다. 그는 헬라어와 히브리어를 잘 알고 있어서 여러 가지 해석을 충분히 판단할 수 있다. 그는 말과 이념이라는 숲을 완전히 장악하고 있다. 그는 다정하고 친절하며, 어떤 의미로든 완고하거나 오만하지 않다. 그는 무슨 일이든 척척 해내고 있다. 함께 어울려 있을 때는 명랑하고 유머가 넘치며 상대편이 아무리 그를 곤경으로 몰아넣어도 항상 유쾌하고 즐겁다. 모두들 그가 비난할 때는 너무 오만하고, 신앙 문제의 혁신자나 신학자에게 어울리지 않게 신랄하다고 책망한다.

정도는 약하지만 카를슈타트도 거의 루터와 비슷했다. 그는 루터보다 키가 작으며 얼굴은 훈제된 청어 모습이다. 그의 목소리는 굵고 어색한 편이다. 그는 기억력이 더디고 성급하다.

에크는 육중한 체구로 그의 건장한 가슴팍에서 울려나오는 독일어 악센트는 힘차다. 그는 비극 배우나 공고 사항을 알리는 관원 노릇을 하라면 잘했을 사람이지만 음성은 뚜렷하다기보다는 거칠었다. 그의 두 눈과 입 그리고 얼굴 전체를 보고 앉아 있으면 신학자라기보다는 백정이라는 생각이 든다.

카를슈타트와 에크가 인간의 타락 문제를 놓고 일주일간 씨름한 다음에 루터는 교황과 로마 교구의 수위성(首位性) 문제가 얼마나 오래된 것인가를 따졌다. 그와 함께 이 수위성의 출처가 인간인가 하나님인가 하는 문제도 다뤄졌다.

"그게 어떻다는 겁니까?" 하고 게오르크 공작이 물었다. "교황의 권리가 인간적이든 신적이든 상관할 필요가 있나요? 이러나 저러나 그는 교황이잖소?"

"아주 옳은 말씀입니다." 하고 루터가 대답했다. 그는 교황 제도의 기원이 하나님께 있다는 것을 부정하면서도 거기에 순종하지 말라고 가르치지는 않는다고 얘기했다. 그러나 에크는 이 주장의 파괴성을 루터 본인보다 훨씬 더 꿰뚫고 있었다. 교황에게 군소리 말고 순종해야 한다는 주장은 그의 직책이 신성하다는 신념에 바탕을 두는 것이다. 루터는 결국 자신이 이 직책을 얼마나 경시하는지를 이런 말로 드러내었다. "설령 교황이 열, 아니 천 명이 있다 해도 분열이란 있을 수 없습니다. 서로 분리된 국가가 왕은 다르지만 협조하듯이 기독교에도 머리가 수없이 많다 해서 그 통일성이 깨지는 것은 아닙니다."

"글쎄요." 하고 에크가 코웃음 치며 말했다. "당신은 영국과 프랑스의 영원한 분열, 스페인 사람들에 대한 지울 수 없는 프랑스인들의 증오 그리고 나폴리 왕국을 두고 흘린 모든 그리스도인의 피를 잊으셨나 보군요. 나는 한 가지 믿음, 한 분 주 예수 그리스도를 고백하며 로마의 주교를 그리스도의 대리인으로 모십니다."

그러나 루터의 여러 가지 견해가 파괴적이라 해서 그것이 거짓이라는 얘기는 아니다. 이 논쟁자들은 역사 문제를 다루지 않을 수 없었다. 에크는 로마 교구와 베드로의 후계자인 로마 주교의 수의성은 교회의 초창기로 거슬러 올라간다고 주장했다. 여기에 대한 증거로서 그는 1세기 로마의 한 주교의 것으로 얘기되는 편지를 제시했다. 거기에는 "거룩한 로마의 사도적 교회의 수위성의 출처는 사도들이 아니라 바로 우리 주와 구주이시며, 이 교회는 다른 모든 교회와 양떼인 신자들 모두보다 탁월한 권세를 누린다."는 말과 "성직 제도는 신약시대에, 곧 그리스도께서 교회 안에서 행사하시던 주교의 직분을 베드로에게 일임하신 직후부터 시작되었다."는 말이 쓰여 있다. 이 두 발언은 교회법의 일부가 되고 있다.

"이 교령들을 나는 배격합니다." 하고 루터가 소리쳤다. "그 거룩한 교황이요 순교자가 그런 말을 했다는 것은 죽어도 믿을 수 없습니다." 루터의 얘기가 옳았다. 오늘날 가톨릭 당국에서는 이 편지들을 출처가 분명치 않은 『이시도르 교령집』(Pseudo-Isidorian Decretals)에 속하는 것으로 다들 인정하고 있다. 루터는 이때 역사 비평을 멋지게 해냈는데 아직 로렌초 발라(Lorenzo Valla)의 작품을 읽기 전이었다. 루터의 지적대로 실제로 초기 몇 백 년 동안 로마 지역 이외의 주교들은 로마의 인준을 받지도 않고 거기에 예속되지도 않았으며 그리스 사람들은 한 번도 로마 교회의 수위성을 인정하지 않았다. 그렇다 해서 그리스 교회의 성도들이 저주받은 것으로 볼 수는 없는 노릇이었다.

후스를 지지하다

"그러니까" 에크는 말했다. "당신은 정죄받은 위클리프(John Wycliffe)의 위험천만한 오류들을 따른다는 말이군요. '로마 교회가 다른 모든 것 위에 있는 것으로 믿고 안 믿고는 구원과 관계없다.' 고 말한 사람의 견해를 말입니다. 그뿐 아니라 후스(Jan Hus)의 성가신 오류들도 지지하고 있어요. 베드로는 과거에 거룩한 가톨릭 교회의 머리가 아니었으며 지금도 아니라고 주장한 사람인데도 말입니다."

"보헤미아 형제들의 주장은 극구 반대합니다."라고 루터는 큰소리쳤다. "그들의 분열을 난 한 번도 인정한 일이 없어요. 설령 그들에게 하늘로부터 받은 권리가 있었다 해도 교회에서 이탈하지 말았어야 했습니다. 최고의 신성한 권리는 통일과 사랑이니까요."

에크는 특히 라이프치히에서 루터를 반역자로 여기도록 몰아가고 있었다. 보헤미아는 가까운 곳에 있었으며 콘스탄츠 교회 회의에서 이단으로 화형당한 후스의 추종자들, 곧 보헤미아 후스파가 작센 땅을 침입해 약탈해 간 기억이 아직도 생생했다.

이때 점심 시간이 되어서 잠시 토론을 쉬었다. 루터는 이 휴식 시간을 이용해 대학 도서관으로 달려가서 후스를 정죄한 콘스탄츠 교회 회의 기록을 뒤졌다. 놀랍게도 그가 징계받은 조목 가운데는 이런 내용도 들어 있었다. "하나의 거룩하고 보편적인 교회란 예정받은 자들의 모임이다." 그리고 "여러 선택받은 자들이 하나인 것처럼 보편적이요 거룩한 교회도 하나다."라는 말도 있었다. 이 둘째 발언은 그가 알기에 아우구스티누스에게서 직접 유래한 것이었다. 회의가 두 시에 다시 열리자 루터는 "후스가 내세웠던 조목을 살펴보니 보편적인 교회로서는 정죄할 수 없는, 분명히 기독교적이요 복음적인 내용이 많습니다." 하고 밝혔다. 이 말을 듣자 게오르크 공작은 자기 팔꿈치로 옆구리를 치며 모두에게 들리게 "빌어먹을!" 하고 내뱉었다. 그에게는 작센 지역을 약탈하던 후스파 일당이 아직도 눈에 선했다. 에크는 점수만 계산하고 있었다.

루터는 계속했다. "'구원받기 위해서 로마 교회가 다른 모든 것보다 앞서는 것으로 꼭 믿을 필요는 없다.'는 후스의 조항에 대해서 더 얘기해 봅시다. 그것이 위클리프의 얘기든 후스의 얘기든 저는 상관없습니다. 이 조항의 내용을 한 번도 들어 보지 못했지만 그리스 사람들 가운데는 구원받은 사람이 부지기수인 것으로 압니다. 새로운 신조를 만들어 내는 것은 로마 주교나 교회 재판소의 소관이 아닙니다. 믿는 그리스도인에게 성경 이상의 것을 강요할 수는 없습니다. 원래 우리는 하늘의 법에 따라 성경이 정하지 않았거나 분명한 계시가 아닌 것은 아무것도 믿지 못하게 되어 있습니다. 어느 교회법 학자의 말처럼 한 개인의 견해가 보다 나은 권위나 논리에 근거하고 있다면 로마의 주교나 어떤 교회 회의보다 훨씬 더 비중이 큰 법입니다. 콘스탄츠 교회 회의에서 후스의 이러한 제안을 정죄하다니 도무지 믿어지지 않습니다. 어쩌면 이 기록의 이 항목은 나중에 삽입된 것인지도 모르겠습니다."

"그건" 하고 에크가 대꾸했다. "크로아티아의 히에로니무스의 믿을 만한 역사서에 기록되어 있으며 후스파도 그 출처를 의심한 적이 한 번도 없습니다."

"그렇더라도 이 교회 회의에서는 후스의 이 조항들이 모두 이단적이라고 얘기하지는 않았습니다. 그 대신, 독실한 사람에게는 '더러는 이단적이요, 더러는 오류요, 더러는 신성모독이요, 더러는 주제넘으며, 더러는 선동적이요, 더러는 귀에 거슬린다.' 라고 되어 있습니다. 당신은 이걸 구별해서 내용을 똑바로 알려 주지 않았어요." 하고 루터는 말했다.

그러자 에크는 "그거야 어쨌든 그 어느 것도 가장 기독교적이요 복음적이란 얘기는 없잖소. 그리고 당신이 그것을 변호한다면 당신이야말로 독실한 사람들에게 이단적이요, 오류를 범하며, 신성모독적이요, 주제넘고, 선동적이며, 귀에 거슬리는 사람이오."라고 반박했다.

그러자 루터는 "독일어로 얘기하게 해주십시오." 하고 요구했다. "다들 절

제6장 작센의 후스 | 159

오해하고 계시는데 제 주장은 교회 회의는 때로 잘못을 저지른 적이 있으며 때에 따라서 그럴 수도 있다는 것입니다. 그 어떤 교회 회의도 새로운 신조를 만들 권위는 없습니다. 본래 신성한 권리가 아닌 것을 교회 회의에서 신성한 권리로 만들 수는 없습니다. 교회 회의마다 서로 엇갈리는 결정을 내려왔습니다. 최근의 라테라노 회의만 해도 교회 회의가 교황보다 높다는 콘스탄츠 회의와 바젤 회의의 주장을 번복하고 있습니다. 소박한 평신도가 성경으로 무장되어 있다면 우리는 성경이 없는 교황이나 교회 회의보다 그 평신도를 믿어야 합니다. 면죄에 대한 교황의 교서 문제만 해도 그렇습니다. 나는 교회나 교황이 신조를 만들 수 없다고 말하겠습니다. 성경을 위해서라면 교황과 교회 회의도 배척해야 마땅합니다."

그러자 에크는 "그러나 교황과 교회 회의, 여러 박사들과 대학의 해석보다 각자의 성경 해석을 중요하게 여기는 것은 보헤미아에서 온 독소요. 가령 형제 루터는 이것을 성경 본문의 참뜻으로 얘기하는데 교황이나 교회 회의에서 '아니지. 그 형제가 정확히 이해하지 못한 거야.'라고 한다면 나는 교회 회의의 결정을 따르지 형제를 믿지 않겠소. 그렇지 않으면 모든 이단이 되살아나고 말 겁니다. 이단들마다 성경에 호소하고 자신들의 해석이 옳다면서 지금 당신처럼, 교황과 교회 회의가 잘못이라는 주장을 펴 왔지요. 교회 회의에 참석한 자들이 사람이기에 잘못을 저지를 수 있다는 구역질나는 소리 같은 것은 그만하시오. 신부님께서 콘스탄츠의 거룩한 회의와 모든 그리스도인의 의견 일치에도 불구하고 겁없이 후스와 위클리프를 가장 기독교적이라느니 복음적이라느니

루터와 후스가 작센 가에서
빵과 포도주를 나눠 주고 있는 모습.

떠벌리는 건 끔찍한 일입니다. 제발 신부님, 정말 콘스탄츠 회의를 배척하고, 합법적으로 소집된 교회 회의가 잘못을 저지르며 또 그랬다고 우긴다면 나는 당신을 이방인과 세리로 대하겠습니다."라고 반박했다.

루터는 "날 그리스도인으로 보시지 않는다면 내 논리와 권위에 귀를 기울여 보십시오. 투르크족이나 불신자를 대하듯 말입니다."라고 대답했다.

에크는 얘기를 들어 주었다. 그들은 계속해서 연옥의 문제를 토론했다. 에크는 마카비서의 유명한 구절 "그가 죽은 자들을 위해서 속죄의 제물을 바친 것은 그 죽은 자들이 죄에서 벗어날 수 있게 하려는 것이었다."(마카비후서 12:45)는 대목을 인용했다.

루터는 마카비서는 외경이지 구약의 정경이 아니며 권위가 없다고 반박했다. 토론하면서 그는 세 번이나 교황권의 주장에 대한 문서상의 버팀벽이 적합하지 못하다고 내쏘았다. 처음에 그는 1세기의 교황 문서는 순수하지 못하다고 부정했다. 이것은 옳았다. 다음으로 그는 콘스탄츠 교회 회의의 기록을 의심했다. 이것은 잘못이었다. 이번에는 구약 외경의 출처를 의심했는데 이것은 따져 볼 만한 문제였다.

이어서 면죄 문제 차례가 되었지만 여기에 대해서는 거의 토론이 없었다. 에크는 루터 쪽에서 교황의 수위성을 공격하지 않았다면 견해 차이를 쉽게 좁힐 수 있었을 것이라고 소리쳤다. 고해 문제에 있어서는 에크 쪽에서 물고 늘어졌다. "정말이지 당신밖에 제대로 아는 사람이 없다는 거요? 당신 말고는 모든 교회가 잘못하고 있다는 거요?"

"내 대답은 이것이오." 하고 루터가 말을 받았다. "하나님께서는 나귀의 입을 빌려 말씀하신 적도 있소. 내 솔직히 털어놓고 얘기하죠. 나는 기독교 신학자입니다. 따라서 진리라면 그것을 밝힐 뿐 아니라 피와 죽음으로 지킬 의무가 있습니다. 나는 자유롭게 믿고 싶으며 교회 회의나, 대학, 교황 할 것 없이 누구의 종이 되고 싶지 않습니다. 어느 가톨릭 신자의 주장이든 이단의 주장이든, 교회 회의의 인준을 받은 것이든 징계를 받은 것이든 내게 참된 것으로 보이는 것이라면 당당하게 동의하겠소."

이 논쟁은 18일간에 걸쳐서 계속되었다. "게오르크 공작이 말리지 않았다면 영원히 계속되었을지도 모른다."라고 그 당시 목격자는 얘기한다. 게오르크 공작은 동전이 궤짝에 떨어질 때 정말 무슨 일이 일어나는가 하는 문제에 대해서는 별로 알아내지 못했지만 황제 선거를 마치고 집으로 돌아가는 브란덴부르크-안스바흐의 변경백(邊境伯, margrave, 중세 세습 귀족 중 타국과 영토가 맞닿은 봉토를 다스리며 폭넓은 자치권과 군사권을 인정받은 강력한 영주로 실제적인 위계는 후작 이상의 직위)을 영접하려면 강당이 필요했다. 양팀은 이 논쟁을 소논문 전쟁으로 계속했다. 두 대학의 판결이 나온 다음에 논쟁 내용을 공표하자는 약속은 지켜지지 않았다. 에르푸르트 대학에서는 아예 보고가 없었고 파리 대학은 2년 동안 입을 다물고 있었기 때문이다.

이 논쟁편을 마치기 전에 한 가지 간단한 일화를 얘기할 필요가 있는데 그것은 그 당시 사람들의 거친 성격과 무감각이 잘 나타나 있기 때문이다. 게오르크 공작에게는 외눈박이 광대가 딸려 있었다. 논쟁 중간에 무대에서 익살극이 펼쳐졌다. 이때 에크와 루터는 이 광대에게 아내를 허락해야 할 것인가 말 것인가를 놓고 논쟁을 벌였다. 루터는 찬성하고 에크는 반대했다. 에크의 입버릇이 너무 사나웠던 점이 광대의 비위를 상하게 했다. 그래서 에크가 강당에 들어갈 때마다 이 광대는 얼굴을 찡그렸다. 에크는 애꾸눈 주제에 뭘 그래 하는 식으로 한 눈이 없어 괴로워하는 표정을 지었다. 그러자 이 광대는 할 말 못할 말 가리지 않고 마구 욕을 퍼부었다. 강당 안이 떠들썩했다.

이 논쟁이 끝난 다음 에크에게는 루터를 장작불에 태우는 데 보탬이 될 새로운 나뭇단이 날아들었다. "어쨌든" 하며 그는 으스대면서 "이 작센의 후스처럼 성가신 자도 없어."라고 했다.

프라하의 후스파인 파두슈카(Jan Paduška)와 로슈달로프스키(Václav Roždalowski), 이 두 사람이 루터에게 보낸 편지 두 통이 중간에 가로채였다. 그 편지에는 "과거에 보헤미아에서 후스가 하던 일을 마르틴이여, 당신이 하고 있소. 꿋꿋하게 버티시오."라고 쓰여 있었다. 이 편지가 루터에게 도착했을 때는 후스의 『교회에 관하여』(On the Church)라는 책자가 한 권 딸려 있었다.

루터는 "이제 라이프치히에서 생각하던 것보다 더 많이 후스의 주장에 동감이 가는군." 하고 말했다. 1520년 2월쯤에 가서는 "우리는 모르고 있었지만 모두 후스파 사람들이다."라는 말을 서슴없이 할 수 있었다. 이때쯤 에크는 로마에서 그 사악한 자식이 이제는 작센의 후스가 되었다고 교황에게 보고를 올리고 있었다.

제7장 독일의 헤라클레스
개혁의 선봉에 서서 인문주의자와 독일 민족주의자들의 추종을 얻다

종교 개혁 초기에 루터를 '독일의 헤라클레스'로 묘사하는 풍자화가 나돌았다. 교황은 루터의 코에 매달려 있고 그의 손아귀에서는 종교 재판관이 움츠리고 있으며 주위에는 스콜라 신학자들이 풀이 죽은 채 허우적거리고 있다. 이 그림을 보면 루터가 민족의 영웅이 되었음을 알 수 있다. 그가 이 같은 명성을 얻게 된 것은 라이프치히 논쟁이 벌어진 다음부터였다. 루터는 칭송과 함께 나중에 종교 개혁으로 알려지게 된 한 종교 운동의 기수가 되었다. 이 운동은 그 모양을 갖추어 나가면서 르네상스와 민족주의라는 당시 두 가지 큰 운동과 관련을 맺을 수밖에 없었다.

 종교 개혁 초기에 루터를 '독일의 헤라클레스'로 묘사하는 풍자화가 나돌았다. 교황은 루터의 코에 매달려 있고 그의 손아귀에서는 종교 재판관 야코프 반 호흐스트라텐(Jacob van Hoogstraaten)이 움츠리고 있으며 주위에는 스콜라 신학자들이 풀이 죽은 채 허우적거리고 있다.

이 그림의 제목을 보면 루터가 민족의 영웅이 되었음을 알 수 있다. 그가 이러한 명성을 얻게 된 것은 라이프치히 논쟁이 벌어진 다음부터였다. 왜 이 논쟁을 통해서 그의 평판이 높아졌는지는 하나의 수수께끼다. 그가 라이프치히에서 한 말은 그 전에 거의 다 얘기한 것이요, 부분적으로나마 후스를 지지한 것은 칭찬보다는 차라리 욕을 먹는 경우였다. 어쩌면 반기를 든 이단자가 논쟁에 참여하도록 허락되었다는 사실 자체가 일반 사람들의 눈길을 끌었는지도 모르겠다.

하지만 보다 더 중요한 요인은 루터의 책자가 널리 배포된 점을 들 수 있을 것 같다. 바젤의 억척스런 인쇄업자인 요한 프로벤(Johann Froben)은 『95개조의 논제』(Ninety-five Theses), 『95개조의 논제에 대한 확답』(Resolutions Concerning the Ninety-five Theses), 『프리에리아스에게 보내는 답장』(Answer to Prierias), 그리고

루터를 독일의 헤라클레스로 묘사한 풍자화. 1522년 한스 홀바인 作. 교황은 루터의 코에 매달려 대롱거리고 있다. 종교 재판관 야코프 반 호흐스트라텐은 그의 손아귀에 있다. 박살나 쓰러져 있는 자들 가운데는 토마스 아퀴나스, 둔스 스코투스, 로버트 홀콧, 윌리엄 오캄, 니콜라우스 리라누스, 아리스토텔레스가 있고, 맨 앞에는 자신의 판결문을 거꾸로 들고 있는 페트루스 롬바르두스가 있다. 루터 뒤쪽에서는 수도사로 위장한 마귀가 줄행랑을 치고 있다.

『참회』(On Penitence)와 『성만찬』(On the Eucharist)이라는 제목의 설교를 모두 수집해서 한 권으로 묶어 발행했다. 1519년 2월 그는 루터에게 겨우 10부밖에 남지 않았으며, 자기가 지금까지 인쇄한 것 중에서 이처럼 날개 돋친 듯 나간 것은 없었다고 말했다.

이 책은 독일 전역뿐 아니라 다른 나라에까지 퍼져 나갔으며 루터를 민족의 영웅이 아니라 세계의 영웅으로 만들었다. 600부가 프랑스, 스페인으로, 다른 몇 백 부는 브라반트와 영국으로 발송되었다.

스위스의 개혁자 츠빙글리(Ulrich Zwingli)는 말 타고 다니는 서적 행상인에게 돌아다니면서 사람들에게 뿌리도록 하기 위해 수백 부를 주문했다. 로마에서도 루터에게 한 통의 편지가 날아 왔다. 그것은 과거 동창생 가운데 한 사람의 편지로서 제자들이 목숨을 내걸고 바티칸의 코 밑에서 그의 책자를 퍼뜨리고 있다는 내용이었다.

이러한 칭송과 함께 루터는 나중에 종교 개혁으로 알려지게 된 한 종교 운동의 기수가 되었다. 이 운동은 그 모양을 갖추어 나가면서 르네상스와 민족주의라는 당시 두 가지 큰 운동과 관련을 맺을 수밖에 없었다.

르네상스는 여러 가지 현상으로 나타났는데 그 가운데 핵심은 흔히들 인문주의라고 하는 이상이었다. 그 본질은 삶에 대한 하나의 태도요 인류가 제대로 관심을 가져야 할 분야는 인간이라는 입장이다. 곧 인간은 이 땅의 모든 영역을 자신의 나침반 안으로 끌어들이고, 지식의 온갖 분야를 자신의 지력의 범위 안으로 끌어들이며, 생활의 온갖 규율을 자신의 합리적인 제어 밑에 두어야 했다. 전쟁은 전략으로, 정치는 외교로, 미술은 원근법으로, 사업은 부기로 바뀌어야 했다. 개인은 인간의 힘이 미치는 한 모든 탐험과 재주를 이해하려고 노력해야 했다.

'만능의 천재'(Uomo Universale)는 공무원, 정치가, 탐험가, 예술가, 과학자, 은행가 그리고 성직자 등 무엇이나 되어야 했다. 그리고 고전 문학과 언어는 어디서나 통하는 보편적인 지식을 추구한다는 뜻에서, 그리고 헬레니즘의 인생관이 그와 비슷했기 때문에 열심히 독파했다.

이러한 프로그램 때문에 공공연하게 교회와 틈이 생기는 일은 없었는데 그 까닭은 르네상스 시대의 세속화된 교황들이 후원자가 되었고 이미 아우구스티누스는 고전과 기독교를 종합해 놓았기 때문이다. 그와 동시에 이 운동에는 기독교를 위협하는 요소가 있었다. 그것은 사람을 중심으로 했고, 진리 추구 결과 상대성에 빠질 염려가 많았으며, 고대의 여러 철학이 기독교에서, 곧 성육신이나 십자가 같은 데서 뚜렷한 강령으로 자리 잡은 일이 없기 때문이다.

게다가 인문주의자들과 교회 사이에는 한 가지 두드러진 충돌이 일어났다. 문제는 학문의 자유였는데, 장소는 독일이었다. 이곳에서 페퍼코른(Johannes Pfefferkorn)이라는 광신적인 유대인 개종자가 모든 히브리 책을 파괴시키려 했다. 그는 독일의 위대한 인문주의자이자 히브리 학자인 로이힐린(Johannes Reuchlin), 곧 멜란히톤의 종조부 되는 사람의 반대를 받았다.

반계몽주의자들은 종교 재판관 야코프 반 호흐스트라텐과 실베스테르 프리에리아스의 도움을 빌렸다. 풍자화에서 전자는 루터의 손아귀에 있는 것으로 후자는 검찰관으로 묘사되고 있다. 그 결과는 협상이었다. 로이힐린은 교수직을 계속하도록 허용되었지만 소송 비용을 떠맡아야 했다. 실제로 그가 이겼다.

여러 가지 면에서 인문주의와 종교 개혁은 동맹을 이룰 수 있었다. 양쪽 모두 자유로운 탐구권을 주장했다. 인문주의자들은 성경과 성경 언어를 자신들의 고전 부흥 계획에 포함시켰으며 바울을 제대로 이해하자는 루터의 투쟁도 그들과 루터 본인에게는 로이힐린 사건의 연속으로 보였다. 반대자들도 똑같이 호흐스트라텐과 프리에리아스였고 목표도 훼방받지 않는 연구였다.

뉘른베르크의 인문주의자 빌리발트 피르크하이머(Willibald Pirkheimer)는 에크를 가리켜 아우크스부르크와 뉘른베르크 같은 인문주의 도시에서 박사 학위를 딸 수 없어서 최근에 루터를 상대로 '승리'를 거둔 라이프치히 쪽으로 간 사람이라고 비꼬았다. 이 풍자에서 메시지를 전하는 사람은 마귀 할멈으로 나타나고 있는데 그녀는 자기 염소를 하늘 높이 올라가게 하려고 '타르트쇼 네로크레페프'(Tartshoh Nerokreffefp)라는 주문을 외운다. 이 말을 거꾸로 하면 로이힐린 사건의 주요 인물, 페퍼코른과 호흐스트라텐의 이름이 된다.

교황 문서가 가짜라는 루터의 폭로는 자신에게뿐 아니라 인문주의자들에게도 『콘스탄티누스 대제의 기진장』(Donation of Constantine, 교황에게 현세상의 지배권을 부여한 문서)이 위조라고 한 로렌초 발라의 발표와 전적으로 같았다. 서로 다른 이유로, 인문주의와 개혁 운동에서는 면죄를 공격했다. 한쪽에서는 신성모독으로 부르는가 하면 다른 쪽에서는 허무 맹랑한 미신으로 놀려 댔다.

무엇보다도 깊은 유사점은, 르네상스인이 자신에 대해서 확신하지 못한 점에서 드러났다. 이들은 자신의 용기라야 운명의 여신에게 농락당하고 말지 않겠는가, 아니면 자신의 운명은 이미 별자리에 따라 결정된 것이 아닌가 하며 의심했던 것이다. 이것은 바로 루터의 변덕스런 하나님과 불리한 하나님이라는 문제와도 연관되었다. 이런 수수께끼에 부딪힌 르네상스 시대의 사람들은 깊은 종교심이 없었기에, 어리둥절하게 하는 루터의 여러 가지 모순보다는 교회의 존엄한 권위 쪽으로 기울었다.

그러나 그 반응은 다양했다. 처음에 루터를 존경하던 사람들 가운데, 피르크하이머처럼 움츠러들어 로마와 화해한 사람이 많았다. 세 사람의 본을 통해서 다른 사람들이 택한 여러 갈래의 길을 얘기해 볼 수 있다. 첫째, 에라스무스는 루터에게 치우치던 지원에서 손을 떼고 투덜대는 반대의 길을 택했다. 둘째, 멜란히톤은 동료들 가운데 가장 열렬했을 뿐 아니라 가장 당혹케 한 사람이었다. 셋째, 뒤러는 자신의 영혼의 갈등 이후 곧 세상을 떠나지 않았다면 종교 개혁의 예술가가 되었을지도 모른다.

인문주의자들 : 에라스무스

에라스무스가 르네상스의 다른 어떤 인물보다 루터와 가까웠던 것은 그가 너무도 기독교적이었기 때문이다. 그가 주로 심혈을 기울여 다룬 고전은 대부분 신약성경과 교부 문학이었다. 그의 이상은 루터와 마찬가지로 성경의 글을 배포함으로써 유럽의 기독교 의식을 부활시키는 것이었으며 그 목적을 위해 에라스무스는 먼저 신약을 헬라어 원어 그대로 출판했다.

1516년 프로벤의 인쇄기에서 하나의 멋진 책이 나왔는데 사본들을 생각나게 하는 헬라어 활자로 인쇄되어 있었다. 이 본문에는 직역과 주해가 곁들여 있었다. 이 책은 루터가 로마서 9장을 강의하던 때 비텐베르크에 도착했으며 그 이후부터 그의 작업 도구가 되었다. 함께 실려 있는 번역을 보고 그는 라틴어역 불가타 성경이 "회개하라."가 아니라 "고해하라."로 부정확하게 번역된 것을 알았다.

에라스무스는 일생을 통해 계속 성경학의 여러 도구를 개선했다. 루터는 그의 노력을 높이 평가했으며 1519년 갈라디아서를 강의하면서 에라스무스의 붓으로 주석이 써지기를 기다릴 수만 있다면 그것처럼 기쁜 일도 없을 것이라고 했다. 루터가 에라스무스에게 띄운 첫 번째 편지는 칭찬으로 가득 찼다. 이 인문주의자들의 군주는 "우리의 기쁨과 우리의 소망, 그에게서 배우지 않은 사람이 어디 있는가?"라는 칭송을 들었.

1517년과 1519년 사이 루터는 어찌나 이 인문주의자들에게 감동했던지 이름도 헬라어로 바꿔 쓰던 그들의 유행을 따를 정도였다. 그는 자신을 '엘레우테리오스'(Eleutherios), 곧 '자유로운 사람'이라 불렀다.

루터와 에라스무스는 공통점이 많았다. 두 사람 모두 당시 교회가 사도 바울이 혹평하던 유대교식 율법주의에 빠져들었다고 주장했다. 기독교의 본질이 이웃 사랑이 아니라 사순절에 버터와 치즈를 안 먹는 것이 되고 말았다고 에라스무스는 말했다. 순례라지만 겉으로만 내세우는 무용담, 그것도 자주 가정의 책임을 팽개치고 내세우는 업적이 아니고 무엇인가? 면죄가 자신의 생활을 고치지 않는 자들에게 무슨 소용이 있단 말인가? 캔터베리 대성당의 베케트(Thomas Becket) 무덤을 장식하고 있는 값비싼 헌물은, 그 성인이 소중하게 여기던 자선 사업에 쓰는 편이 훨씬 더 나을 것이다. 생전에는 단 한 번도 성 프란체스코(Francesco)를 흉내조차 내려 하지 않던 자들이 죽을 때는 그 성인의 수도사복을 입고 죽고 싶어한다고 그는 다그쳤다. 에라스무스는 악한들로부터 자신을 방어한답시고 이 한 마리도 못 죽이는 의복을 신뢰하는 자들을 보고 코웃음 쳤다.

두 사람 모두 교황을 상대로 다퉜는데 루터는 이 교황들이 영혼의 구원을 위태롭게 했기 때문이요, 에라스무스는 그들이 형식적인 의식만 조장하며 때로는 자유로운 탐구에 훼방을 놓았기 때문이다. 에라스무스는 한 걸음 더 나아가 자신의 작품을 다시 찍어낼 때 본래는 없던 구절들을 삽입하곤 했는데 이것은 루터를 부추기기 위해 집어넣은 것으로밖에 볼 수 없다.

1519년에 나온 『신약 주해』(Annotations on the New Testament)를 보면 이런 대목이 나온다.

> 참회와 고해 성사를 가로막는 인위적인 규제가 얼마나 많은가? 로마 주교의 거룩한 권위가 여러 가지 사면, 특면 같은 것으로 어찌나 지저분하게 되었던지 경건한 사람들은 한숨을 내쉬지 않을 수 없다. 아리스토텔레스가 어찌나 판을 치는지 교회에서는 복음을 해석할 틈이 조금도 없다.

다시 1520년 판 『신학적 고찰』(Ratio Theologiae)에는 이런 대목이 들어 있다.

> 사람들 가운데는 고해를 교회의 한 의식으로 지키는 것만으로 만족하지 않고 사도들, 아니 그리스도 본인이 그 성례를 제정하셨다는 교리까지 뒤집

어찌우고 있다. 그런가 하면 연옥 파괴권은 두말없이 한 사람에게 맡겨 버리면서 일곱 가지 성례에서 하나를 빼거나 거기에 하나를 보태는 일은 생각도 못하고 있다.

교회라는 우주적인 몸이 로마의 주교라는 단 한 사람에게 맡겨졌으며 그는 믿음과 도덕의 문제에 있어서 잘못을 저지를 수 없다고 주장하는 사람도 있다. 이것은 교황이 자기들의 지갑이나 돈벌이에 간섭할 경우에는 서슴지 않고 그의 판단을 놓고 따지면서도, 교황이 요구하는 것 이상을 그에게 돌리는 처사이다. 이것은 그 막대한 권력이 잘못되거나 고질적인 사람의 손에 쥐어질 경우 독재의 문을 활짝 여는 노릇이 아니겠는가?

소박하고 미신적인 사람들을 속이는 여러 가지 서원, 십일조, 보상, 감면, 고해 등도 마찬가지다.

면죄에 대해 공격한 다음부터 성례에 대한 습격이 있기 전 몇 년 동안 에라스무스와 루터는 당시 사람들에게 너무도 동일한 복음을 전하는 것으로 보였다. 그러기에 뉘른베르크의 인문주의자 시의회 서기 라차루스 슈펭글러(Lazarus Spengler)는 1519년에 독일어로 발행된 루터에 대한 첫 변호에서 여러 가지 기도서, 시편 기도문, 순례, 성수, 고해, 음식과 금식 규제, 파문의 남용, 면죄의 허식으로부터 해방시켜 준 은인으로 그를 칭송했다. 에라스무스도 루터와 똑같은 말을 할 수 있었다.

그러나 차이점도 있었다. 그 가운데 가장 기본적인 것은 에라스무스는 결국은 르네상스의 인물이라서 종교 자체를 인간의 이해라는 나침반 안으로 끌어들이고 싶어했다는 점이다. 그 방법에 있어서 그는 합리적으로 종합된 신학이라는 거대한 건축물을 쌓아 올리는 스콜라 철학자들을 따르지 않고, 어려운 문제는 심판 날로 미룬 채 기독교의 가르침을 아메리카 원주민인 아즈텍족까지도 이해할 수 있을 정도로 단순한 말로 나타냈다. 아즈텍족을 위해 그는 신앙 생활에 도움이 되는 책자를 번역해서 펴내기도 했다. 그의 수호 성인은 언제나 십자가에서 회개한 도둑이었는데 그 까닭은 그야말로 신학 없이 구원받았기 때문이다.

그리고 에라스무스가 루터를 아낌없이 지지하지 않은 데는 또 다른 이유가 있었다. 그의 꿈은 기독교적 인문주의가 민족주의를 제동하는 역할을 했으면 하는 것이었다. 4복음서의 주석을 새로 생겨난 국가들의 네 왕, 곧 영국의 헨리(Henry VIII), 프랑스의 프랑수아(François I), 스페인의 카를로스(Karl V), 오스트리아의 페르디난트(Ferdinand I)에게 바치면서 그는 그들의 이름이 복음서 기록자들과 관련이 있듯이 마음도 복음을 통해서 하나로 통합되기 바란다는 소망을 밝혔다. 개혁 운동 속에 내포되어 있는 분열과 전쟁의 위협을 생각하면 몸서리가 쳐졌다.

무엇보다도 결정적인 것은 자신의 내적인 허전함이었다. 그가 그처럼 자랑삼아 얘기하던 그리스도의 소박한 철학이 궁극적인 여러 가지 의혹을 풀어 주지 못했으며, 그가 이 세상을 개선할 것으로 믿었던 학문의 프로그램 자체도 미심쩍다는 조소를 면하지 못했다. 어쩌면 지혜란 젖먹이들에게서 배워야 하는지도 모르는데 핼쑥한 얼굴, 허약한 체질, 쑤시는 눈, 조로(早老)를 자초할 까닭이 뭔가? 이처럼 인생의 수고의 효용성을 두고 의심하는 자에게는 의지할 곳이 필요하기 마련인데 루터가 아니면 로마일 수밖에 없었다.

이러한 사람이 자신의 지조를 단 한 번도 굽히지 않으면서 루터에게 전적인 지지를 보낼 수는 없었다. 에라스무스는 신중하게 자신의 진로를 정했으며 대개 사람들이 생각하는 이상으로 억척스럽고 용감하게 밀고 나갔다. 그는 여러 견해보다는 사람을 변호하려는 체질이었다. 그가 어떤 사상을 지지한다 해도 그것은 하나의 사상으로 그치는 것이지 루터의 사상일 필요는 없었다. 그가 정정당당하게 옹호하려는 것은, 말을 하고 그 말의 답을 들을 인간의 권리였다.

에라스무스는 루터가 무슨 얘기를 했는지 모르겠다고 시치미를 떼기도 했다. 그는 루터의 책을 읽을 시간이 도무지 없었으며 읽었다면 라틴어 작품 가운데 몇 줄뿐이지 독일어 책은 독일어를 모르기 때문에 생각도 못했다고 얘기했다. 그러나 아직도 그가 현인 프리드리히에게 보낸 독일어 편지가 두 통이나 남아 있다. 그렇게 여러 번 부인한 후에도 그는 루터의 독일어 작품을 알고 있다는 증거를 여러 번 드러냈다.

그러나 그의 입장은 상당히 건전했다. 그는 시민의 자유와 종교의 자유를 변호하는 데서 그쳤다.

루터는 흠잡을 데 없는 생활을 하는 사람이었다. 그는 언제라도 바로잡는 사람이 있으면 거기에 따랐다. 그는 편견 없는 재판관들을 요구했다. 그에게는 자신의 얘기를 펼칠 청문회, 곧 자신의 성경 해석이 건전한지를 판가름할 실질적인 청문회가 허락되어야 했다. 그의 싸움은 탐구의 자유를 놓고 싸우는 싸움이었다. 가령 루터가 잘못이라 해도 형제의 사랑으로 바로잡아야지 로마의 철퇴를 사용해서는 안 되었다.

에라스무스는 중용을 못 견디는 시대에 체질적으로 중용을 지켰다.

멜란히톤과 뒤러

그 밖에 인문주의자들 가운데 전적으로 루터를 지지한 사람으로는 멜란히톤을 꼽을 수 있다. 그는 인문주의 학자의 입장에서 사도 바울에 대한 루터의 해석이 정확하다고 확신했다. 그러므로 멜란히톤은 동료이자 맹우(盟友)가 되었다. 하지만 그가 계속해서 유지했던 입장은 어찌나 중도적이며 불명확했던지 오늘날까지도 그가 루터의 복음의 옹호자였는지 아니면 곡해자였는지 의심이 갈 정도다.

멜란히톤이 끝까지 에라스무스와 우정을 나누었다는 사실은, 그가 걸핏하면 루터의 가르침에 새로운 뉘앙스를 덧붙였다는 점을 감안하지 않는다면 그

'멜랑콜리아.'
알브레히트 뒤러 作.

자체만으로는 특별한 의의가 없다. 루터가 죽은 다음 그는 아우크스부르크 고백을 콘스탄티노폴리스의 총대주교를 위해 헬라어로 번역하면서 실제로 루터의 이신칭의를 영원불변한 그리스도와의 성례적 연합을 통한 인간의 신격화라는 헬라적 개념으로 변질시켰다. 인문주의는 하나의 의심스러운 맹우였다.

여기서 우리는 초년에 전형적인 르네상스 인물이었던 독일 인문주의자가 왜 루터를 보다 잘 이해하지 않았는지 의문을 품게 된다. 화가 뒤러는 '만능의 천재'의 훌륭한 본보기였다. 이 르네상스의 천재들은 모든 기법을 구사하며 모든 신비를 해득하기 어려운 상징 속에 포함시키려 했다. 어떤 때는 약간 경박함을 드러내면서 '앵무새의 마돈나'(Madonna of the Parrot)를 그리는가 하면, 어떤 때는 인간의 수고의 허무함을 두고 깊은 회의에 빠지기도 했다. 르네상스의 왕성한 기마병들이 운명의 벼랑 끝에서 말고삐를 잡고 멈췄다.

그들의 고뇌는 뒤러의 '멜랑콜리아'(Melencolia I)에 매섭게 그려져 있다. 거기에 보면 아주 지성적이요 고매한 여성이 인간의 최고 솜씨를 상징하는 물건들과 온갖 도구들이 즐비하게 널려 있는데도 멍하니 앉아 있다. 등에 날개를 달고 있는 그녀의 무릎과 주변에는 도안사의 컴퍼스, 연금술사의 저울, 목수의 대패, 저작가의 잉크병이 나뒹굴고 있다. 그녀의 허리에는 권력을 의미하는 열쇠와 부를 상징하는 돈 지갑이 매달려 있고, 바로 곁에는 건축용 사다리가 그냥 방치되어 있다.

완벽한 형태의 구와 잘 다듬어진 다면체의 돌이 곁에 있어도 새로운 기분이 솟구치지 않는다. 그녀의 머리 위에 있는 모래 시계에서 모래가 아래쪽 반구로 흘러 떨어지고 있고, 마방진은 아무리 숫자를 더해도 더 이상 큰 합계가 나오지 않는다. 그 위에 있는 종은 금방이라도 뗑그렁 소리를 낼 듯하다.

우울한 표정을 지은 그녀의 머리가 복잡한 것은 아직 하늘에서 운명의 결정이 나지 않았기 때문이다. 하늘에는 다시는 이 땅을 물로 멸망시키지 않겠다고 하나님께서 노아에게 약속하면서 보여 주신 계약의 표 무지개가 떠 있다. 그러나 거기에는 임박한 재앙의 징조인 혜성 하나가 번쩍이며 가로지르고 있다.

이 우울증 환자 곁에서는 지금 움직이는 여러 가지 세력에 상관하지 않는 천진한 아기 천사가 큰 맷돌 위에 앉아 뭔가를 열심히 끄적거리고 있다. 이것 역시 에라스무스의 경우처럼, 유아기의 소박함 속에 지혜가 있으며 인간이란 자신의 기술을 제쳐 놓고 신들이 그날의 문제를 결정지을 때까지 기다리는 것이 더 낫다는 내용일까?

이것은, 그 용어는 아예 다르지만 삶의 궁극적인 의미를 찾는 루터의 고뇌 어린 탐색과 너무도 비슷하지 않은가! 루터의 언어는 이와 다르고 상징도 이와 달랐다. 그러나 르네상스는 상징의 변화를 포용할 수 있었다. 뒤러는 인간이 믿음으로 구원받는다는 말을 듣고서 혜성이 무지개 속으로 이끌려 들어갔음을 깨달았다. 그리고 이때 그는 하나님께서 도와주신다면 루터를 만나 '나를 크나큰 불안에서 이끌어내 준 이 그리스도인을 영원히 기념하는' 뜻에서 그의 얼굴을 조각으로 남기고 싶어했다. 그 후 뒤러의 미술은 세속적인 데서 복음적인 쪽으로 돌아섰다. '번쩍거리는 화려함'을 등지고 '가파르면서도 어쩐지 신나는 간소한 길'로 돌아섰다.

민족주의자들 : 후텐과 지킹겐

이 개혁 운동과 관련된 두 번째 큰 운동은 독일 민족주의였다. 이 운동은 루터 시대에 갓 시작되었는데 그 까닭은 스페인, 프랑스, 영국에 비해 독일의 민족적 통일이 늦어졌기 때문이다. 독일에는 구심점이 되는 정부가 단 한 번도 없었다. 신성 로마 제국은 한 번도 독일의 민족 국가가 되어 본 일이 없었다. 그 까닭은, 어느 유럽 제후든지 이 최고의 자리에 올라설 자격이 있었다는 점을 생각하면 너무 넓고, 실제로는 합스부르크 가에서만 판치고 있었다는 점을 생각하면 너무 좁았기 때문이다.

독일은 여러 제후와 주교들의 관할권이 서로 겹치는 작은 여러 개의 구역으로 갈라져 있었다. 자유 도시라야 여러 성가신 동맹 때문에 있으나마나였다. 기사들은 자신들의 기울어져 가는 권력을 붙잡고 늘어지면서 안절부절하는 계층이었으며 농민들 역시 자신들의 경제적 중요성에 비례하는 정치적 역할을 갈망한 나머지 제멋대로였다.

그 어느 정부 그 어느 계층이든간에 독일을 하나로 묶을 수는 없었다. 국토는 나뉘어 있었고 방해를 받았기에 이 독일을 두고 이탈리아 사람들은 사육하는 젖소 정도로 조롱하고 또 교황청에서도 그렇게 취급했다. 민족적인 정부가 교황권의 착취를 억제하던 다른 나라들과는 달리 로마에 대한 이곳의 원망은 그 도가 지나쳤다.

몇 년 동안 어느 정도 루터의 생애에 영향을 끼친 독일 민족주의 운동의 대표자로는 울리히 폰 후텐(Ulrich von Hutten)과 프란츠 폰 지킹겐(Franz von Sickingen)을 들 수 있다. 기사이면서 인문주의자인 후텐은 무장을 하기도 하고 월계관을 쓰고 뽐내기도 했다. 그에게서는 여러 가지 인문주의가 드러났는데, 에라스무

전우로 그려진 루터와 후텐.

제7장 독일의 헤라클레스 | 179

스에게는 세계적이요 본인에게는 민족적인 색채를 띤 그런 인문주의였다. 후텐은 독일 민족주의 개념을 창조하는 한편 조국의 원수들을 몰아내고 이탈리아 문화에 견줄 문화를 세울 이상적인 독일인 상을 세우는 데 공이 컸다.

맨 먼저 격퇴해야 할 원수는 독일을 그처럼 갈라놓고 벌금을 빼앗아 간 교회였다. 후텐은 인문주의자의 붓을 휘둘러 교황청에 더없이 지독한 독설을 퍼부었다. 그는 『로마의 삼위일체』(Roman Trinity)라는 책자에서 점층되는 3행 연구(聯句)로 로마의 죄상을 모조리 열거했다. "로마에서 판매되는 것 세 가지는 그리스도, 사제직, 여자. 로마에서 싫어하는 것 세 가지는 교회 회의, 교회의 개혁, 독일인들이 눈을 뜨는 것. 로마에 퍼부어지라고 내가 기도하는 질고 세 가지는 전염병, 기근, 전쟁. 이것이 나의 삼위일체로다."

후텐과 루터가 교황을 향하여 볼링공을 던지는 모습을 그린 풍자화. 루터는 당시 마귀를 상징하는 막대기 넘어뜨리기로 발전된 볼링 게임을 한 단계 더 개혁한 인물이기도 하다.

이 글을 쓴 사람이 처음에는 루터를 칭송하지 않았다. 에크와 논전을 벌이던 당시 후텐은 그 논쟁을 수도사들의 집안 싸움으로 깔보았으며 서로가 서로에게 잡혀 먹힐 것이라고 좋아했다. 그러나 라이프치히 논쟁이 있은 뒤 그는 루터의 말이 자신의 말과 통한다는 점을 파악했다. 루터 역시 독일의 표상을 벗기는 처사, 이탈리아인들의 교활한 속임수와 건방짐을 두고 개탄했다. 독일이 약탈당하는 것보다는 차라리 성 베드로 대성당이 잿더미 속에 나뒹구는 편이 낫다는 루터였다.

후텐의 낭만적인 독일인 상은 다른 민족들을 능가하는 독일 영혼의 신비스런 깊이에 대한 루터의 개념으로 더 살찌워질 수 있었다.

1516년 루터는 '하나님의 벗들'에게서 온 익명의 원고를 발견하고 그것을 『독일 신학』(German Theology)이라는 제목으로 출판했다. 이 책 서문에서 그는 성경과 아우구스티누스의 작품을 제외하고는 어느 글에서도 이보다 더 많은 것을 배운 적이 없다고 밝혔다. 아우구스티누스가 라틴족 계열이라는 점을 생각할 때 여기에 편협한 민족주의가 포함되어 있다고 할 수 없겠지만, 독일인을 무시한 자들이 그들의 진가를 높여서 평해야 한다는 뜻은 확실히 담겨 있었다.

후텐과 루터의 유사점은 후텐이 점점 복음주의 쪽으로 오면서 자신의 말씨를 아덴식에서 갈릴리식으로 바꾸자 더 두드러졌다.

후텐의 이슈는 독일을 로마 교황권에서 해방시키려는 자신의 계획을 어떻게 수행하느냐 하는 것이었다. 그는 먼저 막시밀리안 황제를 통해 교회를 억제하며 동시에 국가를 통합시키는 방법을 찾을 것으로 기대하였다. 그러나 막시밀리안은 죽었다. 따라서 후텐은 그 다음으로 독일의 대주교인 마인츠의 알브레히트가 참된 국가 교회의 우두머리가 되도록 권유하려고 하였다. 그러나 알브레히트는 로마 교황청의 혜택을 너무 많이 입고 있었다.

독일 안에서 후텐의 호소에 반응을 보인 유일한 계층이 있다면 그것은 같은 계층의 기사들이었다. 그 가운데 가장 두드러진 사람은 프란츠 폰 지킹겐으로, 그는 자기 부대를 프랑크푸르트에 풂으로써 황제 선거에 크게 공헌한 사람이다. 지킹겐은 독일에 로빈 후드(Robin Hood) 식의 사법 제도를 세움으로써 자신의 계층이 쇠퇴하는 것을 미연에 막으려고 노력했다. 그는 억눌린 사람들의 옹호자로 자처했으며, 그의 부대는 그 지역 덕에 살고 있었으므로 항상 억압받는 사람들을 더 찾아 그들의 입장을 보호하고 지키는 데 힘썼다. 후텐은 그를 들어 독일과 루터를 다같이 지지하는 데 이용할 기회를 노렸다.

전쟁이 없던 어느 해 겨울 후텐은 에베른부르크라는 지킹겐의 성에 자리를 잡았다. 여기서 독일의 이 계관시인은 글을 모르는 칼잡이들에게 비텐베르크 선지자의 독일어 작품들을 간추려 읽어 주었다.

가난한 사람들과 복음 때문에 고난받는 사람들의 편을 들기로 굳게 다짐한 지킹겐은 발과 주먹으로 동의를 표했다. 널리 퍼진 소책자마다 그를 농민들과 마르틴 루터의 옹호자로 그렸다. 한 선언문에는 어떤 농부가 교회에 바쳐야 할 벌금의 절반을 내지 못해 안절부절하는 것이 그려져 있었다. 그에게 지킹겐이 다가서서 처음 절반도 내지 말았어야 했다고 충고하면서 수표나 지갑을 지니지 말라고 제자들에게 당부한 그리스도의 말씀을 인용한다. 그러자 그 농부는 그런 말이 어디 있느냐고 묻는다. 여기에 지킹겐은 "마태복음 10장, 마가복음 6장, 누가복음 9장과 10장에 있지." 하고 대답한다.

"기사님" 하고 이 농부는 당황하면서 소리친다. "어떻게 성경을 그리 많이 아시나요?"

지킹겐은 후텐이 에베른부르크 성에서 자기에게 읽어 준 루터의 책에서 배웠노라고 대답한다.

지킹겐을 억눌린 자들의 옹호자로 묘사하는 것이 전적으로 허무맹랑한 것만은 아니었다. 그는 후텐의 권고를 받고 인문주의와 개혁 운동을 위한 작은 십자군 원정에 가담한 사람이다. 로이힐린은 이로 인해 벌금을 물지 않아도 되었으며 복음 때문에 쫓기는 도망병들은 에베른부르크에서 안전하게 지냈다. 그 가운데는 도미니쿠스 수도회의 젊은 수도사인 마르틴 부처(Martin Butzer)가 있었다. 그는 하이델베르크 회담 때 루터에게 매혹되었으며 이제는 자신의 수도복을 내던지고 도망 나와 이 푸른 숲의 신사들 가운데 한 사람이 되었다.

루터에게도 그를 얼마든지 환영하겠다는 소식을 전했다. 그가 뭐라고 답변했는지 알 길이 없지만, 선거후가 등을 돌릴 경우에는 루터가 편견 없는 재판관들의 반박을 사지 않는 한 100명의 기사들을 모아서 신변을 보호해 주겠다고 한 제안에 대해 보인 반응에서, 그 답변을 짐작할 수 있다. 그러한 제안을

에베른부르크 성.

받고 루터는 이러지도 저러지도 않았다. 그는 "내가 그 제안을 무시하는 것은 아닐세." 하고 슈팔라틴에게만 얘기했다. "그러나 나의 보호자이신 그리스도께서 원하시기 전에는 나는 그것을 사용하지 않겠어. 어쩌면 그리스도께서 이 기사의 마음을 감동시키셨는지도 모를 일이긴 하지만 말일세."

그러나 루터는 자신이 받은 편지들을 기꺼이 자신의 외교적인 목적에 이용했다. 그 편지들을 리아리오(Riario) 추기경에게 보이는 것이 부당하지 않다면 그렇게 하라고 슈팔라틴에게 지시했다.

자신이 교황청의 맹렬한 비난 때문에 작센에서 추방될 경우에는 보헤미아로 가지 않고 독일 안에서 은신처를 찾을 것이요, 그렇게 되면 자신이 제후의 보호 아래서 가르치는 일에 전념하는 것보다 더 해로운 존재가 될 것이라는 점을 교황청은 알고 있어야 했다. 그 편지의 말투는 거칠었다. 그는 "이미 주사위는 던져졌네." 하고 말했다. 또한 "나는 로마의 격노나 로마의 호의를 다 무시하지. 나는 그들과 화해하지도 않을 것이요, 그들과 함께 성찬에 참여하지도 않겠어. 나를 저주하고 내 책을 불사르는 그들이 아닌가. 내 손에 힘이 없어 불을 피울 수 없게 되기 전까지는 모든 교회법을 만인이 보는 앞에서 태워 버리고 말겠네." 하고 말했다.

1520년 8월, 루터는 자신이 이 기사들 덕분에 사람에 대한 공포에서 구출되었기 때문에 교황권을 적그리스도로 공격하겠다는 뜻을 비쳤다. 그러나 그 일은 이미 시작되었으며, 보호를 받는다는 보장으로 그가 기운을 얻고 담대해진 것도 사실이지만, 그의 용기의 근원은 위험을 모면했다는 안도감이 아니었다. 그의 친구 가운데 한 사람이 눈앞에 닥친 위기 때문에 루터가 물러설까 봐 마음 졸인 적이 있다. 그에게 루터는 이렇게 대답했다.

내가 어떻게 지내느냐고 물었지. 나도 모르겠어. 사탄이 내게 이처럼 횡포를 부린 적도 없으니까. 자신 있게 말하는데 나는 지금껏 재물, 명예, 영광을 생각하고 추구한 적이 없고 지금도 대중의 적대감 때문에 낙심하는 것은 아니라네. 사실 그들이 더 기승을 부릴수록 나는 힘이 솟구치지. 그러나 자네가 놀랄지 모르지만, 내 속에서 일어나는 절망의 파도는 그게 아무리 작다 해도 물리칠 힘이 없군. 그러기에 이런 종류의 두려움이 생기면 그게 아무리 작은 두려움이라 해도 다른 종류의 큰 두려움을 물리치고 말지. 내가 기(旗)를 버리고 달아날까 염려하지는 말게.

아무리 대담무쌍한 혁명가라 할지라도 그에게는 상대편이 가해 오는 그 어떤 것보다도 더 큰 공포가 있게 마련이다. 루터는 하나님 앞에서는 그처럼 벌벌 떨며 꼼짝도 못했지만 사람 앞에서는 태연자약했다.

문제가 보다 더 선명하게 되자 자신이나 복음, 어느 쪽을 위해서든 폭력을 써서는 안 되겠다는 것이 분명해졌다. 1521년 그는 슈팔라틴에게 이런 편지를 띄웠다.

후텐의 청이 뭔지 자네도 알걸세. 난 복음을 위해 싸우되 피를 동원하지는 않겠네. 이런 뜻으로 나는 그에게 답장을 보냈지. 세상은 말씀으로 정복되며 교회는 말씀으로 섬김을 받고 재건되는 법. 적그리스도는 사람의 힘을 빌리지 않고 일어났으므로 사람의 손을 쓰지 않아도 망할 것일세.

제8장 포도밭의 멧돼지
교황으로부터 파문 경고 교서를 받다

"일어나소서, 주여. 당신의 소송 사건을 심판하소서. 한 마리의 멧돼지가 당신의 포도원에 침입했나이다. 일어나소서, 오, 베드로여, 그대의 피로 성별된 모든 교회의 어머니 되는 거룩한 로마 교회의 소송 문제를 숙고하소서. 일어나소서, 오, 바울이여, 그대의 가르침과 죽음으로 이 교회를 밝히셨으며 지금도 밝히시는 분이여, 일어나소서. 모든 성인이여, 그리고 보편 교회여, 이 교회의 성경 해석이 공격을 받고 있도다. 이 뱀이 주의 포도원을 비집고 기어 다니는 것을 짐은 더 이상 묵과할 수 없도다. 이러한 오류가 담긴 마르틴 루터의 책들을 검토해서 불사르겠노라."

 루터가 마침내 하늘에서 내민 주의 팔을 신뢰했다고 해서 그것 때문에 지상에서 해야 할 일에 태만한 것은 아니었다. 그에 대한 심문이 지연된 1년 반의 기간은 그에게 자신의 견해를 다듬고 새로운 발견을 밝히는 기회가 되었다.

지금까지 보아 왔듯이 그의 신학은 로마와 틈이 벌어지기 전부터 이미 하나님과 그리스도의 본질 그리고 구원의 길에 대해서 영글대로 영글어 있었다. 이러한 문제에 있어서 그는 자신이 로마 교회와 어느 정도 다르다는 점을 깨달았다. 그러나 아직 자신의 신학을 어떻게 교회의 이론, 의식, 제도 및 교회와 사회와의 관계에 실제적으로 적용할 것인지는 생각하지 못했다. 그리고 도덕적인 행동의 여러 문제에 대해서도 아직 아무런 발언을 하지 못했다.

1518년 10월 카예타누스와의 면담이 있은 후, 1520년 10월 교황의 교서가 도착하기까지 시달림을 받지 않던 기간이 그 기회를 제공했다. 루터는 이 휴식 기간을 십분 활용했다. 물론 그는 그 휴식이 언제 끝날지 몰랐다.

1520년 여름에 그는 인쇄업자에게 소책자 한 묶음을 전했는데 이 책들은 아직도 그의 주요 저서로 손꼽힌다. 5월에 나온 『선행에 관한 설교』(The Sermon on Good Works), 6월에 나온 『로마의 교황 제도』(The Papacy at Rome), 8월에 나온

『독일 기독교 귀족에게 고함』(Address to the Christian Nobility of the German Nation), 10월에 나온 『교회의 바벨론 유수』(On the Babylonian Captivity of the Church), 그리고 11월에 나온 『그리스도인의 자유』(On the Freedom of a Christian)가 그것이다. 나중 세 가지가 보다 더 논쟁거리이므로 여기서는 그 셋만 잠깐 다뤄 보기로 하자.

그 중 당시 사람들에게 가장 과격하게 보였던 것은 성례와 관련된 『교회의 바벨론 유수』였다. 이것은 교회가 여러 가지 성례를 포로로 사로잡고 있던 상황을 빗대어 표현한 제목이다. 가톨릭의 가르침에 대한 이러한 공습은 지금까지의 어느 것보다 피해가 컸으며, 에라스무스가 이 책자를 읽었을 때 그의 입에서는 "이젠 틈바구니를 메울 수 없군."이라는 말이 나왔다. 그 까닭은 로마 가톨릭 교회에서 자부하는 여러 가지 주장이, 유일한 은혜의 채널이라는 몇 가지 성례와 이 성례의 유일한 시행자라는 성직자들의 갖가지 대권에 그 바탕을 두고 있었기 때문이다. 성례주의의 밑둥이 잘려진다면 성직자주의도 무너질 수밖에 없다. 루터는 일격에 이 성례의 숫자를 일곱에서 둘로 줄여 버렸다. 견진 성사, 혼인 성사, 신품 성사, 고해 성사, 종부 성사는 삭제되고 말았다. 성찬과 세례만 남았다. 이렇게 줄이는 데 기준이 된 원칙은, 성례란 모름지기 그리스도께서 직접 제정하셨어야 하며, 분명히 기독교적이어야 한다는 것이었다.

견진과 종부 성사의 제거 문제는 그것으로 청소년기와 사망에 대한 교회의 통제가 줄어들었다는 점 외에는 별로 큰 의의가 없다. 고해 성사의 삭제는 그것이 죄를 용서하는 의식이라는 점에서 훨씬 더 심각했다. 이 경우 루터는 그것을 전부 말살하지는 않았다. 그는 고해의 세 가지 요소 가운데 참된 뉘우침의 필요성을 인정했으며, 고해는 그것이 제도화되지 않을 경우 유용한 것으로 보았다. 결정적인 요점은 사면이었다. 그는 이 사면을 인간의 지상 결정을 하나님께서 준비하시는 것으로 보지 않고 하나님의 천상 명령을 인간이 선포하는 것으로 보았다.

신품(神品) 성사를 하나의 성례로 보지 않고 반박함으로써 그는 성직자단의 위계 질서를 무너뜨리고 만인제사장설에 대한 건전한 기초를 마련했다. 루터가 보기에 안수란 교회가 사역자를 세워 어떤 특수한 임무를 수행하게 하는 하나의 의식에 지나지 않았기 때문이다. 이 경우 그 사역자는 지울 수 없는 특성을 받는 것도, 민사 법정의 사법권을 면제받는 것도, 안수를 받음으로써 다른 성례를 수행할 권리를 따로 받는 것도 아니다. 이 경우 그리스도인 누구나 할 수 있는데 그건 그리스도인들 모두가 사제요 목사이기 때문이다. 신품을 하나의 성사로 조작한 것은

> 성직자와 평신도를 하늘과 땅만큼 떼어놓아 화해할 수 없는 불화를 조장하고, 세례의 은혜를 이루 말할 수 없이 훼손시키며, 복음에 따르는 사귐을 혼란시키자는 데 의도가 있었다. 이것이야말로 형식적으로 손에 기름을 바르고 머리를 깎고 여러 가지 복장을 갖추었다 해서 성령의 기름부음 받은 평범한 그리스도인들을 상대로 뻐길 뿐 아니라 그들을 자신과 함께 교회에 속할 수 없는 개들로 보는 성직자단의 평신도에 대한 괘씸한 횡포다. ……여기서 그리스도인의 형제됨은 전적으로 사라지고 목자들은 이리가 되었다. 세례받은 우리 모두는 누구나 구별 없이 사제와 목사요, 우리가 사제라고 부르는 사람들은 일꾼이요, 그들의 사제직이라야 하나의 일 또는 봉사에 지나지 않는다. 그러므로 이 신품 성사란 교회 안에서 설교자를 뽑는 하나의 의식 이상의 의미를 지닐 수 없다.

그러나 나머지 두 가지 성례에 있어서 그가 과격한 변화를 일으키지만 않았어도 다섯 가지 성례의 거절이 그렇게 물의를 일으키지는 않았을 것이다. 그의 세례관에 입각해서 그는 수도원 생활이 제2의 세례가 아니요 세례받을 때 하는 서원 이상의 또 다른 서원이 도무지 필요없다는 이유로 수도원 생활을 부정해 버렸다.

가장 치명적인 것은 루터가 미사를 성찬으로 전락시켜 버린 일이었다. 미사는 성육신과 십자가 처형에 대한 하나의 반복으로 여기므로 로마 가톨릭 제도의 핵심이다. 빵과 포도주의 실체가 거룩한 변화를 일으킬 때 하나님께서는 다시 육신이 되시며 그리스도께서는 다시 제단 위에서 돌아가신다. 이 기적을 수행할 수 있는 사람은 신품을 통해서 대행할 권리를 부여받은 사제들뿐이다. 이 은혜의 수단은 오로지 그들의 손으로만 집행되기에 그들은 교회 안에서 하나의 유일한 자리를 차지하며 교회는 그리스도의 몸의 관리자로서 사회 안에서 하나의 유일한 자리를 차지한다.

루터는 사제들의 토대를 깎아내릴 목적으로 이 미사를 공격한 것은 아니었다. 그의 일차적인 관심은 하나같이 신앙적인 데 있었으며 성직자들과 사회에 대한 관심은 이차적이었다. 그는 무엇보다도 이 미사의 성사는 마술적이 아니라 신비적이어야 하며 한 의식의 집례가 아니라 한 임재의 체험이어야 한다고 강조했다. 이것은 카예타누스와의 면담 때 토론된 여러 가지 조목 가운데 하나였다. 이때 추기경은 성례의 효력이 성체 배령자(拜領者)의 믿음에 달려 있다는 루터의 주장에 불만을 털어놓았다. 교회는 성례의 효력이 그것을 집례하는 사람의 무자격이나 그것을 받는 사람의 무관심 같은 인간의 미비점 때문에는 결코 손상을 입지 않는다고 가르쳤다. 이 성례는 믿음과는 상관없이 사제의 의식을 통해서(*ex opere operato*) 그 자체 안에 있는 힘 덕분에 효력을 발휘한다는 것이었다.

루터가 보기에 그런 입장에서 보면 결국 이 성례는 기계적이요 마술적인 것이 되고 말았다. 그 역시 이 성례를 인간의 약점에 종속시키고 싶은 마음이 조금도 없었으며 믿음의 필요성을 가정함으로써 그렇게 했다는 얘기도 듣고 싶지 않았다. 그 까닭은 믿음이란 그 자체가 하나님께서 기뻐하시는 때 기뻐하시는 곳에서 기뻐하시는 사람에게 주시는 것이요 그것은 이 성례가 없어도 효력을 발휘하지만, 그 반대는 곧 이 성례가 믿음과 상관없이 효력을 발휘한다는 것은 옳지 않기 때문이다. "내가 면죄에 대해서는 잘못이 있을지도 모르지만 여러 성례에 있어서 믿음이 필요하다는 점은 죽으면 죽었지 취소하지 않겠다."고 루터는 밝혔다. 이 믿음의 강조 때문에 입에 빵을 넣어 줄 수는 있지만 마음 속에 믿음을 불러일으킬 수 없는 사제들의 역할이 약화되었다.

다음으로 루터는, 사제는 미사 집례 때 그가 해내는 것으로 교회가 주장하는 일을 사실 할 수 없다고 강조했다. 사제는 '하나님을 만들지도, 그리스도를 희생제물로 바치지도' 않는다는 얘기다. 이것을 간단하게 부정하려면 하나님께서 임재하는 것도 그리스도께서 희생되는 것도 아니라고 말했겠지만 루터는 후자만을 강조하고 싶었다. 그리스도의 희생제사는 단번에 십자가 위에서 드려졌기 때문에 오늘날 희생제물이 되지 않지만 그리스도께서 하나님의 입장에서 "이것은 내 몸이니라."라고 말씀하셨기 때문에 하나님께서는 지금 빵과 포도주에 임재하신다. 하지만 사제가 "이것은 내 몸이니라."라는 말을 반복할 때마다 가톨릭 교회의 주장처럼 빵과 포도주가 하나님의 몸과 피로 바뀌는 것은 아니다. 이른바 실체가 변화한다는 화체설(化體說, transubstantiation)은 이 두 물질의 모양, 맛, 색깔 같은 양태는 그대로 남지만 그 실체는 하나님의 실체로 대치된다는 것이다. 루터가 이 입장을 배척한 근거는 합리적이라기보다는 성경적이었다. 그보다 먼저 에라스무스와 멜란히톤은 실체라는 개념이 성경적이 아니라 스콜라 철학의 궤변이라고 지적했었다. 바로 이런 이유에서 루터는 실체라는 단어가 사용되는 것을 아예 싫어했으며 자신의 견해도 공체설(共體說, Consubstantiation)로 불리는 것을 좋아하지 않았다.

그에게 있어서 이 성례는 하늘에서 운석처럼 떨어진 하나님의 한 부분이 아니었다. 하나님께서 하늘에서 떨어질 필요가 없는 것은 피조 세계를 지탱하고 거기에 생명을 불어넣는 힘으로 어느 곳에나 계시며 그리스도께서도 하나님으로서 우주적이지만 단지 그분의 임재가 우리 눈에 가리어져 있을 뿐이기 때문이다. 바로 이런 이유에서 하나님께서는 세 가지 굵직한 계시를 통해 자신을 인류에게 드러내기로 하셨다. 그 첫째는 그리스도로서, 그분 안에서 말씀이 육신이 되셨다. 둘째는 성경으로, 거기에는 말씀하신 모든 것이 기록되어 있다. 셋째는 이 성례로서, 여기서는 말씀이 음식과 마실 것을 통해서 나타나고 있다. 이 성례는 엔돌의 신접한 여인처럼 술법으로 하나님을 불러내는 것이 아니라 그분이 계시는 그곳에서 그분을 드러내 보여 준다.

사제의 여러 가지 권한이 감소된 만큼 또한 그의 여러 가지 특권도 제지를 받았다. 가톨릭 관습에 있어서 성직자와 평신도의 차이 가운데 하나는 사제만이 미사 때 포도주를 마시는 것이다. 이러한 규칙이 생긴 것은 평신도들의 서투름으로 하나님의 피를 조금이라도 쏟을지도 모른다는 두려움 때문이었다. 루터는 이 성례에 대해서 남 못지않은 경외심을 품고 있었지만 교회 내부의 계급 제도를 발판 삼아 그것을 옹호하고 싶지는 않았다. 위험에도 불구하고 잔은 모든 신자에게 허락되는 것이 마땅했다. 그 당시 이러한 발언은 들어 보기 힘든 급진주의 색채를 띠는 것이었다. 그것은 보헤미아 후스파가 평신도에게 잔을 돌려야 한다는 주장을 펴 왔기 때문이다. 후스파는 "너희가 다 이것을 마시라."라는 그리스도의 말씀으로 자신들의 실천을 정당화했다. 가톨릭의 주석가들은 이 말씀이 사도들, 곧 당시 모두 사제였던 그들에게만 해당하는 것으로 설명한다. 루터 역시 이 점은 인정하지만 모든 신자가 사제라는 말로 맞섰다.

성례와 교회론

이러한 견해에는 교회론에 미칠 엄청난 결과가 가득 담겨 있었다. 루터의 교회론은 그 자신의 성례론에서 추론된 것이었다. 하지만 그의 추론이 이 분야에 있어서는 명백하지 않았는데 성찬에 대한 그의 견해와 세례에 대한 그의 견해가 서로 다른 방향을 제시했기 때문이다. 바로 이런 이유에서 그는 과거에 어느 정도 재세례파들의 회중교회주의(congregationalism)의 아버지가 될 수 있었는가 하면 후기 루터파의 지역주의(territorialism) 교회의 아버지도 될 수 있었다.

그의 성찬 견해가 확신을 가진 신자들로만 이루어진 회중교회를 강화했던 것은 이 성례의 효력이 받는 사람의 믿음에 달려 있다고 밝혔기 때문이다. 이렇게 되면 믿음이 개인적인 만큼 성례도 다분히 개인적일 수밖에 없었다. 루터는, 각 사람은 혼자 자기 조물주 앞에 서서 추인(追認)할 뿐이라고 주장했다. 어느 누구도 남 대신 죽어 줄 수 없으며 누구나 사망의 고통과 더불어 홀로 씨름하지 않으면 안 된다. "그때가 되면 내가 네 곁에, 네가 내 곁에 있을 수 없고 각 사람이 자신에 대해 답변할 수밖에 없다." 마찬가지로 "미사는 자신의 믿음으로 믿는 사람이 아니고서는 아무도 도울 수 없고, 아무에게도 적용될 수 없고, 누구를 위해 개입할 수도 없는 하나의 거룩한 약속이다. 각 사람에게서 개별적인 믿음을 요청하는 하나님의 약속을 누가 대신 받거나 중재할 수 있겠는가?"

이것이 루터의 개인주의의 핵심에 대한 서론이다. 그것은 개인의 능력의 성취를 추구하는 르네상스의 개인주의도 아니요, 형이상학적 근거에서 실체의 구성 요소는 개인뿐이요 교회와 국가 같은 집합체는 실재가 아니라 각 구성 분자의 종합에 지나지 않는다는 후기 스콜라 철학의 개인주의도 아니다. 교회와 국가의 구조에 관한 이론을 펴는 것은 루터의 관심 밖이었으며 각 사람이 스스로 하나님께 답변할 수밖에 없다는 단순한 내용을 주장할 따름이었다. 이것이 그의 개인주의의 한계였다. 이 성례에 필수적인 믿음은 각 사람 자신의 것이 아니면 안 되었다.

이러한 이론에서 쉽게 추론할 수 있는 내용은, 교회란 모름지기 열렬한 개인적 신앙을 소유한 사람들로만 이루어져야 하며 그러한 사람의 숫자가 결코 많지 않은 만큼 교회는 비교적 작은 모임이기 마련이라는 점이었다. 루터는 이것이 바로 자신의 입장인 것처럼 얘기한 적이 한두 번이 아니다. 특히 초기 강의에서 그는 선택받은 자들이란 극소수이기 때문에 교회를 남은 자로 자주 묘사했다. 이럴 수밖에 없는 것은, 하나님의 말씀이란 자연인의 모든 욕구와 정반대요 자존심을 꺾고 오만을 짓밟으며 인간의 모든 구실을 먼지와 티끌 속에 내던져 버리기 때문이라고 그는 주장했다. 그러한 처사는 입에 맞지 않으며 그것을 받아들일 사람은 아무도 없다. 그렇게 하는 사람들은 건축자들이 쓰다 버린 돌멩이에 지나지 않을 것이다. 빈정댐과 핍박이 그들의 몫이 될 것이다. 모든 아벨에게는 언제나 가인이 따르며 모든 그리스도에게는 가야바가 따르기 마련이다. 그러므로 참된 교회는 사람들에게 멸시와 배척을 받고 세상 속에 묻혀 있을 것이다. 루터의 이 말은 가톨릭의 수도원을 격리된 프로테스탄트 공동체로 대치하는 결과를 낳을 뻔했다.

그러나 루터는 이 길을 택하지 않았는데 그 이유는 세례의 성례가 그에게 다른 방향을 보여 주었기 때문이다. 그도 재세례파 사람들처럼 세례를 유아는 제쳐 놓고 성인에게만 해당되는 내적인 중생 체험에 대한 외적인 상징으로 보았다면 쉽게 앞에서 얘기된 입장에 세례를 적용시킬 수 있었을 것이다. 그러나 그는 그렇게 하지 않았다. 루터는 유아 세례에 있어서 어린이들이 태어나자마자 사탄의 권세에서 낚아채지지 않으면 안 된다는 가톨릭 교회의 입장을 고수했다. 그렇게 되면, 성례의 효력은 그것을 받는 사람의 믿음에 달려 있다는 공식은 어떻게 되는가? 그는 잠들어 있는 사람의 믿음과 견줄 수 있는 잠재적인 믿음이 유아에게 있다는 가설을 들어 그 공식을 유지하려고 안간힘을 썼다. 그러나 다시 루터는 유아의 믿음보다는 그 유아를 보호하는 후견인의 믿음이 중요하다고 얘기했다.

그에게 있어서 출생은 죽음처럼 외롭지 않았다. 누구든 남을 대신해서 죽을 수는 없지만 어떤 의미에서 남을 대신해서 기독교 공동체에 들어설 수는 있었다. 바로 이런 이유에서 성찬보다는 세례가 교회와 사회를 연결하는 성례다. 세례가 사회학적 성례가 되는 셈이다. 중세 공동 사회에서는 특수 지역을 제외한 모든 곳의 아이는 나면서부터 시민이요 세례받음으로 그리스도인이 되었다. 개인적인 확신과는 상관없이 바로 이러한 사람들이 국가와 교회를 이루었다. 따라서 이 두 기관의 동맹은 자연스러웠다. 이것이 기독교 사회의 한 기초였다. 루터의 위대함과 비극은 그가 결코 성만찬 잔의 개별성이나 세례반(洗禮盤)의 공동성, 그 어느 한 쪽도 포기할 수 없었던 점이다. 평온한 시대에 살면서 굳이 괴로워하는 영혼의 길을 택한 그였다.

고소 재개

하지만 그의 시대가 평온하지만은 않았다. 로마는 그를 잊지 않았다. 압력이 제거된 것은 틈을 보자는 뜻에서였을 뿐이요 가장 가톨릭적인 화제가 스페인에서 독일로 올 시간이 가까워지자 교황 측에서는 이 고소를 재개할 만반의 준비를 갖추었다. 성례에 대한 공격이 발표되고 에라스무스가 이제는 메울래야 메울 수 없는 틈이 생기고 말았구나 하고 말하기 훨씬 이전부터 루터는 충분히 극적인 행동을 취하게 할 발언을 하고 있었다. 면죄 논쟁에서 나온 여러 가지 주장에 이어 라이프치히 논쟁 때 교황 제도의 신적인 기원과 지배를 두고 더욱 더 처참한 공격을 퍼부은 그였다. 그의 처사가 어찌나 불쾌했던지 교황청의 한 사람은 황제가 도착할 때까지 무작정 기다릴 필요가 있느냐고 했다.

이때 에크가 로마에 도착했는데 그는 라이프치히 논쟁 내용뿐 아니라 쾰른 대학과 루뱅 대학의 루터의 가르침에 대한 정죄문까지 손에 쥐고 있었다. 에르푸르트 대학이 루터와 에크의 논쟁에 대한 평가를 사양하고 파리 대학 역시 보고하지 않자, 묻지도 않았는데 이 두 대학이 그 틈을 이용해 들어섰다. 쾰른 대학은 도미니쿠스 수도회가 주도하고 있었기 때문에 그 판단이 더 가혹했다. 루뱅 대학은 약간 에라스무스적 색채를 띠고 있었다. 두 대학은 모두 인간 타락, 고해 성사, 연옥, 면죄에 대한 루터의 견해를 정죄했다. 루뱅 대학이 교황권 공격에 대해서는 침묵을 지킨 데 반해 쾰른 대학은 지상권(至上權) 내지 수위권(首位權)에 대한 이단적인 잡소리와 열쇠의 권세에 대한 비난을 공박했다.

루터는 이 둘 가운데 어느 대학도 성경의 증거를 들어 자신을 비난하지 못하는 것으로 알고 맞섰다.

차라리 복음을 없애 버리고 이 대학들만 바라보는 것이 낫지 않겠는가? 수공업자들의 판단이 신학자들보다 더 건전한 것은 신기한 노릇이다! 로이힐린을 정죄한 자들의 말을 어느 정도 믿어야 옳은가? 그들이 내 책을 불사른다 해도 나는 똑같은 얘기를 할 것이다. 나는 이 점에 있어서 목숨을 바칠 각오가 되어 있다. 그리스도의 마음이 바리새인들에 대한 멸시로 가득 찼고 바울이 아덴 사람들의 무지몽매함 때문에 크게 화를 냈다면 나는 어떻게 해야 하는가? 한번 물어나 보자.

이 고소에 대한 더 이상의 진전은 기록에 없고, 3월에 가서야 아우구스티누스 수도회를 통해 조용히 루터를 제지하려는 시도가 있었다. 수도회 총회장은 슈타우피츠에게 이런 편지를 썼다.

지금껏 한 번도 이단의 의심을 받은 일이 없는 수도회가 점점 추악하게 되어 가고 있구려. 청컨대, 사랑 안에서 최선을 다해 거룩한 로마 교회와 교회의 면죄에 대한 루터의 악평을 제지하시오. 더 이상 글을 쓰는 일이 없도록 하시오. 우리 수도회가 치욕스럽게 되는 일이 없도록 하시오.

슈타우피츠는 아우구스티누스 수도회의 독일 관구장직을 사임함으로써 이 위기를 모면했다.

또 다른 시도가 현인 프리드리히를 상대로 이루어졌다. 얼마 전에 교황을 죽이려는 음모에 대해 사면을 받은 리아리오 추기경은 프리드리히에게 이런 편지를 썼다.

더없이 탁월하고 고귀한 제후이자 형제여, 그대 가문의 명성과 조상들과 그대 자신의 교황청에 대한 영원한 헌신을 생각할 때 기독교 세계의 공동선과 그대의 영원한 영예에 관해 몇 자 적는 것을 우정으로 생각하오. 확실히 그대는 마르틴 루터가 로마의 주교와 교황청을 상대로 행사하는 악의, 멸시 그리고 방자를 모르고 있지 않을 것으로 압니다. 그래서 권면하는데 이 사람에게 자신의 잘못을 취소하도록 하시오. 그대가 결심만 한다면 충분히 할 수 있는 일이오. 꼬마 다윗은 조약돌 하나로 거인 골리앗을 죽였으니까요.

프리드리히는 자신의 가장 친한 친구이자 트리어의 대주교요 신성 로마 제국의 선거후인 리하르트 폰 그라이펜클라우에게 이 사건을 알아보라고 답변했다.

5월이 되자 우물쭈물하며 시간 보내는 작전이 끝났다. 추기경 회의가 5월 21일, 23일, 26일 그리고 6월 1일, 네 차례 열렸다. 5월 22일 저녁 때 교황은 그가 조용히 즐겨찾던 로마 인근 마글리아나의 사냥터 오두막을 찾았다. 추기경들, 교회법 학자들 그리고 신학자들이 줄을 이었다. 줄잡아 40여 명의 수행원이 따랐다. 에크만이 유일한 독일인이었다. 3대 수도회, 곧 도미니쿠스 수도회, 프란체스코 수도회, 아우구스티누스 수도회의 대표들도 참석했다. 이쯤되면 아무도 그 문제를 더 이상 수도사들의 집안 싸움으로 돌릴 수 없었다. 루터가 속한 수도회의 총회장도 거기에 참석해 있었다. 프리에리아스와 카예타누스는 말할 필요도 없다.

의제는 세 가지였다. 곧 루터의 견해를 어떻게 처리할 것인가, 그의 책들을 어떻게 할 것인가, 그리고 루터를 어떻게 할 것인가였다. 여러 가지 서로 다른 의견이 제출되었다. 제1회 때 어떤 사람은 독일의 들끓는 상태를 생각할 때 도대체 교서를 발표하는 것이 잘하는 일인가 하는 의심을 제기했다. 신학자들은 당장 루터를 단죄하자고 했다. 교회법 학자들은 루터에게 아담처럼 말할 기회를 주자고 주장했다. 곧 하나님께서는 아담에게 잘못이 있는 줄 아시면서 "네가 어디 있느냐?" 하는 말씀으로 아담에게 자신을 변호할 기회를 주셨다는 얘기다. 여기서 루터에게 소신을 말할 기회는 허락할 수 없지만 그가 굴복하도록

60일 동안의 여유를 준다는 타협안이 생겼다.

루터의 가르침에 대한 갑론을박이 있었지만 누가 어떤 말을 했으며 거기서 다뤄진 주제가 무엇이었는지는 단지 추측할 수밖에 없다. 한 다리 건너, 아니 거기서 또 한 다리 건너 전해 들은 보고에 따르면 추기경단 안에 견해 차이가 있었음을 어렴풋이 알 수 있다. 이탈리아 추기경 아콜티(Accolti)는 테첼을 가리켜 '돼지 새끼'(Porcaccio)라고 불렀으며 프리에리아스에게는 석 달은 걸려야 했을 루터에 대한 답장을 단 사흘 만에 작성한 잘못을 물어 호통을 쳤다. 카예타누스는 에크가 로마에 도착한 것을 두고 "도대체 누가 저 짐승을 들여보낸 거야?" 하고 쏘아붙였다. 스페인의 추기경 카르바할(Carvajal)은 교회 회의 우위설 신봉자답게 루터를 반대하는 조치에 강력하게 반발한 것으로 전해진다. 결국 41개 조항을 정죄하자는 데 만장일치를 보았다. 루뱅 대학과 쾰른 대학 쪽에서 제시한 혹평이 뒤섞이고 확대되었다.

교서 『엑수르게 도미네』

루터의 원숙한 입장을 알고 있는 사람이라면 누구나 이 교서의 꾸지람이 지극히 빈약했다는 느낌을 가질 것이다. 루터의 미사에 관한 견해 중에서는 잔을 평신도에게 주는 문제만 정죄를 받았다. 일곱 가지 성례 중에서도 고해 성사만 언급되었다. 수도원의 여러 서원에 대해서는 한마디도 없고 제후들과 고위 성직자들이 탁발 수도사들의 구걸을 금하기 바란다는 루터의 요청만 거부했다. 만인제사장설에 대해서는 일언반구도 없었다. 정죄하는 조항은 세례를 받은 후의 인간의 자격에 대한 루터의 평가절하, 여러 처벌과 죄를 매고 푸는 교황의 권한, 교의를 선포할 수 있는 교황과 교회 회의의 권한, 그리고 교황과 로마 교회의 지상권에 대한 비난에 중점을 두고 있었다.

어떤 대목에서는 루터를 정죄한 것이 최근에 교황이 면죄에 대해 밝힌 내용과 어긋나기도 했다. 루터가 신성한 정의에 따라 부과된 처벌들의 면죄권은 하나님

루터를 반박하는 교서 『엑수르게 도미네』의 표지.

께만 있다고 주장한다 해서 정죄를 받았지만, 교황 자신도 그런 경우 공로의 보고는 사법권이 아니라 중재 역할로만 적용될 수 있다고 최근에 밝힌 바 있다.

루터에게 보헤미아 사상이 있다고 한 근거는 그가 얀 후스의 조항 가운데 일부를 소개한다고 정죄받았기 때문이다. 이단자를 불태우는 것은 성령의 뜻에 어긋나며 투르크족을 상대로 전쟁을 벌이는 것은 하나님의 심판을 거스른다는 두 가지 조항도 심하게 비난받았는데 이 조항은 에라스무스적 색채가 짙다. 41개 조항은 한꺼번에 이단 사상으로 선포되지 않고 '제각기 독실한 귀에 이단적인 것, 또는 수치스러운 것, 또는 거짓된 것, 또는 소박한 마음을 유혹하는 것, 또는 가톨릭 진리에 위배되는 것'으로 정죄받았다.

어떤 사람은 그 당시 이러한 형식이 채택된 것은 추기경단에서 어느 게 어느 것인지 그 내용을 파악할 수 없어서 3두 정치 체제의 세 집정관들처럼 서로는 친구이지만 각 사람의 원수되는 사람들을 배척했기 때문이 아닌가 하는 생각을 하기도 한다. 하지만 이것이 꼭 여기에 해당한다고 볼 수만도 없는데 이 형식은 천편일률적이었으며 얀 후스를 정죄하는 데도 그대로 적용되었기 때문이다.

교서를 완성해서 교황에게 머리말과 맺음말을 하도록 올렸다. 마글리아나의 사냥터 오두막집 분위기에 맞춰 그는 이렇게 시작했다.

> 일어나소서, 주여. 당신의 소송 사건을 심판하소서. 한 마리의 멧돼지가 당신의 포도원에 침입했나이다. 일어나소서, 오, 베드로여, 그대의 피로 성별된 모든 교회의 어머니 되는 거룩한 로마 교회의 소송 문제를 숙고하소서. 일어나소서, 오, 바울이여, 그대의 가르침과 죽음으로 이 교회를 밝히셨으며 지금도 밝히시는 분이여, 일어나소서. 모든 성인이여, 그리고 보편 교회여, 이 교회의 성경 해석이 공격을 받고 있도다. 그 옛날의 여러 가지 이단이 오늘 독일에서 다시 살아나는 것을 보니 슬픔을 감출 길이 없구나. 짐이 더욱더 상심하는 것은 독일이 언제나 이단 박멸에 앞장서 왔기 때문이로다.

짐의 목회 직분에 비추어 볼 때 다음 41개 오류의 지독한 병균은 더 이상 용납할 수 없도다. (이어서 41개 조항이 열거된다.) 이 뱀이 주의 포도원을 비집고 기어 다니는 것을 짐은 더 이상 묵과할 수 없도다. 이러한 오류가 담긴 마르틴 루터의 책들을 검토해서 불사르겠노라. 마르틴 루터 자신만 해도 괘씸하도다. 그의 잘못을 취소하도록 하는 데 있어서 짐이 어버이의 사랑을 보이지 않은 적이 있었던가? 안전 통행증과 여비를 그에게 제공하지 않았던가? (그러한 제안은 루터에게 한 번도 제시되지 않았다.) 그런데도 그는 뻔뻔스럽게 앞으로 교회 회의를 열자고 호소하고 있도다. 짐의 선임자 피우스 2세(Pius II)와 율리우스 2세(Julius II)께서 이단에 해당하는 것으로 규정한 호소를. 그러므로 이제 짐은 이 교서가 그의 지역에서 선포되는 날부터 60일간의 굴복 기간을 허락하노라. 누구든 주제넘게 우리의 파문과 금지 사항을 침해하면 전능하신 하나님과 사도 베드로와 사도 바울의 노여움을 살 것이다.

1520년 6월 15일

이 교서의 명칭은 그 첫머리를 따서 『엑수르게 도미네』(*Exsurge Domine*, 일어나소서, 주여)로 통용되고 있다. 몇 주 후 교황은 현인 프리드리히에게 다음과 같은 글을 띄웠다.

사랑하는 아들이여, 그대가 저 불의의 자식 마르틴 루터에게 아무런 호의도 베풀지 않은 것을 보니 짐의 기쁨이 한량없도다. 이것이 그대의 현명함 탓인지 그대의 독실한 신앙심 탓인지는 알 수 없도다. 이 루터란 자는 보헤미아 사람들과 투르크족을 두둔하며 이단자의 처형을 공박하고, 거룩한 박사들의 글, 세계 교회 회의들의 결정 사항, 로마 주교들의 규례를 소홀히 여기며 자신의 견해 외에는 어느 누구의 견해도 믿지 않으니 전례를 찾아보기 힘든 이단자로다. 더 이상 이 옴에 걸린 양을 양떼 속에 두어 감염시키게 할 수 없노라. 그러므로 짐은 덕망 있는 형제들의 회의를 소집했도다. 성령께서도 그곳에 참석하셨지. 그런 일이 있을 때는 교황청에 빠지는 일이 없으시다. 짐은 교서를 작성해서 납으로 봉인했노라. 거기에 짐은 이 사람의 헤아릴 수 없는 오류 가운데서 믿음을 왜곡시키고, 소박한 사람들을 유혹하며, 순종, 절제, 겸손의 굴레를 느슨하게 하는 대목을 지적해 놓았도다. 그가 교황청을 상대로 저지른 행패는 하나님께 맡길 뿐이다. 권하건대 그 사람을 달래서 제정신을 찾아 짐의 너그러운 조치를 받게 하라. 그가 광기에서 깨어나지 않거든 사로잡아 버리라.

1520년 7월 8일, 재임 제8년, 어부의 반지 인장을 찍어서

파문 경고 교서의 추적

이 교황의 교서가 루터를 찾는 데는 3개월이 걸렸지만 그보다 먼저 그것이 행차하고 있다는 소문이 나돌고 있었다. 후텐은 1520년 6월 4일에 루터에게 이렇게 서신을 보냈다.

자네가 파문 조치를 받고 있다는 소문이 돌고 있네. 그것이 사실이라면 자네는 위인이 되는 거라네. "그들이 무죄한 자를 정죄하여 피를 흘리려 하나 우리 주 하나님께서 그들의 죄악을 그들에게로 되돌리시며 그들의 악으로 말미암아 그들을 끊으시리니."라는 시편 말씀이 바로 자네에게서 이뤄지는 거라네. 우리의 소망이고, 이것이 우리의 믿음이 되길 바란다네. 나에 대해서도 여러 음모가 벌어지고 있지. 그들이 힘을 사용하면 힘으로 상대해 줄 참이네. 그들이 나도 정죄했으면 좋겠네. 꿋꿋이 서 있게. 흔들리지 말게. 참 내가 왜 자네를 권면하지? 무슨 일이 벌어지든 지지하겠네. 우리 공동의 자유를 옹호하세. 억눌린 조국 해방에 힘을 모으세. 하나님이여, 우리들 편에 서소서. 하나님께서 함께 계신다면 우리를 대적할 자 어디 있으리이까?

이때 지킹겐과 그 밖에 100명의 기사들이 새로 제안을 해왔다. 이때 루터는 태연하지는 않았지만 인간의 팔에 기대야 할지 아니면 주님만 의지해야 할지에 대해서 결정을 내리지 못하고 있었다.

교황의 교서가 독일 곳곳을 누비며 그를 찾고 있던 1520년 여름 동안 그의 마음은 불을 지르는 선동자와 묵시를 기다리는 자 사이를 오갔다. 한번은 자기도 모르게 폭력을 자극하는 말을 내뱉고 말았다. 프리에리아스의 새로운 공격을 받자 그는 화가 머리끝까지 치밀었다. 인쇄된 답변서에서 그는 이렇게 밝혔다.

> 가톨릭의 끄나풀들이 그렇게 미쳐 있다면 한 가지 처방밖에 없다. 그것은 황제, 여러 왕들, 제후들이 무력으로 이 모든 세계의 골칫덩어리들을 상대로 싸우는 것이다. 말이 아니라 강철로 말이다. 우리가 도둑들에게 노역을 시키고, 강도들을 칼로 다스리며, 이단을 불에 처단한다면, 왜 이 멸망의 괴물들, 추기경들, 교황들 그리고 청소년과 하나님의 교회를 타락시키는 로마의 소돔의 무리들은 모조리 공격하지 않는가? 무기를 들어 그들을 공격하고 그들의 피로 우리의 손을 씻지 않을 이유가 어디 있는가?

루터는 나중에 정말 그런 뜻으로 얘기한 것은 아니라고 설명했다.

> 나는 그때 "만약 우리가 이단을 불에 처단한다면 왜 교황과 그의 추종자들을 칼로 공격해서 그들의 피로 우리의 손을 씻지 않는가?"라고 썼지요. 나는 이단을 불태우고 어느 그리스도인이든 죽이는 것을 인정하지 않소. 이것은 복음과 일치하지 않음을 익히 알고 있소. '만약' 이단이 화형감이라면 그들이 받아 마땅한 처벌이 무엇인가를 보여 주었을 뿐이오. 당신을 칼로 공격할 필요는 전혀 없는 거라오.

이러한 부인에도 불구하고 세상은 루터가 자신의 선동적인 폭탄 선언을 잊게끔 내버려 두지 않았다. 보름스 의회의 칙령에도 그것이 루터에게 불리하게 인용되고 있다. 이 부인은 순수했다. 그의 그러한 기분은 사임을 생각하던 한 사역자에게 10월에 보낸 편지에 그대로 나타나 있다.

우리의 전투 상대는 혈과 육이 아니라 하늘에 있는 악의 영들과 이 어둠의 세상 주관자들이지요. 그러니 꿋꿋이 서서 주의 나팔소리에 귀를 기울입시다. 사탄이 싸우는 상대는 우리가 아니라 우리 속에 계시는 그리스도요, 우리는 주님의 전투를 싸워 드리는 것입니다. 그러니 힘을 냅시다. 하나님이 우리 편이시라면 누가 감히 우리를 반대하겠소?

당신은 에크가 루터와 그의 책, 그리고 그를 따르는 자들을 상대로 가장 지독한 교서를 책으로 만들어 퍼뜨린다 해서 당황하시는 거지요? 무슨 일이 있든 하늘에 앉아서 만사를 총지휘하시는 분의 뜻이 아니라면 아무 일도 일어날 수 없다는 것을 생각하면 나는 동요되지 않습니다. 마음으로 괴로워하실 필요가 없어요. 아버지께서는 묻기 전에 우리의 필요를 알고 계시니까요. 나뭇잎 하나라도 그분 모르게 떨어지는 법이 없잖습니까? 하물며 우리 가운데 어느 누가 그분의 뜻에 반해서 쓰러질 수 있겠소?

당신에게 이런 정신이 있다면 자리에서 물러나지 마시오. 다른 사람이 당신의 면류관을 쓰는 일이 없게 하시오. 우리의 육신을 입고 우리를 위해 생명을 바쳐 주신 주님과 함께 죽는 것은 아주 하찮은 일에 지나지 않아요. 그분과 일어나 영원토록 그분과 함께 살 우리가 아닙니까? 그러니 당신의 거룩한 소명을 멸시하는 일이 없어야겠소. 우리를 온갖 질고에서 구원하실 분은 오실 것입니다. 지체하지 않으실 것입니다. 마음과 영혼을 달래 주시고 추켜 주시는 주 예수 안에서 잘 지내시오. 아멘.

제9장 황제에게 호소
신성 로마 제국 황제 카를 5세에게 청문회 개최를 요청하다

루터는 자신의 입장을 변호하는 일을 소홀히 하지 않았다. 교황에게 호소해 봐도 허사였고 교회 회의에 호소해 봐도 허사였다. 한 가지 길이 더 남았는데, 그것은 황제에게 호소하는 일이었다. 루터는 신성 로마 제국 황제 카를 5세에게 이런 글을 올렸다.

"3년 내내 평화를 찾아 노력했지만 허사였습니다. 이제 남은 길은 하나뿐이옵니다. 가이사에게 호소하는 것입니다. 제가 신앙이 없거나 이단으로 판명된다면 더 이상 입을 열지 않겠습니다. 진실이든 오류든 들어 보지 않고, 토론을 거치지 않고 정죄되는 일이 없기만을 간청하는 바입니다."

 루터의 아주 분명한 점 한 가지는 누가 돕거나 말거나 자신의 입장을 밝히려 했다는 것이다. "이미 주사위는 던져졌다. 로마의 격노도 로마의 호의도 싫다. 다시 그들에게 저주하고 불사르게 내버려 두라. 불이 이 세상에 있는 한 나는 교회법을 모조리 저주하고 불살라 버리겠다."

루터는 자신의 입장을 변호하는 일을 소홀히 하지 않았다. 교황에게 호소해 봐도 허사였고 교회 회의에 호소해 봐도 허사였다. 한 가지 길이 더 남았는데 그것은 황제에게 호소하는 일이었다. 8월에 루터는 카를 5세에게 이런 글을 올렸다.

복음 진리를 통해서 하늘의 왕의 보좌에 오른 사람이 지상의 한 왕에게 접근하는 것을 주제넘다고 생각지 마소서. 그리고 하늘의 왕의 모습을 한 지상의 왕께서 허리를 굽히시고 가련한 사람을 흙에서 일으켜 주시는 것을 성가신 일로 보지 마소서. 그러실 줄 믿고 무가치하고 가련한 몸이지만 이 누추한 몸이 황제 폐하 앞에 엎드리옵니다.

제가 펴낸 책들 때문에 멀어진 사람이 많습니다. 그러나 그것은 어디까지나 저에게 그런 일을 하도록 한 사람들이 있었기 때문이옵니다. 누구보다도 이름 없이 지내려는 것이 제 소원이었습니다. 3년 내내 평화를 찾아 노력했지만 허사였습니다. 이제 남은 길은 하나뿐이옵니다. 가이사에게 호소하는 것입니다. 제가 신앙이 없거나 이단으로 판명된다면 더 이상 입을 열지 않겠습니다. 진실이든 오류든 들어 보지 않고, 토론을 거치지 않고 정죄되는 일이 없기만을 간청하는 바입니다.

루터가 가이사에게 한 요청에는 한 사람의 얘기를 들어달라는 뜻 이상이 담겨 있었다. 가이사는 대의명분까지 옹호해야 한다는 얘기였다. 당시 교회는 개혁이 절실히 요구되고 있었으며 여기에 대한 제일보는, 후텐의 주장대로, 세속 권력 쪽에서 디뎌야 했다. 엄청난 개혁의 프로그램을 루터는 『독일 기독교 귀족에게 고함』(Address to the Christian Nobility of the German Nation)에서 상세하게 제시했다. '귀족'이라는 단어는 황제를 비롯한 독일의 지배 계층을 총괄적으로 표현하는 말이었다.

그러나 현대의 독자는 이렇게 물을지도 모르겠다. "무슨 권리로 루터는 귀족에게 교회의 개혁을 호소할 수 있었는가?" 이 질문에 골동품 수집상의 관심 이상의 뜻이 있는 것은, 이 책자를 통해서 루터가 교회를 핍박받는 남은 자로 보던 견해를 포기하고 그 대신 국가와 동맹하여 거기에 복종하는 교회의 기초를 놓은 것으로 주장하는 사람들이 더러 있기 때문이다.

루터는 자신의 호소의 근거를 세 가지로 밝혔다. 첫 번째는, 군주는 군주로서 나쁜 사람들을 처벌하도록 하나님의 임명을 받았다는 것이다. 루터가 군주에게 해주기를 바랐던 것은 그들이 성직자단을 법정으로 끌어내고, 시민들을 교회의 착취로부터 보호하며, 성직자들의 간섭 없이 국가의 기능이 제대로 발휘되도록 하는 일이었다. 이런 의미에서 루터는 종종 천 년 동안 자기처럼 세속 국가를 옹호한 사람도 없었다고 주장했다. 교회의 신정(神政) 어쩌고 하는 여러 구실은 모두 거부당할 수밖에 없었다.

『독일 기독교 귀족에게 고함』의 표지.

하지만 『독일 기독교 귀족에게 고함』은 단순히 교회의 적절한 울타리를 정하는 데 그치지는 않는다. 루터의 관심거리는 국가의 해방보다는 교회의 정화였다. 세속 권세와 어이없을 정도의 재물을 박탈하는 것은 교회를 여러 세속적 염려에서 해방시켜 교회의 영적 기능을 보다 잘 발휘하도록 하자는 데 의도가 있었다.

군주가 이러한 개혁을 추진할 권리의 근거는, 루터의 두 번째 이유에 나와 있듯이, '세속 당국자들도 우리와 똑같은 세례를 받고 있다.'는 점이다. 이것은 기독교 사회에서만 이해되는 언어다. 곧 태어나자마자 젖먹이에게 너나 할 것 없이 세례를 베푸는 제도 위에 서 있는 사회에서만 이해되는 언어다. 그러한 사회에서 교회와 국가는 서로를 돕고 바로잡을 책임이 있는 것이다.

루터의 세 번째 이유는 군주들이 바로 만인제사장설이 적용되는 동료 그리스도인들이라는 점이었다. 여기서 현대 역사가들 가운데는 군주가 확신을 가진 그리스도인일 경우에만, 그것도 비상 시기에만 루터가 그에게 교회 개혁자의 역할을 양도하는 것으로 추측하는 사람도 있다. 그러나 그러한 보류 조건은 이 책자 어디에도 없다. 만인제사장설이라는 개념 자체만 해도 세례받은 유아에게 잠재하는 낮은 등급의 믿음에 그 바탕을 두고 있었다.

군주의 바로잡는 역할에 대한 루터의 모든 태도는 본질적으로 중세 특유의 것이다. 여러 병폐를 고치려는 많은 노력에 특이한 점이 있다면 그것이 종교적 색채를 짙게 띠고 있었다는 것이다. 독일의 불평불만은 교회의 개혁과 결부되어 있었고, 국가 권력 자체도 육신의 팔보다는 주님의 손에 기대는 것을 지향했다.

이 개혁 프로그램은 종교적인 여러 전제에서 시작되었다. 로마의 세 성벽이 여리고의 성벽처럼 와르르 무너져야 했다. 그 첫째는 영적 권세가 세속 권세보다 높다는 것이었다. 이 주장에 대해서 루터는 만인제사장설로 맞섰다. "우리는 모두 똑같은 그리스도인으로서 세례, 믿음, 성령 그리고 모든 것을 함께 소유하고 있다. 어떤 신부가 살인을 당하면 그 땅이 규제를 받는다. 농부의 경우라고 뭐가 다른가?"

둘째 성벽은 교황에게만 성경 해석권이 있다는 주장이었다. 이러한 주장은 교황의 무자격에 대항해서 인문주의 학문의 권리를 옹호하는 쪽보다는 그리스도의 마음을 이해하려는 평신도 세계의 주장과 맞부딪혔다. "발람의 나귀는 발람 선지자보다 더 영리했다. 하나님께서 나귀를 들어 한 선지자를 반대하신다면 왜 오늘날도 한 의인을 들어서 교황을 반대하실 수 없겠는가?"

셋째 성벽은 교황에게만 교회 회의 소집권이 있다는 주장이었다. 루터는 이에 대해 다시 만인제사장설이라는 사상을 통해서 비상시에는 누구나 그 권리를 부여받는데 특히 전략적인 위치에 있는 세속 권력은 더욱 그렇다고 반박했다.

이어서 교회 회의를 통해서 여러 가지 개혁이 이루어져야 한다는 제안들이 이어진다. 교황권은 사도 시대의 소박한 상태로 되돌아가야 하며 따라서 더 이상 삼중관(三重冠)이나 발가락에 키스하는 일이 없어져야 했다. 교황은 더 이상 가만히 앉아서 추기경이 무릎 꿇고 올려바치는 성체, 성혈을 황금관으로 받을 것이 아니라 다른 '냄새 나는 죄인'이나 마찬가지로 일어서서 성찬에 참여해야 했다. 그리고 추기경들의 숫자도 줄여야 했다.

교회의 세속 재산과 권리도 포기함으로써 교황은 오로지 영적인 관심에만 몰두해야 했다. 교회의 수입도 제약해야 했다. 교황에게 바치는 성직자의 첫해 수입세, 사례금, 면죄, 성직 공석 임명 보류세, 십자군 원정세, 그 밖에 '술취한 독일인들'을 약탈하는 데 동원된 모든 속임수를 박탈해야 했다.

독일인과 관련된 교회 소송 문제는 독일 고위 사제 주재로 독일 땅에서 다뤄져야 했다. 이러한 제안은 결국 민족 교회를 지향했다. 보헤미아에서는 이 의견에 전적으로 찬성했다.

수도원 생활과 성직자의 결혼에 관한 제안은 루터가 이전에 얘기한 내용보다 훨씬 더 급진적이었다. 탁발 수도사들은 고해를 듣고 설교하는 직무를 벗어야 했다. 수도회의 숫자도 줄여야 하고 철회할 수 없는 서원 따위는 없애야 했다. 성직자들이 결혼할 필요가 있는 것은 그들도 집안 일을 하는 사람을 두어야 하는데 그런 상황에 남자와 여자를 함께 두는 것은 불 곁에 불쏘시개를 놓아두고 타지 말라는 식이나 다름없었기 때문이다.

그 밖에 교회 절기를 줄이고 순례 여행을 억제하자는 여러 가지 제안이 나왔다. 성도들이 자신을 사제로 인정하는 것은 스스로 알아서 할 일이었다. 국가는 법적인 개혁을 단행해서 사치 단속법을 마련해야 했다. 이 계획의 내용은 광범위했으며 대부분 독일에서 박수갈채를 받을 만했다.

이 모든 것이 제안되는 배후에는 교회의 타락에 대한 깊은 분노가 깔려 있었다. 교황은 계속 그리스도와 대조되면서 망신을 당했다. 이 주제는 후스와 위클리프에게까지 거슬러 올라갔다. 그리스도와 교황의 차이를 설명하는 보헤미아 그림이 현인 프리드리히의 도서실에 있었다. 그리고 이와 비슷한 그

그리스도와 적그리스도. 왼쪽 그림에서는 그리스도께서 제자의 발을 씻기고 있고, 오른쪽 그림에서는 적그리스도인 교황이 자신의 발에 군주들이 입맞추게 하고 있다.

림이 후에 멜란히톤의 설명과 크라나흐의 목판화와 함께 비텐베르크에서 출판되었다.

이러한 개념은 이미 『독일 기독교 귀족에게 고함』에 암시되어 있었다. 거기에 보면 걸어다니는 그리스도와 당나귀를 탄 3, 4천 명의 수행원들을 거느리고 가마에 올라타 있는 교황, 제자들의 발을 씻겨 주는 그리스도와 자신의 발에 입맞춤을 받는 교황, 원수와도 신의를 지키도록 권면하는 그리스도와 믿음이 없는 사람과는 신의를 지킬 필요가 없으며 이단과의 약속은 구속력이 없다고 선언하는 교황이 흥미롭게 대조되어 있다.

당시 이단자들에게는 억압과 구속까지 가해지고 있었다. "그러나 이단자들은 책으로 엎어야지 화형으로 엎어서는 안 된다. 오, 나의 주 그리스도시여, 내려다보소서. 속히 주의 심판의 날이 이르러 로마에 있는 마귀의 소굴이 파멸되게 하소서!"

교서 발표

그동안 교서 『엑수르게 도미네』는 로마에서 집행되고 있었다. 나보나 광장에서는 루터의 책을 불살랐다. 인쇄된 이 교서는 허가를 받아 널리 보급되고 있었다.

북쪽에서는 이 교서의 발표 임무가 두 사람에게 맡겨졌다. 곧 이 목적을 위해 두 사람이 교황 사절과 특별 재판관으로 임명되었다. 한 사람은 요한 에크였다. 다른 한 사람은 지롤라모 알레안드로(Girolamo Aleandro)로 훌륭한 인문주의자요, 라틴어, 헬라어, 히브리어 3개 국어를 통달한 사람이자 전임 파리 대학장이었다. 그는 어릴 적에 저지대(유럽 북해 연안 지역)에서 살았던 관계로 독일 사정을 조금 알고 있었다. 당시는 교황청이 개혁되지 않았던 때라 그의 사회 생활의 비리는 조금도 문제 되지 않았다.

그 지역은 일부 지리적인 경계선에 따라 두 사람에게 나누어졌다. 에크는 동쪽으로 프랑켄과 바이에른을, 알레안드로는 저지대와 라인 지역을 맡기로 했다. 그리고 알레안드로는 황제와 그의 신하들, 고관들, 평신도와 성직자들을 상대해야 했지만, 에크는 주교들과 대학들을 찾아가야 했다. 두 사람은 똑같은 말과 행동을 해야 했다.

알레안드로의 첫 임무는 '우리의 사랑하는 아들이요 신성 로마 제국의 황제이며 스페인의 가톨릭 왕인 카를'에게 그 교서를 전달하는 것이었다. 그 당시 카를 5세는 사방에서 시선을 받고 있었다. 그는 어렸으며 아직 소신을 밝히지 않았기 때문이다. 교황은 그가 가톨릭 신자였던 할머니 이사벨 1세(Isabel I)의 본을 따르기를 바랐다. 독일 사람들은 그를 그의 할아버지, 곧 독일인이었던 막시밀리안 1세(Maximilian I)의 후계자로 보았다. 알레안드로는 루터가 황제의 궁정에서 얘기할 기회를 요청할 경우에는, 이 사건은 오로지 로마가 다뤄야 할 문제라고 대답하라는 지시를 받았다.

이것이 루터가 자신의 사건을 세속 법정으로 옮기자고 주장할지도 모른다는 첫 암시다. 이 초안을 작성한 비서는 분명히 천리안을 가진 사람으로 볼 수밖에 없는데 그 이유는 루터가 아직 황제에게 호소하기도 전에 이런 지시를 작성했기 때문이다. 에크는 알레안드로 모르게 하나의 은밀한 지시를 받았는데 그것은 재량에 따라서 루터의 이름 외에 다른 사람들도 정죄의 대상으로 포함시켜도 좋다는 것이었다.

두 사람 모두 자신의 임무를 달가워하지 않았으며 서로 생명의 위협을 무릅쓰고 임무를 수행했다.

에크는 나름대로 여섯 사람이나 덧붙임으로 일을 더 어렵게 만들었다. 셋은 카를슈타트를 포함한 비텐베르크 사람들이요, 나머지 셋은 슈펭글러와 피르크하이머를 포함한 뉘른베르크 사람들이었다. 그때처럼 독일 인문주의 지도자들이 똘똘 뭉친 적도 없었다는 점을 생각하면 에크의 공격 시기는 더없이 부적절한 선택이었다.

알레안드로 역시 네덜란드에서 수많은 루터 동조자들과 맞부딪혔다. 그 가운데 에라스무스는 "이 교서의 혹독함은 레오의 온건함과 어울리지 않는다."고 말했다. 그리고 "교황의 교서들이 비중 있는 것은 사실이지만 학자들은 강요하기보다는 권면하는 성경의 증거에 따르는 유익한 이론이 담긴 책자들을 더 중요하게 여겼다."고 언급했다.

안트베르펜(앤트워프)에서는 마라노(Marrano)들, 곧 박해를 피하기 위해 기독교로 개종했으나 유대교 의식을 지켜 나갔던 유대계 스페인 사람들과 포르투갈 사람들이 루터의 책을 스페인어로 출판하고 있었다. 독일 상인들은 곳곳에서 그의 사상을 퍼뜨렸다. 뒤러는 안트베르펜에서 의뢰받은 작품 작업을 하면서 루터와 에라스무스가 교회를 정화하기만을 바라고 있었다. 라인강 계곡 촌락에서는 지킹겐이 로이힐린과 마찬가지로 루터도 무력으로 보호할지 모른다는 소문이 나돌았다.

에크는 뜻밖의 저항을 받았다. 게오르크 공작은 자신의 지역이 구체적으로 명기되지 않았다는 이유로 뒷전으로 물러섰다. 현인 프리드리히가 방해할 것은 예상했지만, 그는 그 방해를 생각지도 않았던 쪽으로 해왔다. 에크에게는 루터 이외의 사람을 정죄할 권리가 없다는 것을 알레안드로로부터 듣고 알게 되었다고 했던 것이다. 그러므로 에크는 자신에게만 은밀하게 맡겨진 지시 사항을 드러낼 수밖에 없었다.

이런저런 이유에서 주교들마저도 뒷전으로 물러섰는데 그 중에는 6개월이 지난 다음에야 그 교서를 발표한 사람도 있었다. 빈 대학은 주교의 허락 없이는 행동하지 않겠다고 물러섰으며 비텐베르크 대학에서는 교서의 발표를 논쟁 당사자 중 한 사람인 에크에게 맡긴 것이 잘못이라며 대들었다. "염소가 정원사가 될 수 없고 이리가 목자가 될 수 없다면 요한 에크도 교황 사절이 될 수 없는 것은 뻔한 이치다."

비텐베르크 대학뿐 아니라 바이에른 공작까지도 이 교서를 발표하면 혼란만 일으킬 것이라고 우려를 나타냈다. 그러한 염려를 하는 데는 몇 가지 이유가 있었다. 라이프치히에서는 에크가 한 수도원에 숨어 있으면서 목숨을 부지하지 않으면 안 되었다. 에르푸르트에서는 그가 교서를 인쇄시키자 학생들이 그것을 '풍선'이라고 별명을 붙여 모조리 강에 띄우면서 둥둥 뜨나 보자는 식으로 나왔다. 토르가우에서는 그 교서가 갈기갈기 찢겨지고 짓밟혔다.

쉽게 성공할 수 있었던 지역은 브란덴부르크, 마이센, 메르제부르크였다. 그곳 주교들은 각기 9월 21일, 25일, 29일에 교서 발표를 허용했다. 에크는 이 승리를 자축하는 뜻에서 잉골슈타트 교회에 다음과 같은 내용의 감사 기념비를 하나 세웠다. "신학 정교수, 대학 총장, 교황 사절, 교황청 최고 기록관인 요한 에크는 레오 10세의 명령에 따라 작센과 마이센에서 루터파 이론을 금지하는 교서를 발표하고 무사히 집으로 돌아온 것을 감사하는 마음으로 이 비를 세우다."

알레안드로는 일하기가 더욱더 힘들었는데 그도 그럴 것이 교서가 발표되기도 전에 이미 독일에 새어 들어갔으며 그 내용도 자신의 것과 달랐기 때문이다. 하지만 안트베르펜의 제국 궁전에서는 그를 잘 대접했으며 황제도 자기 목숨을 내걸고 교회를 보호하고 교황과 교황청의 명예를 지키겠다고 다짐했다. 그는 자기 세습 지역 안에서는 언제라도 이 교서를 시행하겠다고 나섰으며, 이에 따라 알레안드로는 10월 8일에 루뱅에서 루터의 책들을 불태울 수 있었다.

하지만 불이 지펴지자 학생들은 거기에 스콜라 철학자들의 신학 서적과 『잘 자거라』(Sleep Well)라는 중세의 설교자용 지침서를 내던졌다. 이와 비슷한 불사르기가 17일에 리에주에서도 있었다.

루뱅에서는 탁발 수도사들과 대학의 보수주의자들이 들고일어나는 바람에 에라스무스가 살기 힘들어졌다. 황제의 도움을 받는 반(反)종교 개혁이 이미 싹 트고 있었다.

그러나 라인란트에서는 문제가 달랐다. 그곳에서의 황제 지배권은 자신을 선출하는 선거후가 그곳에 살고 있다는 정도로 그쳤다. 11월 12일 알레안드로는 쾰른에서 그곳 대주교의 재가를 받아 불을 피우려 했으나 형 집행관 쪽에서 분명히 황제의 명령이 떨어지기 전에는 집행할 수 없다며 거절했다. 대주교가 자신의 권위를 다시 주장하자 책이 불에 던져졌다.

『마인츠에서 루터의 책을 불태우는 데 반대함』이라는 후텐의 항의문의 표지.

마인츠에서는 반대 세력이 더 난폭했다. 형 집행관은 횃불을 붙이기 전에 구경꾼들을 둘러보면서 이 책들이 법적으로 정죄받은 적이 있느냐고 물었다. "아니오!" 하고 군중들이 한소리로 대답했다. 그러자 형 집행관은 내려서면서 집행을 거부했다.

알레안드로는 그곳의 대주교인 알브레히트에게 호소하여 다음날 몇 가지 책을 태워도 좋다는 허락을 받아냈다. 11월 29일에 명령이 시행되었다. 그러나 이때 이 일은 공적인 형 집행관이 아니라 무덤 파는 사람에 의해, 그것도 장터에 거위를 팔러 나온 몇몇 여인들을 제외하고는 아무도 지켜보지 않는 가운데 집행되었다.

그리고 알레안드로는 돌 세례를 받아야 했다. 그는 그날 대수도원장의 개입이 없었다면 살아서 빠져나오지 못했을 것이라고 공언했다. 다른 증거가 없다면 자신의 공적을 내세우려고 위험을 과장한 이 사람의 말을 의심할 수도 있을 것이다.

그러나 여기에 대한 중립적인 보충 자료가 있다. 울리히 폰 후텐은 루터의 책을 불태우는 데 대한 독설을 라틴어와 독일어 시로 발표했다.

오, 하나님, 루터의 책은 불타고
주의 경건한 진리는 살해되옵니다.
면죄부는 예매되고
하늘은 황금에 팔렸습니다.
피를 너무 많이 쏟아 창백한 독일 민족은
참회의 기회조차 없습니다.
마르틴 루터는 억울합니다.

오, 하나님, 우리의 옹호자가 되소서.
아끼지 않으렵니다, 나의 재물.
겁내지 않으렵니다, 내 목숨과 피.
그를 위해서라면.

10월 10일 교서가 루터에게 도착했다. 다음날로 그는 슈팔라틴에게 이런 글을 띄웠다.

이 교서를 보니 바로 그리스도께서 정죄받고 있구려. 나에게 만나자는 얘기가 아니라 취소하러 오라는군. 이 교서가 진본인 듯하지만 앞으로는 위조품으로 간주하고 행동하겠네. 카를이 남자답게 이 사탄들을 상대로 그리스도의 싸움을 싸울 수 있다면 얼마나 좋겠는가마는······그러나 두렵지 않네. 하나님의 뜻이 이루어질 테니까. 제후께서는 시치미를 떼고 행동하는 수밖에 없을 것 같군.
여기 교서의 사본을 보내니 로마의 괴물 좀 구경하게나. 믿음과 교회가 위태롭군. 고귀한 명분을 위해 고통받는 것을 큰 기쁨으로 여기고 싶네. 그처럼 거룩한 시련을 받을 자격이 없는 나이지만 말일세. 교황이 적그리스도라는 점을 확신하고 나니 이제 마음이 더 가벼워지는군. 황제에게는 바랄 게 아무것도 없지. 리히텐부르크에서 회의가 있어서 밀티츠와 함께 가는 길일세. 잘 있게. 기도를 부탁하네.

방해 공작은 이미 시작되었다. 현인 프리드리히는 알레안드로가 받은 지시와 밀티츠의 사명을 이용해서 요한 에크를 불리하게 만들었다. 밀티츠는 지금껏 한 번도 교황에게 소환당한 일이 없으며 우호적인 협상이 진행 중인데 에크가 교서를 발표할 이유가 전혀 없다고 솔직히 털어놓았다. 프리드리히는 이 협상을 계속 진행시키기로 결심했으며 그러기에 루터와 밀티츠 사이에 새로운 면담을 주선했다. 물론 트리어의 대주교는 여전히 중재자로서 표면에 나서고 있었다. 그러기에 루터는 로마에서 두 선거후의 손에서 이 사건을 빼앗아 버림으로써 그들을 원숭이로 만들 리가 없다는 점을 들어 그 교서의 순수성을 배척했다. "그러므로 나는 본래의 납, 밀랍, 줄, 서명, 도장을 내 눈으로 보기 전에는 이 교서의 진정함을 믿지 않겠다."

한동안 루터는 이 교서가 진짜일 수도 있고 거짓일 수도 있다는 두 가지 가능성을 놓고 저울질한 적이 있다. 그런 의미에서 그는 맹공격을 퍼부었는데 여기에는 분명히 슈팔라틴의 제의가 있었던 것으로 보인다. 그는 슈팔라틴에게 이렇게 편지를 썼다.

모든 주교와 제후들을 상대로 이론(異論)을 제기한다는 것은 참 힘든 일이지. 그러나 지옥과 하나님의 노여움을 피하려면 딴 길이 없어. 자네의 권면이 없었더라도 나는 모든 것을 하나님께 맡기고 지금까지 취한 행동을 그대로 했을 거네. 교서에 대한 답장을 라틴어로 써서 보냈어. 여기 그 사본을 동봉하네. 독일어 번역본은 인쇄 중이지.

이 세상이 시작된 이후로 사탄이 그처럼 하나님을 상대로 횡포를 부린 역사가 또 언제 있었는가? 이 교서에 담겨 있는 끔찍한 신성모독을 생각하면 아찔할 뿐이라네. 마지막 날이 문 앞에 다가서 있다는 주장이 많고 유력한 데 거기에 거의 설복당한 상태라네. 적그리스도의 왕국이 무너지기 시작하고 있어. 나는 이 교서에서 진압할 수 없는 반란이 일어나는 것을 보고 있네. 로마 교황청이 마땅히 받아야 할 벌이지.

『적그리스도의 저주스러운 교서 반박』

루터가 앞에서 얘기한 답장의 제목이 바로 『적그리스도의 저주스러운 교서 반박』(Against the Execrable Bull of Antichrist)이었다. 그는 이렇게 쓰고 있다.

> 나를 반박하는 교서가 온 땅을 한 바퀴 돈 다음에야 내 앞에 나타났는데 그것은 그 교서가 어둠의 딸이어서 내 얼굴의 빛을 두려워했기 때문입니다. 바로 이런 이유로 그리고 또한 여기에서 명백히 기독교적인 조항들이 정죄되고 있는 만큼 나는 그것이 정말 로마에서 나온 것인지 아니면 저 거짓말과 시치미와 오류투성이 이단, 곧 저 괴물 요한 에크의 조작이 아닌지 하고 의심했습니다. 에크가 이 교서의 사도라는 소식을 듣자 의구심은 더 증폭되었습니다. 정말이지 문체와 거기에 내뱉어진 침을 보면 에크가 장본인임을 알 수 있습니다. 물론 에크가 사도로 있는 곳이 적그리스도의 왕국이 아니라는 얘기는 아닙니다. 하지만 당분간은 레오가 이것을 보내지 않은 것으로 취급하고 행동하겠습니다. 이건 저 로마 사람의 명예를 존중해서가 아니라 하나님의 진리를 위해 그처럼 고귀한 고난을 받을 자격이 내게 없다고 생각하기 때문입니다. 루터가 그처럼 명백한 진리 때문에 위대하고 고귀한 기관으로부터 정죄를 받는다면 하나님 앞에서 루터보다 행복한 사람이 또 어디 있겠습니까? 그러나 이 진리는 보다 더 값진 순교자를 찾고 있습니다. 죄가 많은 나는 다른 일이나 맡을 자격밖에 없습니다. 그러나 누가 이 교서를 썼든 그 사람은 적그리스도입니다. 하나님, 우리 주 예수, 그의 거룩한 천사들 그리고 온 세상 앞에 단호히 외치거니와 저는 전

적으로 이 교서의 정죄에 반대하며, 이것을 하나님의 아들이요 우리의 주 되시는 그리스도에 대한 신성모독으로 자신 있게 저주하는 바입니다. 이것을 내 취소로 받으라. 오, 너 황소들(bulls)의 딸인 교서(bull)여.

내 입장을 밝혔으니 그 교서를 훑어봅시다. 베드로는 우리 속에 있는 믿음을 설명하라고 얘기했습니다만 이 교서는 자기 말만 할 뿐 성경은 하나도 인용하지 못하면서 나를 정죄하고 있습니다. 나는 모든 주장을 성경으로 뒷받침하고 있습니다. 무식한 적그리스도여, 물어보자. 단지 네 말만 가지고 성경의 무기고를 습격할 셈이냐? 쾰른과 루뱅에서 그렇게 가르치더냐? "나는 반대한다. 나는 부정한다." 하는 식으로만 시종일관한다면 어느 멍청이, 어느 나귀, 어느 두더지, 어느 통나무인들 정죄할 수 없겠느냐? 네 쓸데없는 연기로 거룩한 말씀의 벼락을 막아 보겠다는 생각을 하다니 네 더러운 이마가 따갑지도 않느냐? 차라리 투르크인들의 말을 믿으라지. 차라리 유대인들의 말을 곧이들으라지. 그런 식으로 정죄한다면야 이단들을 존경하는 것이 더 낫지 않겠느냐? 그러나 전쟁(*bellum*)에 익숙한 루터가 교황 교서의 인장(*bullam*) 따위를 두려워하겠느냐? 맹랑한 종이 조각과 전능하신 하나님의 말씀은 구별할 줄 아는 나다.

그들은 '제각기'라는 부사를 지어내 가면서 자신들이 무식하고 못된 양심을 가졌다는 것을 보여 주고 있습니다. 내가 내세웠던 조항들을 가리켜 "제각기 더러는 이단적이요, 더러는 오류투성이요, 더러는 방해되는 것이다."라고 그들은 말합니다. 이것은 "뭐가 뭔지 모르겠다."는 얘기나 다름없습니다. 오, 지나치게 꼼꼼한 무지여! 따로따로가 아니라 전적으로 확실한 가르침을 다오. 나는 그들이 제각기가 아니라 절대적으로, 희미한 것이 아니라 분명하게, 그럴듯한 것이 아니라 확실하게, 몽롱한 것이 아니라 선명하게, 무더기가 아니라 조목조목 정말 무엇이 이단적인가를 보여 줄 것을 요구하는 바입니다. 내가 어느 대목에서 이단적인가를 보여 주든지 아니면 그들이 거품을 거두든지 둘 중에 하나를 택하도록 하겠습니다. 그들은 더러는 이단적이요, 더러는 오류요, 더러는 방해가 되고, 더러는 해롭다고 말합니다. 이단적인 것은 오류가 아니고, 오류인 것은 방해가 되지 않으며, 방해가 되는 것은 해롭지 않다는 얘기나 다름없습니다. 그렇다면 어느 것이 이단은 아니고, 방해도 되지 않으며, 거짓도 아니지만 그래도 해롭다는 것은 무슨 얘깁니까? 그러니 그대 돼먹지 못하고 앞뒤가 뒤틀린 교황의 신봉자여, 글을 쓰려거든 제정신으로 써다오. 이 교서의 출처가 에크이건 교황이건 그것은 모든 불신앙, 신성모독, 무지, 몰염치와 위선과 거짓의 종합입니다. 한마디로 그것은 사탄이요, 적그리스도입니다.

이제 묻거니와 카를 황제 폐하와 국왕 전하들과 기독교 제후님들은 어디 계십니까? 여러분은 그리스도의 이름으로 세례를 받으셨습니다. 그런데 적그리스도의 이 포악한 음성을 묵인하실 수 있습니까? 여러분, 주교님들은 어디 계십니까? 박사님들은 어디 계십니까? 그리스도를 고백하는 여러분은 다 어디 계십니까? 오늘을 사는 자들 모두에게 재앙이 미치고 있습니다. 하나님의 진노가 그리스도의 십자가와 원수 되는 교황주의자들에게 임하고 있으니 모두들 그들을 물리쳐야 할 것입니다. 그러니 레오 10세여, 추기경들과 로마에 있는 나머지 모든 사람들이여, 여러분에게 직접 얘기하노라. "이 교서가 여러분의 이름으로 나왔다면 나는 세례를 통해서 부여받은 권한을 사용하겠노라. 음부의 권세가 이기지 못하는 바위에 굳게 세워진 채 하나님의 한 아들이 되고 그리스도와 함께 상속자가 되게 한 그 세례의 힘. 청컨대 여러분의 악질적인 신성모독과 거만한 불신앙을 포기하라. 그렇지 않으면 여러분이 핍박하는 예수 그리스도의 이름으로 말하거니와 여러분의 자리는 사탄의 소유요, 사탄의 압제를 받는 곳, 즉 적그리스도의 저주받은 아랫목이로다." 아직도 직성이 풀리지 않습니다. 나는 여전히 이 교서의 출처가 교황이 아니라 불신앙의 사도인 요한 에크인 것으로 보고 싶습니다.

이어서 조항들에 대한 논의가 나온다. 이 책의 결론은 이렇다.

누구든 형제 입장에서 호소하는 이 경고를 무시한다면 나는 최후 심판 때 가서 그 사람의 피에 대해 책임을 지지 않을 것입니다. 정죄받은 조항들 가운데 한 글자라도 취소하느니 차라리 수천 번 죽는 편이 낫습니다. 그들이 나를 이단설 때문에 파문했듯이 나도 그들을 하나님의 거룩한 진리의 이름으로 파문하는 바입니다. 누구의 파문이 옳은가는 하나님께서 판단해 주실 것입니다. 아멘.

『그리스도인의 자유』

이 책자가 나온 다음 두 주 만에 또 다른 책자가 나왔는데 그 둘이 어찌나 다르던지 '그것이 동일한 저자의 책인가? 만약 동일한 저자의 것이라면 어떻게 이 저자를 진실하다고 볼 수 있을까?' 하고 망설이게 만들 정도였다. 그 책의 제목은 『그리스도인의 자유』(On the Freedom of a Christian)로서 레오 10세에게 보내는 정중한 글로 시작되고 있다.

이 작은 책은 밀티츠와의 면담의 결과로서, 밀티츠는 과거의 중재 원칙을 되살려 루터에게 교황에 대해서 개인적으로 거칠게 말한 내용들을 부인하고 신앙의 선언을 올리도록 요청했다. 루터는 지조를 그대로 지키면서 거기에 응할 수 있었다. 그의 싸움의 대상은 한 인간이 아니라 한 제도였다. 보름 전만 해도 교황 제도를 가리켜 적그리스도로 몰아칠 수 있었지만 그래도 교황에 대해서는 정중하게 얘기할 수 있었다.

지극히 복되신 교황 성하, 지난 3년 동안 논쟁이 있을 때마다 저는 당신을 생각해 왔습니다. 당신의 아첨꾼들이 저를 몰아붙여 당신의 선대 교황인 피우스와 율리우스의 유치한 교서를 부정하고 교회 회의 개최를 호소하게 만들었지만 그들의 우매한 횡포 때문에 제가 당신의 지복하심을 멸시한 적은 한 번도 없습니다. 물론 제가 불신앙적인 교리에 대해서 신랄하게 얘기한 것은 사실입니다. 그러나 그리스도께서는 자신의 원수들을 가리켜 독사, 눈먼 인도자, 외식하는 자들이라 하지 않으셨습니까? 그리고 바울은 자신의 반대자들을 개, 손할례당, 마귀의 자식이라고 부르지 않았습니까? 선지자들처럼 신랄하게 나온 사람들이 또 어디 있겠습니까?

저는 누구하고든 그의 생활을 두고 다투는 것이 아니라 오로지 진리의 말씀에 대해서만 얘기할 따름입니다. 저는 당신을 사자 레오가 아니라 바벨론 사자굴 속의 다니엘로 봅니다. 당신 곁에 서너 명의 유식하고 탁월한 추기경들이 있을지 모르지만 그 무수한 추기경들에 비하면 얼마나 빈약합니까? 로마 교황청에 앉기에 적합한 자는 당신이 아니라 바로 사탄입니다. 이 하늘 아래 그곳보다 더 추잡스럽고 지긋지긋하고 더러운 곳이 또 어디 있겠습니까? 투르크족 소굴보다 더 돼먹지 못한 곳이 바로 그곳입니다.

그러나 레오 교황 성하, 제가 이 악독한 자리를 혹평한다 해서 당신을 욕하는 것으로 생각지 마소서. 당신을 단지 사람이 아니라 반신(半神)으로 만들려는 마술사들을 경계하십시오. 당신은 종 중의 종입니다. 당신의 권위 없이는 아무도 그리스도인이 될 수 없다는 사람들, 당신을 하늘, 지옥, 연옥의 주인으로 만들어 놓는 사람들의 말을 듣지 마십시오. 당신을 교회 회의와 보편 교회 위에 두려는 자들은 잘못을 저지르고 있습니다. 당신을 성경의 유일한 해석자로 삼는 자들은 잘못을 저지르고 있습니다. 평화의 상징으로 여기 한 책자를 보내오니, 당신의 아첨꾼들이 저를 내버려 두기만 한다면 보다 더 유익하게 몰두할 수 있고 또 몰두하려는 일이 무엇인가를 참작하시기 바랍니다.

이어서 그리스도인의 자유에 대한 루터의 예찬이 뒤따른다. 이 편지와 책자로 교황의 마음을 돌릴 수 있다고 생각할 정도로 형편없이 고지식한 루터는 아니었다. 정중한 편지지만 교회 회의에 대한 교황의 수위성을 부정했으며 만인제사장설을 강조했다.

그 공격이 교황 자신이 아니라 로마 교황청에 대한 것이라는 핑계는 입헌주의적 혁명가들이 자신들이 국가의 우두머리에게 반기를 드는 것이 아님을 강조할 때 늘 써먹는 수단이다. 예를 들면 영국 청교도들은 한때 자신들의 싸움 상대가 찰스 1세(Charles I)가 아니라 그를 둘러싸고 있는 꼴사나운 왕당파들이라고 주장한 적이 있다. 싸움이 계속되면서 그러한 핑계는 곧 속이 드러났으며 더 이상 써먹을 수 없었다.

루터는 일찍이 그러한 수단을 포기할 수밖에 없었다. 교서는 이미 교황의 이름으로 발표되었으며 바티칸에서는 그것을 한 번도 부인하지 않았다. 교서에서 요구하는 것은 취소였고 그것만은 루터도 따를 수 없었다. 11월 29일 그는 『로마 가톨릭의 교서가 부당하게 정죄하는 모든 조항에 대한 언명』(Assertion of All the Articles Wrongly Condemned in the Roman Bull)을 펴냈다. 그 내용의 흐름은 다음 두 가지를 통해서 짐작할 수 있다.

제18항목 "면죄란 신자들을 신앙적으로 착취하는 수단이다."라는 말이 정죄받았다. 루터의 말을 들어 보자.

> 이제 와서 인정하지만 면죄란 신자들을 신앙적으로 착취하는 수단이라고 한 말은 잘못이었습니다. 그 말을 취소하고 이제 저는 "면죄란 가장 악랄한 주교들의 가장 불경한 협잡과 사기요 이것으로 그들은 신자들의 영혼을 속이고 그들의 재산을 파괴하고 있다."고 말하겠습니다.

제29항목 "콘스탄츠 교회 회의에서 정죄받은 얀 후스의 일부 조항은 더없이 기독교적이요, 참되고 복음적이며 보편적인 교회에서는 이것을 정죄할 수 없다."는 말이 정죄의 대상이 되었다. 루터의 말을 들어 보자.

제 말이 잘못이었습니다. 얀 후스의 일부 조항이 복음적이라는 발언은 취소합니다. 이제 저는 "일부가 아니라 얀 후스의 모든 조항이 사탄의 회당에서 적그리스도와 그의 사도들에게 정죄받았다."고 말하겠습니다. 하나님의 가장 거룩한 대리자인 당신에게 솔직하게 얘기하지만 얀 후스의 정죄받은 조항은 모두 복음적이요, 기독교적이며 당신네들의 조항이야말로 모두 불신앙적이요 악랄합니다.

이 책자는 루터의 책이 쾰른에서 불살라지던 날 출판되었다. 다음 장작불은 라이프치히에서 피워질 것이라는 소문이 나돌고 있었다. 은혜의 60일간이 곧 만료되려는 참이었다. 날짜는 소환장을 실제로 받은 날부터 계산되었다. 이 교서가 루터의 손에 들어온 날은 10월 10일이었다.

12월 10일 멜란히톤은 루터를 대신해서 비텐베르크 대학의 교

교황의 교서를 불태우는 루터.

수들과 학생들에게 열 시에 엘스터 문으로 모이라는 초청장을 띄웠다. 거기서 루터의 신앙적이요 복음적인 책들을 태운 데 대한 대응으로 불신앙적인 교황의 명령, 교회법, 스콜라 신학의 작품들이 불에 던져졌다. 루터 자신도 그 교서를 태우는 데 한몫 끼었다. 교수들은 집으로 돌아가고 학생들은 '오, 하나님,

당신을 찬미하나이다' (Te Deum)를 부르면서 마차를 타고 시가지를 휩쓸었다. 행렬의 장대에는 다른 교서 사본을 매달고, 검 끝에는 면죄부를 매달았다. 에크와 다른 반대자들의 책도 불태워졌다.

루터는 자신의 행동을 공적으로 정당한 것으로 얘기했다.

그들이 내 책을 불태웠으니 나도 그들의 책을 태운 것이다. 교회법이 거기에 포함된 이유는 그것이 교황을 지상의 한 신으로 만들기 때문이다. 지금까지 나는 교황의 이 일을 가지고 장난했을 뿐이다. 적그리스도가 정죄한 나의 신조는 모두 기독교적이다. 교황이 성경과 이성으로 누구를 압도한 적은 한 번도 없다.

현인 프리드리히는 루터의 행동을 황제에게 변명하려고 시도했다. 그는 황제의 한 고문에게 이런 편지를 띄웠다.

제가 쾰른을 떠나자 루터의 책이 불살라졌으며 또 마인츠에서도 마찬가지였습니다. 이 점에 대해서 본인이 마음 아파하는 이유는 마르틴 루터 박사가 이미 그리스도인의 이름에 일치하는 것이라면 뭐든지 따르겠다는 각오를 밝혔으며 나 역시 한사코 얘기할 기회를 주지 않고 그를 정죄하거나 그의 책을 태우는 일이 없어야겠다고 주장해 왔기 때문입니다. 이런 상황에, 그가 오는 말에 가는 말을 했을 뿐이므로 황제 폐하께서는 인자하게 그것을 문제 삼지 않으시기를 바랍니다.

프리드리히로서는 처음 있는 일이었다. 생전에 루터와 단 스무 마디 이상 나누지 않았다는 점을 들어 자랑한 그였다. 루터의 가르침에 대한 판단을 보류하면서 공정하게 들어 줄 필요가 있다는 주장만 펴 오던 그였다. 프리드리히는 여전히 자신은 루터의 견해를 변호하는 것이 아니라 단지 그의 행동을 변명해 줄 뿐이라고 할 수 있었다. 그 근거는 신학이 아니라 법이었다. 루터의 책을 불사른 것은 불법이었다. 물론 그도 거기에 맞서지 말아야 옳았지만 황제는 상황을 감안해서 그 당돌한 처사를 눈감아 줘야 했다.

프리드리히는 한 독일인이 오심(誤審)을 받을 수밖에 없는 상황에서 교황의 교서뿐 아니라 전체 교회법을, 곧 중세에 어느 국가법 못지않게 유럽 문명의 법적인 바탕이 되었던 그 위대한 법전까지 불살라 버린 죄를 용서하자고 말하고 있었던 것이다.

제10장 여기 나는 확고부동하게 서 있다
보름스 의회 청문회에서 입장 철회를 거부하다

"황제 폐하와 여러 귀족 제후 각하들은 아주 간단한 대답을 요구하고 계시군요. 여기 숨김없고 간단한 대답이 있습니다. 성경의 증거와 명료한 이성에 비추어 저의 유죄가 증명되지 않는 이상, 저는 교황들과 교회 회의의 권위를 인정하지 않겠습니다. 사실 이 양자는 서로 엇갈린 주장을 합니다. 저의 양심은 하나님의 말씀에 사로잡혀 있습니다. 저는 아무것도 취소할 수 없고 하지도 않겠습니다. 왜냐하면 양심에 어긋난 행동을 한다는 것은 옳지 않을 뿐 아니라 안전하지도 않기 때문입니다. 하나님이여, 이 몸을 도우소서. 아멘."

프리드리히가 황제 쪽으로 기운 것은 잘한 일이었다. 로마에서는 이 사건이 마무리지어졌으며 공식적인 금제가 불가피했다. 문제는 국가가 여기에 또 다른 처벌을 덧붙일 것인가 하는 점이었다. 이 문제는 국가가 결정할 수밖에 없었다. 분명히 루터로서는 설교하고 가르치며 기도하는 일 이상의 일은 할 수 없었으며 남들이 자신의 사건을 처리하는 것을 지켜볼 수밖에 없었다.

여기에 대한 해답을 내리는 데 6개월이 필요했다. 이것은 교회가 4년이나 시간을 끌었다는 점을 생각하면 긴 시간은 아니었다. 당시 사람들은 황제가 스페인의 일반 관행에 물들어 있는 만큼 지체하지 않을 것이라고 생각했을 수도 있다. 하지만 황제는 자기 기분대로 일을 처리할 수는 없었다. 자신의 대관식이 아무리 호화롭기로서니 제국 헌법에 서명하는 일만은 피할 수 없었다.

그 헌법 가운데 두 조항은 현인 프리드리히가 루터를 보호하려고 삽입한 것이 아닌가 하는 사람도 있다. 한 가지 조항은 독일인은 누구나, 그 지위의 높낮이를 막론하고 독일 밖에서 심문받을 수 없다는 규정이었다. 또 한 가지 조항은 어느 누구도 까닭 없이, 청문회 소명 없이 공민권을 박탈당할 수 없다는 것이었다.

이 두 조항의 의도가 이단의 혐의를 받던 한 수도사의 권리를 보호하는 데 있었다는 점은 아주 의아스러우며, 현재 남아 있는 문서 가운데 프리드리히나 루터가 그 조항에 호소했다는 기록은 어디에서도 찾아볼 수 없다. 그와 동시에 황제는 헌법에 따르는 입헌 군주였으며 자신의 확신이야 어쨌든 독단적인 명령만으로 독일을 지배하기란 어려웠다.

그가 보기에 여론은 세 갈래였다. 곧 루터를 지지하는 쪽, 그를 반대하는 쪽 그리고 그 중간에 서 있는 쪽이었다. 루터를 지지하는 쪽의 숫자가 단연 우세했으며 목청도 높았다. 독일에서 교황 대변인 노릇을 하던 알레안드로의 보고에 따르면 독일인의 10분의 9는 "루터"를 외치고 나머지 10분의 1은 "교황에게 죽음을!"이라고 부르짖었다. 이것은 과장이었지만 루터를 따르는 세력을 얕잡아 볼 수는 없었다.

후텐의 『루터 반박 교서에 대한 풍자』의 표지.

그를 지지하는 사람들은 강력했다. 프란츠 폰 지킹겐은 에베른부르크에 있는 자기 요새에서 라인강 계곡 지역을 장악했으며 스페인 군대 없이 독일에 들어온 황제의 행동을 제약할 수도 있었다.

루터를 지지하는 사람들의 목소리 또한 높았다. 그 가운데 두드러진 인물은 울리히 폰 후텐이었다. 그는 파문을 당하지 않으려고 로마에 복종하는 것을 비웃으면서, 에베른부르크에서 로마 교황청을 상대로 맹렬한 비난을 퍼붓고 계속 성명을 발표해 알레안드로의 피를 말렸다. 『엑수르게 도미네』 교서가 자극적인 설명과 함께 출판되었으며 한 책자에서 후텐은 자신을 '교서 킬러'로 묘사했다. 그는 황제에게

오합지졸인 사제들을 없애 버리라고 호소했다.

　마인츠의 알브레히트에 대한 폭력적인 위협도 마구 쏟아졌다. 교황의 대변인인 알레안드로에게는 독일 국민들의 탄식에 귀를 기울이고 존속 살해자에게도 있는 공정한 심문이 루터에게 허용되도록 하라는 소리가 빗발쳤다. 후텐은 "당신은 황제를 속여서 받아 낸 칙령으로 독일을 자유, 믿음, 종교 그리고 진리로부터 떼어놓을 수 있을 거라고 생각하는가? 책을 불사르면 우리가 겁먹을 것 같은가? 이 문제의 해결책은 펜이 아니라 검이다."라고 다그쳤다.

　루터를 지지하는 사람들 가운데 가장 영향력이 있던 사람은 현인 프리드리히였다. 그는 교황의 교서를 불태운 것을 변명하는 단계까지 나아갔다. 보름스 의회에서 그는 자기의 궁중 광대인 프리츠가 추기경들 흉내를 내는 것을 허용했다. 프리드리히는 황금 장미, 비텐베르크 성(城) 교회에서 베풀라는 면죄 그리고 자신의 사생아에게 주어질 성직록의 유혹을 뿌리쳤다.

　그가 루터를 위해 밝혔다는 가장 명백한 고백은 제3의 사람을 통해서 우리에게 전해지고 있다. 알레안드로가 브란덴부르크의 선거후 요아힘 1세(Joachim I)에게서 들은 얘기로, 프리드리히는 요아힘에게 "우리의 믿음에는 마르틴이 가져온 빛이 오랫동안 결핍되어 있었소."라고 얘기했다고 한다. 이 말은 감안해서 듣지 않으면 안 된다. 알레안드로와 요아힘 모두 프리드리히가 루터에게 집착하고 있다는 나쁜 인상을 주려고 안달이 났었기 때문이다.

　선거후 자신은 한사코 마르틴 루터 박사의 견해에 동조하는 것이 아니라 단지 공정한 청문회를 요구할 뿐이라고 주장했다. 만약 이 수사가 올바른 절차에 따라 자신의 입장을 밝힌 다음에 정죄를 받는다면 프리드리히야말로 그리스도인 제후로서 맨 먼저 자신의 임무를 수행할 사람이었다. 그와 동시에 공정한 청문회를 갖자는 프리드리히의 생각에는 루터가 성경을 통해서 정죄받아야 한다는 의미가 포함되어 있었다. 프리드리히는 가끔 여러 문제에 있어서 흐릿했지만 단호할 때는 단호했다.

반대 편에는 에크처럼 로마의 지시를 받는 교황의 신봉자들이 있었다. 교황청에서는 그 가라지를 뽑아 버리고, 그 옴에 걸린 양을 내쫓으며, 그 썩은 지체를 도려내며, 사도 베드로의 배를 마구 흔드는 그 자를 물 속으로 내던지라는 주장을 거듭거듭 되뇌었다.

이 심문이 시작될 때부터 끝날 때까지 로마의 대변인 노릇을 한 사람은 알레안드로였다. 그의 목적은 독일 귀족들과 협의 없이 황제를 통해 이 사건을 처리하는 것이었다. 당시 독일 귀족들은 서로 분열되어 있는 것으로 알려져 있었다. 무엇보다도 루터가 세속 법정에서 청문회를 갖는 것은 당치 않은 일이었다. 그는 이미 교회의 정죄를 받은 몸이요 평신도들은 이 교회의 결정을 따르기만 하면 됐지 그 정죄의 이유를 다시 캘 필요는 없었다.

지롤라모 알레안드로.

다음으로 중도파는 에라스무스를 우두머리로 하고 있었다. 그는 틈이 메워질 수 없게 되었다고 얘기하기도 했지만 줄곧 중재의 시도를 그치지 않았으며 더 나아가 황제와 영국과 헝가리의 왕이 공정한 법정을 지정할 것을 제안하는 성명을 초안하기까지 했다.

에라스무스파 사람들은 그들의 우두머리와는 달리 루터와 교회, 루터와 자신들 사이의 균열의 깊이를 제대로 파악하지 못했다.

이처럼 여론이 나누어지자 루터의 사건 해결이 늦어지는 것은 어쩔 수 없는 일이었다. 루터파에서는 고의적으로 그 진행을 방해했다. 이상하게도 가장 큰 훼방꾼 가운데 일부는 바티칸에 있었다. 교황이 가장 두려워했던 것은 카를이 황제로 선출되는 것이었는데 자기의 뜻대로 안 되자 그는 프랑스를 지지함으로써 황제의 권력을 꺾어 볼 궁리를 했다. 그러나 그런 움직임이 엿보일 때마다 카를은 본인의 신앙은 정통이지만, 루터를 하나의 무기로 사용할 수도 있다는 암시로 맞섰다.

그 무대에서 가장 강력해 보이던 활동가들까지도 예상과는 달리 활동이 뜸했다. 후텐은 혹시나 하고 망설였는데 그것은 역사란 어차피 되풀이될 것이요 때가 되면 어떤 독일 출신 황제든 교황의 세속관과 정면 충돌할 것으로 믿었기 때문이다. 이러한 기대에 속아 자신의 사제들에 대한 싸움이 지연되자 한 동료 인문주의자는 그를 가리켜 단지 하찮은 의견이나 내놓을 정도라고 내쏘았다. 그러나 그와 동시에 알레안드로는 후텐의 여러 가지 맹렬한 비난에 겁을 먹었다. 그러기에 교황이 루터와 후텐을 반박하는 파문장을 내려보냈을 때 알레안드로는 그것을 발표하지 않고 로마로 되돌려 보내서 먼저 후텐의 이름을 삭제하게 했다.

이렇게 오고가는 교신만 해도 몇 달이 걸렸으며 결국 알레안드로의 두려움 때문에 루터는 교회의 공식적인 파문을 받기 전에 실제로 제국의 공민권을 박탈당했다.

청문회의 약속과 철회

어디서, 어떻게, 누구를 시켜 루터의 사건을 다루게 하느냐 하는 문제로 카를은 고민했다. 이 문제에 대한 한 가지 결정은 1520년 11월 4일 카를이 아헨에서 대관식을 가진 다음 통풍으로 쾰른에 묶여 있으면서 '프리드리히 아저씨'(현인 프리드리히)와 협의한 끝에 이루어졌다. 모두들 중대 결정이 곧 발표될 것으로 알았다. 루터파 사람들은 황제에게 호소하는 벽보를 그 시 곳곳에 붙였다.

교황 신봉자 쪽에서는 알레안드로가 현인 프리드리히와 면담을 가진 자리에서 이 사건을 교황에게 위임하도록 촉구했다. 여기에 대해 프리드리히는 중도파의 지휘자인 에라스무스를 찾아가 그의 판단을 물었다. 에라스무스는 입을 열지 않았다. 프리드리히는 가까스로 그의 입을 열어 중대한 답변을 얻어냈다. "루터의 범죄는 둘이오." 하고 마침내 판결이 나왔다. "그는 교황의 왕관과 수도사들의 복부를 공격한 겁니다." 프리드리히는 웃었다.

이렇게 무장한 프리드리히는 황제와 협의하는 자리에서 청문회를 열지 않고는 루터를 정죄하는 일이 없을 것이라는 약속을 받아냈다. 어떤 근거에서 카를이 설득당했는지, 그리고 그가 생각하던 청문회가 어떤 것이었는지는 알 수 없다. 비텐베르크 대학에서는 보름스 시에서 곧 소집될 독일 국가 의회 앞에서 청문회가 열린다고 즉각 발표했다.

프리드리히는 이 제안을 황제의 고문들에게 전달했으며 황제는 11월 28일에 이런 답장을 그에게 띄웠다. "사랑하는 '프리드리히 아저씨', 짐은 앞에서 얘기한 루터가 보름스에서 열릴 의회에 오기를, 유능한 사람들이 그를 철저하게 조사하기를, 그리고 법에 어긋나는 부당한 판단이 내려지는 일이 없기를 간절히 바라고 있습니다." 해당 법조문과 조사를 담당할 사람에 대해서는 구체적으로 밝히지 않고 있으며, 루터가 자유롭게 자신의 입장을 변호할 수 있는지도 확실치 않았다. 루터가 와야 한다는 것이 고작이었다.

황제에게 호소한 것은 이뤄진 셈이다. 11월 28일의 초청은 엄청난 정책의 변화를 뜻했다. 지금까지 책을 불사르던 믿음의 보호자가 이제는 그 책의 저자를 초청해서 얘기를 들어 보자는 판이었다. 황제가 에라스무스의 정책으로 기울었는가? 몇몇 불안한 정치 소식 때문에 당분간 교황을 괴롭히면서 독일인들과 관계를 다지려 했는가? 아니면 대중의 반란을 두려워했던가? 우리는 그 동기를 가늠할 수 없다. 단 한 가지, 초청장이 발급되었다는 것만이 확실한 사실이다.

이때는 11월, 그러나 루터가 실제로 의회에 나타난 것은 다음 해 4월이었다. 그동안 초청장이 취소되었다가 다시 발급되었다. 당시 초점은 루터를 세속 법정에 출두시켜 신앙 문제를 심문하게 할 것인가였다. "결코 그럴 수 없다."는 것이 알레안드로의 결심이었다.

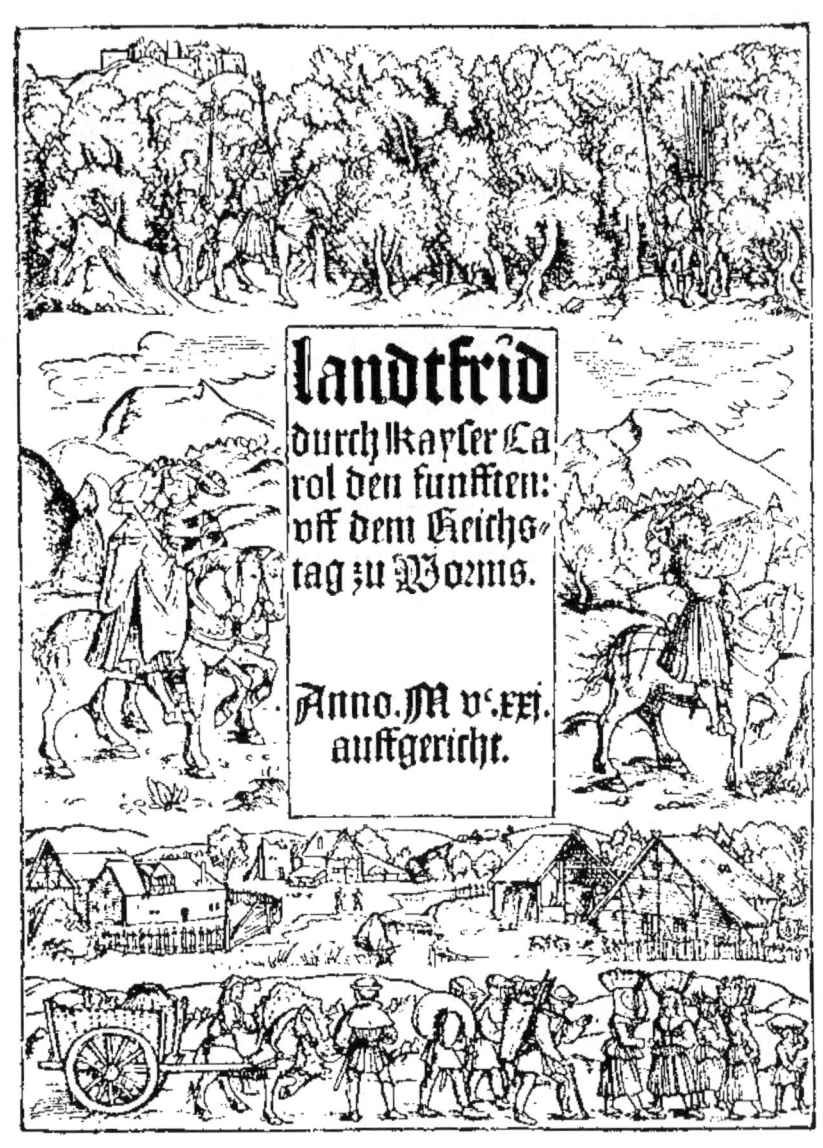

보름스 의회와 거리의 질서.

나는 기꺼이 이 사탄을 상대하겠지만 거룩한 교황직의 권위가 평신도의 판단에 잘못 복종하는 일은 있을 수 없습니다. 교황, 추기경들 그리고 고위 성직자들의 정죄를 받은 사람의 얘기를 들을 곳은 감옥뿐입니다. 황제를 포함한 평신도들은 이 사건을 재검토할 입장이 아닙니다. 유일하게 결정권이 있는 재판관은 교황입니다. 베드로가 키를 잡고 있지 않다면 어떻게 교회를 베드로의 배라 부를 수 있겠습니까? 노아가 선장이 아니라면 어떻게 교회를 노아의 방주라고 부를 수 있겠습니까?

루터가 자신의 얘기를 하고 싶다면 로마 안전 통행증을 받을 수도 있습니다. 아니면 황제 폐하께서는 그를 스페인에 있는 종교 재판관들에게 보낼 수도 있습니다. 그는 자신이 있는 곳에서 얼마든지 자신의 입장을 취소하고, 그 다음 의회에 와서 용서를 받을 수 있습니다. 그는 미심쩍지 않은 곳을 요구하고 있습니다. 독일이 아니라면 어느 곳이 그에게 미심쩍지 않겠습니까? 후텐과 시인들이 아니라면 누구를 재관관으로 받아들이겠습니까? 가톨릭 교회가 천 년 동안 죽어 있다가 마르틴이 와서야 깨어나고 있습니까? 온 세상은 비뚤어졌고 마르틴에게만 보는 눈이 있습니까?

황제는 감동했다. 12월 17일, 그는 루터를 의회로 데려오라는 초청장을 철회했다. 그에 대한 이유로는 60일이 다 끝났으며, 따라서 루터가 보름스에 온다면 이 시 전체가 금제 조치의 규제를 받을 것이라는 점이 지적되었다.

그게 진짜 이유였는지는 의심스럽다. 초청장을 철회한 황제의 동기는 그것을 발급한 동기나 마찬가지로 파악하기 힘든데, 그 이유는 루터가 아직은 공식적으로 규제의 대상이 아니었으며 설령 그렇다 해도 교황의 특면을 받아낼 수 있었기 때문이다.

카를은 알레안드로에게 설득을 당했을 수도 있고 루터가 교서를 불태운 것에 신경이 거슬렸을 수도 있다. 또한 스페인에서 들려온 소식을 듣고 우울했을 수도 있으며 교황청의 환심을 사려 했을 수도 있다. 그 이유야 무엇이든 그가 조금만 기다렸다면 공공연하게 번복하는 책임을 혼자서 뒤집어쓰지는 않았을지도 모른다.

그것은 현인 프리드리히 쪽에서, 해당 사건이 루터의 책을 불사른 일 때문에 잘못 취급되는 것으로 보이며 황제는 그 불사른 일에 아무런 책임이 없다는 이유로 초청장을 반대했기 때문이다. 프리드리히로서는 마인츠에서 장작불이 지펴지던 날 바로 황제가 루터에게 초청장을 발급했기 때문에 의심을 할 만도 했다. 프리드리히는 카를을 다그쳐서 확실하게 의사를 표명하고 모든 책임을 지게 할 생각이었다.

그런 이유에서 프리드리히는 루터에게 만약 황제가 직접 초청하면 가겠느냐고 물어 왔다. 그의 대답은 이러했다.

제가 황제의 초청을 받으면 어떻게 하겠느냐고 물으셨지요? 제가 두 발로 일어설 수 없을 정도로 아프다 해도 가겠습니다. 폭력이 사용된다면 이거야 뻔한 노릇이지만 제 일을 하나님께 맡기겠습니다. 바벨론 왕의 풀무불에서 세 청년을 구원하신 분은 지금도 살아 계셔서 다스리고 계십니다. 혹 그분이 절 구원하지 않으신다 해도 제 목숨이 그리스도와 비교할 정도로 값진 것은 아닙니다. 지금은 안전을 따질 때가 아닙니다. 제게는 우리의 가르침을 피로써 고백하고 확증하는 것을 두려워하여 복음이 멸시받는 일이 없도록 조심하는 것만 남았습니다.

그의 기분은 슈타우피츠에게 띄운 여러 편지에 더 잘 나타나 있다.

지금은 움츠러들 때가 아니라 우리 주 예수 그리스도께서 저주, 빈정거림, 신성모독을 당하시므로 크게 소리쳐야 할 때입니다. 제게 겸손을 권하신다면 저는 선배님께 자존심을 권하겠습니다. 문제가 아주 심각합니다. 그리스도께서 고난을 받고 계십니다. 지금까지 우리가 마땅히 침묵을 지키고 겸손하게 지내야 했다면 복되신 구주께서 조롱을 받는 지금이야말로 우리가 그분을 위해서 싸워야 할 때가 아닙니까?

신부님, 사람들이 생각하는 것보다 훨씬 많이 위험합니다. 지금이야말로 "누구든지 사람 앞에서 나를 시인하면 나도 하늘에 계신 내 아버지 앞에서 그를 시인할 것이요 누구든지 사람 앞에서 나를 부인하면 나도 하늘에 계신 내 아버지 앞에서 그를 부인하리라."라는 말씀이 적용되는 때입니다. 제가 이런 말씀을 드리는 것은 극과 극인 그리스도와 교황 사이에서 망설이실까 봐서입니다. 우리 모두 주 예수께서 당신의 입김으로 저 멸망의 자식을 파멸시켜 주십사 기도하십시다. 이 길을 걷고 싶지 않으시다면 저라도 가게 해주십시오. 선배님의 유순함에 몹시 슬픈 저입니다. 은혜와 십자가를 외치던 슈타우피츠와는 아주 달라 보이십니다.

……신부님, 아우크스부르크에서 "여보게, 자넨 이것을 주 예수의 이름으로 시작한 걸세." 하시던 말씀 기억하시죠? 저는 그 말씀을 한 번도 잊어본 일이 없습니다. 이제 그 말씀을 선배님께 돌려드려야 할 입장이 됐군요. 처음에는 무섭고 떨리는 마음으로 교황의 책들을 불살랐지만 이제는 그 어느 때보다도 마음이 홀가분합니다. 제가 생각했던 것보다 훨씬 더 흉측한 것이 교황의 책들입니다.

황제가 책임을 지다

알레안드로는 루터에 대한 여러 가지 새로운 접근을 알지 못한 채, 황제가 의회와 상의하지 않고 발표할 칙령을 어느 때 올리는 것이 유리한가를 생각하고 있었다. 황제는 혼자서는 행동할 수 없다고 대답했다. 마인츠의 대주교가 아직 도착하지 않았었다. 도착한 대주교는 그 칙령에 반대했다. 그는 한 달 전까지만 해도 루터의 책을 불사르는 것을 찬성했었다.

작센의 선거후도 아직 도착하지 않았었다. 그의 입성 시기는 우연하게도 동방 박사의 축일이었으며, 그는 마치 어린 황제에게 줄 선물을 안고 가는 동방 박사 가운데 한 사람처럼 입성했다. 이때 그는 황제에게서 정책 전환의 승낙을 얻어냈다. 카를은 루터의 사건에 대한 책임을 지기로 약속했다. 루터는 이 소식을 전해 듣고서 프리드리히에게 답했다. "황제 폐하께서 손수 이 문제를 다루시겠다니 참으로 기쁩니다. 이 문제는 제 개인의 문제가 아니라 모든 기독교와 온 독일 민족의 문제입니다."

그러나 분명히 카를의 약속에는 루터에게 의회 앞에서 이루어지는 공적인 청문회를 허락한다는 의미가 담겨 있지는 않았다. 그 대신 이 사건을 다룰 한 위원회가 구성되었으며 알레안드로가 여기서 설교를 하기로 되어 있었다. 이때 그는 세속 위원회에는 결코 사법권이 없다는 주장을 펴야 했음에도 불구하고 루터가 가증스러운 이단임을 입증하려 함으로써 이 좋은 기회를 망치고 말았다.

머리 위에 비둘기가 그려져 있는 루터의 초상화.

그는 중세의 한 사본을 증거 자료로 삼아 교황 제도는 최소한 샤를마뉴(Charlemagne)만큼 역사가 길다는 점을 입증하려 했다. 이런 모든 얘기가 라이프치히 토론에서라면 적절했겠지만 그러한 시기는 이미 지나간 지 오래였다. 그동안 교황은 많은 얘기를 했으며 의회가 소집되는 형국이었다. 그리고 의회 소집 목적도 교황의 판결을 비준하는 것이 아니라 단지 이행하는 데 있었다. 위원회에서는 얘기를 듣더니 기다려 봐야겠다고 답변했다.

일이 지연될수록 그곳 시민들 사이에서는 대중 폭력의 분위기가 무르익어갈 뿐이었다. 양쪽에서 들어 온 보고를 종합하자면 종교 전쟁의 막이 오르는 참이었다. 알레안드로는 순교자의 기분으로 이런 보고를 띄웠다.

마르틴의 초상화에는 머리 위에 후광과 비둘기가 곁들여 그려지고 있습니다. 민중은 이 같은 그림에 키스를 하고 있습니다. 그게 얼마나 많이 팔려 나갔는지 나는 하나도 구할 수 없었습니다.

그런가 하면 한 권의 책을 든 루터가 갑옷을 입고 검을 든 후텐을 거느리고 있는 풍자화가 나와 있습니다. 거기에는 '기독교의 자유의 옹호자들'이라는 제목이 붙어 있습니다.

다른 풍자화를 보면 루터가 앞을, 후텐이 뒤를 향한 채 한 상자를 메고 있는데 그 상자에는 두 개의 성찬용 잔이 들어 있습니다. 이 상자에는 '참 믿음의 법궤'라는 제목이 붙어 있지요. 그 앞에서는 에라스무스가 다윗처럼 하프를 타고 있습니다. 배경에는 루터가 최근에 자신의 성인으로 추대한 얀 후스가 그려져 있습니다. 이 그림 한구석을 보면 교황과 추기경들이 호위병들에게 묶여 있습니다.

내가 거리에 나설 때마다 독일인들은 자신들의 검을 매만지며 나에게 이를 갈고 있습니다. 교황께서 내게 완전 면죄를 허락하시고 내게 무슨 일이 일어나도 내 형제자매들을 돌봐 주실 것을 바라고 있습니다.

보름스에 있던 한 인문주의자가 후텐에게 보낸 편지에 이 당시의 혼란이 다른 각도에서 묘사되고 있다.

한 스페인 사람이 당신이 편집한 교서를 갈기갈기 찢어 진흙탕 속에 짓이겨 버렸습니다. 다른 스페인 사람 둘과 황제의 궁정 신부는 『교회의 바벨론 유수』 60부를 들고 있던 사람을 붙잡았다가, 그를 구하려고 사람들이 몰려오자 성으로 도망가 버리기도 했습니다.

또 우리 가운데 한 사람은 말 탄 스페인 사람의 추격을 받기도 했지요. 그는 문 밑으로 간신히 빠져나올 수 있었지만, 쫓아오던 스페인인은 순간 어찌나 갑작스레 말고삐를 잡아당겼던지 말에서 떨어져 버리고 말았습니다.

어떤 독일인이 일으켜 주기까진 꼼짝 못하고 바닥에 누워 있더군요. 날마다 두세 명의 스페인 사람이 나귀를 타고 시장 거리를 활보하기 때문에 사람들은 그들에게 길을 양보하지 않으면 안 됩니다. 이것이 우리의 자유입니다.

명예를 훼손하는 소책자가 배포되면서 계속 노골적인 폭력을 선동했다. 알레안드로는 보름스에 홍수처럼 쏟아진 저속한 책자가 마차 한 대에 다 담을 수 없을 정도라고 주장했다. 그 가운데는 사도신경을 빌려서 이런 식으로 풍자한 글도 있었다.

> 하늘과 땅, 지옥에서 매고 푸는 자, 교황을 내가 믿사오며 그 외아들 우리 주 시모니(Simony, 성령받는 힘을 돈 주고 사려다 바울에게 혼난 마술사 시몬의 이름에서 파생된 단어로서, 성직 매매와 같이 성스러운 것을 사고파는 행위 그 자체를 가리키는 대명사)를 믿사오니, 이는 교회법으로 잉태하사 로마 교회에게서 태어나셨도다.
> 시모니의 권세에 진리가 고난을 받으사 십자가에 못 박혀 죽으시고 장사되어 금지 조치로 지옥에 내려가 계시다가 복음과 바울을 통해 다시 살아나신 것을 믿사오니 카를에게 올라 그의 오른편에 앉아 계시다가 앞으로 영계와 세속계를 심판하러 오시리라.
> 교회법을 믿사오며 믿음과 성도들의 교제가 파멸하는 것과, 연옥에서의 죄책과 형벌을 감면하는 면죄와, 몸이 쾌락적인 생활로 다시 사는 것을 믿사오니 이는 성부께서 우리에게 허락하신 교황님 덕분이로다. 아멘.

황제는 기분이 상했다. 2월 6일 루터의 호소가 손에 들어오자, 그것을 갈가리 찢어 버렸다. 그러나 그는 곧 평정을 되찾았으며 2월 13일 의회의 전체 회의를 소집했다. 그 의도는 교황의 이름으로, 그러나 의회의 인준을 받아 발표할 칙령의 새로운 안을 제출하는 데 있었다.

알레안드로에게는 세 시간 동안의 연설로 그들의 마음을 요리할 기회가 허용되었다. 다시 한 번 그는 기회를 놓치고 말았다.

그는 위원회에서 설교할 때 실패했던 점을 여기서 만회할 수도 있었다. 이틀 전에 루터를 파문하는 교황의 교서가 그의 손에 들어와 있었다. 이제 그의 남은 임무는 그것을 제시해서 교회가 아직 금제 조치를 취하지 않은 사람의 공민권을 박탈하도록 의회에 요청하는 것이 아니라는 점을 설득시키는 일뿐이었다.

이때 알레안드로가 주춤했던 것은 그 교서에 루터뿐 아니라 후텐의 이름까지 적혀 있었기 때문이다. 그 문서는 제시되지 않았다. 의회는 이단 문제를 다루었으며 한 세속 의회를 교회 회의로 바꿔 놓은 책임은 루터가 아니라 결국 알레안드로에게 있었다.

두말할 것 없이 알레안드로는 루터를 통렬하게 반박했다. 이때의 교서는 『엑수르게 도미네』에 1520년 여름에 나온 보다 더 파괴적인 책들의 내용을 수박 겉핥기 식으로 덧붙인 정도였다. 알레안드로는 이 교서보다 더 신랄하게 루터를 공박했다. 그는 그 모든 책의 내용을 암기하고 있었으며 루터를 쓰러뜨리기로 단단히 결심했다. 그에게 있어서 루터는

    이단으로서, 얀 후스를 지옥에서 이끌어냈으며 후스의 신조 일부가 아니라 전부를 옳다고 인정한 사람입니다. 결과적으로 그는 성찬 의식에 있어서 실제적인 임재에 대한 위클리프의 부정까지도 인정할 수밖에 없으며(루터는 그러지 않았다) 어느 그리스도인도 법으로 다른 그리스도인을 구속할 수 없다는 위클리프의 주장 역시 인정할 수밖에 없습니다. 루터는 이 점을 『그리스도인의 자유』에서 밝혀 놓은 것으로 주장하고 있습니다(루터는 그러지 않았다). 그는 수도원의 서원을 배척합니다.

    그는 여러 의식을 배척합니다. 그는 교회 회의 개최를 호소하면서 교회 회

의의 권위를 배척합니다. 모든 이단자가 그러하듯이 그는 성경에 호소하면서 동시에 성경이 자기에게 맞지 않을 때는 그것을 배척해 버립니다. 그는 야고보서를 필요없는 것으로 내던지려 하는데 그것은 거기에 종부 성사를 입증하는 본문이 담겨 있기 때문입니다(물론 이것이 루터가 야고보서를 인정하지 않은 이유는 아니었다).

그는 이단입니다. 그것도 악질적인 이단입니다. 그는 청문회를 요구하지만 하늘의 천사 얘기도 듣지 않으려는 사람에게 어떻게 청문회를 허락할 수 있겠습니까? 그는 또한 혁명가입니다. 그는 독일인들이 교황주의자들의 피로 손을 씻어야 마땅하다고 주장합니다(이것은 루터가 성급하게 프리에리아스에게 한 말과 관련된 것으로 보인다).

당시 의회는 루터를 보헤미아의 한 이단이요, 교황에게 파문을 받을 한 혁명가로 선언할 황제의 칙령에 동의하려고 모였다. 이런 상황에 알레안드로의 발언은 이루 말할 수 없이 루터에게 불리했다. 사면을 받지 못할 경우 루터는 감금되고 그의 책은 자취를 감추게 될 것이었다. 그리고 칙령에 협조하지 않는 사람은 대역죄를 뒤집어쓰게 되었다.

이 칙령의 제시 문제로 격론이 벌어졌다. 작센의 선거후와 브란덴부르크의 선거후는 의회 회의장에서 랑(Lang) 추기경이 갈라놓지 않으면 안 되었다. 팔츠의 선거후는 평소 말이 없는 사람이지만 황소처럼 큰소리를 쳤다. 대의원들은 시간을 요구했으며 19일에 가서 루터의 사상이 이미 국민들 사이에 너무 확고하게 뿌리를 내리고 있어서 청문회 없이 정죄하면 심각한 내란의 위험이 따를 것이라 답변했다.

루터에게 안전 통행증을 주어 의회에 데려와 유능한 사람들을 통해 심문하기로 했다. 와서도 그는 토론을 벌이지 않고 대답만 하기로 되어 있었다. 그가 믿음에 위배되는 주장들을 취소한다면 다른 문제를 생각해 보겠지만, 그렇지 않을 경우에 의회는 그 칙령을 지지하기로 했다.

루터의 초청장이 다시 발급되다

이에 따라 황제는 루터를 오게 한다는 이전의 견해로 되돌아갔다. 칙령은 치과 치료에 맡겨졌다. 대역죄에 대한 처벌은 기각되었다. 그 칙령은 황제 혼자의 이름이 아니라 대의원들의 이름으로 발표되기로 되어 있었으며 심문을 위해 루터를 의회에 소환하기로 했다. 이어서 황제는 새로운 초청장을 작성했다. 날짜는 6일로 되어 있었지만 실제로는 11일에 발송되었다. 이유는 그동안 프리드리히에게 이 혐의자를 데려오는 책임을 지우려는 또 다른 시도가 있었기 때문이다. 그러나 또다시 그는 그 달갑지 않은 책임을 직접 황제에게 되돌려 보냈다. 그러자 마침내 황제는 이 공문서를 '우리의 고귀하고 사랑하는, 그리고 존경하는 마르틴 루터'에게 보냈다.

알레안드로는 이것을 보고 "제기랄" 하고 말했다. "이단에게 말하는 투가 뭐 이래!" 초청장을 계속 읽어 보자. "짐과 의회는 그대가 안전 통행증의 보호를 받으며 이곳에 와서 그대의 책들과 사상에 대해 답변해 줄 것을 요청하기로 결정했노라. 21일간의 여유를 주니 그 안에 도착하도록 하시오." 토론이 없을 것이라는 점은 분명하게 밝혀져 있지 않았다. 이 초청장은 일반 우체부가 아니라 황제의 전령 카스파르 슈투름(Kaspar Sturm)의 손으로 전달되었다.

루터가 올 것인가? 문제는 심각했다. 슈팔라틴에게 그는 이렇게 썼다.

단지 취소하라는 초청이라면 난 가지 않겠다고 황제에게 대답하겠네. 취소하는 것이 전부라면 여기서도 얼마든지 완벽하게 할 수 있으니까. 그러나 날 죽으라고 초청하는 거라면 가겠네. 내 소망이 있다면 교황의 신봉자들이 그들의 손을 내 피로 적시는 것일세. 적그리스도가 지배하는 세상에 주의 뜻을 이루소서.

다른 사람에게는 이렇게 편지했다.

내가 보름스에 가서 취소할 것을 미리 귀띔해 주지. "지금까지는 교황을 그리스도의 대리인이라고 말했습니다. 이제 그 말은 취소합니다. 그 대신 교황은 그리스도의 원수요 마귀의 사도라고 말하겠습니다."

분명히 루터는 가기로 결정했다.

가는 도중에 그는 자신의 책들에 대해 몰수령이 내려졌다는 소식을 들었다. 그러나 그 몰수령이 발표되지 않고 지연된 것은 루터가 그것을 알면 문제가 끝난 줄 알고 오지 않을 것으로 우려했기 때문인 듯하다. 그러나 그의 말을 들어 보자. "내가 무력으로 제지를 받거나 가이사가 초청을 철회하기 전에는 그리스도의 깃발을 들고 보름스에 들어가 음부의 권세들을 부수겠다." 그는 거기서 나올 만한 결과에 대해 결코 환상을 갖지 않았다. 에르푸르트에서 박수갈채를 받자 이렇게 토를 달았다. "이것이 제 종려주일입니다. 이 환영이 단지 하나의 시험인지 아니면 다가올 고난의 징조인지 잘 알 수 없군요."

그의 도착을 기다리는 동안 또 다른 풍자문이 보름스에서 발표되었는데 그 제목은 『독일인들의 교독송』(Litany of the Germans)이었다.

> 그리스도여, 독일 국민의 기도를 들으소서. 그리스도여, 독일 국민의 기도를 들으소서. 악한 고문들에게서 카를을 구원하소서. 오, 주여, 보름스로 오는 길목에 놓인 독으로부터 마르틴 루터를 구원하소서. 울리히 폰 후텐을 보호하소서. 오, 주여, 새롭게 십자가에 못 박히는 일이 없도록 하소서. 오, 주여, 알레안드로를 제거하소서. 오, 주여, 보름스에서 루터에게 불리한 공작을 벌이는 교황의 대변인들을 하늘에서 내려치소서. 오, 주 그리스도여, 독일 국민의 기도를 들으소서.

하지만 가톨릭 온건파에서는 이 사건이 의회 밖에서 처리되기를 바랐다. 이 파의 지도자는 황제의 고해 신부인 장 글라피옹(Jean Glapion)이었다. 그가 진지한 에라스무스 사상가였는가 아니면 겉과 속이 다른 사람이었는가 하는 점은 재론의 여지가 있다. 그러나 그가 안전 통행증의 시효가 끝날 때까지 루터를 보름스에서 따돌리려 한다는 의심이 나돌기 훨씬 이전부터 협상을 시작했던 것만은 확실하다.

전에도 글라피옹은 아주 재미있는 이유로 현인 프리드리히에게 접근했었다. 그는 루터의 초기 작품을 읽고 마음이 감동되었다며 얘기를 꺼냈다. 면죄에 대한 공격에 전적으로 동의하며 『그리스도인의 자유』에서는 놀라운 그리스도인의 정신을 보았다고 얘기했다. 그러나 『교회의 바벨론 유수』를 읽으면서는 그저 어이가 없었다. 그 책을 루터가 자신의 것으로 인정하다니 도무지 믿어지지 않았다. 그것은 그의 말투가 아니었다. 정말 그가 그것을 썼다면 제정신이 아닌 상태였음에 틀림없었다.

그렇다면 그는 이제라도 그것을 교회가 보는 입장에서 다시 해석하면 되었다. 그가 응해 올 경우엔 지지자가 많이 따를 것이다. 이 문제는 조용히 해결해야지 그렇지 않으면 마귀가 들고일어나 분쟁, 전쟁, 내란을 일으키고 말 것이다. 공개적으로 떠들어서 이익될 것은 하나도 없고 루터가 보름스에 나타나 봤자 득을 보는 것은 마귀밖에 없을 것이다.

이 제의는 너무도 당연한 것이기에 더없이 구미가 당겼다. 루터가 만약 성례에 대한 공격을 기꺼이 포기했다면 교황의 세력과 착취를 축소시키는 데 있어서 하나의 통일된 독일 국가를 결집시켰을지도 모를 일이다. 의회는 이미 프랑스, 스페인, 영국과 같은 강력한 민족 국가들에게 허용되고 있던 양보를 교황에게서 쥐어 짜냈을지도 모른다. 분열을 피할 수 있었을지도 모르며, 눈앞에 다가선 종교 전쟁의 위험을 방지할 수 있었을 것이다.

현인 프리드리히와 같은 사람에게는 이것이 매우 솔깃한 제안이었음에 틀림없지만 그는 황제가 책임에서 벗어날 기회가 될 일은 하지 않기로 마음먹었었다.

그러자 글라피옹은 다른 쪽으로 돌아섰다. 지킹겐이나 후텐과 교섭하지 못할 이유가 어디 있겠는가? 먼저 후텐에게 황제가 베푸는 연금 혜택을 낚싯밥으로 던지고 다음에 루터를 에베른부르크에 있는 지킹겐의 성으로 불러 회합을 갖도록 해보기로 했다. 글라피옹은 겁도 없이 몸소 호랑이 굴 속에 있는 후텐과 지킹겐을 만나러 갔다. 그가 루터에 대해서 어찌나 동감을 표하고 황제를 어찌나 인자하게 그려 냈던지 후텐은 그 연금을 받아들였으며(물론 나중에는 거절했다), 지킹겐은 자기 궁정 신부인 마르틴 부처를 급히 보내 보름스로 가는 루터의 길을 가로막고 초청장을 제시하게 했다.

그러나 루터는 이미 예루살렘으로 자신의 얼굴을 고정시킨 몸, 곁길로 들어서려 하지 않았다. 보름스 시가에 들끓는 마귀의 숫자가 지붕 위의 기왓장만큼 많다 해도 그곳에 들어가기로 결심한 그였다. 후텐은 감동했다. 그는 피르크하이머에게 "그가 하늘의 안내를 받고 있다는 것은 이제 아주 뚜렷하오. 그는 인간적인 생각을 모조리 묵살한 채 하나님께 뛰어든 사람이오."라고 썼다. 이어서 루터에게 이런 편지를 썼다. "이것이 우리 둘의 다른 점이군. 나는 사람들을 보내. 자네는, 이미 보다 더 완벽하면서도, 모든 것을 하나님께 맡기고 있어."

의회 앞에 선 루터

4월 16일, 루터는 바퀴가 두 개 달린 작센의 마차를 타고 친구 몇 사람과 함께 보름스에 들어섰다. 황제의 전령이 독수리가 그려진 망토를 걸치고 앞장섰다. 때는 점심 시간이었지만 2,000명이나 몰려나와 루터를 숙소로 안내했다. 다음날 새벽 네 시 루터는 전령과 제국 원수의 안내를 받아 군중을 피해 황제, 선거후들, 그리고 일부 대의원들이 모여 있는 곳으로 갔다. 이 수도사가 군주 앞에 서자, 그는 "저 친구가 날 이단으로 만든다는 건 어림도 없어." 하고 소리쳤다.

이 장면은 그 자체가 극적이었다. 등장인물 가운데 하나는 오래 이어져 온 가톨릭 왕계의 후계자 카를이었다. 낭만 왕 막시밀리안(Maximilian I), 가톨릭 왕 페르난도(Fernando II), 정통 신앙의 여왕 이사벨(Isabel I)의 자손이요, 합스부르크 가문의 후예요, 오스트리아, 부르고뉴, 저지대, 스페인, 나폴리의 왕이요, 중세 통일의 상징인 샤를마뉴를 제외하고는 어느 나라보다 더 광범위한 영토(점점 쇠퇴하고 있는 유산이지만 그래도 영광의 화신인 영토)를 다스리는 신성 로마 제국의 황제였다. 그런 그 앞에 서 있는 사람은 한 광부의 아들, 하나님의 말씀에 대한 믿음을 빼면 아무런 배경도 없는 보잘것없는 수도사였다.

여기서 과거와 미래가 맞부딪혔다. 이 시점을 근대의 시작으로 보려는 사람도 있을 것이다. 정말 두드러진 대조였다. 루터 자신도 어느 정도 이 점을 의식하고 있었다. 그는 자신이 바로의 딸의 아들처럼 궁전에서 교육받지 않았다는 것을 모를 리가 없었다. 그러나 그를 난처하게 만든 점은 자신이 황제 앞에 서 있다는 사실이 아니라 자신과 황제가 똑같이 전능하신 하나님 앞에 대답하도록 부름받고 있다는 사실이었다.

루터는 트리어 대주교 휘하의 에크(Johann Eck)라는 관리가 심문했다. 이 에크는 물론 라이프치히 논쟁 때의 요한 에크가 아니다. 루터 앞에는 그가 쓴 책들이 쌓여 있었으며, 그것들이 그의 책이냐는 질문을 받았다. 이 질문으로 글라피옹의 제안이 다시 떠올랐다. 루터는 지금이라도 『교회의 바벨론 유수』를 부정하고 교황 제도에서 생기는 여러 가지 재정 및 정치적 구실들을 토론할 수 있었다. 이것이 하나의 통일된 독일을 규합할 기회였다. 들릴락 말락 한 음성으로 그는 대답했다. "이 책들은 모두 본인의 것이오. 그 밖에도 더 있소."

문이 닫혀졌다. 그러나 에크는 그 문을 다시 열었다. "당신은 이 모든 책을 정당하다고 주장하오? 아니면 그 일부를 취소할 마음이 있소?"

루터는 심사숙고하여 큰소리로 말했다. "이것은 하나님과 그분의 말씀에 관계됩니다. 바로 영혼의 구원 문제가 여기 달려 있습니다. 이것을 두고 그리스도께서는 '누구든지 사람 앞에서 나를 부인하면 나도 내 아버지 앞에서 그를 부인하리라.' 라고 말씀하신 겁니다. 너무 적게 얘기하는 것도 너무 많이 얘기하는 것도 다 위험할 것입니다. 청컨대 그것에 대해 다시 생각할 여유를 주십시오."

황제와 의회는 숙의했다. 에크가 답변을 제시했다. 신학 교수가 자기 입장을 변호하러 와 놓고 망설이다니 이해할 수 없다고 했다. 조금도 생각할 가치가 없는 사람이었다. 하지만 황제는 자비를 베풀어 다음날까지 여유를 주기로 했다.

보름스 의회에서 열린 루터의 첫 청문회.

현대의 역사가들 중에는 에크가 이상하게 여긴 점에 동감하면서, 루터의 요청은 미리 짜놓은 각본에 따른 것으로 곧 현인 프리드리히가 교묘하게 발뺌하려던 작전의 일부인 것으로 보려는 사람들도 있다. 그러나 처음 미사를 집전할 때 루터가 느꼈던 공포를 기억하는 사람이라면 그의 망설임을 그런 식으로 해석하지 않을 것이다. 그때 제단에서 달아나고 싶은 심정이었듯이 이때도 그는 하나님 앞에서 너무 두려웠기에 황제에게 대답할 수 없었다. 그와 동시에 우리는 루터가 하늘의 왕 앞에서 전율을 느꼈기에 실제로 의회 전체 회의에 나설 수 있었음을 인정하지 않을 수 없다. 다음날 18일, 보다 더 큰 홀이 선정되었지만 어찌나 많은 사람이 밀려들었던지 황제 외에는 아무도 앉아 있을 수가 없었다. 거룩하신 분에 대한 두려움은 루터에게 독일 민족 앞에 서서 자신의 얘기를 피력하도록 북돋았다.

그는 다음날 오후 네 시에 출두하라는 지시를 받았지만 일이 너무 복잡했기에 여섯 시에나 얼굴을 내밀었다. 이번에는 그의 목소리가 카랑카랑하게 울려 퍼졌다. 에크가 전날의 질문을 되풀이했다. 루터는 "폐하, 이름 높으신 제후님들, 더없이 인자하신 귀족님들, 혹 제가 사용한 호칭에 잘못이 있다면 용서를 빕니다. 저는 궁정의 신하가 아니라 수도사입니다. 어제 저것들을 부정하겠느냐고 물으셨지요? 그것은 모두 제 것입니다. 그러나 두 번째 질문에 대한 답을 드리겠는데 그것들이 모두 한 가지 종류는 아닙니다."

이것은 재치 있는 방법이었다. 루터는 자신의 여러 가지 책을 구분함으로써 단순히 예, 아니오로 대답하는 대신 연설할 기회를 스스로 마련했다.

그는 계속했다. "어떤 책들은 믿음과 생활에 대해서 너무도 알아듣기 쉽고 또 복음적으로 다루고 있어서 저의 원수들까지도 그것을 그리스도인들이 읽을 만한 가치를 지닌 것으로 취급하고 있습니다. 교서에서도 저의 모든 책을 한 종류로 다루지 않습니다. 제가 이 책들에 담겨 있는 내용을 부정한다면 저야말로 친구들과 원수들이 모두 똑같이 고백하는 진리를 저주하는 유일한 인간이 될 것입니다. 두 번째 종류의 책들은 교황 신봉자들의 악한 생활과 가르침으로 기독교 세계가 황량하게 되는 걸 공박하고 있습니다. 교황들의 여러 가지 법으로 인류의 양심이 고통당하고 있다는 것은 온 세상이 하소연하는 것인데 누가 이것을 부정할 수 있겠습니까?"

"어림도 없는 소리!" 하고 황제가 버럭 소리 질렀다.

루터는 태연하게 독일 민족을 겁탈하는 이 '믿어지지 않는 횡포'에 대해서 말을 이었다. "이 시점에서 저의 주장을 취소한다면 저는 더 지독한 횡포와 불신앙 쪽으로 문을 여는 셈이 될 것입니다. 그리고 제가 신성 로마 제국의 사주를 받고 그랬다는 것이 세상에 드러난다면 문제는 더욱더 걷잡을 수 없게 될 것입니다." 이것은 당시 의회에서 강력한 지지를 받고 있던 독일 민족주의를 향한 재치 있는 호소였다. 가톨릭 공(公)이라 불린 게오르크 공작까지 앞장서서 여러 가지 불만을 털어놓을 정도였다.

"세 번째 종류의 책에는" 하고 루터는 계속했다. "몇몇 개인에 대한 공격이 담겨 있습니다. 저의 신분에 어울리지 않게 너무 신랄했다는 점은 인정합니다. 그러나 저는 지금 제 생활이 아니라 그리스도의 가르침 때문에 재판을 받고 있는 만큼 이 책들을 부정하는 것은 횡포와 불신앙을 증대시킬 뿐입니다. 그리스도께서는 안나스 앞에 서셨을 때 '증거를 대라.' 라고 말씀하셨습니다. 잘못을 저지를 수 없으셨던 우리 주님께서 이런 요구를 하셨다면 나 같은 벌레도 선지서와 복음서들로부터 잘못을 지적받고 싶다는 말을 왜 못하겠습니까? 저의 잘못이 드러난다면 맨 먼저 제 책들을 불에 집어던지겠습니다. 저의 가르침 때문에 여러 가지 분열이 생긴다고 얘기하셨죠? 여기에 대하여 저는 '나는 화평이 아니요 검을 주러 왔노라.' 라는 주님의 말씀으로 답변을 대신할 수 있습니다. 우리 하나님께서 그처럼 엄격하시다면 우리는 경계하는 가운데 전쟁의 홍수를 일으키거나 이 고귀하신 젊은 황제 카를의 지배가 불길하게 되는 일이 없도록 합시다. 바로, 바벨론의 왕 그리고 이스라엘의 왕들의 예를 경고로 삼읍시다. 하나님은 현명한 사람들을 어리둥절하게 하시는 분입니다. 저는 주님을 두려워하며 살 수밖에 없습니다. 제가 이런 말을 하는 것은 꾸짖으려는 뜻에서가 아니라 독일 국민들에 대한 저의 임무를 피할 수 없기 때문입니다. 폐하께 저를 맡깁니다. 저의 원수들 때문에 이유 없이 제게 악의를 품는 일이 없도록 하십시오. 이것이 제가 하고 싶은 말입니다."

에크가 대답했다. "마르틴, 당신은 아직 당신의 책들을 충분히 구별하지 않았소. 먼저 것들은 나쁘고 나중 것들은 더 나쁘오. 당신은 성경을 통해 잘못을 지적해 달라고 요청하는데 이는 이단들의 상투적인 수단이오. 당신은 고작해야 위클리프와 후스의 잘못을 새로 끄집어낼 뿐이오. 그리스도인이 수백 년 동안 잘못이었는가 아니었는가를 토론한다는 것을 유대인들이나 투르크인들이 알면 얼마나 기고만장하겠소? 마르틴, 도대체 어떻게 해서 당신 혼자만 성경의 의미를 이해한다고 생각하는 것이오? 당신의 판단이 저 유명한 사람들의 판단보다 더 낫다면 그들 모두는 당신보다 못하다는 얘기요? 이 더없이 거룩한 믿음은 완벽한 법 제정가이신 그리스도께서 제정하셨고 사도들을 통해 전 세계에 선포되었으며 순교자들의 붉은 피로 날인되고 성스러운 교회 회의가 확증하며 교회가 정의해 놓은 것이오. 조상들은 이 교회를 죽을 때까지 믿었으며 우리에게 유산으로 물려주었소. 그리고 이제 이 교회에 대해서 교황과 황제께서는 우리가 토론하는 것을 금하고 있는데 그것은 끝없이 논쟁이 이어지는 일이 없게 하려는 뜻이오. 이제 묻겠는데 마르틴, 솔직하고 숨김없이 대답하시오. 당신은 당신의 책들과 거기에 담겨 있는 잘못들을 포기하겠소, 포기하지 않겠소?"

루터가 대답했다. "황제 폐하와 여러 귀족 제후 각하들은 아주 간단한 대답을 요구하고 계시군요. 여기 숨김없고 간단한 대답이 있습니다. 성경의 증거와 명료한 이성에 비추어 저의 유죄가 증명되지 않는 이상, 저는 교황들과 교회 회의의 권위를 인정하지 않겠습니다. 사실 이 양자는 서로 엇갈린 주장을 합니다. 저의 양심은 하나님의 말씀에 사로잡혀 있습니다. 저는 아무것도 취소할 수 없고 하지도 않겠습니다. 왜냐하면 양심에 어긋난 행동을 한다는 것은 옳지 않을 뿐 아니라 안전하지도 않기 때문입니다. 하나님이여, 이 몸을 도우소서. 아멘."

맨 처음 인쇄물에는 "여기 제가 확고부동하게 서 있습니다. 저는 달리 어찌 할 도리가 없습니다."라는 말이 덧붙여져 있다. 이 말이 현장에서는 기록되지 않았지만 그래도 그의 순수한 발언으로 볼 수 있는 것은 그 당시 청중들은 너무 흥분하고 있어서 다 받아쓰지 못했을지도 모르기 때문이다.

루터는 독일어로 대답했다. 라틴어로 다시 반복하라는 요청을 받았다. 그의 온몸은 땀으로 젖어 있었다. 한 동지가 소리쳤다. "그렇게 할 수 없어도 박사님, 상관없어요. 이미 말씀하신 것으로도 충분합니다." 루터는 다시 라틴어로 자기 주장을 펴고 나서 승리한 기사처럼 두 팔을 번쩍 쳐들었다. 그리고 스페

보름스 의회에서 열린 루터의 두 번째 청문회. 그림 바닥에 루터의 변호인이 "그들에게 그 제목들을 읽게 하시오."라고 소리친 말과 루터가 "여기 제가 확고부동하게 서 있습니다. 저는 달리 어찌 할 도리가 없습니다. 하나님이여, 이 몸을 도우소서. 아멘."이라고 한 말이 쓰여 있다.

인 사람들의 야유를 뒤로하고 어두워진 홀을 빠져나가 숙소로 향했다. 현인 프리드리히도 자기 숙소로 돌아가서 이렇게 말했다. "황제, 제후들 그리고 대의원들 앞에서 라틴어와 독일어로 기막힌 말을 했어, 마르틴 박사 말야. 그런데 내가 보기엔 너무 외람된 것 같군." 다음날 알레안드로는 선거후 여섯 명 모두가 곧 루터를 이단으로 선언할 것이라는 보고를 들었다. 그 속에는 현인 프리드리히도 포함될 참이었다. 프리드리히는 루터가 성경의 정죄를 받는지 받지 않는지의 가부를 알고자 몹시 고심했던 것으로 슈팔라틴은 얘기한다.

보름스 칙령

황제는 선거후들과 상당수의 제후들을 불러들여 의견을 물었다. 그들은 시간을 달라고 요청했다. "좋소." 하고 황제가 말문을 열었다. "내 의견을 말하리다." 이어서 그는 자신이 손수 프랑스어로 쓴 글을 읽어 내렸다. 그것은 비서가 작성한 연설문이 아니었다. 합스부르크 가문 출신 젊은 귀공자의 신앙고백이었다.

본인은 이 고귀한 독일 민족의 기독교 황제들, 스페인의 가톨릭 왕들, 오스트리아의 대공들, 그리고 부르고뉴의 공작들의 뒤를 잇는 후손입니다. 그들은 모두 로마 교회에 죽도록 충성했으며 가톨릭 신앙과 하나님의 영예를 방어했습니다. 나는 그들의 발자취를 따르기로 결심했습니다.
수사 혼자서 천 년 동안 이어진 기독교에 거스르는 것을 보니 그가 잘못을 저지르고 있음에 틀림없습니다. 그러므로 나는 나의 땅, 나의 친구들, 나의 몸, 나의 피, 나의 목숨 그리고 나의 영혼을 걸기로 결심했습니다. 나뿐 아니라 이 고귀한 독일 민족 여러분도, 이단은 말할 필요도 없지만 이단의 혐의를 받고 있는 것까지 우리의 소홀로 살아남게 한다면, 영원히 망신거리가 될 것입니다.

어제 루터의 고집스러운 변명을 들었습니다만 그와 그의 사상을 고소하는
데 이토록 지연한 것이 후회됩니다. 이제 나는 그와 아무런 상관이 없을 것
입니다. 그는 자신의 안전 통행증의 보호를 받으며 돌아가겠지만 더 이상
설교나 소란은 없어야겠습니다. 나는 그를 악명 높은 이단으로 고소하겠
으니 여러분도 나에게 약속했듯이 소신을 밝혀 주시기 바랍니다.

황제의 말을 들은 많은 사람들은 "죽여라." 하는 고함 소리를 듣는 듯했다. 다음날 선거후들은 모두 황제의 견해에 동감했지만 여섯 명 가운데 네 사람만 서명했다. 반대자는 팔츠의 루트비히(Ludwig V)와 작센의 프리드리히(Friedrich III, 현인 프리드리히)였다. 이것으로 후자는 자신의 입장을 밝힌 셈이었다.

황제는 이때 칙령을 진행시키는 데 뒷받침이 충분하다고 생각했지만 밤 사이에 의회가 열린 홀 대문과 또 다른 곳에 '분트슈'(Bundschuh)가 찍힌 벽보가 나붙었다. 이것은 농민 반란의 상징으로서 귀족들의 긴 가죽 구두와 대조되는 노동자의 신발 표식이었다. 100년 동안 독일은 농민의 소요가 그칠 날이 없었다. 이 벽보에는 만약 루터가 유죄 판결을 받으면 농민들이 들고일어날 것이라는 내용이 강력하게 시사되어 있었다. 벽보의 출처에 대해서는 오로지 추측할 수밖에 없다. 후텐은 교황주의자들이 루터 지지파를 헐뜯으려고 그런 벽보를 게시한 것으로 추측했지만 알레안드로 역시 지시한 적이 없었다.

그게 누구의 소행이었든 당황한 사람은 마인츠의 알브레히트였다. 동이 트자마자 그는 황제의 숙소로 달려갔다. 그의 말을 듣고 황제는 비웃었다. 그러나 알브레히트도 지려 하지 않았으며 루터의 맹렬한 반대자인 자기 형제 요아힘에게 도움을 청했다.

두 사람의 제의를 받고 대의원들은 황제에게서 루터를 다시 한 번 심문해도 좋다는 허락을 받아냈다. 황제는 자신은 그 일에 더 이상 관여하고 싶지 않지만 그들에게 사흘의 여유를 주겠다고 대답했다.

이어서 한 위원회를 통해 루터를 타도하려는 시도가 시작되었다. 이 시련은

극적인 면은 덜했지만 공개적인 출두보다 훨씬 더 가혹했다. 공식적인 집회에서는 큰소리로 분명하게 아니오라고 할 수 있는 사람이라도, 조금이라도 배려심이 있다면 독일의 분열과 교회의 붕괴를 막아 보자는 사람들의 다정한 호소를 물리치기란 더 힘들지 모른다.

이 위원회의 회장은 트리어의 대주교인 리하르트 폰 그라이펜클라우였다. 그는 그리스도의 통옷을 보관하던 자요 현인 프리드리히가 오래전부터 중재인으로 추천해 온 인물이었다. 그와 견해를 같이 한 사람들 가운데는 루터의 동지들 일부와 원수들 일부도 끼어 있었다. 그 원수 중에는 게오르크 공작도 있었다.

형태는 약간 다르지만 글라피옹 쪽에서는 부분적인 취소를 받아내려는 시도를 재개했다. 루터의 면죄부 상인들에 대한 공격은 다시 정당한 것으로 선언되었으며 로마의 부패에 대한 비난도 고맙게 받아들여졌다. 선행과 십계명에 대한 글도 잘 썼지만 『그리스도인의 자유』는 일반 대중에게 모든 권위를 배척하게 만들 위험이 있었다. 어떤 사람은 이때 공격의 초점은 『교회의 바벨론 유수』의 내용인 성례 제도의 파괴가 아니라 『그리스도인의 자유』라는 책자의 내용인 공공질서에 대한 위협에 맞춰졌다고 얘기한다. 그러나 루터의 의도와는 전혀 다르다. 루터는 심지어 악한 군주에게도 순종을 권면할 정도였다.

트리어의 대주교는 루터에게 '기독교 세계의 통옷'을 찢어 놓는 일이 없도록 하자며 애원했다. 그는 율법교사 가말리엘의 권면처럼 자신의 가르침의 출처가 하나님인지 사람인지 지켜보겠다고 했다. 그들은 루터가 물러서면 멜란히톤을 앞세울 것이라는 얘기를 비쳤다.

이 말을 듣자 루터의 눈에 눈물이 고였다. 그러나 그가 받아들일 만한 재판관을 지목하라는 말을 듣고는 차라리 8, 9세의 어린아이를 지목하겠다고 대답했다. 그는 "교황은 하나님의 말씀과 믿음 문제에 있어서 전혀 판단할 수 없고 각 그리스도인이 스스로 조사하고 판단을 내릴 수밖에 없습니다."라고 밝혔다. 위원회는 황제에게 실패했다는 보고를 올렸다.

5월 6일, 황제는 의회에 보름스 칙령의 최종안을 제출했다. 초안자는 알레안드로였다. 루터의 일곱 가지 성례에 대한 공격은 저주받은 보헤미아 사람들과 그 방법이 똑같다는 혐의였다.

그는 결혼을 더럽히고, 고해를 헐뜯었으며, 우리 주님의 몸과 피를 부정했다. 그는 성례의 효력을 받는 사람의 믿음에 종속시킨다. 그는 이교도처럼 자유 의지를 부정하고 있다. 이 마귀는 수도사의 탈을 쓰고 케케묵은 오류들을 구역질나는 한 웅덩이에 모아 놓았을 뿐 아니라 새로운 오류들을 고안하고 있다. 그는 열쇠의 권세(교황권)를 부인하며 평신도들에게 성직자들의 피로 손을 씻을 것을 권면한다.
그의 가르침의 방향은 반역, 분열, 전쟁, 살인, 강도질, 방화 그리고 기독교 세계의 붕괴다. 그는 짐승처럼 살고 있다. 그는 교서를 불사른 자다. 그는 금지령과 짐을 다같이 무시한다. 교직 제도의 권세보다 세속계의 권세에 그가 끼치는 해독이 더 크다. 우리는 그를 달래려고 애써 보았지만 그는 성경의 권위만 인정하며 그 성경도 자기 멋대로 해석한다.
우리는 그에게 4월 15일부터 21일간의 여유를 주었다. 이제 대의원은 루터를 이단으로 확정하는 바이다(이때까지도 파문 교서는 발표되지 않았다). 시간이 다 되면 아무도 그를 환대해서는 안 된다. 그를 따르는 사람들도 마찬가지로 유죄 판결을 받을 것이다. 그의 책들은 인간의 기억에서 말끔히 지워질 것이다.

알레안드로는 이 칙령을 황제에게 보이며 서명을 요구했다. 그는 펜을 들었다. "그때였지." 하고 알레안드로는 얘기한다. "도대체 무슨 이유인지 모르지만 그분은 펜을 내려놓더니 이 칙령을 의회에 넘기지 않으면 안 되겠다고 말씀하셨어." 황제는 그 이유를 알고 있었다. 대의원들은 집으로 돌아가고 있었다. 현인 프리드리히는 이미 떠났다. 팔츠의 루트비히도 떠났다. 남은 자들은 얼마든지 루터를 정죄할 무리였다. 비록 칙령에는 5월 6일로 되어 있지만 이것은 26일에 가서야 발표되었다. 그때쯤 의회 대의원은 동의하기에 충분한 숫자로 줄어들었다. 그제서야 황제는 서명에 응했다. 알레안드로는 다음과 같이 기록했다.

> 폐하께서는 라틴어와 독일어 칙령에 손수 서명하시더니 빙그레 웃으시며 "이제 후련하시겠군."이라고 말씀하셨다. "그렇습니다." 하고 나는 대답했다. "교황 성하와 모든 기독교 세계의 기쁨은 더욱 클 것으로 아뢰옵니다." 우리에게 그처럼 신심 깊은 황제를 주신 하나님께 찬양을 돌리는 바이다. 이미 자신의 영원한 영광과 하나님으로부터 영원한 보상을 확보해 놓은 황제 폐하의 모든 거룩한 거동을 하나님께서 지켜 주소서. 이것이 신앙 세계의 한 계기라는 생각이 들자 오비디우스(Publius Ovidius Naso)의 찬가가 나오려 했다. 성삼위의 무한하신 자비를 송축하는 바이다.

보름스 칙령은 이렇게 루터파의 요청과 교황 신봉자들의 반대가 엇갈리는 가운데 이단 사건을 위임받은 한 세속 법정에서 통과되었다. 그러나 루터파에서는 남은 사람(잔여 의회)에 의해 통과된 것이라면서 당장 무효로 돌렸다. 반면에 교황 신봉자 쪽에서는 그것이 가톨릭 신앙의 한 가지 확증이라며 지지했다. 로마 교회는 그동안 끈질기게 보름스 의회가 하나의 종교 회의로 둔갑하는 것을 막으려고 노력해 왔지만 결과적으로는 이단에 대한 한 세속 법정 판정의 위대한 옹호자가 되었다.

제11장 나의 밧모섬
현인 프리드리히의 보호 아래 바르트부르크 성에 은거하다

"그가 지금 살아 있는지 살해되었는지 나로서는 알 수 없지만 어쨌든 그는 기독교의 진리를 위해 고난을 받았다. 수백 년 역사 속 어느 누구보다도 명확하게 글을 쓴 이 사람을 우리가 잃는다면 하나님께서 그의 정신을 다른 사람에게 허락해 주시길 바란다. 그의 책들은 황제의 명령대로 불사를 것이 아니라 아주 소중히 받들어져야 옳다. 불살라야 할 것은 그의 원수들의 책이다. 오, 하나님, 루터가 죽는다면 이제부터 우리에게 복음을 설명해 줄 사람이 어디 있습니까? 앞으로 10년, 20년 사이에 그가 쓸지도 모를 책들을 생각하면 아쉬울 뿐입니다."

당시 사람들은 루터의 보름스 심문을 가리켜 그리스도의 수난의 재현으로 여겼다. 뒤러는 5월 17일자 일기에서 이렇게 적고 있다. "오, 주여, 심판하러 오시기 전에 당신의 아들 예수 그리스도께서 제사장들의 손에 죽으시고 부활하셔서 하늘에 오르게 하셨듯이, 당신의 제자 마르틴 루터도 당신께 만족스럽게 하셨나이다." 세속화된 20세기 사람들은 언제나 예수 수난극 속에서 살던 16세기 사람들보다 이런 비교에 더 충격을 받기 마련이다.

어떤 무명의 저자는 자신의 소책자에서 서슴없이 보름스 심문의 절차를 복음서의 표현으로 각색할 정도였다. 알브레히트는 가야바로, 랑은 안나스로, 프리드리히는 베드로로, 카를은 빌라도로 대치되었다. 루터의 책들이 보름스에서 불살라졌다는 정보도 바로 이 문서를 통해서만 우리에게 전해지고 있다. 좀 읽어 보자.

이때 총독(빌라도 대신 카를)이 그들에게 루터의 책들을 넘겨주어 불태우게 했다. 신부들이 그것들을 떠맡았으며 제후들과 백성이 떠나자 의회는 대제사장의 관저 앞에 화장용 장작더미를 수북이 쌓아 놓고 그 맨 위에 루터의 초상화를 두었다. 이 그림에는 '마르틴 루터, 복음 진리의 박사'라는 제목이 쓰여 있었다. 루터의 책을 태우는 곳이 주교의 뜰에서 그리 멀지 않았으므로 많은 로마 가톨릭 친구들이 와서 그 제목을 읽었다. 그런데 그 제목은 프랑스어, 독일어, 라틴어로 쓰여 있었다.

이때 대제사장들과 로마 가톨릭 친구들이 총독에게 와서 '복음 진리의 박사'라는 말을 쓰지 말고 '자칭 복음 진리의 박사'로 쓰라고 말했다.

그러나 총독은 "한 번 썼으면 그만이오." 하고 대답했다.

그와 함께 두 박사가 불살라졌는데 후텐과 카를슈타트였다. 한 사람은 오른편에 또 한 사람은 왼편에 있었다. 그런데 루터의 그림은 아무래도 타 없어지지 않았고 군인들이 그것을 접어 송진통 속에 집어넣으니 그제서야 재가 되었다. 한 백작이 이 모든 일을 지켜보더니 놀라면서, "정말 그는 그리스도인이구나." 하고 말했다. 거기 있던 무리들이 이 모든 일을 보고 나서 가슴을 치며 되돌아갔다.

다음날 간부급 제사장들과 바리새인들이 로마 가톨릭 친구들과 함께 총독에게 몰려가서 말했다. "이 사기꾼이 나중에 더 큰 책을 쓰겠다던 말이 생각납니다. 그러니 온 땅에 명령을 내리셔서 그의 책을 판금시키소서. 안 그랬다가는 나중의 속임수가 먼저 것보다 더 큰 혼란을 일으킬지 모를 일이옵니다."

그러나 총독이 말했다. "당신네들의 수비대가 있잖소. 가서 당신들 식으로 거짓된 파문을 통해 교서를 발표하시구려." 그러자 그들이 돌아가서 로마의 주교와 황제의 이름으로 끔찍한 명령을 발표했지만 오늘날까지 지켜지지 않았다.

여기서는 카를이 빌라도의 입장에서 마지못해 교회 사람들에게 굴복하는 것으로 묘사되고 있지만 물론 사실에 맞지 않는 얘기다. 그의 개인적인 관할 구역 안에서는 이미 시작된 반종교 개혁이 진지하게 추진되고 있었다. 알레안드로는 네덜란드로 되돌아갔으며 책 태우는 일이 신나게 진행되었다. 한 수사가 모닥불을 감시하고 있는데 어떤 구경꾼이 그에게 다가와서 얘기했다. "루터의 책의 재를 당신 눈에 집어넣으면 더 잘 보일 텐데요." 이런 정도의 얘기를 내뱉을 수 있는 사람은 아주 용감한 축에 든다. 루뱅에 있던 에라스무스는 얼마 안 되어 화형대와 유랑, 둘 가운데 하나를 택할 수밖에 없음을 깨닫기 시작했다. 자신은 순교자가 못 되는 것을 씁쓸하게 고백하면서 그는 바젤로 주거지를 옮겼다. 네덜란드에 있던 뒤러는 루터의 수난이 끝났다는 소식을 들었다. 그의 일기에서 이렇게 회고하고 있다.

> 그가 지금 살아 있는지 살해되었는지 나로서는 알 수 없지만 어쨌든 그는 기독교의 진리를 위해 고난을 받았다. 수백 년 역사 속 어느 누구보다도 명확하게 글을 쓴 이 사람을 우리가 잃는다면 하나님께서 그의 정신을 다른 사람에게 허락해 주시길 바란다. 그의 책들은 황제의 명령대로 불사를 것이 아니라 아주 소중히 받들어져야 옳다. 불살라야 할 것은 그의 원수들의 책이다. 오, 하나님, 루터가 죽는다면 이제부터 우리에게 복음을 설명해 줄 사람이 어디 있습니까? 앞으로 10년, 20년 사이에 그가 쓸지도 모를 책들을 생각하면 아쉬울 뿐입니다.

바르트부르크 성에서

루터는 죽지 않았다. 그의 친구들은 '사막에서', '밧모섬에서' 오는 편지들을 받기 시작했다. 현인 프리드리히가 그를 숨겨 두기로 결정하고 궁중 관리들에게 그 절차를 아무에게도, 자신에게까지도 알리지 말고 일을 진행하라는 지시를 내렸다. 이렇게 지시한 의도는 글자 그대로 결백한 것처럼 행세하기 위함이었다. 루터와 한 동료는 이 계획을 알고 있었다. 루터는 이것을 못마땅해했다. 그는 무슨 일이 일어나든 상관하지 않겠다면서 비텐베르크 쪽으로 말머리를 돌렸다. 몇 명 안 되는 동지들과 함께 마차를 타고 아이제나흐 마을 근방 숲 속으로 들어서려는데 무장한 기마병이 이들을 덮쳤다. 갖은 욕설을 퍼붓고 또 난폭하게 구는 척하면서 그들은 루터를 끌어내렸다. 이 책략을 혼자만 알고 있던 동료는 예의 연극에서 맡은 역할을 하면서 납치범들을 마구 욕했다. 그들은 루터를 말 위에 태워 하루 종일 꼬불꼬불한 숲길로 끌고 다녔다.

마침 저녁 때가 되자 바르트부르크 성의 육중한 모습이 저만치서 떠올랐다. 밤 열한 시가 되어서야 그들은 성문 앞에서 말고삐를 당겼다.

이 옛 요새는, 독일 기사들의 번성과 존엄이 두말할 것 없이 인간의 최고 목표이던 과거의 상징이었다. 이곳은 바로 군주들, 음유 시인들, 기사들과 광대들이 모임을 갖던 곳이요, 헝가리 공주 출신으로 튀링겐의 영주에게 시집와 평생 가난한 이들을 위해 헌신한 성 엘리자베트(Elisabeth)가 자신의 유물을 남겨 놓은 곳이기도 하다.

그러나 루터에게는 역사적 명상에 잠겨 있을 여유가 전혀 없었다. 이 인적 드문 성곽의 방 하나에 몸을 눕히자 부엉이와 박쥐들이 어둠 속에서 날아올라

바르트부르크 성.

선회했고, 이는 그에게 마치 마귀가 천장에 나무 열매들을 던지고 계단으로 술통을 굴리는 것처럼 느껴졌다. 그리고 어둠의 주관자가 주는 고통보다 더 끈질긴 것이 있었는데 그것은 '너 혼자만 현명한 거냐? 지나간 수백 년은 잘못인가? 만약 네가 잘못이고, 따라서 다른 수많은 사람들까지 영원한 지옥으로 끌고 가고 있는 것이라면 어떻게 할 것인가?' 하는 끝없는 질문이었다.

아무튼 아침이 되어 창을 활짝 열어젖히고 보니 아름다운 튀링겐의 산이 눈에 들어왔다. 멀리서 숯가마의 연기가 피어올라 구름을 만들고 있었다. 그와 마찬가지로 의심은 물러가고 믿음도 되돌아왔다.

그러나 그것도 한순간이었다. 호렙산에 있던 엘리야의 기분이 그를 덮쳤다. 바알의 제사장들이 살해된 것은 사실이지만 이세벨은 이 선지자를 죽이려고 애썼다. 이때 엘리야는 "이만하면 됐습니다! 오, 주님, 이제 제 목숨을 거둬 주소서!" 하고 소리쳤다. 루터는 스스로 죄를 뒤집어쓰는 일을 계속해 나갔다. 만약 자신이 오류를 범하고 있는 것이 아니라면, 그렇다면 진리를 변호하는 데 있어서는 정말 확고했던가? "보름스에서 친구들의 간청에 못 이겨 굴복하는 바람에 엘리야의 역할을 못한 것을 생각하면 양심이 괴롭다. 다시 그들 앞에 선다면 그들은 내게서 다른 얘기를 들으련만." 그리고 결과를 곰곰이 생각했을 때 도무지 안심이 되지 않았다. "로마의 적그리스도의 왕국처럼 가증스러운 꼴불견이 또 어디 있겠는가?" 하고 그는 멜란히톤에게 썼다. "슈팔라틴은 내게 더없이 잔인한 칙령이 내려졌다고 편지해 왔네."

그렇지만 밖에서 오는 위험은 심중의 갈등에 비하면 아무것도 아니었다. "이곳 적막 속에서는 사탄과의 전투가 수천 번 벌어지고 있지. 하늘에 있는 악의 영들의 세력에 대항하는 것보다는 몸을 걸친 마귀, 곧 사람들에게 대항하는 것이 훨씬 더 쉬운 일일세. 종종 넘어지는 나를 그때마다 하나님의 오른손이 일으켜 세우곤 한다오."

적막과 나태로 그의 고통이 불어났다. 슈팔라틴에게 그는 이렇게 썼다. "이

제야말로 우리의 힘을 다해 사탄을 무찔러 주십사 하고 기도할 때군. 그 사탄이 독일 공격을 음모하고 있는데 나도 기도에 게으른 몸이 되고 말았으니 하나님께서 사탄에게 승리를 안겨 주시지나 않을지 걱정이네. 어쩌면 혼자 있기 때문이겠지만 난 내가 그렇게도 싫을 수가 없어."

그는 글자 그대로 혼자는 아니었다. 관리인도 있고 시중드는 소년도 둘 있었다. 물론 이들은 그 옛날 슈타우피츠처럼 자신의 짐을 나눠 질 상대는 못되었다. 그는 그들과 친하게 지내거나 속마음을 털어놓다가 자신을 노출시키는 일이 없도록 하라는 경고를 받고 있었다. 수도사 복장은 벗어서 치웠으며 기사의 옷차림을 하고 턱수염을 길렀다.

관리인은 최선을 다해 루터의 기분을 바꿔 주려고 노력했고 사냥길에 동반하기까지 했다. 그러나 그는 비위가 거슬렸다. 그는 "곰이나 이리, 멧돼지나 여우 같은 건 잡는 게 이해가 갔지만 토끼처럼 아무 해도 없는 짐승을 쫓는 건 뭣 때문인가?" 하고 회고했다. 토끼 한 마리가 덤비는 개들을 피하기 위해 루터의 다리를 타고 올라와 망토 속으로 숨었다. 그러나 사냥개들은 옷째 물어 그 토끼를 죽이고 말았다. "그건 마치 교황과 마귀가 우리를 대하는 것과 다름없지." 하고 이 철두철미한 신학자님은 토를 달았다.

바르트부르크 성에서 융커(독일의 지주 귀족층) 게오르크로 행세한 루터.

그는 나태해졌다고 말했다. 어쨌든 북새통에서 벗어나 있었다. 그는 "이곳에 오고 싶지 않았다."고 쓴 일이 있다. "나는 싸움터에 있고 싶었다." 그뿐이 아니다. "이곳에서 썩는 것보다는 차라리 이글거리는 숯 더미 위에서 타고 싶다."고 말하기까지 했다.

외롭고 공적인 활동이 없는 데다 신체적 질병까지 겹쳤다. 이 질병은 새로운 것이 아니라 환경에 따른 것이었다. 보름스에 있을 때 변비에 걸려 고통을 받았는데 이것은 어쩌면 가혹했던 나날들 다음에 오는 엄청난 정신적 소모 때문이었는지도 모른다. 이 증상이 바르트부르크에서는 제한된 식사와 늘 앉아 있는 생활 때문에 더 악화되었다. 의약의 도움을 받으려고 목숨을 걸고 은신처를 떠나 에르푸르트에 갈 생각까지 할 정도였다. 5월부터 계속된 불평은 슈팔라틴이 완하제를 구해 준 10월에 가서야 겨우 그쳤다.

또 다른 질병은 불면증이었다. 이것은 하루 일곱 번 드리는 성무 일과를 벌충하려고 애쓰던 1520년부터 시작되었다. 로마와 논쟁을 벌이는 동안에도 내내 그는 수도사로서 새벽, 오전, 오후, 해질녘, 저녁 기도를 드려야 했다. 그러나 대학 교수, 마을 교회의 설교자, 11개 수도원의 감독이 되자 눈코 뜰 새 없이 바빠서 그걸 다 메울 수 없었다. 그는 본인 기도 시간을 한 주일, 두 주일 아니 세 주일씩 미루었다가, 일요일 하루를 잡아서 아니 어떤 때는 3일을 따로 잡아서 자신의 '기도의 제물을 다 바칠' 때까지는 빵 한 조각 물 한 모금 입에 대지 않았다.

1520년 그런 기도의 잔치를 실컷 벌이고 나자 머리가 빙글빙글 돌았다. 닷새 동안 잠을 잘 수 없어서 죽은 사람처럼 그냥 침대에 누워 있는데 의사가 그에게 진정제를 주었다. 이렇게 혼난 다음에는 기도책을 싫어하게 되었으며, 4개월이나 기도의 빚이 밀렸다.

그 후에 그는 손을 들었다. 이것이 그가 수도원으로부터 젖을 떼는 단계 가운데 하나였다. 여기서 생긴 지병이 불면증이었다.

루터는 바르트부르크에서 우울증에 대한 치료책을 한 가지 발견했는데, 그것은 일이었다. 그는 지킹겐에게 한 권의 책을 바치면서 "밧모섬에서 게으르게 지내지 않으려고 계시록에 대한 책을 한 권 썼지."라고 말했다. 그러나 그는 한 권이 아니라 12권에 가까운 책을 썼다. 스트라스부르에 있는 한 친구에게 그는 이렇게 설명했다.

자네에게 내 책들을 보내는 것이 안전하지 않을지 모르지만 슈팔라틴에게 그 일을 일임했네. 나는 지금까지 카타리누스(Ambrosius Catharinus)에 대한 답변과 라토무스(Jacobus Latomus)에 대한 답변, 그리고 독일어로는 고해에 대한 글, 시편 67편과 36편에 대한 강해, '마리아의 노래'에 대한 주석을 썼어. 그리고 멜란히톤이 파리 대학에 보낸 답장도 번역했지. 지금 착수하고 있는 것은 서신서들과 복음서들에 담겨 있는 여러 교훈에 관한 설교집일세. 지금 마인츠의 추기경을 공격하면서 열 문둥이들에 대해 설명하고 있는 참이야.

그보다도 그는 신약성경 전부를 모국어로 번역했다. 이것이 그 해에 그가 감당한 '일들' 이었다. 여기서 우리는, 그의 우울증에는 일과 피로의 리듬 이상의 다른 이유가 있는 것은 아닌지 갸우뚱하게 된다.

비텐베르크에서의 종교 개혁 : 수도원 제도

그가 싸움터에서 실제로 벗어난 것은 아니었다. 비텐베르크에서는 종교 개혁이 착잡할 정도로 재빠르게 진행되었다. 그는 자신의 은신처를 노출시키지 않는 범위에서 그리고 당시 느리던 통신수단이 허락하는 범위에서 이 개혁 운동에 대한 소식을 듣고 있었다. 사람들은 계속 그의 의견을 물었으며 비록 그가 앞장서지는 않았지만 그의 대답은 운동 전개에 영향을 미쳤.

자연히 지휘 통솔은 비텐베르크 대학의 헬라어 교수인 멜란히톤, 교수이자 성 교회의 대부제(大副祭)인 카를슈타트, 그리고 루터가 속한 수도회인 아우구스티누스 수도회의 수도사 가브리엘 츠빌링(Gabriel Zwilling)에게 떨어졌다. 이 사람들의 지도 아래 종교 개혁은 처음으로 보통 사람에게도 분명히 감이 잡히는 형태를 띠었다.

지금까지 루터가 해 온 일이 일반 서민들의 생활에 변화를 일으킨 것은 하

성경을 번역하는 '복음사가 마태' 루터.

나도 없었다. 면죄에 대한 공격이 있었지만 그것이 아직까지 특별한 효력을 발휘하지는 못했다. 바르트부르크에 있으면서 루터는 마인츠의 추기경 알브레히트가 할레에서 케케묵은 장사를 계속하고 있다는 소식을 들었다. 1521년 12월 1일, 이 추기경에게 루터가 죽은 것으로 생각하시면 큰 잘못이라는 전갈을 올렸다.

> 당신은 내가 싸움터에서 빠진 것으로 생각할지 모르겠군요. 그러나 나는 그리스도인의 사랑이 요구하는 대로 행동할 뿐 음부의 권세들은 상관치 않겠소. 하물며 무식한 교황들, 추기경들, 주교들이겠습니까? 제발 부탁하는데 늑대가 아니라 주교 노릇을 하십시오. 면죄가 쓰레기요 거짓말이라는 게 만천하에 드러난 지 오랩니다. 얕잡아 보던 불꽃에서 얼마나 큰 화재가 번졌습니까? 이젠 교황 자신까지 그을리고 있지 않습니까?
>
> 동일한 하나님은 여전히 살아 계십니다. 그분은 마인츠의 추기경이 네 명의 황제에게 업혀 있어도 물리쳐 버릴 분입니다. 레바논의 백향목들을 박살내고 고집 센 바로들을 무릎 꿇게 하는 하나님이십니다.
>
> 루터가 죽은 것으로 생각할 필요가 없습니다. 나는 주교와 늑대의 다른 점을 드러내고야 말 것입니다. 속히 답장을 보내 주십시오. 두 주 동안 답장이 없으면 당신을 반박하는 책자를 발표해 버리겠소.

추기경은 답장에서 그 폐단은 이미 제지되었다고 얘기했다. 그는 자신을 구역질 나는 죄인이라고 고해하면서 어느 때라도 나무라면 그 견책을 달게 받겠다고 해왔다.

이 정도면 괜찮았다. 하지만 바르트부르크에 갇혀 있는 루터로서는 자신의 교구인 비텐베르크에서 면죄가 중단되었는지 그렇지 않은지를 알 수 없었다. 이때, 그가 자리를 비운 1521년과 1522년 사이에 걷잡을 수 없이 착잡한 혁신이 꼬리를 물고 일어났다.

신부들과 수도사들과 수녀들이 결혼했다. 수녀들과 수도사들이 서로 짝을 지어 결혼식을 올렸다. 탁발 수도사들이 머리를 길렀다. 미사에서 쓰는 포도주가 평신도에게 허용되었으며 평신도들은 성체까지도 손으로 만지게 되었다. 신부들은 복장을 갖추지 않고 일반 옷차림 그대로 성례를 집례했다. 미사의 부분 부분이 독일어로 낭송되었다. 죽은 자들을 위한 미사는 중단되었다. 철야 기도가 중단되고, 저녁 기도도 바뀌었으며, 여러 가지 상(像)들은 박살났다. 금식일에도 고기를 먹었다. 후원자들의 기부금도 취소되었다. 학생들이 더 이상 교회 제도의 장학금을 받지 못하기 때문에 대학 등록도 줄어들었다.

이 모든 것이 한스와 그레텔(독일인에게 흔한 이름들로 평범한 독일인을 가리킨다)의 눈을 피할 수 없었다. 교리야 자기들 머리로 얼마든지 생각할 수 있지만 의식은 그들의 일상 종교 생활의 한 부분이었다. 그들은 이제 이 개혁에 뭔가 다른 의미가 담겨 있다는 것을 깨달았으며, 이것이 루터를 괴롭히기 시작했다. 하나님의 아들들의 영광스런 자유가 기껏 복장, 식사, 머리카락의 길이 문제로 전락할 위기에 놓여 있었다. 그러나 그는 처음에는 이 변화에 박수갈채를 보냈다.

맨 먼저 신부들이 결혼했다. 『교회의 바벨론 유수』에서 루터는 인간의 법이 하나님의 명령을 무효로 만들 수 없으며, 결혼 생활은 하나님께서 정해 놓으신 것이므로 사제가 자기 아내와 한 몸을 이루는 것이 참되고 확고한 연합이라고 밝혔다.

『독일 기독교 귀족에게 고함』에서 그는 신부에게는 집안 일 보는 사람이 따를 수밖에 없는데 이런 식으로 남녀를 함께 두는 것은 불에 불쏘시개를 가져다 대면서 타지 말라고 하는 것이나 다름없다고 선언했다. 교회법이 산산조각이 난다 해도 결혼 생활은 신부들에게 자유로워야 마땅했다. 부정(不貞)한 정절을 끝내야 했다. 루터의 충고가 실천에 옮겨지고 있었다.

1521년 세 명의 신부가 결혼했다가 마인츠의 알브레히트에게 붙잡혔다. 루터는 그에게 격렬한 항의문을 보냈다. 알브레히트는 비텐베르크 대학과 상의

했다. 카를슈타트는 독신 생활에 대한 논문으로 답을 대신했다. 거기서 그는 신부들에게 결혼할 자유가 있을 뿐 아니라 한 가정을 거느리는 아버지가 되지 않으면 안 되고 또 그래야 옳다는 점을 주장했다. 의무적인 독신 생활을 그는

주교들, 수도사들, 수녀들이 짝을 지어 결혼하는 모습.

의무적인 결혼 생활과 아버지로서의 임무로 대치하고자 했다. 그러면서 자신도 결혼했다. 아가씨는 귀족 가문으로서 예쁘지도 부유하지도 않으며 열다섯 살쯤인 것으로 묘사되었다. 카를슈타트는 선거후에게 통지를 띄웠다.

각하, 성경을 보니 결혼 생활처럼 크게 칭송되는 것도 없습니다. 또한 결혼은 성직자들에게도 허용되고 있습니다. 그런데 이것이 없어서 가련하게도 마귀의 감방에서 쓰라린 고통을 당해 온 신부들이 많습니다. 그러므로 전능하신 하나님께서 허락하신다면 저는 성 세바스티아누스(Sebastianus) 축일 전날 밤에 안나 모카우(Anna Mochau)와 결혼하겠습니다. 각하께서 쾌히 인준하시길 바랍니다.

루터는 "카를슈타트가 결혼한다는 말을 들으니 참 기쁘다네. 나는 그 아가씨를 알고 있지." 하고 썼다.

하지만 자신은 그렇게 할 마음이 조금도 없었는데, 그것은 자신이 신부일 뿐 아니라 수도사였기 때문이다. 처음에는 카를슈타트가 수도사의 독신 생활까지 공격하는 것을 보고 깜짝 놀랐다. 그는 "맙소사! 우리의 비텐베르크 시민들이 수도사들에게도 아내를 줄까? 나에게는 주지 않을걸!"이라고 쓰기도 했다. 그러나 가브리엘 츠빌링의 불같은 설교를 듣고 아우구스티누스 수도회 수도사들은 수도원을 떠나기 시작했다. 11월 30일, 15명이 물러갔다. 수도원장이 선거후에게 띄운 보고 내용이다.

수도복을 걸친 수도사는 구원받을 수 없다, 수도원들은 마귀의 손아귀에 들어 있다, 수도사들을 내쫓고 수도원은 문을 닫아야 한다는 설교가 판을 치고 있습니다. 그러한 사상이 복음에 바탕을 두고 있는지, 저로서는 크게 의심하는 바입니다.

그러나 이런 상황에서 수도사들을 억지로 되돌려 보내야 옳은가? 아니면 그들에게 결혼을 허용해야 옳은가? 멜란히톤은 루터에게 이 문제를 물었다. "직접 자네를 만나 얘기할 수 있다면 좋겠네마는." 하고 루터는 답장을 보냈다.

내가 보기에 수도사의 경우는 신부의 경우와 다른 것 같군. 수도사는 자발적으로 서약한 사람이네. 자네 말로는 수도 서약이란 이행할 수 없는 것이라서 구속력이 전혀 없다는 거지. 그런 식으로 나가다간 자네, 신성한 교훈을 모조리 폐기하고 말겠군. 자네 얘기로는 서약의 결과는 종살이뿐이라는 거지. 꼭 그렇지만도 않아. 성 베르나르두스(Bernardus)는 서원(誓願) 생활을 즐거워했으니까. 진짜 문제는 서약이 지킬 수 있는 것이냐 아니냐가 아니라 하나님께서 그 서약을 요구하시는가 요구하지 않으시는가일세.

대답을 찾기 위해 루터는 열심히 성경을 뒤졌다. 오래지 않아 그는 자기 마음을 정리했으며 곧 서약에 대한 몇 가지 논제를 비텐베르크로 보냈다. 비텐베르크 성직자들과 교수들이 모인 자리에서 논제들이 낭독되자 성 교회 신부인 부겐하겐(Johannes Bugenhagen)이 판결을 선언했다. "이 제안들이 지금까지의 루터의 가르침과는 달리 공공 기관들을 뒤엎을 것입니다."

이 논제에 이어서 곧바로 『수도 서약』(On Monastic Vows)이라는 논문이 발표되었다. 머리말에서 그는 '나의 가장 사랑하는 아버지께' 자신을 부모의 뜻에 어긋나게 수도사로 만들어 체험을 통해서 수도원 제도가 부당하다는 것을 입증하게 한 섭리의 손길을 이제 와서 알아보게 되었다고 고백했다.

수도 서약은 성경에서 찾아볼 수 없으며 사랑이나 자유와 모순된다. 수도 서약의 기초는, 보통 그리스도인들은 명령을 따르는 것으로 끝나지만, 위대한 그리스도인들은 완전한 덕목을 갖추라는 권고를 지키도록 특별한 하늘의 '부르심'(召命)을 받았다는 거짓된 가정에 근거한다. 루터는 하나님의 부르심은 각자에게 평범한 일을 통하여 내려지기 때문에 특별한 종교적 소명은 따로 없다고 선언했다. 이를 두고 요나스(Justus Jonas)는 "이것이 바로 수도원들을 텅 비게 만들어 버린 책이다."라고 얘기했다.

비텐베르크에 있는 루터의 수도회인 아우구스티누스 수도회에서는 1월에 모임을 갖고, 파계 수도사들을 징계하는 대신, 그 후로부터는 어떤 회원이든 자유롭게 남아 있든지 떠나든지 하자는 결정을 내렸다.

미사

다음으로 의식의 개혁이 따랐다. 이것은 서민에게 더 깊은 영향을 미쳤는데, 이 개혁으로 보통 사람의 일상 신앙 생활이 바뀌었기 때문이다. 이들은 성찬 때 포도주를 마시자는, 자기 손으로 빵과 포도주를 집어 들자는, 미리 고해하지 않고도 성례에 참석해도 좋다는, 성례 때 모국어를 사용하자는 그리고 마음 대로 성가를 부르자는 초청에 끌리고 있었다.

루터는 가장 뜻깊은 여러 가지 변화에 대한 이론의 터전을 마련했다. 그의 주장에 따르면 미사는 하나의 희생제사가 아니라 하나님께 감사드림이요, 신자들끼리의 사귐(성찬의 의미도 있다)이다. 미사가 하나님의 노여움을 풀어드리는 뜻에서의 제사가 아닌 것은 더 이상 하나님께서는 노여움을 풀 필요가 없기 때문이요, 그것이 무엇을 제물로 바친다는 뜻에서의 봉헌이 아닌 것은 사람이란 하나님께 아무것도 바칠 수 없고 오로지 받을 뿐이기 때문이다.

그렇다면 미사에서 사용되는 '거룩한 제사', '봉헌' 그리고 '봉헌 제물들'이라는 표현은 어떻게 되는 것인가?『교회의 바벨론 유수』에서 루터는 이것들을 상징적으로 설명했지만 바르트부르크에서는 보다 더 극적인 개념을 포착했다.

"교회법의 표현은 명백하다. 그리고 성경의 표현도 명백하다. 교회법이 복음에 굴복해야 한다." 이렇게 되면 의식이 바뀔 수밖에 없었다.

미사 가운데는 특히 제사의 성격을 띤 것이 하나 있었다. 이것은 세상을 떠난 영혼들에게 도움이 되도록 드리는 개인적인 미사였다. 이 영혼들을 위해 담당 신부는 하나의 제사를 드렸으며 그들이 아무래도 참석할 수 없었으므로 신부 혼자서 성찬식을 가졌다. 이런 미사를 가리켜 개인적인 미사라고 부르게 된 것은 그것이 개인적으로 기부되었고 개인적으로 집례되었기 때문이다.

루터는 먼저 제사의 개념에, 다음으로 회중이 참석하지 않는 데 반대했다. 『교회의 바벨론 유수』에서는, 담당 신부들이 그러한 미사를 그날의 할당량을 해치우는 식으로 단숨에 마치지 않고 경건한 정신으로 진행하기만 한다면 그것을 담당 신부들 편에서 보았을 때 개인적인 헌신으로 얼마든지 용인할 뜻을 비쳤다. 그러나 바르트부르크에서는 더욱 단호한 입장에 도달했다.

8월 1일 그는 멜란히톤에게 "다시는 개인적인 미사는 드리지 않겠네."라고 편지했다. 루터는 개인적인 미사 철폐에 관한 책자의 결론을 현인 프리드리히에게 보내는 탄원문으로 끝맺었다. 거기서 그는 이 현인에게 그리스도의 거룩한 무덤(聖墓)을 해방시키려던 붉은 수염왕 프리드리히(Friedrich I)의 십자군 원정을 본받도록 요구했다. 곧 프리드리히가 개인적으로 베풀었던 모든 미사를 집어치움으로써 비텐베르크에서 복음을 해방시키라는 얘기였다. 때마침 25명의 신부들이 고용되어 성 교회에서 그런 미사를 올리고 있었다.

후스파 사람들이 제기한 오래된 문제, 곧 평신도에게 빵과 마찬가지로 포도주도 주어야 하는가 하는 문제에 대해서 루터와 비텐베르크 사람들은 사도 시대의 관습을 회복시키자는 데 의견을 모았다.

성찬에 임하기 전에 금식과 고해가 있어야 하느냐 하는 문제에 대해서 루터는 아무래도 좋았다. 사제가 빵과 포도주를 높이 쳐들어야 하는가 하는 점에서는 견해가 달랐다. 카를슈타트는 그런 행동은 제물을 들어 올리는 것이나 다름없으므로 배척해야 한다고 나섰으나 루터는 경외의 상징에 지나지 않으므로 그대로 두어야 한다고 맞섰다.

폭력이 시작되다

이 정도의 일치면 분명히 행동을 정당화하기에 충분했다.

멜란히톤은 9월 29일 교구의 교회에서 몇 명의 학생들에게 빵과 포도주로 성찬을 집례함으로써 첫발을 내디뎠다. 아우구스티누스 수도회 수도원에서는 츠빌링이 수도사들에게 미사가 개혁되기 전에는 집례하지 말라고 강력히 호소했다. 수도원장은 미사를 변형시켜 불구로 만드느니 차라리 미사를 올리지 않겠다고 맞섰다. 결과적으로 아우구스티누스 수도회 수도원에서는 10월 23일로 미사가 중단되었다.

성 교회에서는 만성절인 11월 1일, 곧 유물이 전시되고 면죄가 베풀어지는 바로 그날, 요나스가 면죄를 어리석은 짓으로 몰아붙였으며 철야 기도와 개인적인 미사 철폐를 강력히 주장했다. 앞으로 그는 성찬받을 사람이 참석하기 전에는 미사를 올리지 않겠다고 밝혔다.

대중의 폭력이 시작되었다. 학생들과 읍민들이 구교 신자들을 어찌나 위협하던지 신실한 아우구스티누스 수도회 사람들은 자신들과 수도원의 안전을 두고 두려워할 정도였다. 선거후는 당황했다. 제후로서 그는 공공질서의 책임을 지고 있었다. 그리스도인으로서는 참된 신앙에 관심이 있었다. 그는 성경의 뜻을 밝히 알고자 했으며 그러기에 한 위원회를 구성했다. 그러나 이 위원회에서는 의견의 일치를 볼 수 없었다. 대학, 아우구스티누스 수도회, 성 교회의 참사회를 포함해서 비텐베르크에 있는 어느 그룹도 한 가지 의견을 낼 수 없었다. 슈팔라틴은 "뒤죽박죽이군. 저마다 딴 짓이니." 하고 말했다.

구교의 수도회에서는 하나님께서 자기 교회가 그처럼 오랫동안 속아 살게 하셨을 턱이 없다는 이론을 내세웠다. 최소한 만장일치를 볼 때까지만이라도 변화는 보류되어야 하며 성직자들을 괴롭히는 일이 없어야 한다고 얘기했다. 현인 프리드리히는 한 걸음 더 나아가 미사는 하늘에서 내려 주신 것이요, 미사가 중단되면 은사가 중단된다고 지적했다. 어떻게 신부가 결혼하기를 바라고, 미사 올리는 것을 그만두며, 그러면서 급료받기를 바랄 수 있는지 프리드리히에게는 도무지 이해되지 않았다. 미사의 변화는 모든 기독교 세계에 영향을 미치는 문제라고 그는 이론을 제기했다. 만약 비텐베르크와 같은 조그만 도시가 의견의 일치를 보지 못한다면 나머지 온 세상 사람들은 꿈쩍도 안 할 것이었다. 무엇보다도 분열과 소란은 조금도 없어야 했다.

복음주의자들은 그리스도와 사도들이 비록 적은 수였지만 소란이 무서워 개혁을 미루지는 않았다는 예를 들어 답변했다. 과거에 조상들은 미사를 뒷바라지했지만 그들이 살아나서 더 나은 교훈을 받는다면 흔쾌히 믿음을 보다 더 나은 방향으로 발전시키는 데 돈을 댈 것이라는 얘기였다. 구교 신자들은 반박했다. "당신들의 숫자가 적다 해서 당신들이 그리스도와 사도들의 위치에 있는 것으로 생각할 필요까지는 없지."

루터는 이 순간 '적은 사람들'(the handful, '성가신 사람들'이라는 뜻도 있다)을 지지했으며 사건의 진전이 너무도 느린 걸 못마땅해했다. 그는 슈팔라틴에게 『수도서약』(On Monastic Vows), 『개인적 미사의 철폐』(On the Abolition of Private Masses), 『마인츠의 대주교 공박』(A Blast against the Archbishop of Mainz)이라는 논문의 원고를 부쳤다. 하나도 출판되지 않았다. 루터는 남모르게 비텐베르크에 가서 그 이유를 캐보기로 결심했다.

제12장 유랑자 돌아오다
비텐베르크로 돌아와 과격주의 개혁론을 진정시키다

비텐베르크로 되돌아가는 것은 이루 말할 수 없이 용감한 일이었다. 루터가 그만한 위험에 놓이기는 처음이었다. 카예타누스와 면담할 때나 보름스에서나 그는 교회와 제국의 금제 조치를 받지 않은 상태였으며 현인 프리드리히는 언제나 도피처를 제공할 자세를 갖추고 있었다. 그러나 이번에는 의회나 황제가 자신을 넘겨줄 경우 아무 데도 보호를 요청할 수 없다는 것을 루터는 실감했다. 그러나 그는 오래전부터 만군의 여호와만을 신뢰하기로 굳게 다짐했었다.

 자기 어머니도 몰라볼 정도로 덥수룩하게 수염을 기른 유랑자가 바르트부르크를 떠나 1521년 12월 4일 비텐베르크에 나타났다. 그는 동지들이 그즈음 개혁으로 끌어들인 모든 것이 흡족했으나, 자신의 최근작이 출판되지 않는 데 대해서는 비위가 상했다.

슈팔라틴이 그걸 움켜쥐고 인쇄업자에게 넘겨주지 않았다면, 그보다 더 지독한 책이 나올 것이라고 얘기해 줄 참이었다. 이 말을 듣자 슈팔라틴은 수도서약과 개인적인 미사에 대한 책은 내놓았지만 알브레히트에 대한 공격은 그대로 쥐고 있었으므로 영영 햇빛을 보지 못했다.

루터는 만약 프리드리히가 자신의 유물 수장품을 흩어 버리고 그걸 싼 금은 상자를 모조리 가난한 사람들을 돕는 데 기부하지 않으면 그도 공박을 받을 것이라는 소문을 비텐베르크에 퍼뜨렸다. 이 순간 루터는 분명히 종교 개혁에 박차를 가하고 있었다.

그러나 그 수단은 폭력에 의해서가 아니었다. 그가 비텐베르크에 도착하기 바로 전날 난동이 벌어졌었다. 학생들과 읍민들이 망토 밑에 칼을 숨긴 채 교구 교회에 침입하여 제단에서 미사 경본을 내동댕이치고 신부들을 몰아냈다.

성모 마리아에게 개인적으로 예배드리던 자들은 돌 세례를 받았다.

루터가 도착하던 날은 프란체스코 수도회 사람들이 혼이 났다. 거기다가 이것이 최악의 것은 아니었다. 어쩌면 이 소란을 학생들의 장난으로 변명할 수도 있었겠지만, 루터는 바르트부르크로 가고 오는 동안 군중들 틈에서 혁명의 기질이 싹트는 것을 느꼈다.

그래서 서둘러 폭력에 호소하는 일이 없어야겠다는 경고를 발표했다. "명심하십시오. 적그리스도는 다니엘이 말했듯이 사람의 손이 닿지 않아도 파괴되게 되어 있습니다. 폭력을 쓰면 그를 더욱 강자로 만들 뿐입니다. 설교하고 기도합시다. 그러나 싸우지는 맙시다. 이건 모든 강제를 배제하는 것이 아닙니다. 강제는 당국에서만 행사할 수 있습니다."

그러나 그동안 비텐베르크 당국은 억제하는 입장이었다. 선거후 프리드리히는 12월 19일 하나의 명령을 발표하면서 토론은 얼마든지 계속할 수 있지만 만장일치가 이루어질 때까지는 미사에 어떤 변화도 허용치 않을 것이라고 밝혔다.

이것을 받아서 카를슈타트는 선거후를 반박하기로 하고 자신의 미사 집례 차례인 새해에는 온 읍민이 양종(兩種) 성찬(빵과 포도주 모두를 배령하는 성찬식)을 가질 것이라고 광고했다. 선거후는 가로막았다. 그러나 카를슈타트는 한술 더 떠서 자기 차례를 크리스마스 미사로 바꾸고 겨우 그 전날 밤에야 공식적인 초청장을 띄웠다.

대중은 흥분했으며 크리스마스 이브를 난동으로 축하했다. 군중들은 교구 교회에 침입하여 등을 모조리 박살내고, 신부들을 위협하고, 교회를 휘저으면서 '내 색시 신발 어디 갔나'(My Maid Has Lost Her Shoe)라는 노래를 불렀다. 바깥 뜰에서는 성가대에 대고 목청껏 고함을 질러 댔다. 마지막으로 그들은 성 교회로 가서 신부가 축도를 올리자 그에게 "염병과 지옥불이나 내려라." 하고 소리쳤다.

혼란

크리스마스 날 2,000명의 사람이 성 교회에 모여들었다. '읍 전체'가 모였다고 한 연대기 작가는 얘기했다. 전체 인구가 2,500명이었으니 틀린 얘기는 아니었다.

카를슈타트는 미사 제복을 걸치지 않고 평상시 입던 검정 신부복 차림으로 미사를 집례했다. 그는 설교에서 사람들에게, 성례를 준비하느라 금식이나 고해를 할 필요는 없다고 얘기했다. 먼저 사죄를 꼭 받아야겠다는 사람이 있다면 그는 성례 그 자체에 대한 믿음이 없는 사람이었다.

필요한 것은 믿음뿐이다. 믿음과 마음속 깊은 곳에서 우러나오는 뉘우침이면 족하다. "여러분이 믿기만 하면 그리스도께서는 여러분을 그분의 복된 상태에 참여하게 하십니다. 그분은 여러분을 정결케 하셨으며 그분의 약속으로 여러분을 거룩하게 하셨습니다. 그보다 더 좋은 것은 그리스도께서 여러분 앞에 서 계시다는 사실입니다. 그분은 여러분에게서 모든 고생과 의심을 제거하심으로써 여러분이 그분의 말씀으로 복된 상태에 들어가게 됨을 일깨워 주십니다."

이어서 카를슈타트는 미사문을 아주 짤막하게 라틴어로 낭송하면서 희생 제사와 관계되는 문구는 모조리 빼 버렸다. 빵과 포도주에 축도하고 분배하는 대목에서 그는 라틴어에서 독일어로 바꿨다. 평생에 처음으로 2,000명의 군중은 모국어로 "이것은 새롭고 영원한 언약과 믿음의 진수에 대한 내 피의 잔이니 죄 사함을 얻게 하려고 너희를 위하여 흘리는 것이라."라는 말씀을 들었다.

성찬 배수자(拜受者) 가운데 한 사람은 너무 떨리는 바람에 그만 빵을 떨어뜨리고 말았다. 카를슈타트는 그에게 도로 집으라고 얘기했다. 그러나 그는 앞으로 나와 쟁반에 있는 성스러운 빵조각을 집을 수 있는 용기가 있던 사람이었음에도 불구하고, 그것이 바닥에 떨어져 더럽혀지는 것을 보는 순간 하나님의 몸에 신성모독을 범했다는 공포에 질린 나머지 다시는 그것을 만질 수 없었다.

카를슈타트의 통솔 아래 비텐베르크 읍 의회는 첫 종교 개혁 규례를 발표했다. 앞으로 미사는 카를슈타트가 집례했던 대로 진행되어야 했다. 사회 개혁에 대한 루터의 견해가 보충되었다. 구걸은 금지되었다. 정말로 가난한 자들은 공공 기금으로 부양해야 했다. 매춘도 금지되었다. 그리고 교회에서 상(像)을 제거해야 한다는 아주 새로운 조항이 따랐다.

여러 가지 상, 그림, 성인들과 동정녀 마리아의 조상, 그리스도의 십자가 수난상에 대한 문제가 지난 몇 주 동안 크게 부각되고 있었다. 츠빌링은 성상 파괴 난동을 이끌면서 제단을 뒤엎고, 성인들의 상과 그림을 때려 부쉈다.

이 아이디어의 장본인은 카를슈타트였다. 그는 당당하게 성경을 인용했다. "너를 위하여 새긴 우상을 만들지 말고 또 위로 하늘에 있는 것이나 아래로 땅에 있는 것이나 땅 아래 물 속에 있는 것의 어떤 형상도 만들지 말라." 이 말씀은 카를슈타트 자신의 체험에 의해 더 강화되었다. 그는 너무 여러 가지 상에 집착하다 보니 참된 예배를 드릴 수 없었다. "하나님은 영이시니" 영적인 예배를 드리지 않으면 안 되었다. 그리스도는 영이지만 그리스도의 상은 나무나 금

상(像) 파괴자들을 비난하는 풍자화.

은이다. 그리스도의 십자가 수난상을 묵상하는 사람은 그리스도의 영적인 고난보다는 그분의 신체적인 고통만 생각하기 쉽다.

종교 미술에 대한 공격에 이어서 종교 음악에 대한 공격이 뒤따랐다. "오르간, 나팔, 피리는 극장으로 추방하라."라고 카를슈타트는 말했다.

천 곡의 시편 칸타타보다 마음에서 우러나오는 한마디의 기도가 훨씬 낫다. 오르간의 음란한 가락은 세상의 여러 가지 생각을 불러일으킬 뿐이다. 그리스도의 고난을 묵상해야 할 시간에 피라무스(Pyramus)와 티스베(Thisbe)의 연애를 생각나게 할 뿐이다. 반드시 노래가 있어야 한다면 독창으로 제한하라.

비텐베르크가 이렇게 인습 타파 운동으로 소동을 일으키고 있을 때 보헤미아 국경 가까운 곳에 있는 츠비카우에서 세 명의 평신도가 도착했다. 이들은 주의 선지자들로 자처하면서 전능자와 친밀한 대화를 가졌다고 주장했다. 그들은 더 이상 성경을 필요로 하지 않았으며 성령만 신뢰했다. 만약 성경이 중요하다면 하나님께서 직접 하늘에서 떨어뜨려 주셨을 것이라는 얘기다. 그들은 유아 세례를 공박하면서 불경건한 자들을 살육해 버리고 경건한 자들의 왕국을 빨리 세우자고 외쳤다. 그 방법으로는 투르크족의 손을 빌리든 경건한 자들의 손을 쓰든 상관없다는 식이었다.

그들의 얘기를 들은 멜란히톤은 어이가 없었다. 그는 선거후에게 이런 편지를 띄웠다.

큰일 났다는 말로는 표현이 부족합니다. 그들을 판단할 수 있는 사람으로 루터 말고 또 누가 있을지 모르겠습니다. 복음이 위태롭습니다. 그들이 루터와 얘기를 나눌 수 있도록 해야겠습니다. 그들도 그걸 원하고 있으니까요. 문제가 그렇게 심각하지 않았다면 제가 펜을 들지도 않았을 것입니다.

삼가 하나님의 영을 거스르는 일도 없어야겠지만 마귀에게 붙잡혀서도 안 되겠습니다.

그러나 루터와 그런 논쟁을 갖도록 하는 것은 루터에게 위험하고 또 비텐베르크에도 환난을 초래할 것으로 보였다. 비텐베르크는 이미 할 일이 산적했고, 슈팔라틴의 의견에 동조하고 있었다.

루터는 그의 편지에서 이 선지자들을 종교적인 이유로 배척했다. 그들의 얘기가 너무 유창했기 때문이다.

영적인 문제에 정통한 사람이란 사망의 골짜기를 통과해 가는 사람들이지. 이 사람들이 삼층천에 들려 올라갔다는 달콤한 얘기를 한다 해서 믿지 말게. 하늘의 왕께서는 직접 인간들에게 말씀하시는 법이 없어. 하나님은 이글거리는 불일세. 여러 성인들의 꿈과 비전은 끔찍스럽지. ……뭇 영들의 진가를 입증하게나. 자네가 그렇게 할 수 없거든 가말리엘의 권면을 따라 기다려 보게나.

또 다른 편지에서 그는 이렇게 덧붙였다.

나는 우리가 칼을 쓰지 않아도 이 선동자들을 제지할 수 있을 것으로 보네. 제후께서 그들의 피로 손을 더럽히시는 일이 없기를 바라네. 그들 일로 내가 가야 할 이유가 조금도 없군.

현인 프리드리히는 덩달아 일어나는 소요로 미칠 지경이었다. 이번에는 오른편에서 터졌다. 비텐베르크의 시끄러운 행동들이 경계선 밖 게오르크 공작의 귀에까지 들어갔으며 작센 지역 두 가문의 뿌리 깊은 경쟁이 이 신앙의 틈을 그냥 놔두지 않았다.

루터는 얼마 안 있으면 그를 반대하는 교황, 게오르크 공작, 마귀 삼총사를 격퇴할 참이었다. 이 순간은 공작이 그 셋 가운데 가장 적극적이었다. 그는 뉘른베르크의 의회에 참석 중이었으며 대의원들을 설득하여 현인 프리드리히와 마이센의 주교에게 다음 내용을 띄우게 했다. 마이센의 주교는 이때 비텐베르크 지역에 대한 종교적 관할권을 쥐고 있었다.

> 듣자 하니 신부들이 평상복 차림으로 미사를 집례하면서 주요 부분을 생략한다는군요. 그들은 성체를 독일어로 축복하며 배수자들은 미리 고해할 필요가 없다고 하죠. 빵과 포도주를 자기들 손으로 집구요. 우리 주님의 보혈을 성찬배(聖餐杯)가 아니라 보통 잔으로 돌린다는군요. 어린아이들도 성체를 받구요. 신부들을 폭력으로 제단에서 끌어내린다지요. 신부들과 수도사들이 결혼하며, 일반 사람들은 천박한 행동과 위법 행위를 일삼는다는군요.

이 소식을 듣고 마이센의 주교는 현인 프리드리히에게 자기 관할 지역을 방문하게 해달라고 요청해 왔다. 프리드리히는 동의했다. 그러나 위반자들을 징계한다는 약속은 하나도 비치지 않았다. 그 후 2월 13일 프리드리히는 대학과 성 교회의 참사회에 자신의 지시서를 내렸다.

> 우리의 행동이 지나쳤소. 일반 사람까지 마구 천박한 행동을 하도록 선동되고 있으며 어느 누구에게도 덕이 되지 못하고 있습니다. 믿음이 약한 사람들을 생각했어야 합니다. 다음 지시가 있을 때까지는 상(像)들을 그대로 놔두도록 하시오. 구걸의 문제는 검토하도록 합시다. 미사의 주요 부분은 하나도 빠뜨리지 말아야겠어요. 미심쩍은 조항들은 토론하도록 합시다. 카를슈타트는 더 이상 설교하는 일이 없도록 하시오.

이 문서는 어느 모로 보나 여러 가지 개혁의 완전 부정으로 볼 수 없다. 프리드리히는 단순히 일단 정지를 요청하며 더 숙고해 보자는 식으로 달랬다. 그러나 1월의 읍 규례만은 강력히 부정했다. 앞으로 개혁할 분야가 있다면 읍별로가 아니라 영지별로 이뤄져야 한다는 각오였다. 이것은 다음 역사에서 나타난 독일의 방식이기도 했다.

카를슈타트는 복종하면서 설교하지 않기로 동의했다. 츠빌링은 비텐베르크를 떠났다.

돌아오라는 초청

그러나 읍 의회는 마르틴 루터에게 돌아오라는 초청을 띄움으로써 선거후에게 맞서기로 결정했다. '비텐베르크 의회와 전 읍민'의 이름으로 된 초청장이 그에게 보내졌다. 선거후가 자신들의 규례를 무효로 돌린다면 이 모든 운동의 주인공을 데려오겠다는 심산이었다. 어쩌면 그들은 루터가 중도적인 영향을 발휘해 주기를 기대했을지도 모른다.

카를슈타트와 츠빌링은 시들어 가는 선동자들이었다. 멜란히톤은 동요되어 과격한 사람들을 피해 떠나려는 생각을 품고 있었다. 그는 터놓고 "댐이 터졌어. 나로서는 그 물살을 막을 수 없군."이라고 얘기했다. 의회로서는 바르트부르크 이외에 어느 곳에서도 지도력을 찾아볼 수 없었다. 그래서 선거후와 상의하지 않고, 아니 알리지도 않고 루터에게 돌아오라고 초청했다.

루터에게도 돌아가고 싶은 마음이 없는 것은 아니었다. 일찍이 지난 12월 그는 부활절이 지나기까지 그곳에 숨어 있고 싶지 않다는 의사를 비쳤다. 한 권의 설교집과 신약 번역을 마칠 때까지만 머무르고 싶어했다.

그 다음에는 구약 번역에 착수하되 비텐베르크 가까운 곳에 정착하여 자기보다 히브리어에 더 정통한 동료들의 도움을 받고 싶다고 제안했었다. 당시 그의 이러한 학구적인 관심은 비텐베르크의 지배권을 잡아 보겠다는 어떠한 욕망보다도 더 동기를 부여했다. 그러나 읍과 읍민들로부터 직접 날아온 초청장은 그에게 하나님의 부르심과도 같았다.

작센의 선거후 현인 프리드리히.
루카스 크라나흐 作.

루터는 정중하게 선거후에게 자신의 의도를 전달했다. 프리드리히는 답장에서 자신이 한 일이 너무 불충분했던 것 같다고 얘기했다. 그러나 그가 해야 할 일은 무엇인가? 하나님의 뜻을 거스르고 싶지도 않았지만 무질서를 부채질할 수도 없는 그였다.

뉘른베르크 의회와 마이센의 주교가 개입하겠다고 으름장을 놓고 있는 판국이었다. 만약 루터가 돌아온 다음에 교황과 황제가 그를 해치려고 끼어든다면 선거후의 기분이 좋을 리 없었다. 그러나 선거후가 반대한다면 그 지역에 대혼란이 벌어질 참이었다.

선거후는 고난받을 각오가 되어 있었지만 그것이 무엇을 위한 고난인지는 알고 싶어했다. 그 십자가가 분명히 하나님께서 주시는 것이라면 달게 받겠지만 비텐베르크의 상황에서는 누가 요리사고 누가 웨이터인지 아무도 설명할 수 없었다. 의회가 곧 새로 소집될 예정이었으므로 그동안만 루터가 잠자코 있어 주면 되었다. 시간이 지나다 보면 일이 크게 바뀔지도 모를 일이었다.

루터가 답장을 보냈다.

제가 편지를 쓴 것은 제후님을 생각해서였지 저를 위해서가 아닙니다. 제 마음이 괴로운 것은 복음이 비텐베르크에서 멸시받기 때문입니다. 복음이 우리 편임을 확신하지 않았다면 일찍이 포기했을 것입니다. 이것에 비하면 지금까지의 제 모든 고통은 아무것도 아닙니다. 이것을 위해서라면 제

목숨을 기꺼이 바칠 수 있습니다.

지금 벌어지고 있는 것은 하나님이나 세상의 일이 아닙니다. 마귀의 짓입니다. 제게 있어서 복음은 사람들에게서 온 것이 아니지요. 양보는 멸시를 가져올 뿐입니다. 저는 마귀에게 한 치도 양보하지 않겠습니다. 1년 동안 숨어 있는 것으로 제후께 대한 예의는 충분히 나타낸 것으로 봅니다. 그렇게 숨어 있었던 것은 겁이 많아서가 아니었습니다. 마귀도 알고 있듯이 보름스에 깔려 있는 마귀의 숫자가 지붕 위의 기왓장 수만큼 되더라도 그곳에 들어가려 했던 저요, 라이프치히에서 게오르크 공작만한 우박이 9일간 쏟아졌어도 그곳으로 말고삐를 잡으려 했던 저입니다.

한 가지 알고 계셔야 할 것이 있는데, 제가 비텐베르크로 가는 것은 제후님의 보호보다 더 높은 보호를 믿기 때문이라는 점입니다. 저를 보호해 달라는 요청은 드리지 않겠습니다. 당신께서 절 보호하는 것보다는 제가 더 당신을 보호할 것입니다. 당신께서 저를 보호해야 한다고 생각했다면 돌아가려 하지 않았을 것입니다. 이것은 검이 처리할 문제가 아니라 하나님께서 처리할 문제입니다. 그리고 당신은 믿음이 약하므로 저를 보호할 수 없습니다.

당신이 해야 할 일이 뭐냐고 물으시면서 그동안 일을 너무 적게 했다는 생각이 든다는 말씀을 하셨죠? 아닙니다. 당신은 너무 많은 일을 했으니 이제는 하나님께 맡기셔야 합니다. 제가 체포되거나 살해되더라도 그것은 당신의 책임이 아닙니다. 제후로서 당신은 황제에게 순종할 뿐 어떠한 저항도 해서는 안 됩니다. 무력을 사용하도록 정해진 사람이 아니고는 아무도 그걸 사용하지 말아야 합니다. 그렇지 않으면 하나님께 반역하는 것입니다.

그렇다고 저를 비난하는 행동이야 하지 않으시겠지요. 당신께서 문을 열어 놓으시면 그것으로 충분합니다. 그들이 그 이상의 일을 당신께 요구한다면 그때 가서 할 일을 말씀드리겠습니다. 제후께 눈이 있다면 하나님의 영광이 보일 것입니다.

비텐베르크로 되돌아옴

비텐베르크로 되돌아가는 것은 이루 말할 수 없이 용감한 일이었다. 루터가 그만한 위험에 놓이기는 처음이었다. 카예타누스와 면담할 때나 보름스에서나 그는 교회와 제국의 금제 조치를 받지 않은 상태였으며 프리드리히는 언제나 도피처를 제공할 자세를 갖추고 있었다. 그러나 이번에는 의회나 황제가 자신을 넘겨줄 경우 아무 데도 보호를 요청할 수 없다는 것을 루터는 실감했다.

보름스에서는 지킹겐, 후텐 그리고 기사들로 구성된 제2 방어선이 있었다. 이 성벽은 쉽게 무너지고 말았다.

지킹겐은 보름스 사건 후로 무모하게도 영지 제후들과 주교들을 짓밟고 독일 기사들의 파멸을 막아 보려고 시도했었다. 이 공격의 초점은 제후 주교이자 선거후요 트리어의 대주교인 리하르트 폰 그라이펜클라우였다. 전에 루터에게 도움을 자청했던 수많은 기사들이 지킹겐에게 합세했지만 그의 시도는 처음부터 벽에 부딪혔다. 그것은 그가 전에 약탈했던 지역의 희생자들이 트리어 쪽으로 합류하면서 그를 그의 성 중 한 곳에 몰아넣었기 때문이다. 거기서 그는 부상을 입고 죽었다.

후텐은 에베른부르크에서 매독으로 고생하고 있어서 이때 그를 도울 수 없었다. 그러나 후텐은 가끔 건강이 회복되는 틈을 이용해서 싸움을 벌였는데 이른바 그가 말하는 신부 전쟁이었다. 이것은 주로 수도원을 터는 일이었다. 지킹겐이 실패하자 그는 스위스로 도망쳤다. 마침내 취리히 호수의 한 섬에서 그의 유성(流星) 같던 생애가 지글거리다 꺼졌다. 지킹겐의 약탈에 참여했던 기사들은 재산을 몰수당했다.

루터가 이들에게 의존했다면 그들은 꺾여진 갈대 꼴이었을 것이다. 그러나 그는 오래전부터 만군의 여호와만을 신뢰하기로 굳게 다짐했었다. 여호와께서는 자녀들이 사자굴 속에 있다 해서 항상 구해 주시는 분은 아니다.

루터가 고향으로 되돌아가던 여정의 일화가 한 스위스 연대기 작가에 의해 기록되어 있다. 작가는 그 당시의 비화에서 한 친구와 함께 비텐베르크로 가는 길에 폭풍우를 피하려고 튀링겐 마을 검은 곰 여관에 들렀을 때 일어난 일을 소개한다. 그들이 남루한 옷을 입은 채 여관 주인의 안내를 받아 들어선 방에는 텁수룩하게 검은 수염을 기른 한 기사가 진홍색 망토에 양털로 짠 꼭 끼는 바지를 입고 앉아 있었다. 그때 이 기사는 한 손에는 책을 들고 한 손으로는 칼자루를 만지고 있었다. 그는 벌떡 일어나서 진흙투성이 여행자들을 친절하게 맞아들인 다음 마실 것을 나누어 주었다. 그들이 보니 그의 책은 히브리어로 되어 있었다.

그들은 그에게 루터가 비텐베르크에 있는 것으로 아느냐고 물었다. "그는 지금은 분명히 거기 없지만, 앞으로는 거기 있을 거요."라고 그는 말했다. 이어서 그 기사는 스위스 사람에게 루터에 대해서 어떻게 생각하느냐고 물었다.

여관 주인은 여행객이 루터에게 호의적인 것을 알고 저 기사가 바로 루터라고 귀띔해 줬다. 스위스 여행객은 그 말을 믿을 수 없어서 후텐의 이름을 잘못 얘기한 것으로 생각했다. 다음날 아침 헤어지면서 그들은 기사에게 후텐이 아니냐고 물었다. "아뇨, 그는 루터예요." 하고 여관 주인이 참견했다.

기사는 웃었다. "당신들은 날 후텐이라 하고 저 양반은 날 루터라 하는군요. 어쩌면 난 마귀가 아닌지요." 일주일 안에 그들은 비텐베르크에서 그를 다시 만났다.

루터가 그곳에서 해야 할 첫 과제는 신뢰와 질서를 회복하는 일이었다. 건장한 체구와 유창한 음성으로 그는 설교대에서 인내와 사랑과 믿음이 약한 사람들을 참작하자고 강조했다. 그는 청중들에게 아무도 남을 대신해서 죽을 수 없고, 아무도 남을 대신해서 믿어 줄 수 없으며, 아무도 남을 대신해서 인생을 책임질 수 없음을 일깨웠다. 그러므로 각 사람은 마음으로부터 완전한 확신을 가져야 했다. 어느 누구도 겁을 주어서 믿게 할 수는 없다.

제단들을 부수고, 상들을 박살내며, 신부들의 머리채를 잡아당기는 일은 루터에게 있어서 지금껏 교황 제도가 자기에게 가한 어느 공격보다 더 큰 것이었다. 어쩌면 자신은 그의 추종자들보다 로마 쪽에 더 가까운지도 모른다는 생각이 들기 시작했다. 자신을 공격하는 사람들이 자기를 가리켜 '분쟁, 전쟁 그리고 반란'의 원인이 될 것으로 예언한 적이 있는데 이것이 너무도 확실하게 들어맞는 걸 보자 그는 몹시 마음이 아팠다. 그는 이렇게 호소했다.

사람들에게 시간을 줍시다. 저는 3년 동안의 꾸준한 연구, 묵상, 토론을 거치고서야 오늘의 제가 되었습니다. 그런 문제에 대해 배우지 않은 보통 사람이 석 달 동안 그 여정을 마치기를 기대할 수 있겠습니까?
악용되는 대상을 없애 버리면 악습이 사라질 것이라고 생각하지 마십시오. 남자들이 술과 여자를 잘못 사용할 수 있습니다. 그렇다고 술을 금지하고 여자를 없애야겠습니까? 해와 달과 별들이 지금까지 예배의 대상이 되고 있습니다. 그렇다고 그것들을 하늘에서 뽑아 버리겠습니까? 그러한 성급함과 횡포는 하나님에 대한 신뢰가 결여되어 있다는 증거일 뿐이죠. 저는 기도와 설교밖에 하지 않았는데 하나님께서 저를 통해 얼마나 많은 걸 이루셨나 보십시오. 말씀이 이 모든 일을 해낸 겁니다. 마음만 먹었다면 저는 보름스를 온통 불바다로 만들어 버릴 수도 있었습니다. 그러나 제가 조용히 앉아서 멜란히톤(Philipp Melanchthon)과 암스도르프(Nikolaus von Amsdorf)와 더불어 맥주를 마시는 동안 하나님께서는 교황 제도에 치명타를 입히셨습니다.

이러한 호소를 여러 번 듣고 츠빌링은 성찬식에서 호들갑을 떨며 집례하는 것을 그만두기로 했으며, 루터는 정중하게 그에게 츠비카우의 사제직을 추천했다. 그곳은 이른바 '츠비카우 선지자들'의 신비주의 운동이 일어났던 곳이다. 카를슈타트는 이웃 오를라뮌데의 회중을 맡았다. 마침내 비텐베르크가 손에 들어오게 되었다.

이어서 루터는 선거후를 상대하려고 돌아섰다. 이때 선거후는, 루터가 바르트부르크에서 돌아오는 데 자신이 전혀 공모하지 않았음을 밝히는 성명이 루터 자신에게서 나오기를 바라고 있었다. 루터는 기꺼이 거기에 따랐지만 편지 중간에, 하늘에서는 일이 뉘른베르크에서와 다르게 결정되었다는 말을 집어넣었다. 프리드리히는 '뉘른베르크에서' 대신 '땅에서'로 바꾸는 게 어떻겠느냐고 제의했다. 루터는 여기에도 따랐다.

제13장 유일한 기초

종교와 윤리의 원리를 오직 예수 그리스도의 기초 위에 놓다

루터가 민주주의자였는가, 귀족 정치주의자였는가, 전제주의자였는가, 그 밖에 또 무슨 주의 자였는가를 캐는 것은 부질없는 일이다. 그에게는 종교가 인간의 으뜸가는 목표요 다른 모든 것은 가장자리에 있었다. 그리고 그가 염두에 두고 있던 종교는 물론 기독교였다. 그와 같은 시대 사람이라면 누구나, 그것이 비록 민족적인 또는 유럽적인 자존심으로 그치는 얘기라 해도, 그렇게 얘기했을 것이다. 그러나 루터가 그렇게 얘기한 것은 하나님께 접하려는 그 어떤 시도도 모두 글자 그대로 막다른 골목이요 오로지 예수 그리스도를 통한 하나님의 자기 노출 밖에 없다는 것을 몸소 체험했기 때문이다.

 외면상 루터는 생애의 전환점에 이르렀다. 야당의 지도자가, 아주 좁은 의미에서이긴 하지만 정부의 지도자로 부름을 받았다. 물론 이 변화가 절대적인 것은 아니었다. 그는 처음부터 건설적이었으며 끝까지 교황 제도의 껍질을 벗겨 내는 작업을 중단하지 않았기 때문이다. 그럼에도 불구하고 이 변화는 '적그리스도의 저주스러운 교서'에 대해 마구 욕설을 퍼붓던 역할이 교회, 국가, 사회의 새로운 모형과 교회의 새로운 헌법, 새로운 의식, 모국어로 된 새로운 성경을 제공하는 역할로 바뀔 만큼 엄청났다.

이 사명을 완수하는 데 있어서 고려할 점이 두 가지 있었다. 첫째는 루터가 구체적으로 실현시키고자 했던 원리들과 관계되고, 둘째는 이 이상들을 실현시킬 장(場)이 되는 사람들과 관계되었다. 루터의 견해는 비텐베르크로 돌아올 때쯤에는 거의 원숙해져 있었다. 문제는 강조점을 어디에 두느냐에 있었다. 실제적인 경험을 통해서 전진하기도 하고 내실을 다지기도 했으며 설교대와 강의실에서 오래 지낸 덕으로 그의 얘기는 무궁무진했다.

루터의 종교와 윤리의 원리들을 함께 생각하지 않으면 때때로 그가 이해되지 않거나 심지어는 조잡해 보일 수도 있다. 그에게 있어서 가장 중요한 문제는 언제나 종교의 우위성이었다. 당시, 하찮은 부류들은 노름과 흥청대는 것과 색욕에 빠져 있었다. 보름스 의회마저도 향락의 동굴로 불렸었다. 반면에 보다 똑똑하다는 사람들은 인간의 업적을 내세우며 자랑하고 있었다. 이런 사회와 시대에 루터가 들어섰다. 그는 천사들의 노래를 듣고 황홀해하고, 하나님의 노여움에 아찔하도록 현기를 느끼며, 창조의 오묘함을 보고 말을 잃고, 하늘의 자비를 두고 노랫가락을 읊은, 하나님으로 불붙은 사람이었다. 그런 사람에게는, 하나님 앞에서 내 모습이 어떤가 하는 문제보다 더 중요한 문제는 없다.

루터는 선거후에게 성벽을 보수해서 소작농의 돼지가 마을 사람들의 정원을 짓밟는 일이 없도록 하자고 청하는 자질구레한 일까지도 기피한 적이 없었다. 그러나 돼지, 꽃밭, 성벽, 읍, 제후, 그 밖에 모든 이 세상의 축복과 귀찮은 일거리가 그의 최대 관심사는 결코 아니었다. 궁극적인 문제는 언제나 하나님과, 하나님과 인간의 관계였다. 그러기에 정치적 사회적 관례에는 비교적 무관심했다. 하나님 말씀의 이해와 전파 그리고 실천에 보탬되는 것이라면 무엇이든 권장해야 마땅하지만 거기에 방해되는 것은 무엇이든 물리칠 수밖에 없었다.

바로 이런 면에서 생각할 때 루터가 민주주의자였는가, 귀족 정치주의자였는가, 전제주의자였는가, 그 밖에 또 무슨 주의자였는가를 캐는 것은 부질없는 일이다. 그에게는 종교가 인간의 으뜸가는 목표요 다른 모든 것은 가장자리에 있었다.

그리고 그가 염두에 두고 있던 종교는 물론 기독교였다. 그와 같은 시대 사람이라면 누구나, 그것이 비록 민족적인 또는 유럽적인 자존심으로 그치는 얘기라 해도, 그렇게 얘기했을 것이다. 그러나 루터가 그렇게 얘기한 것은 하나님께 접하려는 그 어떤 시도도 모두 글자 그대로 막다른 골목이요 오로지 예수 그리스도를 통한 하나님의 자기 노출밖에 없다는 것을 몸소 체험했기 때문이다. "이미 예수 그리스도라는 기초가 놓여 있으니 아무도 다른 기초를 놓을 수 없습니다."

자연, 역사 그리고 철학론

자연이 하나님을 보여 줄 수는 없다. 자연은 물론 아주 놀라우며 보는 눈이 있는 사람에게는 창조의 구석구석이 하나님의 솜씨를 드러내 보여 준다. 그러나 이것이 바로 어려움이다. 우리가 이미 하나님의 은혜로우심을 믿는다면 아직 낮도 아니고 밤도 아닌, 그러나 빛이 살며시 어둠을 물리치는 동녘의 아슬아슬한 순간에도 경탄과 기쁨을 감추지 못한다. 기둥이 받쳐 주지 않아도 둥둥 떠 있는 구름, 대들보가 없어도 높이 떠 있는 저 푸른 하늘, 그 얼마나 경이로운가! 하늘을 나는 새들의 지저귐, 저 들에 핀 백합, 그 얼마나 아름다운가! "그대가 한 개의 밀알을 이해할 수 있다면 놀라서 죽고 말 것이다."

하나님께서는 이 모든 것 속에 계신다. 그분은 온갖 피조물 속에, 안과 밖, 깊은 곳과 얕은 곳, 위와 아래, 앞과 뒤를 가리지 않고 계신다. 따라서 어느 피조물 속에든 하나님보다 더 깊고 은밀하게 숨겨져 있는 것은 또 없다. "우리가 그를 힘입어 살며 기동하며 존재하느니라." 그분이 아니면 무(無)다. 하나님께서 모든 세계를 채우고 있지, 세상이 그분을 떠받들고 있는 것이 아니다. "주의 앞에서 어디로 피하리이까 내가 하늘에 올라갈지라도 거기 계시며 스올에 내 자리를 펼지라도 거기 계시니이다."

그러나 누가 이 모든 것을 볼 수 있는가? 오직 믿음과 영이다. 에라스무스의 문제는 그가 엄마 뱃속에 있는 아기를 보고 경탄하지 않는다는 점이다. 그는 결혼 생활을 경외와 경탄 어린 마음으로 곰곰이 생각하지도 않으며, 꽃의 오묘함과 돌 같은 껍질을 부수고 싹을 틔우는 복숭아 씨의 경이로움을 보고도 하나님께 찬양하지도 감사하지도 않는다. 그가 이 불가사의한 일들을 바라보는 자세는 마치 젖소가 새로운 문을 멍하니 쳐다보는 것이나 다름없다. 믿음이 없다는 증거는 놀라지 않는 데서 드러난다. 다시 말해서 자연은 하나님께서 이미 자신을 드러낸 사람들에게만 보여 주시는 하나의 계시이다.

역사 역시 하나님을 드러내지 못하기는 마찬가지다. 전체 역사란 한눈에 봐도 "권세 있는 자를 그 위(位)에서 내리치셨으며 비천한 자를 높이셨도다."라는 말씀에 대한 해설 이상의 의미가 없는 것 같다. 하나님께서 앗수르, 바벨론, 페르시아, 그리스, 로마와 같은 막강한 제국들을 무대에 버티고 서 있게 하시는 것도 잠시뿐이다. 각자가 너무 잘난 체하면 하나님께서는 다른 사람의 손에 칼자루를 쥐어 주면서 허풍선이를 무너뜨리게 하시지만 그 사람 역시 한번 으스댄 다음에 코가 납작해질 뿐이다. 이것이 다시 아우구스티누스의 한 주제이기도 하다. 물론 이것은 아우구스티누스에게 있어서 역사란 인간의 지배욕과 하나님께서 오만한 자들을 낮추는 정의에 대한 하나의 설명이라는 점은 접어 두고 하는 얘기다. 그러나 루터는 하나님께서 인형극을 보시며 혼자 재미있어 하시는 게 아닌가 하고 고개를 갸우뚱거린다.

더욱더 어리둥절한 것은 하나님께서 권세 있는 자들을 내리치시지도, 비천한 자들을 높이시지도 않는 일이 비일비재하다는 깨달음이다. 하나님께서는 낮은 사람들이 보답도 받지 못하고 원한을 풀지도 못한 채 누추한 상태 그대로 있게 내버려 두신다. 역사를 통해서 줄곧 멸시와 배척, 학대와 악용, 짓밟힘의 대상은 성도들이었다.

예를 들어 보자. 요셉은 아무런 정당한 이유도 없이 자기 형제들에게 붙들려 구덩이 속에 내던져지고, 이스마엘 사람들에게 팔려 이집트에 노예로 끌려갔다. 그리고 그곳에서도 단지 그가 순결을 지키려 했다는 이유 때문에 터무니없이 간통의 누명을 쓰고 감옥살이를 했다. 동정녀 마리아도 자신이 지존자의 어머니가 될 것이라는 천사 가브리엘의 말을 들은 뒤 남편의 의심 때문에 고통을 받지 않으면 안 되었다. 요셉의 사정은 이해할 만하다. 그들은 서로 가까이하지 않은 사이였으며 마리아는 사촌 엘리사벳과 지내느라 3개월간 떨어져 있었다. 그녀는 천사가 꿈에 나타나서 지시할 때까지는 어떻게 변명해야 할지 몰라서 딱한 처지에 놓여 있었다. 그러나 왜 하나님께서는 마리아가 수치를 당한 다음에야 요셉의 혐의를 풀어 주셨는가?

의인들이 당하는 고통 가운데 일부는 루터가 보기에 마귀의 일이었다. 여기서 그는 하나님의 도시와 사탄의 활동 무대인 지상의 도시 사이에는 영원한 갈등이 있다는, 당시 익히 알려진 아우구스티누스의 이원론을 따르고 있었다. 루터는 이와 같은 방법으로 환난에서 위로를 받을 수 있었는데 그것은 마귀란 믿음을 공격하도록 되어 있으며, 환난이란 믿음이 있으며 그것이 공격을 받고 있다는 증거이기 때문이다. 그러나 언제나 마귀에게만 책임이 있는 것도 아니다.

하나님의 한 모습은 거꾸로 일하시는 하나님이다. 동정녀는 수치를 당한 다음에야 영광을 받을 수밖에 없었다. 요셉은 거짓 혐의로 굴욕을 받은 다음에야 이집트의 총리와 구원자가 될 수 있었다. 수치와 굴욕의 순간에는 하나님께서 숨어 계시는 것으로 보이기 마련이다. 요셉은 무시무시한 투쟁을 거쳤음에 틀림없다. 그는 "오, 내 아버지께로 돌아갈 수만 있다면" 하고 말하면서도 이를 악물고 "참자. 이 감옥에서 빠져나갈 길이 없을까? 참자. 이 감방에서 수치스럽게 죽을 수는 없지. 참자."라는 말을 되뇌었을 것이다. 그와 같은 고뇌와 다짐을 번갈아 한 다음에야 그는 하나님의 손길을 알아차릴 수 있었다.

우리가 어둠의 공포에서 피할 길이 없는 것은 하나님의 모습 가운데는 "그분이 하나님이 되려면 전에 먼저 마귀로 보이지 않으면 안 되는 하나님이 있기 때문이다. 우리가 천국에 이르려면 먼저 지옥에 내려가지 않으면 안 된다. 우리가 하나님의 자녀가 되려면 먼저 마귀의 자녀여야 한다. 그리고 세상이 하나의 거짓으로 보이려면 먼저 그것이 진리로 보이지 않으면 안 된다."

이것은 어쩔 수 없는 노릇이다. 하지만 하나님께서는 실제로 우리를 버리신 것이 아니라 숨어 계시며, 우리가 직접 찾는다고 그분을 찾아낼 수 없다. 하나님께서 왜 자신을 숨기려 하시는지, 그 이유를 우리는 모른다. 그러나 우리의 성품이 하나님의 위엄에 미칠 수 없다는 것만은 확실하다. "다윗은 절대적인 하나님과 더불어 얘기하지 않았다. 인간의 성품과 절대적인 하나님은 불구대천의 적이라서 우리가 파멸되지 않으려면 절대적인 하나님은 공포의 대상일 수밖에 없다. 그리고 인간의 성품이 그러한 위엄 앞에서 압도되는 것은 당연하다. 그러므로 다윗이 얘기하는 상대는 절대적인 하나님이 아니라 말씀의 옷과 망토를 걸친 하나님이다."

철학 역시 하나님을 드러낼 수는 없다. 루터의 이 주장에는 그를 지금까지 키워 온 후기 스콜라 철학의 말씨가 풍긴다. 오컴주의자들은 본성과 이성이 하나가 되어 끊기지 않은 단계를 통해 은혜와 계시에 이른다는 토마스 아퀴나스(Thomas Aquinas)의 종합의 원리를 박살내고 말았다. 그 대신 이 신학자들은 본성과 은혜, 이성과 계시 사이에는 하나의 거대한 틈이 있는 것으로 소개했다. 그도 그럴 수밖에 없는 것이, 철학과 신학은 서로 두 개의 다른 논리, 아니 심지어는 두 개의 다른 셈에 의존할 수밖에 없었기 때문이다. 여기에 대한 전형적인 실례로는 세 위격이 한 하나님이라는 삼위일체의 교리다. 인간의 셈으로 보면 이것은 터무니없지만 하늘의 셈으로 보면 이것은 꼭 믿을 수밖에 없다.

여기서 루터는 자기 스승들보다 한술 더 떠서 이렇게 주장했다. "인간 이성의 판단으로는 2 + 5 = 7이지만 하나님께서 그 합계를 8로 선언하시면 우리는 이성과 감정을 거스르고 그렇게 믿을 수밖에 없다." 이런 모든 얘기는 루터가 스승들과 함께 얘기할 때 나누었지만 그는 그러한 어려운 문제에는 별로 관심을 기울이지 않았다.

철학의 무력함이 그에게 더욱더 분명하고 더욱더 답답했던 대목은 스승 성 아우구스티누스가 자연인과 구속받은 사람 사이의 간격을 강조하고, 그렇게 함으로써 동시에 자연 종교와 계시 종교의 간격을 넓혀 놓은 곳이었다. 아우구스티누스는 거리낌 없이 어떤 면에서는 인간이 아직도 처음 창조받았을 때의 하나님의 모습을 간직하는 것으로 인정했다. 아담의 타락으로 모든 흔적이 말살되지는 않았지만 그 흔적의 의미는 원형을 모르는 사람에게는 이해가 되지 않는다. 후기 스콜라 철학에서는 풀밭에서 소 발자국을 보고 소가 지나갔다는 걸 알 수 있는 사람은 전에 소를 본 적이 있는 사람뿐이듯이 지력, 기억력 그리고 의지로 된 인간의 삼위일체 구조를 보고 하나님의 삼위일체 구조를 알 수 있는 사람은 이미 그 교리를 계시받은 사람뿐이라는 점을 강조했다.

루터는 이러한 사고 방식을 그대로 인수받아 더욱 극적이요 재치 있게 적용했는데, 그것은 그에게 있어서 중요한 것은 형이상학이 아니라 종교적인 문제였기 때문이다. 결정적인 요점은 하나님의 구조가 아니라 하나님의 성품이었다. 그분의 구조는 하나의 풀릴 수 없는 신비로서 이것을 캐려는 것은 현명하지 못하다. 대신 우리는 그분은 선하신가? 그분은 공정하신가? 그분은 나에게 선하신가? 하고 질문하지 않으면 안 된다. 아우구스티누스는 쉬운 멍에를 받아들인 후로는 마음이 더 이상 갈팡질팡하지 않았다. 그러나 루터는 이 케케묵은 그리고 고통스러운 질문들의 둘레를 벗어나 본 적이 한 번도 없었다.

유일한 계시자 그리스도

답변을 찾아 헤매던 루터는 하나님께서 자신을 드러내기로 하신 곳, 곧 우리 주 예수 그리스도의 육신에서 하나님을 찾았다. 이분이 바로 하나님을 드러내 보여 주는 유일한 계시자였다.

> 선지자 이사야는 "흑암에 행하던 백성이 큰 빛을 보았다."라는 말을 했다. 이것은 우리에게 하나님의 마음과 신성의 깊이를 보게 하는, 하나의 표현할 수 없는 빛이 아니겠는가? 그리고 마귀의 여러 생각과 죄가 무엇이며 어떻게 해야 거기서 구원받을 수 있는가를 깨우쳐 주는 빛, 인간이 무엇이며 세상은 무엇이며 그리고 그 안에서 어떻게 행동해야 하는가를 깨우쳐 주는 빛이 아니겠는가? 그 전에는 아무도 하나님이 누구신지, 마귀들이 있는 건지, 죄와 죽음이 무엇인지 확신할 수 없었다. 하물며 죄와 죽음에서 구원받은 문제야 말할 필요가 있겠는가? 이것은 모두 그리스도의 일이며, 이 문맥에서 그분은 전능자와 기묘자로 불리고 있다.

그분만이 죄의 속박과 사망의 문에서 인간을 되찾은 유일한 구속자다. 그분만이 이 땅에서 지속되는 사회의 희망이다. 베들레헴의 아기를 모르는 곳에서는 사람들이 미친 듯이 지껄이고, 날뛰고, 분투할 따름이다. 천사들이 이 땅에 평화를 선언했듯이 이 아기를 알고 받아들이는 자들도 그렇게 될 것이다.

예수 그리스도가 없는 곳은 어떠한가? 이 세상은 거짓, 속임, 탄식, 폭음, 호색, 아귀다툼, 살인뿐인 하나의 완벽한 지옥이 아니고 무엇인가? 이것은 마귀의 모습이다. 인자함이나 영광은 눈 씻고 봐도 없다. 아무도 남을 믿지 못한다. 누구나 친구들을 원수, 아니 그 이상의 것으로 불신할 수밖에 없다. 이것은 마귀가 고삐를 잡고 다스리는 세상의 왕국이다. 그러나 천사들의 노래를 보면 아기 예수를 알고 받아들이는 사람들은 하나님께 영광을 돌릴 뿐 아니라 동료 인간들을 마치 신이라도 되듯이 다정하게 대하며 누구든 기꺼이 돕고 충고하려 한다. 이런 사람들은 시기와 말다툼이 없는데, 그리스도인의 길이란 서로가 침착하고 다정한 마음으로 기꺼이 남을 위해 최선을 다하는 평화와 형제애이기 때문이다.

이렇게 되면 모든 것이 간단한 것으로 보일 것이다. "주 예수를 믿으라 그리하면 네가 구원을 받으리라." 그러나 그리스도에 대한 믿음이 그렇게 간단하고 쉽지 않은 것은, 그의 모습 가운데는 자기 백성을 변호하는 대신 그들을 저버리는, 간담을 서늘하게 하는 왕의 모습이 있기 때문이다. 구원하고자 하는 대상이 있으면 그를 먼저 절망하는 죄인으로 만들어 놓고야 마는 분이다. 현명하게 만들고자 하는 대상이 있으면 그를 먼저 바보로 만들어 놓고야 마는 분이다. 영예롭게 만들고자 하는 대상이 있으면 그를 먼저 수치스럽게 만들어 놓고야 마는 분이다. 그에게는 멀리 있으면서도 가장 가깝고 가까이 있으면서도 가장 먼 거리에 있는 이상한 왕의 모습이 있다.

기독교를 간단하고 쉽게 만들려던 에라스무스의 시도가 루터에게는 전혀 쓸모없는 것이었는데, 그것은 그리스도께서 심히 노여워하실 수밖에 없기 때문이다. 인간은 자신의 부패에 대해 책망을 받아야 눈이 열리는 법이다. 한 학생의 노트에 루터의 얘기가 이렇게 기록되어 있다.

1538년 크리스마스 이브, 마르틴 루터 박사는 아주 유쾌했다. 그의 말과 노래와 생각 모두가 우리 주님의 성육신에 관한 것이었다. 그런데 이때 그는 한숨을 내쉬며 이런 얘기를 했다.

"오, 우리에게 베풀어진 이 엄청난 기쁨에 대해 그처럼 차갑고 못 본 체하는 불쌍한 인간들이여, 이것이야말로 지상 최대의 선물, 하나님의 창조 세계의 어느 것보다 뛰어난 선물인 것을. 천사들도 '지극히 높은 곳에서는 하나님께 영광이요'라고 선포하고 전파하며 노래하거늘……. 그것은 곧 기독교 신앙의 요약이자 예배의 핵심인 것을……. 이 사실을 천사들이 우리에게 기원하면서 그리스도 안에서 우리에게 가져다 주고 있구나. 그건 세상이 아담의 타락 이후, 하나님도 그분의 피조물도 모르고 지내기 때문이지. 타락하지만 않았다면 인간의 생각이 얼마나 멋있고 아름답고 즐거웠겠는가! 모든 피조물 속에서 하나님을 묵상하고, 아무리 보잘것없고 작은 꽃 한 송이에서도 하나님의 지혜와 선하심을 보았을 텐데. 나무마다 가지마다 금이나 은보다 더 소중한 취급을 받았을 텐데. 사실 엄밀히 말해 푸른 나무는 모두 금은보다 아름답다. 정말이지 이 모든 창조 세계, 특히 저 산과 들의 풀과 이 땅의 장식을 곰곰이 생각하다 보면 우리 주 하나님이야말로 비길 데 없는 예술가라는 사실이 드러나거늘. 아담과 그의 자손들은 이 모든 걸 두고 마냥 즐거워했으련만. 그러나 그 비참한 타락 이후 창조주께서는 수치와 멸시를 받으시는구나. 바로 이런 이유로 천사들은 다시 한 번 타락한 인간들에게 그리스도를 믿고 사랑함으로써 하나님께만 영광을 돌릴 것을, 이 땅에서는 하나님과 더불어 평화롭게 살 것을 호소하고 있구나."

루터의 전신 초상화.

믿음이 그처럼 어렵고 이성이 그처럼 무능력한 이유는 논리보다 더 깊은 문제다. 루터는 종종 이성을 혹평했으며 그 결과 종교 문제에 있어서 철저한 비합리주의자로 묘사되곤 한다. 이것은 정말 그의 뜻을 오해하는 일이다. 이성에는 논리라는 뜻이 있다. 그는 이런 의미의 이성은 최대한 활용했다. 보름스와 그 밖에 다른 곳에서도 종종 그는 성경과 이성의 가르침을 받고 싶다고 요청했다. 이런 의미의 이성은 이미 알려진 전제에서 나오는 논리 정연한 추론을 뜻했다. 그리고 루터는 이성을 창녀로 공격한 일이 있는데 여기에는 다른 뜻이 있었다. 이때의 단어는 상식으로 번역하는 것이 더 나을 것 같다. 그가 염두에 두고 있는 것은 우리가 일반적으로 행동하고 느끼며 생각하는 방식이다. 하나님께서 하시는 말씀이 알아듣기 어려운 외국어인 것이 아니라 하나님께서 하시는 행동이 철저하게 신비스러운 것이다.

하나님께서 인간이 되셨다는 말을 들을 때 나는 그 관념은 떠오르지만 그 뜻은 이해하지 못한다. 어떤 사람이 만약 하고 싶은 대로 할 수 있다면, 만약 그가 하나님이라면 스스로 겸손하게 말의 여물통 속에 드러눕거나 십자가에 매달리겠는가? 하나님께서는 그리스도께 우리 모두의 죄악을 지게 하셨다.
이것이 바로 수용력이 빈약한 인간의 마음으로는 파악할 수 없는, 더더구나 말로 표현할 수 없는 하나님의 지극히 거룩하고 무한한 자비다. 곧 우리에 대한 하나님의 사랑의 측량할 수 없는 깊이와 불타는 열정이다. 그리고 우리에게 믿기 어려워할 뿐 아니라 쉽사리 믿지 않는 마음을 불러일으키는 것도 물론 하나님의 자비의 위대함이다. 만물의 창조주이신 전능하신 하나님께서 선하고 자비로우실 뿐 아니라, 이 지극히 높으신 왕께서 잃어버려진 죄인, 노여움과 영원한 죽음의 자식인 나에게 어찌나 관심이 많으시던지 자기 친아들을 아깝다 않고 더없이 치욕스런 죽음에 넘겨주셨다는 내용만 봐도 알 수 있다. 하나님께서 이렇게 하신 목적은 자신의 아들이 두

도둑과 함께 처형을 받음으로써 저주받은 죄인인 나를 대신해서 저주와 죄가 되시고, 나는 의롭게 되고 축복을 받아 하나님의 한 아들과 상속자가 되게 하려는 데 있었다. 어느 누가 하나님의 이 위대한 선하심을 충분히 선언할 수 있겠는가?

그러므로 성경의 얘기는 철학적이요 정치적인 문제를 훨씬 뛰어넘는 것, 곧 말로는 표현할 수 없고 전적으로 신령한 선물들에 관한 것이다. 이것은 인간과 천사가 모두 소화할 수 없는 내용이다.

인간은 언제나 하나님에게서만 평화를 찾을 수 있다. 이런 하나님은 오로지 그리스도를 통해서만 알 수 있다. 그러나 어떻게 속된 사람들이 그처럼 믿기 어려운, 여러 길을 통과해야 뵐 수 있는 그리스도를 만날 수 있는가?

그 해답의 열쇠는 시력이 아니라 즐겁게 어둠 속을 걷는 믿음이다. 그렇지만 이 믿음은 어떻게 해야 받는가? 그것은 하나님의 선물이다. 그 어떤 의지의 행동으로도 그것을 끌어들일 수 없다.

말씀과 여러 성례

그런데 인간에게 전혀 의지할 만한 것이 남지 않은 것은 아니다. 그는 하나님께서 지정해 놓은 자기 노출의 여러 통로에 자신을 비춰 볼 수 있다. 이 여러 통로는 모두 말씀이라는 말로 요약된다.

이 말씀은 성경이나 여러 성례와 똑같은 것으로 볼 수는 없지만, 그것들을 통해서 작용하지 그것들과 상관없이 작용하지는 않는다. 이 '말씀'이 한 권의 기록된 책이라는 뜻에서의 성경이 아닌 것은 "복음이란 실제로 책들 속에 포함되거나 편지들로 작성되는 것이 아니라 입술을 통한 설교, 살아 있는 말씀, 온 세계에 울려 퍼지고 널리 선포되는 음성이기 때문이다." 이 말씀은 들어야 한다. 이 말씀은 곰곰이 묵상해야 한다. "우리 속에 그리스도의 믿음을 불러일으키는 것은 생각, 지혜, 의지가 아니라 성령의 신비스럽고 눈에 보이지 않는 작용이다. 그리고 이 성령의 작용을 낳는 것은 말씀을 들을 때 생기는 그리스도에 대한 믿음뿐이요 그 밖에 우리의 다른 어떤 행위는 이것과 상관없다." 단지 읽는 것으로 다 되는 것은 아니다. "많이 읽고 생각한다고 해서 배우게 되는 사람은 아무도 없다. 우리가 하나님의 말씀을 배우는 훨씬 더 높은 학교가 있다. 그곳은 광야다. 우리는 그곳으로 나가지 않으면 안 된다. 그때 그리스도께서 오시며 우리는 세상을 심판할 수 있게 된다."

마찬가지로 믿음은 하나님께서 계시의 도구로 정해 놓으신 외적인 의식, 곧 여러 성례를 활용하는 자들에게 주어진다.

그 까닭은 하나님은 어느 곳에나 계시고 모든 피조물 가운데 계시지만, 그리고 분명히 돌, 불, 물, 또는 밧줄 속에 계시므로 내가 그분을 거기서 만날 수도 있지만, 내가 그 말씀을 떠나서 자신을 찾기를 곧 내가 물불 속에 뛰어들거나 밧줄에 목을 매달기를 원치 않으시기 때문이다. 그분은 어느 곳에나 계시다. 그러나 우리가 그분을 찾기를 바라시는 곳은 아무 데나가 아니라 오로지 그 말씀이 있는 곳뿐이다. 그곳에서 그분을 찾는다면 우리는 참으로 그분을 찾을 수 있을 것이다. 그리스도께서 빵과 포도주 속에 계시다는 얘기를 알아듣지 못하겠다는 사람들은 알지 못하고 보지 못하는 자들이다. 물론 그리스도께서는 내가 갈 수밖에 없는 감옥이나 순교자의 죽음 가운데서도 나와 함께 임재해 계신다. 그분은 진실로 말씀과 함께 그곳에 계신다. 하지만 이때 그분의 임재 방식은 성례에 있어서와는 다르다. 왜냐하면 그분은 자신의 몸과 피를 말씀과 결합시키셔서 빵과 포도주를 통해 온전히 받아들여지시기 때문이다.

루터의 종교적인 원리는 이것이다. 곧 종교가 최고의 것이요, 기독교는 성경, 설교 그리고 성례를 통해서 전달되는 믿음이 있어야 이해되는 유일하고 참된 종교다. 이러한 견해에서 나오는 실제적인 추론은 명백하다. 모든 기관은 종교에게 우선권을 부여해야 한다. 교회와 학교에서는 성경 연구를 장려하지 않으면 안 된다. 교회에서는 설교대와 제단이 서로를 떠받치지 않으면 안 된다.

더 나아가서 이보다 덜 뚜렷한 종류의 결과도 여기에는 포함되어 있었다. 종교가 그처럼 중요하다면 모든 인간 관계는 그것에 따라 조절될 수밖에 없다. 동맹, 우정, 결혼은 한 믿음에 바탕을 두고 있을 때만 안전할 것이다. 당시 사람들은 루터가 단 한 가지 교리 때문에 인간적인 관계나 교회의 통일을 망치려 드는 것을 보고 종종 등골이 오싹해지는 느낌을 갖기도 했다. 여기에 대해 그는, 그것은 자기 아내나 자식을 목 졸라 죽였다는 단 한 가지 문제로 그 일을 저지른 사람과 우정을 끊는 것이 부당하다는 얘기나 다름없다고 대답했다. 한 가지 면에서 하나님을 부정하는 것은 모든 면으로 하나님을 공격하는 것이다.

그리고 루터는 기독교의 배타성을 주장했는데 여기에는 유대교와 같이 다른 동료에 대한 배척이 따를 수밖에 없었다. 그는 거짓 신들을 예배하는 자들에게 사랑을 베풀 수도, 그러지 않을 수도 있었지만 그들의 잘못은 결코 두둔할 수 없었다. 그뿐 아니라 성경과 성례들을 얕잡아 보는, 아니 그가 보기에 잘못 해석하는 자들에 대해서도 너그러운 마음을 품을 수 없었다.

도덕에 대한 위협

도덕 분야에 있어서 많은 사람들은 루터의 종교에 대한 집착을 위험하게 생각했다. 특히, 올바른 행동이라도 하나님께 내세울 수 없다는 그의 주장은 선한 생활 양식에 대한 가장 중요한 동기를 말살하는 것으로 여겨졌다. 루터가 들은 이 같은 야유를 바울도 역시 들었다. 공로가 아니라 자비로 구원받는 것이라면 "은혜를 풍성히 받기 위해 계속해서 죄를 짓자." 바울과 루터는 다같이

"그럴 수 없습니다."라고 대답했다. 루터를 가까이 따른 사람이라면 누구나 그가 덕행에 무관심한 사람이 아니었음을 알아차렸을 것이다.

하지만 그 비난이 전적으로 비뚤어진 것만은 아니었다. 루터의 말 가운데는 도덕을 뒤집어엎는 소리로 들리는 것도 더러 있었다. 여기에 대한 전형적인 본보기는 그 유명한 "용감하게 죄를 지어라." (Pecca fortiter) 곧 "있는 힘을 다 기울여 죄를 지어라. 하나님께서는 오로지 활발한 죄인만 용서하실 수 있다."고 한 것이다. 이것을 루터의 윤리의 축소판으로 삼으려는 것은 매우 불공평하다. 왜냐하면 그것은 자질구레한 양심의 가책으로 동요하던 빈혈증 환자 멜란히톤에게 울화통이 터져 못 참겠다는 듯이 짜증내며 내뱉은 말 가운데 하나였기 때문이다.

루터의 충고는 본질적으로 슈타우피츠가 그에게 한 것과 동일했다. 슈타우피츠는 루터에게, 그처럼 빈번하게 고해실에 들어오기 전에 먼저 나가서 존속살해 같은 진짜 죄를 지으라는 얘기를 한 적이 있다. 슈타우피츠는 물론 루터에게 자기 아버지를 살해하라고 충고한 것이 아니었으며 루터 역시 자신의 농담 때문에 멜란히톤이 십계명을 내던지는 일이 없을 것을 잘 알고 있었다. 루터의 얘기는 단지 그가 한 번쯤 자신의 기록을 더럽히는 것도 도움이 될 것이라는 뜻이었다.

이런 의미로 루터는 한 가지 죄를 치료하려면 다른 죄가 약으로 있어야 한다는 얘기를 자주 했다. 흠 없는 기록은 모든 죄 가운데 가장 지독한 죄, 곧 교만을 낳는다. 그러므로 때때로 실수가 있어야 겸손하게 된다. 그러나 루터가 실제로 기록을 지저분하게 하는 일들로 추천한 죄는 조금 더 과식하고, 과음하며, 너무 자는 것에 지나지 않았다. 그러한 제한된 무절제가 오만을 바로잡는 수단으로 사용될 수도 있다는 얘기였다.

하지만 그가 한 말 가운데는 비윤리적인 색채가 있는 말이 또 있다. 곧 믿음 없는 선행은 '쓸데없고 저주받을 죄' 라는 말이 그것이다. 에라스무스는 정직과 예의가 그처럼 비난받는 것을 보고 소스라쳐 놀랐다. 그러나 루터는 결코 사회적인 견지에서 볼 때 예의가 무례보다 더 나을 게 없다는 뜻으로 얘기한 것이 아니다. 그의 의도는 단지 자신의 평판을 해치지 않을까 하는 조바심에서 행동하는 사람의 예의 바름은 하나님 보시기에 쓸모없고 저주받을 죄요, 참으로 회개한 범법자의 나쁜 짓보다 더 악독하다는 것이다. 루터의 발언은 뉘우치는 세리 비유에 대한 하나의 역설적인 설명에 지나지 않는다.

그러나 루터의 도덕에 대한 가장 깊은 위협은 그가 도덕을 지키려는 데 도사리고 있었다. 그는 간담을 서늘하게 하는 신약의 여러 가지 요청이 조금이라도 약하게 되는 것을 용납하지 않았다. 그리스도께서는 "네 겉옷을 빼앗는 자에게 속옷도 거절하지 말라. 내일 일을 염려하지 말라. 한쪽 뺨을 맞거든 다른 쪽 뺨도 내밀어라. 네게 있는 것을 다 팔아 가난한 자들에게 나눠 주라. 어머니와 아버지, 아내와 자녀를 포기하라."라고 말씀하셨다.

중세의 가톨릭 교회에는 이 가혹한 명령을 약하게 하는 장치가 몇 가지 있었다. 그 가운데 하나는 그리스도인들 사이에 구별을 두어 오직 용감한 사람들에게만 복음의 보다 더 힘겨운 지시 사항을 부과하는 것이었다. 완전한 덕목을 갖추라는 권고는 수도원에만 해당되었다. 루터는 수도원 제도를 폐지함으로써 이 문을 닫아 버렸다. 또 다른 구별은 지속적인 그리스도인과 습관적인 그리스도인이었다. 견인 불굴의 그리스도인들은 하나님과 이웃을 끊임없이 사랑해야 하지만 보통 그리스도인들은 단지 보통의 사랑으로 충분했다.

루터는 이런 모든 궤변을 비웃었다. 그리고 그러한 궤변이 없이는 복음의 교훈들이 불가능하지 않느냐는 질문을 받자 그는 꼬집었다. "물론이죠. 하나님께서는 불가능한 일들을 명령하시니까요."라고. 그러나 여기서 또 해묵은 질문, 곧 "이룰 수 없는 목표라면 노력은 왜 하는가?" 하는 질문이 나온다.

여기서 우리는 루터가 정확히 어떤 의미로 그 목표를 달성할 수 없는 것으로 여기는지를 명확히 해야겠다. 그의 의도는 분명히 이것이었다. 곧 인간의 업적이 아무리 고귀하다 해도 그것은 하나님 보시기에 부족하기 마련이다. 인간은 모두 죄인이다. 그러나 모든 인간이 죄인이라고 해서 모든 인간이 악한은 아니다. 어느 정도의 덕행은 불가능한 것이 아니다. 유대인들, 투르크인들, 아니 이교도들까지도 십계명에 포함되어 있는 자연법(natural law)을 지킬 수 있다.

"도둑질하지 말라."라는 말은 방앗간 주인의 부대에, 빵장수의 빵에, 구두방의 구두 골에, 재단사의 옷감에, 목수의 도낏자루에 마땅히 붙어 있어야 한다. 유혹이란 물론 피할 수 없는 것이다. 그러나 새들이 우리 머리 위로 날아다니는 것을 막을 수 없다 해서 머리 위에 둥지를 틀게 할 필요까진 없다.

그러므로 기독교를 떠나서도 순수한 도덕 행위의 기초는 넓다.

그러나 이 모든 것으로 충분하지 않기 때문에 다시 한 번 윤리에 대한 위험이 대두되는 것이다. 하나님께서 요구하는 것에는 행동만이 아니라 자세도 포함된다. 그분은 마치 자기 딸에게 식사 준비를 하든지 소젖을 짜든지 하라고 시키는 어머니와 같다. 이때 딸은 휘파람을 불면서 따를 수도 짜증을 부리며 따를 수도 있다. 하나님께서는 우리에게 간음을 삼갈 것을 요구하실 뿐 아니라 싫든 좋든 결혼 생활을 하는 동안 순수한 생각을 품고 자제할 것을 엄하게 요구하신다. 이러한 것들은 우리가 달성할 수 없는 표준이다. "말(馬)은 황금 재갈로나 억제할 수 있다지만 어느 누가 아주 숨이 가쁜, 바로 그 대목에서 자신을 억제할 수 있는가?"

우리가 하나님을 찾는 것, 그 자체만 해도 실리 추구에 대한 하나의 위장된 형태이다. 완전의 추구가 더욱더 절망적인 것은 그 목표가 뒤로 물러서는 것이기 때문이다. 온갖 선행의 뒤에는 또 다른 선행의 문이 기다리고 있다. 이때 그 문에 들어서지 못하면 우리는 실패한다. 따라서 한순간의 모든 의는 다음 순간에 덧붙여지지 않으면 안 되는 것에 비추어 볼 때 죄다. 여기서 더욱더 곤란한 것은, 우리는 현재 의식하지 못하고 있는 죄에 대한 책임까지 지고 있다는 사실이다. 루터는 일찍이 고해실에서 자신의 약점을 기억하거나 인지하는 것이 얼마나 어려운가를 체험했다. 우리가 죄인임을 인지하는 것이 바로 믿음의 한 행동이다. "믿음으로만 우리가 죄인임을 믿을 수 있다. 그리고 우리는 우리에게 불리한 것은 전혀 알지 못하는 경우가 너무도 많다. 그러므로 우리는 하나님의 심판에 따르면서 우리가 불의하다고 지적하는 그분의 말씀을 믿지 않으면 안 된다."

선의 근거

여기서 다시 한 번 비평가들은, 사람이 결국 하나님을 뵐 면목이 없다면 선하게 되려는 노력을 할 필요가 어디 있느냐고 다그쳐 묻는다. 루터의 대답은 이것이다. 덕행의 근거는 자력이나 보상 추구 이외의 것에 두지 않으면 안 된다. 역설적인 얘기지만 하나님께서 우리를 의롭게 만드시려면 먼저 우리 속에 있는 의에 대한 모든 망상을 망가뜨리지 않으면 안 된다. 먼저 우리가 선하다는 주장을 깡그리 물리치지 않으면 안 된다. 죄의식의 감정을 제거하려면 그 죄의식을 인정해야 한다. 이렇게 되면 어느 정도의 희망이 있다. "우리는 죄인이요 그와 동시에 의롭다." 이것은 우리가 아무리 나쁘다 해도 우리를 가지고 뭔가를 만들 수 있고 또 만들려는 어떤 힘이 우리 속에서 작용하고 있다는 얘기다.

구원이 자신 밖에 있다는 걸 믿으라는 것은 아주 놀라운 소식이다. 비록 내 속에 죄, 불의 그리고 죽음의 공포가 있어도 나는 의롭게 되고 하나님의 마음에 들 수 있다. 내게 죄와 불의와 죽음의 공포가 있더라도 나는 다른 곳을 보아야 한다. 그러면 죄가 하나도 눈에 들어오지 않는다. 눈에 들어오는 것을 보지 않고 느껴지는 것을 느끼지 않는다는 것은 놀라운 일이다. 내 눈앞에 금화나 검이나 불이 있어도 나는 "여기에 금이 없고 검이 없고 불이 없다."고 말하지 않으면 안 되는 것이다. 죄의 용서는 바로 이와 같다.

이 결과 용서받고 삼가는 죄인에게는 교만한 성인보다 훨씬 더 많은 잠재력이 따른다.

죄인의 의란 결코 꾸며 댄 얘기가 아니다. 이 의는 선행을 낳을 수밖에 없으며 또 낳을 것이지만 그러나 그 선행이 자신을 위한 것일 때는 조금도 선할 수 없다. 그 선행은 새로운 사람의 샘에서 솟아나는 것이어야 한다. "선한 일이 사람을 선하게 만드는 것이 아니라 선한 사람이 선한 일을 한다."

루터는 여러 모양으로 선의 근거를 설명했다. 어떤 때는 모든 도덕이 감사하는 마음이라고 말하곤 했다. 곧 도덕은 음식과 의복, 땅과 하늘, 비길 데 없는 구속의 선물에 대한 억누를 수 없는 감사의 표현이다. 그리고 이 도덕은 그리스도인의 마음에 자리 잡고 있는 영혼의 열매다. 그런가 하면 도덕은 신부가 신랑과 하나 되듯 그리스도와 한 몸을 이룬 사람의 성격에 어울리는 품행이다. 서로 사랑하는 사람들에게 무슨 말을 하거라, 무슨 행동을 하거라 하고 얘기할 필요가 없듯이 그리스도와 사랑에 빠진 사람들에게는 규칙이 따로 필요없다.

이 모든 것을 한마디로 묶는 단어가 있다면 믿음이다. 이 믿음이 있으면 공연한 근심에서 생기는 모든 제약이 제거되고, 이 믿음으로 우리는 하나님과 그리스도를 상대로 다른 모든 것은 저절로 따르는 그러한 관계를 맺는다.

루터가 자신의 견해를 『그리스도인의 자유』(On the Freedom of a Christian)에서처럼 투박하고 흥분된 어조로 묘사하는 곳도 없다.

> 확실한 믿음으로 하나님의 약속에 매달리는 사람은 그 약속과 한 몸을 이루고, 그 약속에 빠져들며, 그 약속의 위력에 관통상을 입고, 흠뻑 젖으며 취한다. 그리스도께서 만져 주시기만 해도 병이 나았는데, 더없이 다정한 영혼의 접촉, 말씀으로의 몰입이 말씀의 모든 특성을 그 사람에게 전달할 것이라는 것은 두말할 나위가 없다. 이렇게 될 때 그 사람은 믿음직하고, 평화로우며, 자유롭고, 온갖 착한 일로 넘치는 하나님의 참된 자녀가 되는 법이다. 여기서 왜 믿음이 그처럼 엄청난 일을 해내며 선행이 그 어느 것도

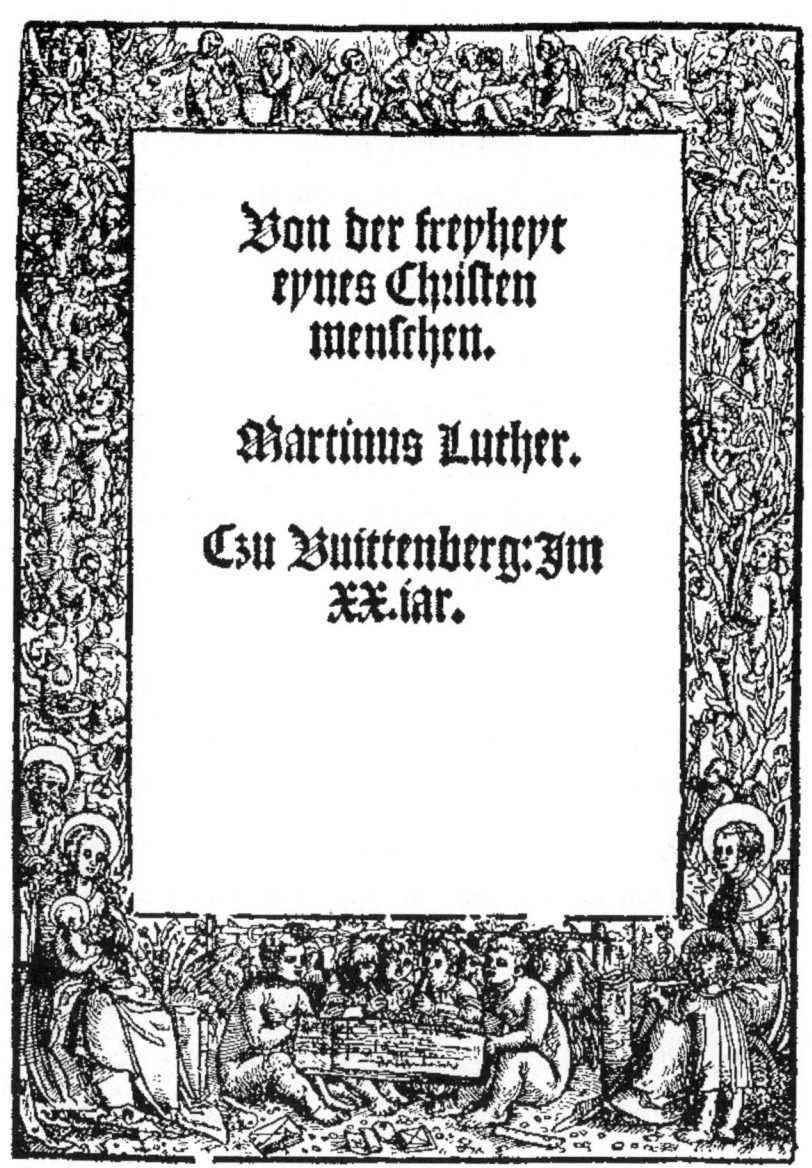

루터의 『그리스도인의 자유』의 표지.

믿음에 견줄 수 없는가 하는 점이 아주 쉽게 드러난다. 곧 선행 치고 믿음처럼 하나님의 말씀에서 나오는 것이 하나도 없기 때문이다. 우리 속에서 그 어떤 선행도 자리 잡을 수 없다 해도 말씀과 믿음은 그 안에서 주인 노릇을 한다. 말씀과 우리와의 관계는 쇠가 불에 달궈져 하나가 될 때 빨갛게 이글거리는 것과 같다. 이렇게 될 때 그리스도인은 믿음 하나로 충분하다. 의롭게 되기 위해서 따로 선행을 할 필요가 전혀 없다. 이렇게 될 때 그는 율법에서 풀려나 자유롭다.

그러나 그는 이것 때문에 게으르거나 흐트러져서는 안 된다. 선한 일이 사람을 선하게 만드는 것이 아니라 선한 사람이 선한 일을 한다. 주교가 주교인 것은 그가 교회를 받들기 때문이 아니다. 그가 주교이기 때문에 교회를 받들어 섬기는 것이다. 어떤 사람이 신자와 그리스도인이 되기 전에는 그의 일들이 전혀 무가치하다. 그런 일들은 어리석고 쓸모없고 저주받을 죄다. 그 이유는 선한 일들을 의인(義認)의 근거로 내놓아 봤자 아무 소용이 없기 때문이다.

선행을 배척하는 것이 아니라 높이 평가한다는 점을 이해하라. 사도 바울은 이런 얘기를 했다. "여러분은 예수 그리스도께서 지니셨던 마음을 여러분의 마음에 간직하십시오. 그분은 하나님과 본질이 같은 분이셨지만 오히려 자신의 것을 다 내어놓고 종의 신분을 취하셔서 죽기까지 순종하셨습니다." 바울이 말한 것의 의미는 이것이다. 그리스도께서는 완전히 하나님의 본체이셨으며, 그러기에 따로 구원받기 위해 무슨 일을 하거나 무슨 고난을 받을 필요가 전혀 없으셨다. 그렇지만 우쭐대거나 권력을 사사로이 휘두르지 않고 오히려 고난, 일, 인내 그리고 죽음을 통해서 자신을 남들과 같은 모습으로 드러내셨다는 것은 마치 그분에게 이 모든 것이 필요한 것처럼, 자신이 하나님의 모습을 하고 있지 않은 것처럼 시치미를 떼신 일과 다름없었다. 이 모든 것을 그분이 해내신 것은 우리에게 도움이 되도록 하려는 뜻에서다.

내 편에서 아무런 공로도 세우지 않았는데 하나님께서 순수한 자비로 나에게 그런 엄청난 보화를 주셨으니, 누가 시키지 않아도 신이 나서 그분의 마음에 드는 일을 하지 않고 배길 수 있겠는가? 그리스도께서 날 위해 자신을 바치셨듯이 나는 이웃에게 나 자신을, 이를테면 그리스도로 바치겠다.

루터의 윤리의 축소판으로 내세울 게 있다면 바로 이것이다. 곧 그리스도인은 모름지기 자기 이웃에게 그리스도 노릇을 해야 한다는 것이다. 루터는 계속해서 설명한다.

그리스도께서 내 죄를 스스로 짊어지셨듯이 나는 남들의 죄를 스스로 짊어지기까지 해야 한다. 여기서 그리스도인의 삶이란 자신에 대한 것이 아니라 사랑을 통한 그리스도와 이웃에 대한 것임이 드러난다. 그리스도인은 믿음으로 자신을 넘어 하나님께 이르고 사랑 안에서 하나님으로부터 자신을 낮추며 언제나 하나님과 사랑 안에 머물러 있다.

이보다 더 고상한 윤리의 회복이 또 어디 있겠는가? 그리고 윤리에 이보다 더 난처한 것이 또 어디 있겠는가? 그리스도인은 자신이 개인적으로 저지른 일이 없는 죄를 뒤집어쓸 정도로 자신과 이웃을 하나로 묶어야 옳다는 얘기다. 부모는 자녀들의 죄를 자신의 것으로 짊어지며 시민은 국가의 죄를 짊어지라는 얘기다.

기록을 깨끗이 유지하는 것을 인간의 으뜸가는 목적으로 삼으려는 데 대해 루터는 비웃는 눈초리를 감추지 않았다. 그리스도인은 그리스도처럼 어떤 의미에서 죄인과 더불어 그리고 죄인을 위해서 죄가 되어야 하며, 그리스도처럼 죄 때문에 하나님으로부터 멀어진 사람들의 아픔을 나눠 져야 한다.

제14장 성벽의 재건

보수적인 그리스도인의 원리를 사회 개조에 적용하다

루터가 그리스도인의 원리를 사회 개조에 적용하는 방법도 아주 비슷했다. 종교의 우위성, 기독교의 유일한 충족성, 이웃에 대해 그리스도처럼 행동해야 하는 그리스도인의 의무, 이러한 것이 그 원리였다. 그 적용 방법은 보수적이었다. 루터는 파괴하러 나선 사람이 아니라 이루어 놓으려고 온 사람으로서 자신의 가르침에 대한 모든 편견에도 불구하고 전통적인 그리스도인의 윤리는 고스란히 남아 있다는 점을 뚜렷이 밝히려고 애썼다. 그의 가정 윤리는 바울의 이론을 따르면서도 가장(家長) 중심이요, 경제 윤리는 토마스 아퀴나스의 이론을 따르면서도 농업 중심이요, 정치 윤리는 아우구스티누스를 따르면서도 작은 읍 중심이었다.

루터의 독일어 성경에는 에스라와 느헤미야의 예루살렘 성벽 재건을 그린 목판화가 들어 있다. 그 그림의 주제는 구약에서 따온 것이지만 장면은 작센을 무대로 삼고 있다. 성벽 재건자들은 바벨론에서 돌아온 유대인들이다. 하지만 돌, 회반죽, 통나무, 톱, 외바퀴 손수레, 기중기는 하나같이 비텐베르크의 성벽을 고치는 데 사용된 도구들이다.

루터가 그리스도인의 원리를 사회 개조에 적용하는 방법도 이것과 아주 비슷했다. 종교의 우위성, 기독교의 유일한 충족성, 이웃에 대해 그리스도처럼 행동해야 하는 그리스도인의 의무, 이러한 것이 그 원리였다. 그 적용 방법은 보수적이었다. 루터는 파괴하러 나선 사람이 아니라 이루어 놓으려고 온 사람으로서 자신의 가르침에 대한 모든 편견에도 불구하고 전통적인 그리스도인의 윤리는 고스란히 남아 있다는 점을 뚜렷이 밝히려고 애썼다. 『선행에 관한 설교』(The Sermon on Good Works)의 한가운데 자리 잡고 있는 것은 산상보훈이 아니라 십계명이었다.

루터는 자기보다 앞서 갔던 사람들처럼 부모를 공경하라는 명령을 주교, 교사, 공무원 등 권한이 있는 사람들 모두에 대해서까지 확대했다. 그의 가정 윤리는 바울의 이론을 따르면서도 가장(家長) 중심이요, 경제 윤리는 토마스 아퀴나스의 이론을 따르면서도 농업 중심이요, 정치 윤리는 아우구스티누스를 따르면서도 작은 읍 중심이었다.

직업론

어떤 면에서 루터는 가톨릭 교회보다 더 보수적이었는데 그 이유는 그가 수도원 제도를 철폐함으로써 한층 높은 의의 실천장인 하나의 선택된 계층을 제거해 버렸기 때문이다. 그 결과 복음의 모범을 보일 곳은 세속적인 직업밖에 없었다. 다만 루터는 이 직업에 세속적이라는 단어를 붙이는 것을 허락지 않았을 따름이다. 그는 만인제사장설을 강조했듯이, 하늘의 부르심, 소명의 개념을 모든 가치 있는 직업에 확대시켰다.

우리가 사용하는 '진로 지도'라는 말도 루터에게서 직접 따온 표현이다. 하

예루살렘 성벽 재건.

하나님께서는 자신이 일하고 계시기 때문에 사람들에게 일하라고 부르신다. 그분은 일상 작업장에서 일하고 계신다. 하나님은 사슴이 천 년 입을 외투를 만들고 계시는 재봉사다. 사슴이 죽을 때까지 신어도 닳지 않을 구두를 만드시는 구두장이다. 태양열이 요리에 필요한 모든 열을 공급한다는 점을 생각할 때 하나님은 최상의 요리사다. 하나님은 참새들에게 잔치를 베풀고 해마다 프랑스 왕의 전체 수입보다 많이 그들에게 쓰시는 집사다. 그리스도께서는 한 사람의 목공으로 일하셨다. 루터는 설교대에서 이렇게 얘기했다. "우리 한번 상상해 봅시다. 최후의 심판 날 나사렛 사람들의 광경을 말입니다. 그들은 주님께 와서 '주여, 당신은 제 집을 짓지 않으셨습니까? 그런데 어떻게 이런 영광의 자리에 계십니까?' 하고 말할 것입니다."

동정녀 마리아도 일했다. 그녀의 겸손 가운데 더없이 놀라운 본보기가 있다면 바로 이것이다. 그녀는 자신이 구속자의 어머니가 될 것이라는 놀라운 소식을 듣고도 우쭐대지 않고 되돌아가 양젖을 짜고, 주전자를 반질반질하게 닦고, 집안 청소를 함으로써 하녀나 다름없이 행동했다. 베드로는 어부로서 일했으며 자신의 기술에 대한 자부심이 있었다. 그러나 주님께서 그에게 다른 쪽에 그물을 던져 보라는 말씀을 하셨을 때 그 제안을 뿌리칠 정도로 자부심이 대단한 사람은 아니었다. 루터는 여기에 대해 이런 토를 달았다.

나 같으면 말했을 것이다. "선생님, 이거 보십시오. 선생님은 설교자입니다. 그러니 저는 선생님께 설교하는 방법을 얘기하려 들지 않습니다. 저는 어부입니다. 그러니 선생님께선 제게 고기 잡는 법을 얘기하실 필요가 없는 거죠."라고. 그러나 베드로는 겸손했으며 바로 그렇기 때문에 주께서는 그를 사람 낚는 어부로 만드셨다.

목자들은 일했다. 그들의 일이라야 밤에 자기 양떼를 지키는 천한 일이었다. 그러나 그들은 아기 예수를 뵌 다음 되돌아갔다.

이것은 뭔가 잘못되었음에 틀림없다. 이 대목은 "그들이 가서 머리를 빡빡 깎고 금식했으며 묵주알을 세었으며 수도사의 옷을 입었다."로 바뀌어야 한다. 그러나 성경에는 "그 목자들이 되돌아갔다."라고 적혀 있다. 어디로? 그들의 양에게로이다. 그렇지 않았다면 그 양들은 비참한 꼴을 당하고 말았을 것이다.

하나님, 그리스도, 동정녀 마리아, 수제자 베드로, 목자들이 일했듯이 우리들도 직업에 따라 일하지 않으면 안 된다. 하나님께서는 손발이 없으시다. 그분은 인간이라는 도구를 통해 자신의 일을 계속하실 수밖에 없다. 그 일이 낮으면 낮을수록 더욱더 좋다. 소젖 짜는 여인과 인분 퍼 나르는 수레꾼의 일을 하나님께서는 카르투지오 수도회 수사들의 시편 노래보다 더 반기신다. 루터

한 가장(家長)의 일하는 모습.

제14장 성벽의 재건 | 327

는 이런저런 이유로 얕잡아 보던 직업을 끈질기게 변호했다. 어머니는 처녀보다 낮게 여겨지고 있었다. 루터는 어머니야말로, 그녀의 사랑이 더러운 기저귀를 마다하지 않듯이, 죄를 이기는 하나님의 사랑의 표본이라고 대답했다.

주로 힘을 쓰는 노동자들은 두뇌 노동자, 가령 시청 근무자나 학교 선생님 같은 사람들을 깔보기 쉽다. 군인은 갑옷을 입고 말타는 것과 더위, 추위, 먼지와 갈증을 견디는 것이 힘든 일이라고 자랑이다. 그러나 말타는 사람이 하루 종일 처박혀 책을 들여다볼 수 있을까? 말 등에 앉아 두 다리를 늘 어뜨리고 있는 것은 그리 대단한 일이 아니다. 글 쓰는 것을 단지 하나의 깃털을 날리는 것이나 다름없다고들 얘기한다. 그러나 그들은 허리에 칼을 차고 모자에는 깃털을 꽂은 채 점잔을 빼고 있을 뿐이다. 글을 쓰자면 손과 발만 움직이고 나머지 몸은 노래나 하고 시시덕거려도 되는 게 아니다. 송두리째 쏟지 않으면 안 된다. 학교에서 가르치는 일만 해도 그렇다. 그것이 얼마나 힘든 일이냐 하면 아무도 10년 이상은 거기에 얽매이지 말아야 할 정도다.

루터는 사회에 관한 생각의 초점을 직업에 두고, 사람들을 그 자리에서 대하려 했다. 그러나 모든 직업을 순전히 개인적인 면에서만 다룰 수는 없었으며 그 영역을 더 넓혀야 했다.

루터는 인간 관계의 영역을 세 가지로 넓게 분류했는데 이것은 인간이 타락하기 이전에 하나님께서 정한 것이라서 모두 좋은 것이었다. 이 셋은 교회, 정치, 가정의 영역이다. 가정의 영역에는 경제도 포함된다. 루터는 경제의 제1차적인 의의를 가정을 꾸려 나가는 것으로 보았다. 이 셋 가운데서 상세하게 이론을 편 곳은 교회 영역뿐이다. 그에게 국가는 공무원에 지나지 않았다. 물론 그가 국가를 상호 혜택을 위한 하나의 조합으로, 그리고 인간의 타락 때문에 특별히 강권 행사를 부여받은 기구로 본 것도 사실이다. 경제 분야에 있어서는 공급과 수요라는 추상적인 법칙보다는 파는 사람과 사는 사람, 채무자와 채권자 사이의 개인적인 관계를 더 생각했다. 결혼과 가정에 대한 그의 견해는 나중에 다루도록 하겠다.

경제론

경제 분야에 대한 루터의 입장은 신학과 마찬가지로 보수적이었다. 두 분야에 있어서 그는 당시 교회가 혁신을 가져온 것에 대해 비난하면서 당대 사람들에게 신약시대와 중세 초기로 되돌아갈 것을 호소했다.

당시 새로운 유럽은 야만족의 침입이 있은 뒤 줄곧 농업에 치중해 왔으며, 교회는 농업을 가장 높이 평가했다. 다음이 수공업, 맨 마지막이 상업이었다. 루터의 가치관 역시 그러했다. 그는 십자군 원정에서 소개된 변화를 탐탁하게 여기지 않았다.

지중해 지역에 그리스도인의 교역을 부활시키고 상업 분야에 엄청난 자극을 가져다 준 장본인이 바로 십자군 원정이었다. 이렇게 상황이 바뀌면서 이자를 받고 빌려 주는 일이 적합한 것으로 받아들여졌다. 중세 초기 흉년 때 식량을 빌렸을 경우 소비된 식량 이상으로 반환하는 것은 착취당하는 것으로 여겼다. 그러나 영리를 노리는 투기에 있어서는 문제가 달랐다. 토마스 아퀴나스는 이 점을 간파했기에 돈을 빌려 주는 사람이 손해도 분담할 경우에는 이득 분배에 참여할 수 있는 것으로 인정했다. 상호 위험 부담의 계약은 수락할 만했으나, 안토니오의 배가 암초에 걸려도 샤일록에게 금화를 주기로 한 확정된 보상의 계약은 그럴 수 없었다. 하지만 르네상스 시기의 모험가들은 좀 적더라도 보다 확실한 보상을 택했다.

교회는 양쪽 다 기꺼이 받아들였는데 그것은 교회 자체가 은행업, 부기, 신용 및 대부와 같은 자본주의의 전반적인 물결에 너무도 깊이 빠져 있었기 때문이다. 푸거 가에서는 요한 에크와 같은 신학자가 중세와 토마스 아퀴나스의 이

윤에 대한 규제를 요리조리 피하도록 모든 음흉한 계략을 옹호해 주며 수입을 늘려 주는 것이 싫지 않았다.

다른 한편 루터는 자본주의 이전의 경제 옹호자가 되었다. 그가 얼마나 토지 중심이었는가 하는 점은 고리대금에 대한 그의 책 표지의 풍자화에 잘 묘사되어 있다. 거기에는 한 농부가 자기가 빌려 온 거위뿐 아니라 그 알까지 되돌려 주는 모습이 그려져 있다. 루터는 신명기의 고리대금 금지와 아리스토텔레스의 돈의 무효성 이론을 강조했다. 한 닢의 금화가 또 다른 금화를 낳을 수는 없다고 했다.

루터의 소책자 『고리대금』의 표지.

돈을 버는 한 가지 길은 일하는 것이다. 수도원의 게으름은 하나의 악취다. 만약 아담이 타락하지 않았다면 그는 아직도 밭을 갈고 사냥하는 일을 계속했을 것이다. 스스로 꾸려 나갈 수 없는 사람들은 공동체의 부양을 받아야 하지만 나머지 사람들은 일해야 한다. 단 한 가지 예외가 있다. 노인들 가운데 이용할 수 있는 자금이 있는 사람은 이자를 받고 돈을 빌려 줄 수도 있는데 그 이율은 사업의 성과에 따라 5퍼센트를 넘지 말아야 한다.

다시 말해서 루터는 상호 위험 부담의 계약을 유지했다. 그 이외의 경우 대부는 자선의 항목에 들어 있었다. 루터는 프란체스코 수도회의 청빈 서약을 무시했지만 아낌없이 주는 면에 있어서는 프란체스코 수도회적이었다.

분명히 루터는 자본주의 정신에 반대했으며 순진하게도 물가가 오르는 것은 자본주의자들의 강탈 때문이라고 보았다. 그와 동시에 그는 자신도 모르게 자기가 통박했던 여러 가지 발전에 기여하기도 했다. 수도원 제도의 철폐와 교회 재산의 몰수, 가난을 죄 또는 수치, 불행으로 낙인찍은 것 그리고 노동은 하나님을 닮는 것이라고 찬양한 것, 이 모든 것은 분명히 경제적 기업 정신을 고취시켰다.

정치론

국가 문제에 있어서 명심할 점이 하나 있다. 곧 그것은 루터의 제1관심사는 정치가 아니었지만 그의 위치에서 정치를 피할 수 없었다는 사실이다. 구체적인 상황이 그를 다그칠 때마다 그는 바로바로 토를 달았다. 카를 5세가 루터의 신약성경을 금지했을 때는 '참을 수 없는 일', 선거후 프리드리히가 루터의 주장과 신변을 옹호했을 때는 '받아들일 수 있는 일', 교황 제도가 이단적인 통치자들을 폐위시켰을 때는 '권리 침해', 교회가 십자군 원정을 주장했을 때는 '가증스러운 일', 소수파들이 모든 정부를 배척했을 때는 '악마'라고 바로 토를 달았다. 루터는 정부에 대한 이론을 세울 차례가 되자 신학에서처럼, 바울과 아우구스티누스에게 의존했다.

모든 기독교 정치 사상의 출발점은 지금까지 로마서 13장이었다. 거기에는 높은 권세자들에게 순종하라는 명령이 나와 있다. 그 이유는 권세자들이란 하나님께서 임명하신 자들이며 쓸데없이 칼을 드는 것이 아니라 하나님의 일꾼으로서, 악한 일을 저지르는 사람들에게 하늘의 진노를 실시할 뿐이기 때문이다. 루터는 사회는 결코 기독교화될 수 없기 때문에 강제는 결코 제거될 수 없다고 확신했다.

> 세상과 대중은 비록 세례를 받고 이름으로는 그리스도인이라 해도 여전히 비기독교적이요 언제나 그럴 것이다. 따라서 공동체나 세계를 복음으로 다스리려는 사람이 있다면 그는 한 우리 안에 늑대, 사자, 독수리, 양을 집어넣는 목자나 다름없을 것이다. 양들이야 조용히 있겠지만 오래가지 못할 것이다. 세상을 묵주알로 다스릴 수는 없다.

루터가 말하는 칼은 국가의 안팎으로 질서를 유지하는 데 사용하는 도구였다. 그 당시 경찰력은 군대와 구별되지 않았으며 군인이 두 가지 기능을 발휘하였다.

이 칼을 사용하는 데 있어서 통치자와 신하들은 하나님의 도구 노릇을 한다. "통치자의 자리에 앉아 있는 사람들은 하나님의 자리에 앉아 있으며 그들의 판결은 하나님께서 하늘에서 심판하신 것이나 다름없다." 루터는 보름스에 초청을 받고서 "만약에 황제가 날 부른다면 하나님께서 날 부르시는 거다."라고 말했다. 이것으로 그리스도인이 통치자 노릇을 할 수 있다는 문제가 얼핏 해결되는 것처럼 보이겠지만 꼭 그렇지도 않다. 그건, 하나님께서는 아무리 지독한 죄인들이라도 자신의 도구로 사용하실 수 있기 때문이다. 그것은 하나님께서 앗수르 사람들을 들어서 자신의 분노의 막대로 사용하신 데서 엿볼 수 있다. 그리고 어떤 경우를 따질 것 없이 기독교가 하나의 정치적 행정에 필수가 아닌 것은, 정치란 자연의 영역에 속하기 때문이다.

루터는 인간이 완전하게 될 수 있는 가능성을 부정하면서 동시에 인간의 본질적인 예의를 어느 정도 믿었다. 인간들이 제약을 받지 않으면 물고기들처럼 서로 잡아먹고 말 것이라는 것은 옳은 얘기지만 모든 인간이 이성에 비추어 살인, 도둑질, 간음을 나쁜 것으로 깨닫는다는 사실 또한 옳다. 루터는 사회 안에 등급이 있는 것이 적합함을 자연스럽게 받아들였다. "나는 성령께서 일러 주시지 않아도 마인츠의 대주교가 브란덴부르크의 주교보다 더 높다는 것을 알 수 있다."

이성은 인간에게 소 기르는 법, 집 짓는 법, 나라 다스리는 법을 충분히 가르쳐 준다. 심지어는 "국가법이나 교회법 없이 코란만 가지고 있는 투르크족 밑에서 지상 최선의 정부가 이뤄지고 있다는 보고도 있다." 자연인이 법과 정부의 테두리 안에서 일하고 정의를 깨닫고 실시할 수 있음을 신뢰할 수 있다. "통치자가 조금이라도 개인적인 생각을 앞세운다면 그 순간 그는 바로 악마다. 그는 질서 있게 바로잡을 권리는 있지만 자기 직책의 힘을 사용해서 앙갚음할 권리는 없다."

그러나 그러한 조건 아래 불신자들이 아주 완벽하게 국가를 다스려 나갈 수만 있다면 굳이 그리스도인이 정치가가 되어야 할 이유가 어디 있겠는가? 그리고 국가가 죄 때문에 세워진 것이라면 죄인들에게 그것을 다스리게 하고 성도들은 모두 수도사의 규약을 따르면 될 텐데, 칼을 휘두르는 걸 포기하지 않는 이유는 무엇인가?

이러한 질문에 루터는 이렇게 답변했다. 곧 그리스도인이 혼자서만 당하는 일이라면 약탈을 당해도 좋지만 자기 이웃까지도 그걸 똑같이 감수하게 할 권리는 그에게 없다고. 루터의 이 말은 기독교 공동체의 윤리 규약이 더 연약한 지체들을 중시해야 한다는 얘기로 들린다. 자기를 위해서는 보호받기를 거절하는 그리스도인이 손을 쓰지 않을 때 정부가 필요한 보호를 제공할 만큼 충분히 강력하지 못할 수도 있다. 이 경우 그리스도인은 칼의 직분을 받아들이고 그것을 세워야 하는데 어디까지나 자신을 위해서가 아니라 이웃을 사랑하는 마음에서다.

이렇게 되면 그의 윤리는 모순이지 않은가? 루터는 기독교의 윤리를 사적인 생활로 국한시키고 정부를 마귀에게 넘겨주었다는 비난을 지금까지 사고 있다. 그가 구별한 것은 사적인 것과 공적인 것이 아니라 개인과 단체였다. 요점은 한 남자에게 아내, 자녀, 학생들, 교인들 그리고 부하들에 대한 책임이 있는데 오로지 자기 혼자만이라는 식으로 가볍게 행동할 수 없다는 것이다. 우리의 권리가 곧 다른 사람들의 권리라면 그것을 포기할 권리가 우리에게 없는 것이다. 루터는 국가를 이쪽에, 그 외 모든 단체를 저쪽에 두는 식으로 구별하지 않았다. 그는 가정을 국가로, 아버지를 엄격하게 나올 수밖에 없는 통치자로 보았기 때문이다.

이때 그가 사용하는 방법은 경우에 따라 크게 다를 수 있었다. 여기서 우리는 루터가 산상보훈을 개인적인 관계에 그대로 적용하는 게 아닌가 하는 생각을 할 수도 있다. 그는 개인이 자신의 입장을 변호하는 것은 허용하려 들지 않았다. 어쩌면 기적적으로 우리가 사심 없이 자신을 변호할 수도 있겠지만 이 방향은 아주 위험하다. 그뿐 아니라 개인과 단체라는 구별로 루터의 분류가 다 끝나는 것은 아니다. 목사는 구별된 직분이므로 자신을 위해서든 어느 누구를 위해서든 칼을 사용해서는 안 되었다. 통치자는 칼을, 아버지는 주먹을, 목사는 혀를 사용한다. 바꿔 말하면 직업에 따라 행동 규약이 다르다는 것이다.

루터는 이 모든 주장을 펴는 데 있어서 성 아우구스티누스를 인용하면서 그의 견해를 단순하게 제시했다. 아우구스티누스는 전쟁의 윤리에서, 전쟁의 정당성을 결정하고 선전 포고하는 통치자, 오직 이 통치자를 대신해서 칼을 휘두르는 시민, 제단의 임무 때문에 칼을 삼가는 목사 그리고 완전의 덕에 헌신하기 때문에 삼가는 수도사, 이 네 분류를 상정했다. 루터는 이 가운데 수도사만 제외하고 세 분류를 그대로 받아들였다.

그러나 이 모든 규약에도 불구하고 한 가지 성품이 따르지 않으면 안 된다. 하나의 통일된 요인은 그리스도인의 사랑의 태도다. 이것이 바로 산상 설교가 모든 관계에 있어서, 심지어 전쟁에 있어서까지 적용되는 의미다. 다시 말해서 아우구스티누스와 루터의 눈에는, 몸을 죽이는 것이 사랑에 어긋나는 것이 아니다. 전쟁에 있어서 살해와 약탈은 생명을 건지기 위해서 손발 가운데 하나를 자르는 것에 비교되었다. 질서를 유지하려면 칼을 사용할 수밖에 없듯이 전쟁은 보다 더 큰 불행을 미리 막는 뜻에서 고안된 하나의 작은 불행으로 볼 수도 있다. 그러나 이렇게 되면 루터는 문제를 인간으로부터 하나님께 떠맡기는 셈이 된다.

어떤 통치자가 자신에게 아무런 해를 끼치지 않은 한 사람을 사형에 처한다 해서 그 사람의 원수는 아니다. 그는 하나님을 대신해서 이것을 실천할 따름이다. 그 사람은 마음으로 화를 내거나 울분을 품을 것이 아니라 오로지 하나님의 노여움과 칼을 품어야 한다. 전쟁에서도 어떤 사람이 방어하는 뜻에서 도끼로 쓰러뜨리고 칼로 찔러 죽이고 불태울 수밖에 없는 경우도 있다. 이때 그 사람의 마음에는 분노와 복수심밖에 없지만 그것은 사람에게서 오는 것이 아니라 하나님의 심판과 명령에서 오는 것이다.

이처럼 루터의 문제는 어디까지나 신학적이었다. 하나님께서는 온 인류를 홍수로 죽이기도 하시고 불로 소돔을 쓸어버리기도 하시고 여러 나라, 여러 민족 그리고 여러 제국을 근절시키기도 하신다고 그는 믿었다. 하나님의 행동을 볼 때 사탄은 그분이 막강하며 무섭다는 결론을 내릴 수 있다. 그러나 이것은 숨겨진 하나님이요 믿음은 그분의 엄격한 일들이 마침내 자비로 드러날 것으로 여긴다. "그러므로 공적인 칼은 위대한 자비심에서 무자비하지 않으면 안 되고 순수한 선한 마음에서 분노와 가혹을 행사하지 않으면 안 된다."

이 이원론의 근거는 어떤 외적인 영역이 아니라 하나님과 인간의 마음이다. 따라서 통치자의 직책은 슬픔으로 가득 찰 수 있다. "경건한 재판관은 죄를 범한 사람들에게 유죄 판결을 내릴 때 괴로워하며, 정의에 따라 그들에게 내릴 수밖에 없는 사형을 두고 참으로 애달파한다." "형 집행자는 '하나님, 저는 마지못해 한 사람을 죽입니다. 하나님 보시기에 저는 이 사람보다 더 경건한 데가 하나도 없나이다.' 하고 말하기 마련이다."

교회론과 국가론

교회와 국가의 관계에서는 문제가 복잡해지는데, 그것은 루터가 서로 같은 것으로 볼 수 없는 두 개의 다른 실재를 소개하기 때문이다. 그는 이 둘을 그리스도의 나라와 세상의 나라로 불렀다. 그 어느 것도 이 세상에 실제로 존재하는 것은 아니었다. 이 둘은 오히려 서로 다른 원리로서 아우구스티누스의 하나님의 도시나 이 땅의 도시와 같다. 그리스도의 나라는 인간들이 그리스도의 영의 자극을 받고 행동하는 생활 태도로서 이 경우에 그들에게는 법과 칼이 전혀 필요없다. 하지만 그러한 사회는 아무 데서도 찾아볼 수 없다. 그것은 교회 안에서도 찾아볼 수 없는데 그곳에는 알곡과 쭉정이가 함께 섞여 있다. 그리고 이 세상 나라에서는, 인간들이 법과 정부의 제약을 받고 있다. 그러므로 교회와 국가는 그리스도의 나라나 이 세상의 나라와 똑같은 것으로 취급할 수 없으며, 교회와 국가는 둘 다 악마적인 것과 신적인 것이 서로 끌어당기는 바람에 찢어지고 있다.

교회와 국가의 영역에 대한 구분을 어림잡아 얘기하자면 하나님과 인간의 본성에서 살필 수 있는 이원론에서 찾을 수 있다. 하나님은 진노와 자비이다. 국가는 그분의 진노의 도구요 교회는 그분의 자비의 도구다. 인간은 외적인 인간과 내적인 인간으로 구분된다. 범죄(crime)는 외적인 것으로서 국가의 일이다. 죄(sin)는 내적인 것으로서 교회의 일이다. 선행은 외적인 것으로서 국가의 소관이다. 믿음은 내적인 것으로서 교회의 소관이다. 그 이유는

> 믿음은 강요받을 수 없는 하나의 자유로운 일이기 때문이다. 이단은 영적인 문제로 제지함으로 막을 성질의 것이 아니다. 힘을 사용하면 믿음과 이단을 다같이 조장할 수도 있고 정직을 박살내거나 이단자를 속으로는 믿지 않으면서 입술로 고백하는 위선자로 바꿔 놓을 수도 있다. 사람들에게 다그쳐서 거짓말을 하게 하는 것보다 잘못을 저지르게 하는 편이 더 낫다.

루터의 정치 사상에서 가장 두드러진 특징은 인간 자질의 높고 낮음에서 찾을 수 있다. 이 인간의 자질은 한편으로는 자연과 이성, 또 한편으로는 은혜와 계시에 일치한다. 자연인이 자신의 문제에 집착하지 않을 경우 그에게는 정의, 공평, 심지어는 관용으로 국가를 다스릴 정직과 통찰력이 충분히 있다. 이것이 시민의 덕이다.

그러나 교회는 겸손, 인내, 참을성 그리고 사랑을 강조한다. 이것은 그리스도인의 덕으로서 은혜를 받은 사람들만이 그것도 비슷하게 성취할 수 있는 것이다. 따라서 대중에게서는 기대할 수 없는 것이다. 이것이 바로 사회가 복음의 다스림을 받을 수 없는 이유다. 이것이 바로 신정 정치가 불가능한 이유다. 그리고 여기에는 또 다른 면이 끼여 있다. 국가의 하나님은 비천한 자들을 높이고 교만한 자들의 코를 납작하게 만드시는 분, 곧 '마리아의 노래'(*Magnificat*)에 나오는 하나님이기도 하다. 교회의 하나님은 사람들의 손에 고난을 받고도 반격하거나 욕하지 않고 자기를 위해서는 칼의 사용을 허락지 않으신 분, 곧 겟세마네의 하나님이기도 하다.

이 모든 특징은 교회와 국가의 분리를 보여 준다. 그러나 루터는 하나님이나 인간을 동강 내지 않았다. 그가 기독교화된 사회를 내다보지는 않았지만 세속화된 문화로 자포자기하지도 않았다. 교회는, 국가가 인정의 훈기 없이 이성의 차가운 빛에 내맡겨지게 버려두는 것보다는 완화의 위험을 무릅쓸 수밖에 없다. 물론 통치자가 그리스도인이 아닐 경우에는 분리가 명백한 방향일 것이다. 그러나 그가 확실한 그리스도인이라면 교회는 종교의 혜택이 전체 인구에게 돌아가게 하는 데 그의 도움을 마다하지 말아야 한다. 이때 통치자는 교회의 양아버지가 되어야 마땅하다.

이러한 병행은 결코 실현된 적이 없는 '단테(Dante)의 꿈'을 연상케 한다. 그 꿈이 한 번도 실현되지 못한 것은 교회와 국가가 제휴할 경우 언제나 한 쪽이 지배하며 그 결과 신정 정치 아니면 황제 주도형 교황 정치(caesaropapism)가 되고 말기 때문이다. 루터는 교회와 국가를 분리하려 하지 않으면서도 신정 정치를 거부했기에, 그의 의도야 전혀 그렇지 않았을지 모르지만 결국에는 황제 주도형 교황 정치의 문을 열어 놓고 말았다.

루터는 정치적 절대설을 조장하고, 시민에게 독재에 대한 교정 수단을 남겨 놓지 않았으며, 양심을 국가에 복종시키고, 교회로 하여금 당대의 권세에 굽실

거리게 만들었다는 비난을 지금까지 받아 오고 있다.

루터가 정부에 대한 존경을 연거푸 강조하고 반역을 달가워하지 않았다는 점을 생각할 때 이러한 비난은 어느 정도 사실이다. 그가 더욱더 열성적이었던 것은 교황주의자들로부터 정부에 파괴적이라는 비난을 사고 있었기 때문이다. 여기에 대해 그가 어찌나 자신 특유의 과장을 곁들여 맞섰던지 그는 다른 쪽에 파괴적이라는 비난을 또 샀다. 그는 "사도 시대 이후로 나처럼 통치권을 칭송한 사람도 없다."고 말했다. 이 말에는, 그때까지 어느 누구도 교회의 여러 권리 침해에 그처럼 완강하게 반기를 든 적이 없었다는 뜻이 있었다. 그리스도 자신도, 어떠한 신정 정치적 의도도 배격하고 아우구스투스 황제(Augustus)에게서 칙령이 내려졌을 때 태어나셨다고 루터는 주장했다.

루터는 오합지졸이 터지면 하나의 독재자 대신 수백의 독재자가 나올 것이기 때문에 적극적으로 반역을 지탄했다. 이 점에서 루터는, 독재를 폭동으로 끝내려면 그 폭력의 피해가 그것이 바로잡으려는 악보다 더 적어야 한다는 토마스 아퀴나스의 견해를 지지하고 있다.

이 모든 얘기는 억눌린 사람들이 어려울 때 돌이킬 수단을 남겨 놓지 않았다는 말이 아니다. 그들에게는 기도가 있으며, 루터는 이것을 가볍게 여기지 않았다. 호소의 권리가 있었다. 봉건 사회는 등급이 있었으며 어느 영주든 그 위에는 상급자가 있었다. 가령 뷔르템베르크 공작 울리히(Ulrich von Württemberg)가 후텐 가의 한 사람을 죽이고 그의 아내를 빼앗았을 때 후텐 가에서는 황제에게 호소했으며 그 결과 이 공작은 쫓겨났다. 반대로 황제는 선거후들의 제지를 받을 수밖에 없었다.

여기서 루터의 민주 정치에 대한 태도를 따지는 사람이 있다면 그런 사람은 민주 정치란 하나의 복잡한 관념이라는 점을 명심하지 않으면 안 된다. 널리 확대된 선거권은 그 당시 스위스를 제외하고는 아무 데서도 인기가 없었지만, 백성의 뜻과 복지에 대한 정부의 민감한 반응은 다루기 힘든 근대의 여러 민주 정치 체제보다는 그의 봉건 사회의 친근한 가장(家長) 중심적 정치 체제에서 더 훌륭하게 드러날 수도 있었다.

그리고 양심이 국가에 항복하지도 않았다. 반역이 옳지 않다 해서 시민으로서의 불순종까지 배제되지는 않았다. 이 시민으로서의 불순종이 하나의 권리는 아니었지만 두 가지 면에서는 하나의 의무였다.

"통치자가 십계명의 처음 세 가지, 곧 신앙과 관련된 계명을 거스른다 하자. 이때 그에게 이렇게 말하라. '각하, 생명과 재물을 바쳐 당신께 순종하는 것이 제 임무입니다. 지상에서 당신의 권세에 속하는 일의 범위 안에서만 명령하십시오. 그러면 제가 순종하겠습니다. 그러나 제 책들(루터의 독일어 신약성경)을 버리라는 것은 순종하지 않겠습니다. 그건 이 문제에 있어서 당신이 한 독재자이기 때문입니다.'"

둘째, 군주에게 순종할 수 없는 경우는 어느 모로 보나 부당한 전쟁에 참전하라는 요구를 해 올 때이다. 예를 들면 브란덴부르크의 요아힘이 군대를 모집하면서 겉으로는 투르크족을 상대로 싸운다지만 실제로는 루터파에 대항하려는 경우가 그렇다. 이때 군인들의 탈영은 루터로부터 마음에서 우러나는 박수를 받았다. "하나님을 위해서라면 분명히 우리로 윗사람들을 떠나게 하신다."

교회 편에서 통치자에게 굽신거리는 것도 루터에게는 역겨웠다. 사역자는 통치자의 스승으로 임명받았다.

> 우리는 통치자가 웃든지 화내든지 그들의 털옷을 빨아 주고 그들의 입을 닦아 주어야 한다. 그리스도께서는 설교자들에게 윗사람들에게 진리를 감출 것이 아니라 그들의 부당성을 꼬집어 줄 것을 지시하셨다.
> 그리스도께서는 빌라도에게 "당신에게는 나를 다스릴 권세가 없소."라고 말씀하지 않으셨다. 그분은 빌라도에게 권세가 있다고 말씀하셨지만 그것

도 "이 권세는 당신 자신에게서 나온 것이 아닙니다. 그것은 하나님께서 당신에게 주신 것입니다."라는 식으로 말씀하셨다. 결국 그리스도께서는 빌라도를 꾸짖으셨다.

우리의 일도 마찬가지다. 우리도 권위는 인정하지만 우리의 빌라도가 범죄하고 자만에 빠질 때는 그를 꾸짖어야 한다. 이런 얘기를 들으면 권세자들은 우리에게 "당신들은 하나님의 권위를 욕하는 거요."라고 할 수 있다. 여기에 대해 우리는 "당신들이 우리에게 하는 일은 참을 수 있소. 그러나 침묵을 지킴으로써 당신들이 잘못을 저지르는데도 그것이 옳은 것처럼 보이게 하는 일은 할 수 없으며 또 그렇게 하지 않겠습니다." 하고 대답한다. 우리는 마땅히 진리를 고백하고 악을 꾸짖어야 한다. 부당한 일을 감수하는 것과 침묵을 지키는 것은 엄청나게 다르다. 우리는 마땅히 감수해야 한다. 그리고 진리를 위해 죽어야 한다.

먼저 진리를 고백하지 않고서 어떻게 그 진리를 위해 죽을 수 있겠는가? 그러기에 그리스도께서는 빌라도가 하나님으로부터 받은 권위를 행사한다는 점을 보여 주시고, 동시에 그의 잘못을 꾸짖으셨다.

여기서 루터는 소명의 주제로 되돌아가고 있었다. 각자는 자신의 직분에 따라 하나님을 섬기지 않으면 안 된다. 좋고 나쁜 소명이 따로 없으며 쉽고 어려운 소명이 따로 없다. 각 소명마다 나름대로의 시험이 있을 뿐이다. 남편에게는 정욕의 시험이, 상인에게는 지나친 욕심의 시험이, 통치자에게는 뽐내려는 시험이 있다. 그리고 맡은 임무를 충실하게 수행하려면 그만큼 더 십자가가 많아진다.

만약 시장이 자신의 임무를 수행한다면 그를 좋아할 사람은 네 명도 안 될 것이다. 아버지가 아들을 훈계하면 그 녀석은 거칠게 나올 것이다. 이것은 어디서나 마찬가지다. 왕에게는 자신의 고통거리라곤 하나도 없다. 우리는 "마귀더러 시장 노릇 좀 하라지. 루시퍼더러 설교 좀 하라지. 나는 사막으로 가 거기서 하나님을 섬기겠어."라는 식의 말을 하고픈 유혹을 받는다. 우리 이웃을 우리 몸처럼 사랑하는 것도 결코 쉬운 일이 아니다. 주면 줄수록 괴로움이 더 늘어날 뿐이다.

그러나 나는 투덜대지 않겠다. 내 일거리가 있는 이상 나는 "그 일은 나를 위해 시작한 것이 아니므로 내가 끝내려 하지는 않겠다. 그것은 하나님과 복음을 듣고자 하는 사람들을 위한 것이요, 다만 그 일을 기피하려 하지 않을 뿐이다."라고 말하겠다.

그러나 일에 대한 이러한 정신이 비위에 거슬릴 필요는 없다. 여기서 새들에게 한 가지 배울 점이 있다.

당신이 "이봐, 새야, 어쩌면 넌 그렇게도 즐겁지? 요리사도 없고 창고도 없으면서 말야." 하고 말한다면 그 새는 이렇게 대답할 것이다. "난 씨 뿌리지도, 거두지도, 창고에 모으지도 않아. 그러나 내겐 요리사가 있어. 그분의 이름은 하늘 아버지야. 바보 같으니라구. 넌 노래도 안 하지. 온종일 일만 하고도 걱정이 되어 잠을 못 이루는구나. 난 목이 천 개인 양 노래하는데 말야."

이 모든 것의 요약은 이렇다. 곧 어떤 면에서는 루터의 경제와 정치 문제에 대한 태도를 미리 예측할 수 있다는 것이다. 그는 오래된 방법들이 지나치게 헝클어지는 것을 용납하지 않았다. 반역은 용납할 수 없는 것이었다. 그러나 종교만이 인간의 최상의 관심이기 때문에 외적인 생활의 형태는 아무래도 상관없으며 상황에 따라 결정되도록 일임될 수도 있다.

제15장 중도적 입장
교황주의자, 가톨릭 온건파, 청교도, 과격주의자들 사이에서 길을 걷다

루터는 자신의 통렬함이 사도들의 정신과 잘 어울리지 않는다는 비난을 듣고 태연하지만은 않았다. 그는 헨리 8세의 비위를 건드렸으며, 게오르크 공작을 노발대발하게 만들었고, 에라스무스를 따돌렸다. 어쩌면 그는 슈타우피츠 박사에게까지 상처를 입혔을지도 모른다. 숨을 거두기 전 슈타우피츠는 이렇게 말했다. "나의 사랑하는 친구여, 연약한 자들이 있다는 것을 명심하게. 신앙의 영역에서는 결코 침묵할 수 없다 해도 얼마든지 진지하게 받아들일 수 있는 중립적인 문제는 비난하지 말게나."

 루터의 계획이 그대로 실천에 옮겨지려면 그의 여러 이상에 헌신하는 사람들이 분명히 필요했다. 한때는, 이 개혁이 온 유럽의 지지를 받는다는 희망은 실감나지 않아 보이기도 했다.

순진하게도 루터는 교황에게 여러 가지 폐단을 지적해 주면 교황이 그것을 곧장 바로잡아 줄 것으로 생각하기도 했다. 이러한 희망이 시들어지면서 황제를 포함한 독일 민족의 귀족들에게 기대를 걸게 되었다. 그러나 이러한 꿈도 망상으로 드러나고 말았다. 이러던 루터가 비텐베르크로 돌아왔을 때 그는 교회와 제국, 양쪽에서 제지를 받고 있었다.

하지만 이러한 상황 아래서도 폭넓은 개혁에 대한 희망이 모조리 기괴한 환상으로만 보이지는 않았는데, 바로 이때 교황 제도의 인물에 변화가 일어났다. 르네상스 시대의 경박한 교황들은 반개혁 시대의 엄격한 교황들 중 한 사람에게 그 자리를 계승하였다. 그런데 이 교황은 부도덕이나 재정 남용을 교정하는 데 대해서 루터만큼이나 관심을 보인 교황이다. 그가 바로 하드리아누스 6세(Hadrianus VI)였다. 그는 네덜란드 사람으로 공동생활 형제회에서 자랐다. 그의 교황 재직이 짧았기에 교황 제도의 불결하기 짝이 없는 외양간이 충분히 청소되지는 못했지만 루터에 대한 하나의 새로운 정책을 시작하는 계기로서는 만족스러웠다.

그러나 정반대로 그 투쟁은 격화될 뿐이었다. 이것은 루터가 보기에 당연한 일이었다. 그는 그동안 내내 논쟁의 초점은 믿음이지 생활이 아니요, 설령 도덕이 수정된다 해도 그 가르침은 여전히 건전하지 못하다는 점을 밝혀 왔다.

그 틈바구니가 메워질 수 없었다는 에라스무스의 판단은 여전히 맞는 얘기였다. 왜냐하면 설령 개혁된 교황들이 그 교회가 동방 가톨릭교 신자들을 대하듯 성직자들의 결혼을 양보하고, 한때 후스파에게 하듯 양종(兩種) 성찬(빵과 포도주 모두를 배령하는 성찬식)을 양보하고, 스페인과 프랑스에서처럼 로마의 지배를 받는 하나의 민족적인 교회를 양보하고, 심지어는 트리엔트 교회 회의에서처럼 적당히 감시받는 이신칭의를 양보한다 해도, 성례의 숫자를 줄이고 미사를 약화시키는 노릇, 만인제사장설, 더더구나 아직 공식적으로 선포되지는 않았지만, 교황의 무오류설을 배척하는 것은 참을 수 없는 그들이었다.

개혁된 교황 제도의 적대감

그런데도 루터는 조금도 그들을 달래지 않았다. 그의 재건 활동은 더 많은 파괴로부터 시작됐다. 아직도 비텐베르크에서는 면죄를 외치고 있었다. 루터는 그곳 선거후에게 선거후 자신이 장려하고 있는 면죄를 중단하라는 요청을 보냈다. 프리드리히는 설득하기에 힘들지 않았다. 어쩌면 그 까닭은, 면죄가 어찌나 인기가 없던지 1522년 만성절에 그것을 선포하던 설교자마저도 그것을 쓰레기 정도로 광고했으며 대중들도 유물을 보고 야유를 퍼부을 정도였기 때문인 듯하다. 프리드리히는 1523년 만성절에는 이러한 시도를 되풀이하지 않았다.

이때 유물들을 1년에 한 번씩 전시하는 게 어떻겠느냐는 제안을 받고 그는

십자가에 못 박힌 그리스도 앞에 무릎 꿇은
현인 프리드리히와 루터.

고개를 내저었다. 그 유물의 목적은 면죄를 선전하는 것뿐이었다. 하지만 그는 평생 긁어모은 수장품을 파괴해 버리거나 분산시켜 버릴 위인도 못 되었다. 그 가운데 가장 소중한 유물은 제단 위에 두고 나머지는 성구(聖具) 보관실에 넣어 두었다가 요청이 있으면 외국 손님들에게 보여 주도록 했다. 동방으로 여행하면서 군주들과 교회 인사들을 상대로 거룩한 뼈를 하나라도 더 받아내려고 협상을 벌이던 이 선거후가 그 소중한 취미거리를 포기하고 성 교회와 비텐베르크 대학의 가장 수지맞는 수입에서 손을 뗀 것이다.

루터의 다음 공격은 성 교회의 여러 기부 미사였다. 이곳에는 25명의 신부들이 고용되어 작센 가의 사람들 가운데 세상을 떠난 사람들의 영혼을 위해 미사를 올렸다. 이 개인적인 제사들이 루터의 눈에는 우상숭배, 거룩한 것을 더럽히는 행위, 아니 하나님을 모독하는 것으로 비쳤다. 그가 분노한 이유 가운데 하나는 이 신부들의 부도덕이었다. 25명 가운데 간음자가 아닌 사람은 세 명을 넘지 못했다.

그러나 이것이 그의 공격의 첫째 근거는 아니었다. 그는 언제나 이전의 개혁자들은 생활을 공격했지만 자신은 교리를 공격한다는 점에서 그들과 다르다고 주장했다. 물론 프리드리히가 후견인의 입장에서 이러한 스캔들을 제지해야 마땅했지만 그러자면 그 꼴사나운 사람들을 해고하고 더 나은 신병들을 모집해야 했다.

루터는 이것으로 만족하지 않았다. 그 미사를 없애야 했다. 프리드리히는 분명히 설득당할 것이다. 문제는 성직자들이 여기에 즐거이 동참할 것인가였다. 그러나 루터는 양자의 동의가 있든 없든 앞으로 나갈 자세를 갖추고 있었다. 중요한 것은 언제나 개혁이었으며 이 제후가 성직자를 따돌리고 실시하든, 성직자들이 제후를 따돌리고 실시하든 상관없었다. 만장일치가 바람직하지만 꼭 절대적인 것은 아니었다. 연약하다는 핑계는 언제 악의 구실로 둔갑할지 모르는 판이었다.

"요시야 밑에 있던 바알의 제사장들 모두가 자신들의 의식을 사악한 것으로 믿지는 않았지만 요시야는 거기에 대해 전혀 무관심했다. 하찮은 일에 있어서 연약한 자들을 용납하는 것은 별문제지만 어느 모로 보나 사악한 문제를 용납하는 것은 그 자체가 사악하다." 폭도들이 수석 사제의 집 유리창을 박살냈다. 그 가운데 고집불통이 셋으로 줄어들었다.

이때 루터는 그들에게 보편적인 교회의 통일에 저항하는 것은 분파주의 정신이라며 그들을 비난했다. 이것은 마치 비텐베르크가 기독교 세계였다고 말하는 거나 다름없다. 사뭇 천진스러운 생각으로 들리긴 하지만, 루터가 생각하고 있던 것은 교인들의 숫자나 교회의 역사가 아니라 그가 이해한 대로 하나님의 말씀에 기초를 둔 교회였다.

그곳 시의회는 보다 더 거칠었다. 그들은 신부들에게 미사 집례는 사형에 해당하는 죄라고 통보했다. 성직자들은 마침내 자신들에게 죄가 있다는 점을 만장일치로 선언했다. 1525년 초쯤해서 이 미사는 비텐베르크에서 자취를 감췄다. 미사가 강제로 제지되었는지의 여부는 아무도 정확히 애기할 수 없지만 비록 과도하게 서두르지는 않았다 해도 압력이 심히 컸음에 틀림없다. 루터가 바르트부르크에서 돌아온 뒤로 미사는 2년 반 동안 명맥을 유지했다.

이러한 변화들로 교황주의자들의 마음속에서는 격렬한 적대감이 생겼으며 교황 하드리아누스는 현인 프리드리히에게 반종교 개혁의 명실상부한 선언을 보냈다.

> 그리스도 안에서 사랑하는 자여, 짐은 그동안 참을 대로 참아 왔소. 이제는 더 이상 참을 수 없구려. 짐의 선임자들은 그대가 마르틴 루터를 통해서 기독교의 믿음을 더럽히는 일을 중단하라고 권면했지만 그 나팔 소리가 모두 쓸데없게 되고 말았소. 짐은 자비와 어버이의 애정으로 그대에게 아버지의 권면을 하오.
> 작센 사람들은 지금까지 줄곧 믿음의 옹호자들이었소. 그러나 지금은 누가 그대를 속인거요? 누가 주의 포도원을 짓밟는 거요? 한 마리의 멧돼지가 아니고 누구겠소? 그대 덕분에 교회에 사람이 없고, 사람들에게는 사제가 없고, 사제에게는 존경이 없고, 그리스도인들에게는 그리스도가 없게 되었소. 성전의 휘장이 동강나 있소.
> 마르틴 루터가 성경에 호소한다 해도 속는 일이 없도록 하시오. 그건 이단마다 하는 짓이오. 그러나 성경은 일곱 개의 인으로 봉인된 책으로서 그걸 열 수 있는 사람은 한낱 육적인 사람이 아니라 모든 거룩한 성도들이오.
> 이 악의 열매는 명백하오. 그건 교회의 이 강도가 백성들을 선동해서 상(像)들을 박살내고 십자가들을 때려 부수게 하기 때문이오. 그는 평신도들에게 사제들의 피로 손을 씻도록 권면하고 있소. 그는 성례들을 배척하거나

훼손하며, 금식을 통해서 죄가 말끔히 씻기는 것을 부정하며, 날마다 미사 드리는 것을 배척하고 있소. 그는 교황들의 교서를 불에 내던진 사람이오. 이것이 그대에게는 그리스도로 들리오, 적그리스도로 들리오? 마르틴 루터와 떨어지시오. 그의 모독적인 혀에 마개를 씌우시오. 그대가 그렇게 한다면 짐은 구원받는 한 죄인을 두고 하늘의 천사들과 함께 마냥 즐거워할 것이오. 그러나 거절한다면, 전능하신 하나님과 짐이 이 땅에서 대변하는 우리 주 예수 그리스도의 이름으로 말하지만 그대는 지상에서의 처벌과 이후에 오는 영원한 불을 피하지 못할 것이오.
교황 하드리아누스와 황제 카를은 의견을 같이하고 있소. 그러니 두 개의 칼맛을 보기 전에 회개하시오.

프리드리히는 다음과 같이 대답했다.

교황 성하, 저는 지금까지 한 번도 그런 일이 없으며, 현재도 그리스도인과 거룩한 교회의 순종하는 아들의 입장을 벗어나 행동하지 않습니다. 제가 믿기로 전능하신 하나님께서는 앞으로 얼마 남지 않은 제 생애에 그분의 거룩한 말씀, 봉사, 평화 그리고 믿음에 보탬이 되도록 은혜를 베푸실 것입니다.

그러나 루터의 운명과 그의 개혁은 교회, 황제, 또는 선거후 한 사람이 아니라 뉘른베르크에서 모이는 독일 의회에 달려 있었다. 보름스 의회와 마찬가지로 이 모임 역시 갈라져 있었다.
가톨릭 쪽은 교황 사절을 중심으로 규합했는데, 여러 가지 폐단은 터놓고 인정했지만 그 모든 것을 이미 죽은 레오의 잘못으로 돌리고 그의 고귀한 후임자에게 순종할 것을 요청했다. 평신도들 세계의 통솔력은 황제가 자리를 비운 사이에 그의 동생인 오스트리아의 페르디난트에게 떨어졌다. 그는 자신이 참석한 짧막한 기간 중 자신의 권위로 보름스 의회의 칙령을 시행하려 했으나 곧 의회에서 거부당했다. 이렇게 되자 한 그룹의 가톨릭 제후들이 뒤이어 일어난 동맹의 핵심이 되었다.

여기에 동참한 사람으로는 브란덴부르크의 요아힘을 들 수 있다. 그는 처음 황제 선출에 반대 투표했던 대가로 황제의 신임을 얻으려고 루터주의에 대하여 열렬히 반기를 들고 나섰다. 그리고 이 동맹에는 합스부르크 가의 대변자인 랑 추기경이 있었다. 바이에른 사람들은 한결같이 가톨릭 편이었으며 팔츠 사람들은 방향을 바꾸고 있었다. 이것이 물론 확정된 전열은 아니었다.

온화하게 의사 진행을 방해하는 데 명수인 현인 프리드리히가 가톨릭 평신도의 공통된 마음을 대변할 리 만무했다. 그 밖에 이 교황의 권면에 기쁘게 따른 제후들이 많았다. 그 가운데 으뜸

작센 공작 텁석부리공(公) 게오르크.

은 게오르크 공작이었다. 그의 이단에 반대하는 열정은 라인 지역을 불사르기에 충분했다. 루터는 자신이 이 공작에게 포를 쏜 것이 꺼림칙해서 화해의 제스처를 해봤지만 퇴짜를 맞았다. 게오르크의 말이다.

> 나는 증오심에 불타서 이 글을 쓰는 게 아니라 당신을 정신 차리게 하려는 뜻에서 이 글을 쓰고 있소. 한 사람의 평신도로서 나는 사울의 갑옷을 입고 당신과 성경에 대한 논쟁을 벌일 수는 없지만 당신이 당신의 이웃에게 실례를 범했다는 점은 알 수 있소. 당신은 나뿐 아니라 황제까지도 비난하고 있소.
>
> 당신은 비텐베르크를 도망쳐 나간 수도사들과 수녀들의 피난처로 삼고 있소. 당신의 복음의 열매는 하나님과 성례에 대한 모독이자 정부에 대한 반역이오. 수도원들이 이처럼 타락한 때가 언제 또 있겠소? 당신이 결혼에

대해서 설교한 이후로 얼마나 많은 파혼이 일어났는지 아시오?
루터, 당신의 복음이나 지키시오. 나는 그리스도의 복음을 몸과 영혼, 재물과 명예를 바쳐 지키겠소. 그러나 하나님은 자비로우신 분, 당신이 돌아선다면 용서해 주실 것이오. 그렇게 된 다음에는 나도 당신을 위해 황제의 사면을 얻어내도록 노력하겠소.

헨리 8세(Henry VIII)는 루터에게 대항하는 또 다른 가톨릭 제후였다. 그는 마르틴 루터를 '하나님의 은혜에 따른 비텐베르크의 목사'로, 헨리를 '하나님의 수치에 따른 영국의 왕'으로 얘기하는 답장 때문에 화가 가라앉지 않았다.

이어서 루터는 화해의 제스처를 보냈지만 헨리는 줄곧 그를 '만족할 줄 모르는 자유'의 설교자로 취급했다. 분명히 이 '교황의 끄나풀들'은, 성직자와 평신도를 가릴 것 없이 성벽 재건을 방해하려는 산발랏에 해당했다.

온건한 가톨릭 신자들의 움츠림 : 에라스무스

가톨릭의 온건파들이 다른 반응을 보였을 것이라는 점은 얼마든지 상상할 수 있다. 이들은 에라스무스파와 보름스에서 중도파를 이루었던 인문주의자들이었다. 사실 중립의 여지를 조금도 허용하지 않는 압력이 그처럼 격렬하지만 않았어도 그들의 입장은 달랐을지도 모른다. 마지못해 이 중재인들은 어느 한 쪽 진영으로 들어설 수밖에 없었다. 그들의 방향은 두 갈래였다. 일부 아주 뛰어난 사람들은 로마로 되돌아갔는데 그 가운데는 뉘른베르크의 피르크하이머 같은 사람도 있었다.

루터에게 가장 큰 상처는 로테르담의 에라스무스가 취한 자세에서 비롯되었다. 그의 입장은 본질적으로 바뀌지 않았다. 그는 여전히 루터가 상당히 좋은 일을 해냈으며, 결코 이단이 아니라고 생각했다. 이러한 내용을 에라스무스는 1524년에 출판된 대담에서도 공공연하게 얘기했다. 그러나 그가 통탄한 것은 기독교 세계의 붕괴였다.

　유럽의 일치에 대한 그의 꿈은 보름스 의회가 채 끝나기도 전에 프랑스와 제국 사이에 전쟁이 터지면서 산산조각이 나고 말았다. 우연의 일치인지는 몰라도 이때 교회의 분열과 함께 그리스도의 통옷은 찢겨지고 말았다. 에라스무스는 중재인의 역할을 원했지만, 그가 존경하는 유명 인사들, 곧 왕들, 추기경들 그리고 옛 친구인 교황 하드리아누스에게 떠밀려 자신의 입장을 밝힐 수밖에 없었다.

　마침내 그는 항복하고 자신의 어떤 면이 루터와 다른가를 드러내기로 동의했다. 그것은 면죄가 아니었다. 미사도 아니었다. 그것은 인간론이었다. 에라스무스가 한 권의 책을 펴냈는데 그 제목은 『자유 의지에 관하여』(On the Freedom of the Will)이다.

　루터는 에라스무스가 이것을 토론의 주제로 삼은 것을 고마워했다. "교황 제도, 면죄, 연옥 그리고 이와 비슷한 자질구레한 것들을 두고 갑론을박하지 않고 문제의 핵심을 찌른 사람은 자네밖에 없네. 자네가 이런 일을 해준 데 대해 고마울 뿐이네."

　루터가 가톨릭 교회로부터 갈라진 근본적인 문제는 인간의 본성과 운명에 관한 것이었다. 그 가운데 본성보다는 운명이 더 그랬다. 바로 이것이 그와 에라스무스가 서로 멱살을 쥐지 않은 이유였다. 에라스무스의 제일가는 관심은 도덕이었지만 루터의 문제는 올바른 행동(그것이 가능하다면)으로 인간의 운명이 영향을 받을 수 있는가 하는 점이었다. 에라스무스는 복음서의 윤리적 교훈들이 이뤄질 수 없는 것이라면 거기에 무슨 의미가 있겠는가 하는 질문을 던짐으로써 루터의 방향을 바꿔 놓는 데 성공했다.

　루터는 여기에 대해 인간이 어떤 때는 하나님을 등에 태우고, 어떤 때는 마귀를 등에 태운다는 변덕으로 맞섰다. 이 발언은 분명히, 인간에게는 선악을 결정할 자유가 전혀 없다는 말로 들린다. 물론 이것은 루터가 늘 품어 오던 생각이 아니다. 그는 얼마든지 자연인이라도 책임 있는 남편, 애정 어린 아버지, 점잖은 시민, 정직한 통치자의 입장에서 시민의 여러 가지 덕을 실천에 옮길 수 있다고 얘기할 수 있었다. 인간은 옛날의 로마인들이나 오늘날의 투르크인들처럼 정직하고 용감할 수 있다. 복음서에 있는 대부분의 교훈은 얼마든지 객관적으로 지킬 수 있다.

그러나 하나님 보시기에는 "의인은 없나니 하나도 없다." 여러 가지 동기가 결코 순수하지 못하다. 제아무리 고상한 행동이라도 오만, 자애, 눈의 욕심, 권력의 욕망으로 더럽혀져 있다. 종교적인 면에서 보자면 인간은 죄인이다. 그러므로 인간은 하나님께 내세울 건덕지가 전혀 없다. 인간이 돌이킬 수 없을 정도로 타락하지 않았다면 그것은 오로지 하나님께서 그에게 분에 넘치는 호의를 베풀려 하시기 때문이다.

이렇게 되면 문제는 사람에서 하나님으로 바뀐다. 에라스무스는 인간뿐 아니라 하나님의 도덕성까지도 마음이 놓이지 않았다. 하나님께서 구원의 여러 조건을 성취할 수 없는 인간을 창조하시고, 어찌할 도리가 없는 문제로 제멋대로 구원하고 저주하는 건 부당하지 않은가? "물론 그것은 하나의 걸림돌이지." 하고 루터는 대답했다.

> 상식과 타고난 이성으로는, 그처럼 자비와 선하심이 넘치는 하나님께서 마치 죄와 영원한 처벌을 두고 마냥 기뻐하시는 듯 보여 몹시 불쾌하지. 그러한 하나님 개념은 악하고 잔인하며 용납할 수 없는 것처럼 보여서 그것 때문에 온 세기에 걸쳐서 반역한 사람들이 많았어. 나 자신도 한때는 그게 못마땅해서 절망의 맨 밑 구렁텅이까지 빠져들어 가 내가 창조된 것을 한탄하기까지 했지. 제아무리 교묘한 구별을 짓는다 해도 여기서 빠져나갈 재간은 없지. 타고난 이성은 아무리 언짢더라도, 하나님의 전지와 전능의 여러 결과를 인정하고 들어갈 수밖에 없어.

그러나 바로 이 점이 에라스무스가 타고난 이성으로 양보하려 들지 않는 대목이었다. 그는 그 갈등을 하나님의 능력과 선하심 사이에 놓인 것으로 여겼다. 그는 선하심을 포기하는 것보다는 능력을 제한하려 했다. 루터는 그 반대였다. 어쨌든 에라스무스는 필요 이상의 주장을 피력하고 싶지 않았다. 그는 여러 가지 난제에 부딪혔다. 가령 사람들 가운데는 백치로 태어나는 사람들이 있는데 그들의 상태에 대한 책임은 하나님께 있다. 그런데 왜 이러한 인생의 수수께끼를 영원으로까지 끌어가며 여러 가지 역설을 교리로 못 박아 버리는가?

"그런 것들은 나의 역설이 아니다."라고 루터는 되받았다. "그런 것들은 하나님의 역설이다." 에라스무스는 루터에게 어떻게 이것을 알 수 있느냐고 물었다. 그러자 루터는 야곱과 에서의 운명은 그들이 뱃속에서 나오기 전부터 결정되었다는 사도 바울의 말을 인용하며 맞섰다. 에라스무스는 다른 성경 구절을 보면 다른 의미가 담겨 있으므로 그 문제는 명확하지 않다는 말로 응수했다.

그렇다면 왜 그 문제에 대한 논쟁이 수백 년을 두고 계속되고 있는가? 성경은 해석할 필요가 있으며, 해석의 표준이 되는 성령이 자기들에게 있다는 루터파의 주장은 그들의 생활 속에서 나타나는 성령의 열매의 뒷받침을 받지 못하고 있다.

루터는 에라스무스에게 대답하면서 그를 회의주의, 경박, 불신앙의 사람으로 몰아붙였다. 인간의 운명을 차분하게 토론한다는 것 그 자체가 하나님의 위엄에 대한 무감각을 드러낸다. 명백하고 단순한 것으로 얘기를 한정하려는 에라스무스의 몸부림은 루터에게는 기독교의 포기로 비쳤다. 그 이유는 기독교는 자연인에게 단순하고 명백하게 이해될 수 없기 때문이다.

아무리 의롭고 성인답다 해도 이 온 우주 어느 누구가 하나님이자 사람이요 우리의 죄를 위해 죽고 다시 살아나셔서 아버지의 오른편에 앉아 계시는 분을 믿는 것만이 구원의 길이라는 생각을 떠올렸던가? 어느 철학자가 이것을 간파했던가? 선지자들 가운데 어느 누가 그랬던가? 십자가는 유대인들에게는 하나의 치욕거리요 이방인들에게는 하나의 우스갯거리였다. ……하나님께서 자신의 자비를 받을 자격이 없는 자들을 저주하신다 해서 그분의 자비와 선하심을 믿기 어려울지도 모른다. 이때 우리는 하나님의 정의가 인간의 헤아림으로 정당한 것으로 파악될 수 있는 것이라면 그것은 신령한 것이 아닐 것임을 명심해야 한다.

하나님은 참되고 유일하시기에 인간 이성으로는 도무지 헤아릴 수 없고 접근할 수 없다. 그러므로 그분의 정의 역시 헤아릴 수 없다. "오, 하나님의 풍요와 지혜와 지식은 심오합니다. 누가 그분의 판단을 헤아릴 수 있겠습니까!"

하나님의 판단은 자연의 빛에는 숨겨져 있고 오직 영광의 빛에만 드러난다. 루터는 "자연의 빛 이상의 수준을 넘지 못하는 에라스무스는 모세처럼 모압 평지에서 죽고 신앙심 분야인 보다 더 높은 학문의 약속된 땅에 들어가지 못할지도 모른다."라고 말했다.

에라스무스는 자신의 입장을 이런 말로 특징지었다. "그 어진 항해사는 암초와 소용돌이 사이를 항해할 것이다. 나는 이 비극의 구경꾼이 되려고 애써 왔다." 그러한 역할은 그에게 허용되지 않았으며 고해실의 맷돌 사이에서 그의 전형적인 모습은 짓이겨지고 말았다. 교양 있는 가톨릭 학자로서의 그의 조화로움, 곧 관대하고 진취적이요 기독교 세계의 통일 속에서 전형적인 기독교의 유산을 부활시키려고 헌신하던 학자의 모습을 이후로 어디서 찾아볼 수 있겠는가? 개신교의 통솔력은 신(新)스콜라주의로, 가톨릭의 통솔력은 예수회로 넘어가려는 참이었다.

루터는 이렇게 큰소리쳤지만 자신의 통렬함이 사도들의 정신과 잘 어울리지 않는다는 비난을 듣고 태연하지만은 않았다. 그는 헨리 8세의 비위를 건드렸으며, 게오르크 공작을 노발대발하게 만들었고, 에라스무스를 따돌렸다. 어쩌면 그는 슈타우피츠 박사에게까지 상처를 입혔을지도 모른다. 슈타우피츠에게서 얼마 동안 소식이 없었다. 루터가 안부를 묻자 슈타우피츠는 이렇게 대답했다.

> 자네를 사랑하는 나의 마음은 변함이 없네. 여인들에 대한 사랑보다 더하니까. 그러나 자네는 칭의와 상관없는 여러 가지 외적인 문제를 정죄하는 것 같아 보이네. 이 세상에 폐단이 없는 것은 하나도 없지. 수많은 사람들이 수도복을 입고서 거룩하게 살아갔는데 왜 자네의 코에는 그것이 악취란 말인가?
> 나의 사랑하는 친구여, 연약한 자들이 있다는 것을 명심하게. 신앙의 영역에서는 결코 침묵할 수 없다 해도 얼마든지 진지하게 받아들일 수 있는 중립적인 문제는 비난하지 말게나.
> 마르틴, 우린 자네에게 많은 덕을 입고 있네. 우리를 돼지우리에서 인생의 초원으로 인도한 자네일세. 자네와 단 둘이서라면 한 시간이라도 얘기하면서 우리 마음의 비밀을 터놓을 수 있으련만! 비텐베르크에서 좋은 열매를 거두기 바라네. 자네를 위해 계속 기도하네.

이 편지를 받은 지 얼마 안 되어 루터는 슈타우피츠 박사가 죽었다는 소식을 들었다. 그 당시 가톨릭 진영의 상황이 그랬다. 교황은 달랠 길이 없었고, 헨리 8세는 욕설을 퍼붓고, 게오르크 공작은 사나워지고 있었으며, 에라스무스는 반박을 일삼았으며, 슈타우피츠는 죽었다.

청교도들의 이탈 : 카를슈타트

그 당시 로마와 결별한 사람들만의 손으로도 성벽을 재건할 수 있었음은 분명하다. 바로 이때 다음 공격이 시작됐는데 그것은 첫 번 공격보다 훨씬 더 넓을 잃게 했다. 로마와 인연을 끊은 사람들이 서로 연합되어 있지 않았다. 한편으로는 루터주의에서 이탈이 생기고 또 한편으로는 복음주의의 다양한 형태가 독자적으로 일어남으로써 다양성의 표본이 드러나기 시작했다.

루터는 얼얼했다. 처음 비텐베르크에서의 여러 혼란은 그가 교황 제도에서 얻어맞은 어떤 타격보다 더 치명적이었다. 그리고 그는 자신이 과격파들보다는 로마 쪽에 더 가깝다는 점을 이미 파악하기 시작했다. 어쨌든 그는 그 사이에 있었다. 그는 "내가 택하는 길은 가운데 길이다."라고 말했다. 자신도 모르게 그는 이때 에라스무스파가 과거에 보름스에서 처했던 입장에 놓여 있었다. 이들이 벽에 부딪히자 루터파는 오른편의 교황주의자들과 왼편의 열심파들 사이에서 중간 그룹으로 등장했다.

이 모든 뒤바뀜 가운데 가장 신기한 것은, 많은 점에서 에라스무스의 후계자들이 과격파라는 사실이다. 곧 가톨릭의 크나큰 폐단을 인간을 추켜세우는 것으로 본 루터와는 다르게 그 폐단을 종교의 외형 치중에서 찾은 에라스무스의 후계자들이었다.

이 열심파의 내적인 것과 영적인 것에 대한 강조는 교회의 이론과 생활에 극적인 결과를 미치게 되어 있었다. 이것은 이미 츠비카우 선지자들에게 드러난 그대로다. 영혼은 모든 외적인 도움 없이도 지낼 수 있는 것으로 여겨졌다. 이 외적인 도움에는 카를슈타트가 당시 말하던 대로 미술과 음악이 포함될 뿐 아니라 심지어는 눈에 안 보이는 은혜의 외적 형태인 성례까지도 포함되어 있었다. 영혼의 체험이 교회 회원의 필수적인 자격으로 바뀌었다.

결과적으로 모든 세례는 아니더라도 유아 세례는 배척되었다. 그 외적 근거로는 "무익하니라."라는 말씀이 제시되었다. 민족 교회나 지역 교회라는 개념은 배제되었는데 그 까닭은 어느 지역의 전체 인구가 그처럼 엄격한 시험에 통과한다는 것은 있을 수 없기 때문이다.

영의 교회란 필연적으로 사회로부터 분리함으로써 자신의 원상(原狀)을 지탱하려고 노력하거나, 아니면 성도들의 통치를 위해서 이 세상을 지배하려고 시도할 수도 있는 하나의 분파다. 이것이 바로 모든 개신교의 신정 정치의 개념이다. 종교적인 사회 안에서의 통솔력은 성령 충만한 자들에게 주어진다. 이때 그들이 성직자냐 평신도냐 하는 것은 문제되지 않는다. 그 결과는 어쩌면 직업적인 목회의 철폐일지도 모른다.

또 다른 에라스무스의 개념은 처음 것과 완전히 일치하지는 않으며 그것은 원시 기독교의 복구 개념이었다. 회복을 위해 선정한 내용들은 대개 영의 종교와 일치하는 것들이었지만 회복하려는 시도 그 자체는 곧 하나의 새로운 형식주의와 율법주의를 낳는 데 도움이 되고 말았다.

이러한 개념이 지향하는 전반적인 양식은 루터에게 생소했다. 인간이란 하나의 전체이기 때문에 영과 육으로 가를 수 없다. 그러므로 미술, 음악 그리고 성례는 종교의 적합한 표현이다. 교회를 하나의 선별적인 토대 위에 세우려는 시도는 그의 마음을 끌었으며 열심파들에 대한 그의 분격은 대부분 자기 자신의 갈등으로 격렬하게 되었다.

그러나 개신교의 신정 정치란 생각은 그에게 교황 제도의 군주 정치와 마찬가지로 가증스러웠다. 신약시대의 내용을 하나하나 회복하려는 노력은 그에게 하나의 새로운 율법주의와 형식주의로 보였다. 곧 그가 바로 과격파들의 구호를 들고 문자에 대항해서 영의 옹호자가 됨으로 배격했던 율법주의와 형식주의의 또 다른 형태로 보였던 것이다.

이러한 양식 속에서 여러 가지 요소를 구체적으로 실천하려는 첫 번 시도는 루터 자신의 계통에서 일어났는데 이것은 어쩌면 그의 전열에서의 이탈로 볼 수도 있다. 비텐베르크의 환경이 지형이 되었으며 그 지도자는 다시 카를슈타트(Andreas Rudolf Bodenstein von Karlstadt)와 뮌처(Thomas Müntzer)였다. 이것은 불행한 일이었다. 왜냐하면 비록 두 사람이 예리하고 재주 있는 사람이긴 했지만, 두 사람 가운데 누구도 균형 잡히거나 안정되지 않았기 때문이다. 만약 루터가 그러한 사상을 맨 처음 츠빙글리와 온건한 재세례파 사람들에게서 발견했다면 그처럼 이해심 없고 매정하게 반대하지는 않았을지도 모른다.

카를슈타트의 가장 진지한 과격주의는 그가 오를라뮌데의 교회 구역으로 은퇴한 뒤에 발전했다. 거기서 그는 상(像)과 교회 음악에 대한 이전 공격에서 한 걸음 더 나아가 제단의 성찬용 빵에 그리스도께서 실제로 임재하신다는 점을 부정했다. 이 세 가지 경우에 반대하는 이유는 물질을 신과의 교제 수단으로 사용하기 때문이었다. 하나님은 영이요 빵과 포도주 안에 들어 있을 수 없다. 그리스도께서 하신 말씀은 "너희가 이를 행하여 나를 기념하라."라는 것뿐이었다. 따라서 이 빵과 포도주는 단지 '생각나게 하는 물건'에 지나지 않으며 통로가 되어 주는 것이 아닐 뿐더러 상징조차도 아니다. 카를슈타트는 "이것은 내 몸이니라……이것은 나의 피니라."라는 그리스도의 말씀을 "이것은 앞으로 찢겨질 몸이다. 이것은 앞으로 흘려질 피다."라는 뜻으로 해석했다.

루터는 이 구절이 조금이라도 애매하다면 또 다른 본문이 있다고 맞섰다. 그것은 "우리가 축복하는 바 축복의 잔은 그리스도의 피에 참여함이 아니며 우리가 떼는 떡은 그리스도의 몸에 참여함이 아니냐."라는 말씀이다(고전 10:16). "이것은 더 이상 피할 수 없는 천둥소리다. 만약 내가 5년 전에 카를슈타트의 입장을 확신할 수 있었다면 교황 제도에 대항할 그러한 강력한 무기에 대해 고마워했을 것이다. 그러나 나에게는 성경이 너무도 강력했다." 성경이 정말 결정 요인이었는지에 대해서는 의문이다.

루터와 카를슈타트의 이러한 입장은 성찬에서의 상징 문제에서 성찬의 문제로 넘어가면서 뒤바뀌었다. 카를슈타트는 "너를 위하여 새긴 우상을 만들지 말라."라는 모세의 말을 글자 그대로 받아들였으며 루터는 "이것은 내 몸이니라."라는 그리스도의 말씀을 글자 그대로 받아들였다.

정말 문제는 물질이 종교에 도움인가 방해거리인가 하는 점이었다. 카를슈타트의 성경주의는 그가 퀘이커파와는 달리 성찬을 완전히 배척하지 못하도록 제지한 데서 크게 드러났다. 그가 이 의식을 유지했던 것은 그리스도께서 "너희가 이를 행하여 나를 기념하라."라고 말씀하셨기 때문이다.

그는 마찬가지로 유아 세례를 배척했다. 츠비카우 선지자들은 그보다 먼저 그것을 배척했으며 재세례파에서는 이것을 그들의 분파의 주요 강령으로 삼고 있었다. 중요한 문제는 종교적인 확신에 대한 성인으로서의 체험의 필요성이었다. 여기서 카를슈타트는 외적인 물은 아무 효력이 없으며 경우에 따라서는 바로의 군대가 홍해에 잠겼듯이 파괴적이기도 하다는 점을 덧붙였다.

여기서 다시 우리는 그가 왜 모든 세례를 배척하지 않았는지 갸우뚱하게 된다. 그가 안식일 엄수를 강조한 배후에는 사람들에게 세속적인 일로부터 휴식을 주어 그들로 하여금 내적인 생활을 계발하는 조용한 시간을 갖도록 하려는 뜻이 깔려 있었다.

루터가 보기에 그의 가장 큰 괴벽은 평신도 목회를 완성하려는 그의 노력에서 드러났다. 루터는 만인제사장설을 선언한 사람이다. 여기서 쉽게 끌어낼 수 있는 결론은, 퀘이커파의 경우처럼, 아예 직업적인 목사가 없어야 한다는 것일 수도 있었다.

카를슈타트는 그 정도까지는 나가려 하지 않았지만 목사의 입장에서 조금도 동료들과 구별되는 것을 원치 않았다. 교구 사람들은 그를 '박사님'이나 '목사님'이 아니라 그저 단순하게 '착한 이웃'이나 '안드레아스 형제'로 부르게 했다. 그는 특별한 복장은 모조리 벗어 버리고 평범한 회색 코트만 걸쳤다. 그리고 교인들의 보조를 사양하고 그 대신 쟁기를 잡고 자기 먹을 것을 벌기로 했다.

루터가 이 전반적인 프로그램에 전혀 호감을 갖지 않는 것은 아니었다. 사실 그도 학위 같은 하찮은 장식은 조금도 개의치 않았지만 훈련받은 목회는 그의 지대한 관심사였으며 만약 카를슈타트의 생각이 판을 친다면 그 결과 농부가 목사만큼 아는 것이 아니라 목사가 농부보다도 모르는 꼴이 벌어질 판이었다.

그는 카를슈타트가 농부의 작업복을 입고 히브리어를 술술 지껄인다고 비꼬았다. 평범한 옷차림과 '안드레아스 형제'에 대해서 얘기하자면 그것은 아니꼬운 짓이 아니라면 하늘의 호의를 사기 위해 나보라는 듯이 극적으로 이것저것 포기하는 새로운 수도원식 노력으로 보였다. 쟁기를 잡고 자기 빵을 버는 문제에 있어서 루터는 자기도 목회 활동에서 쫓겨나면 손으로 일하여 벌어먹을 참이었지만 자발적으로 교구에서 물러나 농장으로 가는 것은 책임 회피 성격이 짙어 보였다. "까다로운 교인들을 떠나 동물들의 다정한 눈길을 마주하고 싶지 않은 사람이 어디 있겠는가?"

그 밖에 카를슈타트의 다른 프로그램, 곧 안식일 엄수, 의무적인 성직자 결혼, 상(像)의 배척 같은 것은 루터에게 하나의 새로운 율법주의로 보였다. 카를슈타트는 내적인 것과 외적인 것의 관계를 뒤바꿔 놓았다. 날짜, 의복, 신분에 대한 절대적인 규범을 정함으로써 그는 외적인 것에 너무 중요한 의미를 부여했다.

이것은 영혼이 결정할 문제다. 누가 보아도 카를슈타트의 종교에는 영적인 것에 대한 강조와는 다른 색채가 있었다. 그는 거룩에 대한 열정과 사회 계급 타파 식의 특권 포기에 대한 관심으로 불타고 있었다고 주장했다. 이런 점에서 루터는 어느 정도 자유의 범위를 넓게 허용하고 싶었다. 이때 보다 더 음흉한 인물의 반란 행위가 아니었다면 그는 카를슈타트에게도 이 자유의 범위를 허용했을지 모른다.

혁명적인 성도들 : 뮌처

츠비카우에서 온 토마스 뮌처는 그곳 선지자들의 사상의 일부를 재유행시켰지만 학식, 수완 그리고 격렬한 열정 때문에 훨씬 더 매력이 컸다. 뮌처는 카를슈타트보다 영혼과 육신을 더 과격하게 떼어놓았다.

곧 그는 유아 세례뿐 아니라 모든 세례를 배척했으며, 이 이원론을 영혼과 성경의 문자에까지 적용시켰다. 그는 문자에 의존하는 사람들은 그리스도께서 비난했던 서기관들이라고 말했다. 한낱 책으로서의 성경은 종이와 잉크에 지나지 않았다. 그 신념에 따라 그는 이렇게 외쳤다. "바이블(Bible), 바벨(Babel), 버블(bubble, 거품, 사기)!"

토마스 뮌처.

이러한 신랄한 비난 뒤에는 하나의 종교적인 관심이 있었다. 뮌처가 루터처럼 괴로워한 대목은, 어떻게 하나님과 올바르게 되느냐가 아니라 올바른 관계를 가질 하나님이 도대체 있느냐 하는 것이었다. 한낱 기록된 문서로서의 성경이 그에게 아무런 확신을 주지 못했던 것은 그가 관찰하기에 그것은 확신을 가진 자들에게만 확신을 주기 때문이었다.

투르크족도 성경을 알고 지내지만 완전히 이방인이다. 성경 기록자들의 시대에는 성경이 전혀 없었다. 그렇다면 그들은 어디서 확신을 받았는가? 여기에 대해서는 하나님께서 그들에게 직접 말씀하셨으며 마찬가지로 우리가 성경을 이해하는 정도에까지 이르려면 하나님께서 우리에게 말씀하시는 수밖에 없다는 한 가지 대답이 있을 뿐이다.

뮌처는 가톨릭 교회와 마찬가지로 성경만으로는 부족하고 신령하게 영감받은 해설자가 있어야 한다고 주장했지만 그 해설자는 교회나 교황이 아니다. 일곱 개의 인으로 봉인된 책을 여는 다윗의 열쇠를 받은 선지자, 새로운 엘리야, 새로운 다니엘이다.

뮌처는 영혼에 대한 자기 견해의 뒷받침을 성경에서 쉽게 찾을 수 있었는데 그것은 "율법 조문은 죽이는 것이요 영은 살리는 것이니라."(고후 3:6)라는 대목이다. 루터는 여기에 대해 문자에 영이 따르지 않을 경우 그것이 정말 죽은 것이지만, 이 둘은 영혼이 신체와 떨어질 수 없는 것처럼 서로 분리될 수 없다고 대답했다. 루터가 보기에 뮌처의 진짜 위협적인 면은 그가 현재의 계시를 높임으로써 과거 기독교 계시의 유일성을 망쳐 버린 점이었다. 루터 자신은 당대에 계시를 받은 체험이 전혀 없었으며 우울할 때 영에 의존하라는 충고는 그에게 있어서 절망하라는 권면이나 다름없었다. 그가 속에서 찾을 수 있는 것이라곤 시커먼 것뿐이었기 때문이다.

그러한 순간에 그에게 꼭 필요한 것은 그리스도 안에서 이루어진 하나님의 엄청난 행위가 쓰여진 기록을 보고서 만져 볼 수 있는 형태의 확신을 받는 것이었다. 루터는 거리낌 없이 자신의 연약성과 역사적 계시에 대한 자신의 요구를 얘기했다. 그러므로 뮌처가 설령 "성령을 털까지 모조리 삼켰다." 해도 그 말에 귀를 기울이지 않을 루터였다. 이 점이 뮌처와 루터뿐 아니라 현대 진보적인 개신교와 창설자들의 종교가 크게 다른 대목이다.

뮌처가 자신의 견해로부터 실질적인 결과를 전혀 이끌어내지 않았다면 루터는 화가 덜 치밀어 올랐겠지만 뮌처는 계속해서 성령의 은사를 교회 형성의 한 기초로 들먹였다. 그는 개신교 신정 정치의 원조로서 그 기초를 유대교에서처럼 주로 혈통과 땅에 두거나 가톨릭에서처럼 성례주의에 두지 않고 성령의 주입에 대한 내적인 체험에 둔 사람이다. 이렇게 거듭난 사람들은 서로를 알아볼 수 있으며 선택받은 자들의 계약에 참여할 수 있다. 이 선택받은 자들의 사명은 하나님의 나라를 세우는 것이다. 그러한 역할이 교회에 있다는 것은 루터에게 딱 질색이었다.

뮌처는 선택받은 자들이 아무런 투쟁 없이 그들의 유업을 받을 것이라고 기대하지 않았다. 그들은 불경건한 자들을 살육해야 했다. 이 점에 있어서 루터는 몸서리쳤는데 칼이란 통치자에게 주어진 것이지 목사에게 주어진 것이 아니기 때문이다. 그것이 성도들에게 주어졌다는 것은 더욱 말도 안 되는 소리였다.

뮌처는 이 투쟁에서 경건한 사람들이 많이 쓰러질 것임을 잘 알고 있었으며 한사코 고난과 십자가를 지는 것이 선택받은 자들의 한 표적이라 읊었다. 루터는 '안락의자 박사와 기회주의자'로서 제후들의 총애를 받는 느긋한 사람이라고 욕을 먹었다. 그는 외적인 십자가는 일부러 찾거나 피할 것이 아니라고 대답했다. 다시 한 번 둘의 입장이 갑자기 바뀌었으며 루터는 내적인 것의 옹호자로 보였다.

선동자들의 추방

1523년 뮌처는 알슈테트라는 작센의 읍에서 목사로 선출되는 데 성공했다. 2,000명이나 되는 추방자들이 그의 설교를 들으려고 모여들었다. 그는 30개의 부대가 불경건한 자들을 살육할 준비가 되어 있다고 보고할 수 있었다. 하지만 증거가 명백한 행동으로는 단 한 가지, 곧 동정녀 마리아에게 바쳐진 한 예배당을 태운 일밖에 없다. 이것은 1524년 3월의 일이었다.

루터는 여기에 대해 작센의 제후들에게 이런 편지를 띄웠다.

> 이 알슈테트 사람들은 성경을 깔보고 영에 대해 정신없이 지껄이지만 영, 사랑, 기쁨, 그리고 인내의 열매에 대해 보여 주는 대목은 어디입니까? 그들이 말씀의 직분으로 만족하는 한 그들에게 개입하지 마십시오. 영들끼리 싸우게 하십시오.
>
> 그러나 칼을 뽑아야 될 경우에는 그 상대가 누구든 개입하지 않으면 안 됩니다. 범법자는 이 땅에서 추방하지 않으면 안 됩니다. 우리의 직분은 단지 설교하고 고난받는 것뿐입니다. 그리스도와 사도들께서는 상(像)과 교회를 박살낸 것이 아니라 하나님의 말씀으로 마음을 샀습니다. 구약의 불

신자들 살육은 본받을 것이 아닙니다. 이 알슈테트 사람들이 불신자들을 말끔히 없애려 한다면 그들은 피로 목욕할 수밖에 없을 것입니다. 그러나 당신들은 질서를 지키도록 하나님의 임명을 받고 있습니다. 잠자는 일이 있어서는 안 되겠습니다.

요한 프리드리히(Johann Friedrich)는 현인 프리드리히의 조카이자 명백한 후계자였다. 이 젊은 사람은 이미 자기 삼촌과 부친과 함께 작센의 행정에 관여하고 있었다. 그는 한 아랫사람에게 1524년 8월 이런 편지를 썼다.

지금 나는 알슈테트의 사탄 때문에 죽을 지경이오. 친절과 편지만 가지고는 먹혀들지 않는구려. 하나님께서 악한 자들을 처벌하는 데 사용하라고 정해 놓으신 칼을 힘차게 사용할 수밖에 없다오. 카를슈타트도 시끄럽게 굴고 있다오. 이 마귀가 주님 노릇을 하려 들고 있소.

여기서는 카를슈타트와 뮌처가 한 둥우리에 놓여 있다. 카를슈타트에게 있어서 이것은 부당할 뿐 아니라 불행한 노릇이었다. 그는 뮌처에게 편지를 띄우면서 자신은 그의 서약이나 피 흘림과 아무런 관계가 없다는 점을 밝혔다. 그러나 오를라뮌데와 알슈테트에서 일어난 여러 성상 파괴 난동은 한가지로 보였다.

카를슈타트는 예나에 소환되어 루터와 면담하는 동안 반란의 누명을 쓰는 것은 부당하다고 호소했다. 하지만 오를라뮌데를 방문한 루터는 회중의 혁명적인 기질을 관찰하는 동안 이 부인의 진실성을 의심하게 되었고 결국 그의 추방을 묵인했다.

카를슈타트는 배가 부른 아내와 아이와는 나중에 만나기로 하고 작센을 떠날 수밖에 없었다. 그는 떠나면서 루터가 보름스 의회 이후에 했던 말을 그대로 남겼다. 곧 자신은 자기의 견해를 피력하지도 못하고 유죄를 증명받지도 않

현인 프리드리히의 동생, 불변공 요한(원서에서는 이 그림의 주인공이 현인 프리드리히라고 잘못 소개되고 있어 부득이하게 자리를 옮겨 배치하였다-편집자 주).

고 유죄 언도를 받았으며 교황의 끄나풀이자 적그리스도의 사촌되는 과거 동료에게 추방당한다는 말을 했다.

뮌처는 바이마르에서 현인 프리드리히와 그의 동생 불변공(不變公) 요한(Johann) 앞에서 설교하라는 소환을 받았다.

이때 그는 대담하게 이들을 자신의 프로그램에 합세시키려고 시도하였다. 그가 택한 본문은 느부갓네살 왕의 꿈을 다니엘이 해몽하는 대목이었다. 이어서 그는, 교회는 깨끗한 처녀였는데 성령을 살해하고 하나님께서는 옛날처럼 자신을 드러내시는 일이 더 이상 없다고 주장하는 서기관들 때문에 더럽혀졌다는 말을 꺼냈다.

그러나 하나님께서는 영혼의 심연 속에서 내면의 말씀으로 자신을 드러내십니다. 하나님의 산 증거를 받지 못한 사람은 10만 권의 성경을 삼켰을지라도 정말 하나님에 대해서는 하나도 모르고 있습니다. 하나님께서는 과거에 족장들, 선지자들, 사도들의 꿈에 나타나셨듯이 오늘도 꿈에 오십니다. 특별히 그분은 고통을 통해서 오십니다.

그러기에 '안락의자 형제'는 하나님을 저버리고 있는 것입니다. 하나님께서는 자신의 영을 모든 육체에 퍼부어 주시며 이 성령께서는 선택받은 자들에게 앞으로 있을 위대하고 거스를 수 없는 개혁을 계시해 주고 계십니다. 이것이 바로 다니엘이 다섯 번째 나라에 대해 예언한 내용의 성취입니다.

작센의 제후 여러분, 여러분에게는 이 계시를 들춰 보여 주고 여러분이 할 일을 제시할 다니엘이 필요합니다. 여러분의 칼이 칼집에서 녹스는데 하나님의 능력이 실현될 것으로 생각하지 마십시오. 그리스도께서는 평화가 아니라 칼을 주러 왔다고 말씀하셨습니다. 그리고 신명기에도 "그들의 제단을 헐며 주상을 깨뜨리며 아세라 목상을 찍으며 조각한 우상들을 불사를 것이니라 너는 여호와 네 하나님의 성민이라."라는 말씀이 있습니다. 칼이 여러분의 손에 쥐어진 것은 불신자들을 말끔히 씻어 버리라는 뜻에서입니다. 여러분이 그 일을 사양한다면 그 칼이 여러분에게서 옮겨질 것입니다. 엘리야가 바알의 제사장들을 쳐 죽였듯이 여기에 항거하는 자들은 무자비하게 살육될 것입니다. 복음을 조롱하는 신부들과 수도사들은 죽어 마땅합니다. 불신자들은 살 권리가 없습니다. 여러분도 느부갓네살처럼 다니엘 같은 사람을 임명하여 성령의 인도하심을 받기 바랍니다.

작센의 제후들은 뮌처를 그런 자리에 앉힐 의사가 조금도 없었다. 그 대신 그들은 이 사건을 한 위원회에 넘겼다. 뮌처는 보고서를 기다리지 않고 밤에 알슈테트의 담벼락을 넘어 작센에서 도망쳤다.

'자유'(liberty)는 희생되고 '한정된 자유'(latitude)가 옹호되었다. 카를슈타트의 정권을 택하면 엄격주의를 지향했을 것이요, 뮌처의 통치를 받으면 불신자들이 살아남지 못할 판이었다. 그럼에도 이 선동자들이 통치자의 칼로 추방되었다는 사실은 부정할 수 없었다.

루터는 자신이 한 순교자가 되는 대신 여러 순교자들을 만들고 있다는 조롱을 되씹으며 슬픔에 잠겼다.

제16장 베헤못, 리워야단 그리고 거센 물결

츠빙글리파, 재세례파의 선동과 농민 전쟁의 여파로 상처받다

재건의 전망은 독자적으로 일어난 복음주의의 서로 지지 않으려는 형태, 곧 츠빙글리파와 재세례파 때문에 더 어두워졌다. 이들이 루터의 베헤못(Behemoth, 성경에 나오는 하마 모습의 괴수)과 리워야단(Leviathan, 성경에 나오는 뱀 모습의 괴수)이었다. 이때 이 종교적인 소동이 하나의 거대한 사회적 폭동과 합쳐지면서 '농민 전쟁'을 통해 거센 물결로 터졌다. 이에 당장 일어난 결과는 루터의 활동 영역의 제한과 인간에 대한 신뢰의 이지러짐이었다. 이 새 운동들은 대부분 독자적이었지만 당시 비텐베르크의 혼란과 전적으로 무관하지는 않았다.

재건의 전망은 독자적으로 일어난 복음주의의 서로 지지
않으려는 형태, 곧 츠빙글리파와 재세례파 때문에 더 어두
워졌다. 이들이 루터의 베헤못(Behemoth, 성경에 나오는 하마 모
습의 괴수)과 리워야단(Leviathan, 성경에 나오는 뱀 모습의 괴수)이었
다. 이때 이 종교적인 소동이 하나의 거대한 사회적 폭동과 합쳐지면서 '농민
전쟁'을 통해 거센 물결로 터졌다. 이때 당장 일어난 결과는 루터의 활동 영역
의 제한과 인간에 대한 신뢰의 이지러짐이었다.

이 새 운동들은 대부분 독자적이었지만 당시 비텐베르크의 혼란과 전적으로
무관하지는 않았다. 작센에서 추방된 카를슈타트는 남부 독일의 도시를 돌아
다녔다.

얼마 지나지 않아 루터는 스트라스부르의 목사에게서 이런 편지를 받았다.
"아직 카를슈타트에게 설득당한 것은 아니지만 그의 이론 가운데는 수긍이 가
는 점이 많소. 우리가 걱정하는 이유는 당신이 당신의 옛 동료를 그처럼 매정
하게 내쫓아 버렸기 때문이랍니다. 바젤과 취리히에는 그에게 동조하는 사람
들이 많아요." "사랑의 상징인 성찬 때문에 그러한 여러 가지 미움이 일어나
다니……."

바젤은 에라스무스가 살고 있던 곳이다. 이곳에서 그는 자신의 전제들에서 나온 추론을 격정적인 제자들을 시켜 부정하기도 하고 선동하기도 했다. 그는 성례에 있어서 그리스도의 살이 아무 가치가 없다 해서 그 육신이 임재하지 않는다는 점을 인정하려 하지 않았다. 그와 동시에 그는 교회의 권위만 아니라면 이 혁신자들에게 동조했을 것이라는 얘기를 한 친구에게 귀띔해 주었다.

적수 : 츠빙글리와 재세례파

취리히는 비텐베르크의 개혁과는 대조되면서 개혁파의 특색을 갖춘 새로운 종류의 개혁 중심지였다. 그 지도자는 울리히 츠빙글리(Ulrich Zwingli)였다. 그는 인문주의 교육을 받았으며 가톨릭 신부로서 자신의 사제관을 1층은 교구관으로 2층은 고전 작품들의 도서실로 나눴다. 에라스무스의 신약성경이 출판되자마자 그는 서신서들을 헬라어로 암송해 버렸으며 나중에는 루터가 자신에게 바울에 대해서 가르쳐 줄 것은 없다고 장담했다.

그러나 츠빙글리가 바울에게서 강조하려고 뽑은 본문은 "율법 조문은 죽이는 것이요 영은 살리는 것이니라."였다. 여기에 그는 "육은 무익하니라."라는 요한복음의 구절을 덧붙였다. 츠빙글리는 육신을 플라톤의 신체의 의미로 받아들였고, 루터는 그것을 물리적일 수도 있고 그렇지 않을 수도 있는 악한 마음이라는 히브리식 뜻으로 이해했다. 신체를 얕잡아 본 츠빙글리는 미술과 음악은 종교의 시녀로서 부적합하다는 결론을 내렸다. 본인 자신은 여섯 개의 악기에 능통한 음악가였으면서도 이런 주장을 했다.

다음 단계는 쉬운 것이었다. 곧 그는 성찬식에서 실제적인 임재를 부정했다. 유월절이 이스라엘이 이집트에서 피해 나온 것에 대한 하나의 기념이듯이 성찬식은 그리스도의 죽음에 대한 하나의 기념이었다. 루터가 "이것은 내 몸이니라."라는 말씀에 호소하자 츠빙글리는 예수께서 사용한 아람어에는 연결동사가 빠져 있으며 결국 "이것은 내 몸"이라는 식으로 말씀하셨을 뿐이라고 맞섰다(헬라어 누가복음에서 이 구절과 짝이 되는 구절은 "이 잔 새 언약"으로 되어 있다). 여기서 츠빙글리는 '이다.' 가 아니라 '뜻한다.' 를 넣어도 아무 무리가 없다고 말한다.

루터는 당장 츠빙글리의 견해가 카를슈타트의 견해와 가까울 뿐 아니라 에라스무스의 견해와도 가깝다는 것을 느꼈다. 루터 자신이 카를슈타트에게 의지하는 것은 없었지만 에라스무스에게는 깊이 젖어 있었다. 에라스무스에 대해 비난하던 그 귀에 익은 비난, 곧 그가 종교를 진지하게 취급하지 않는다는 욕이 츠빙글리에게도 날아들었다. "어떻게 그가 그것을 아는가?" 하고 츠빙글리는 되받았다. "그가 우리 마음의 비밀을 읽을 수 있는가?"

뮌처의 비슷한 점도 루터의 눈길을 끌었는데 그것은 츠빙글리가 정치적인 열성을 가지고 있었으며 종교 문제에까지도 칼 사용을 마다하지 않았기 때문이다. 츠빙글리는 항상 스위스의 한 애국자였으며 시편 23편 2절을 "그가 나를 알프스의 풀밭에 누이시며"로 번역했다. 그런데 그곳에서 그는 쉴 만한 물가를 찾아볼 수 없었다.

복음 문제로 그가 소중하게 여기던 연합이 깨어질 위험에 놓였다. 그것은 가톨릭 측 사람들이 전통적인 원수인 합스부르크 가에게로 돌아섰기 때문이다. 오스트리아의 페르디난트의 도움으로 바덴에서 총회가 열려 츠빙글리의 성찬론을 두고 토론했다. 이것은 그에게 있어 보름스 의회나 다름없었으며, 그 결과 그는 스위스에서 복음을 구원할 수 있으며 그 연합을 보존하는 데 있어서 필요하다면 언제라도 칼을 쓸 수 있다는 독일의 루터파와 복음주의 동맹을 맺음으로써 가톨릭의 동맹에 대항할 수 있다고 확신했다.

그러나 복음을 보호하기 위해서 군사 동맹을 맺자는 생각은 루터가 보기에 토마스 뮌처의 색채였다.

이때 츠빙글리의 그룹 안에서 하나의 파가 일어났는데 정치적인 문제와는 정반대되는 쪽에서였다. 이들은 재세례파 사람들이었다. 그들의 출발점은 에라스무스 프로그램의 또 다른 면으로서 츠빙글리 역시 호감을 가지고 있던 것이다. 이것은 초기 기독교의 회복이었다. 그들은 산상 설교를 모든 그리스도인이 글자 그대로 지켜야 할 규칙으로 보았다. 모든 그리스도인은 맹세, 전쟁이나 정부 차원에서의 칼 사용, 사유 재산, 몸 단장, 술 잔치와 주정을 배격해야 했다. 전쟁 없는 평화주의, 종교적 공산주의, 소박함 그리고 절제가 그들 공동체의 특징이었다. 교회의 구성원은 오로지 두 번 거듭나서 규율의 계약에 헌신하는 자들이어야 한다.

여기서 다시 우리는 영적 체험과 도덕적 성취라는 두 시험을 통해 알아볼 수 있다는 선택받은 자들의 개념과 마주치게 된다. 교회를 세워 둘 곳은 유아 때 시행된 세례가 아니라 성년 때의 세례를 통해 상징되는 중생이다. 회원이면 누구나 제사장, 목사, 언제라도 선교 여행을 떠날 준비가 된 선교사여야 한다. 그러한 교회는 세상의 개종을 추구하고 있었음에도 불구하고 개종되지 않은 공동체는 결코 받아들일 수가 없었다. 그래서 국가가 모든 거주민을 다 포함하여 이루어져 있을 경우에는 교회와 국가는 분리될 수밖에 없었다. 어쨌든 종교는 속박을 벗어나 자유로워야 한다.

츠빙글리는 중세의 통일이 산산조각 나는 것을 보고 넋을 잃었으며 겁을 먹은 나머지 국가의 무력에 호소했다. 1525년 취리히의 재세례파 사람들은 사형에 처해졌다. 루터로서는 아직 그러한 야만적 수단을 성큼 받아들일 단계는 아니었다. 그러나 그는 한층 더 높은 의를 통해 구원을 얻으려는 수도원식 시도의 귀환을 보고 어리벙벙했다. 선교 여행을 위해 가족을 저버리는 것은 그의 눈에는 가정에 대한 책임을 내팽개치는 것으로밖에 비치지 않았다. 칼을 거부하는 것을 보고 그는 공무원과 군인의 직분은 신성하다는 생각을 새롭게 굳혔다.

종교와 사회적 불안

이때 하나의 큰 사회적 변동이 개혁의 소동과 손을 잡았다. 루터가 보기에, 여기서 자신의 여러 가지 원리가 왜곡되었으며 열심파들의 과격주의는 무정부 상태를 낳는 데 기여할 뿐이었다. 농민 전쟁만큼 루터로 하여금 중세의 틀에서 급격하게 떨어져 나가는 문제에서 움츠러들게 한 것도 없다.

농민 전쟁은 16세기의 여러 종교적인 문제와 직접 관련되어 일어난 것이 아니다. 그 이유는 농민의 불안이 한 세기에 걸쳐서 부글부글 끓어오르고 있었기 때문이다. 여러 가지 폭동이 유럽 전역에서 일어났는데, 특히 농민들이 최종적으로는 자신들의 안전과 번영에 도움이 되었을 여러 가지 변화 때문에 고난받던 남부 독일이 그랬다.

봉건 시대의 무정부 상태는 권력의 통합을 통해서 그 세력을 잃어가고 있었다. 스페인, 영국, 프랑스에서는 이것이 민족적인 규모로 이루어졌지만 독일에서는 오로지 지역 단위로 이루어졌으며 그 어느 정치적 단위에서든 제후들은 봉급을 받는 법정 관리들의 제도의 힘을 빌려서 통치를 완전하게 끌어가려고 애썼다. 여기에 대한 비용은 토지 세금으로 메꿔졌다. 농민은 그 청구서 금액을 지불했다. 법률은 로마법을 채용하고 서로 다른 지역별 규칙을 폐기함으로써 하나로 통일되어 가고 있었다.

이것 때문에 또 농민은 고난받았다. 로마법은 사유 재산밖에 몰랐고 공동 소유를 위험에 빠뜨렸기 때문이다. 여기서 말하는 공동 소유란 수풀, 개천, 초원 같이 지역 사회가 독일의 옛 전통에 따라 서로 나눠 사용하던 것이다. 로마법 또한 자유인, 노예 신분에서 벗어난 사람 그리고 노예밖에 인정하지 않았으며 중세의 농노 개념에 꼭 들어맞는 규범은 없었다.

또 다른 변화는, 십자군 원정 이후 여러 도시에서 일어난 교역의 재흥과 함께 물물 교환 대신 들어선 화폐 교환이었다. 귀금속에 대한 수요 증대 때문에 그 가치가 치솟았으며 처음에는 일정한 비율의 물건보다 일정한 액수의 돈을 지불하는 것으로 득을 보던 농민들은 자신들도 모르게 디플레이션으로 시달리게 되었다. 이 부과금을 물 수 없는 사람들은 부동산 소유자에서 소작인으로, 소작인에서 농노로 전락해 갔다. 처음에는 농민들의 해결책으로 떠올랐던 것이 그들의 사회에서 일고 있는 여러 변화에 대한 저항이 되었으며 케케묵은 옛날로 되돌아가는 노릇이 되고 말았다.

그들이 처음에 요구했던 것은 농노 제도의 철폐가 아니라 빚 대신 노예로 일하는 것을 예방하는 것이었다. 그보다 그들은 옛날처럼 자유로운 수풀, 물 및 초원을 가질 수 있게 될 것과 부과금의 감면 그리고 옛 독일법과 지역 관습법으로의 복귀를 외쳐 댔다.

이러한 여러 가지 목적을 성취하려고 사용한 방법들은 처음에는 보수적이었다. 어떤 특별한 불평거리가 생겼을 때 농민들은 아무런 생각 없이 수천 명이 우르르 모여들어 제후들에게 하소연하면서 중재를 요청했다. 심심찮게 이 하소연이 가장(家長) 중심적인 방법으로 처리되고 짐이 어느 정도 가벼워진 것도 사실이지만 그것이 재발을 방지할 정도로 충분하지는 못했다.

다른 한편으로, 이 농민 계급이 하나같이 극심한 가난에 시달렸던 것은 아니며, 불평을 개선하자는 주도권도 짓밟히는 자들 쪽에서가 아니라 보다 더 느긋하게 잘사는, 스스로 토지도 소유하고 어느 정도 존경을 받던 사람들 쪽에서 잡고 있었다. 어쩔 수 없이 그들의 요구는 경제적 개선의 한계를 넘어 정치적 프로그램으로 번지기 시작했다. 이 정치적 프로그램의 배후에는 그들의 경제적 중요성에 비례하는, 아니 그것보다 훨씬 더 과대한 영향력을 확보하자는 속셈이 깔려 있었다.

마찬가지로 이 운동이 북쪽 지역으로 번지면서 그 요구 내용도 바뀌었다. 굽이굽이 이어진 라인강 만곡 지대의 농민들은 읍민들이기도 했다. 곧 직공들이 농부였다. 이 지역에서는 도시의 열망이 농촌 지역의 열망에 덧붙여졌다. 라인강 저 아래쪽에서는 투쟁이 거의 전적으로 도시의 것이었으며, 그 프로그램의 특색도 읍 의회의 보다 더 민주적인 모습, 길드 회원 자격 조건의 완화, 성직자들도 시민의 의무를 다할 것 그리고 시민들에게 제약 없이 양조에 참여할 권리를 줄 것 등에 있었다.

알자스에서는 이러한 경향들 가운데 많은 것이 종교 개혁 바로 이전에 하나의 운동으로 뭉쳤다. 이 봉기가 1525년의 위대한 농민 전쟁의 상징인 '분트슈' (Bundschuh) 표식을 사용했다. '분트슈' 라는 이름은 농민의 가죽 구두에서 온 것이다. 이 구두에 달린 긴 끈의 이름이 '분트'(bund)였다. '분트' 라는 말에는 또한 '연합, 맹약' 의 의미도 있었다. 뮌처는 이 단어를 그의 선택받은 자들의 맹약에 사용했다. 그보다 먼저 농민들은 혁명의 맹약의 뜻으로 이 용어를 사용했다.

이 분트슈 봉기의 여러 목적의 초점은 경제라기보다는 정치였다. 나무뿌리에 도끼를 찍어야 하고 교황과 황제를 제외한 모든 정부 조직은 철폐되어야 했다. 교황과 황제는 기독교 세계의 전통적인 두 칼로서 보편 사회의 협동 지배자들이었다. 천한 사람들은 언제나 그들에게 손을 내밀어 도움을 청하고 대영주(大領主), 주교, 시장, 기사, 제후들 따위에게는 등을 돌려야 했다. 분트슈 봉기는 이 모든 중간 계급을 말끔히 씻어 버리고 두 큰 주인, 가이사와 베드로만 남겨 놓자는 제안을 했다.

'분트' 에 충성을 다짐하는 농민들.

1525년의 농민 전쟁이 일어나기 전에 이 운동은 종종 성직자들에게 반대하는 입장을 취했지만 가톨릭에 반대하지는 않았다. 주교들과 대수도원장들이 착취자로서 원성을 사기는 했지만 '주교를 때려눕혀라.' 라는 말은 '교황을 때려눕혀라.' 나 '교회를 없애라.' 라는 뜻이 아니었다.

이 분트슈 봉기의 여러 깃발 가운데는 농민화 말고도 성모 마리아, 십자가, 교황의 삼중관 같은 종교적 상징도 종종 끼어 있었다. 앞에 있는 그림에도 검정 농민화가 십자가를 떠받들고 있는 모습이 나와 있다. 오른쪽에서는 한 무리의 농민들이 충성을 맹세하고 있다. 이들 위에서는 다른 농부들이 밭을 일구고 있으며 아브라함은 이삭을 제물로 바치고 있다. 여기서 이삭은 분트 회원들이 지불해야 할 대가를 상징한다.

루터와 농민들

이처럼 종교적인 열성으로 움직이는 운동이 종교 개혁의 영향을 입지 않을 수 없었다. 루터가 말하는 그리스도인의 자유는 순전히 종교적이었지만 아주 쉽게 하나의 사회적인 방향이 될 수 있었다. 만인제사장설이 루터에게는 평등주의를 뜻하지 않지만 카를슈타트는 그것을 그렇게 받아들였다.

물론 루터는 고리대금업을 맹렬히 비난했으며 1524년에는 이 문제에 대해 또 한 권의 책을 써냈다. 여기서 그는 연금의 속임수, 곧 영구적으로 해마다 이자를 받고 자본을 굴리는 계략을 신랄하게 꼬집었다. 그의 수도원 제도에 대한 입장도 수도원의 약탈을 노리는 농부의 탐심에 들어맞았다. 농부들이 강하게 루터에게 끌린 데는 이처럼 좋은 이유가 있었다.

한 풍자화를 보면 하나님의 말씀을 성직자들에게 설명하는 루터 주위에 농민들이 둘러서 있는데, 1524–1525년에 대폭동이 일어나자 한 가톨릭 신자는 루터가 무장하고 불 앞에 앉아 '분트슈'에 기름을 바르는 그림으로 거기에 맞섰다. 가톨릭 제후들은 줄곧 루터에게 이 폭동의 책임을 돌렸으며, 가톨릭 역사가 얀센(Johannes Janssen)은 근대에 와서까지 루터를 그가 그처럼 강력하게 부정했던 운동의 실제적인 주인공임을 입증하려고 애쓴다. 이런 식의 설명은 종교 개혁 이전 100년 동안 끊임없었던 농민들의 동요를 고려하지 않는 것이다.

Practica vber die grossen vnd manigfeltigen Coniunction der Planeten/die im jar M. D. XXiiij. erscheinen/vn vngezweiffelt vil wunderparlicher ding geperen werden.

Auß Rö. Kay. May. Gnaden vnd Freihaiten/hüt sich menigklich/diese meine Practica in zwayen jaren nach zütrucken bey verlierung. 4. Marck lötigs Golts.

1524년에 일어날 대격변에 대한 예언.

여기에 기여한 한 가지 불가사의한 요인이 있었는데 이것이 루터에게는 아주 생소했다. 그것은 곧 점성술이었다. 멜란히톤은 장난삼아 점성술을 다루었지만 루터는 한 번도 그런 일이 없다. 점성술에 따른 추측이 어쩌면 1524년 가을과 1525년 봄 사이에 왜 그처럼 많은 농민 폭동이 일어났는지를 설명해 줄지도 모른다. 1524년은 모든 혹성이 물고기 자리에 들어온 해였다. 이것은 이미 20년 전에 내다본 일로서 그 해가 되면 큰 혼란이 많이 일어날 것으로 예언되었다.

그 시각이 가까워 오자 불안감은 심각해졌다. 1523년에는 이 주제에 관한 책자가 자그마치 51권이나 쏟아져 나왔다. 앞에 나온 그림과 같이 목판화마다 하늘의 물고기 별자리와 지상의 폭동을 그렸다. 한쪽에서는 농민들이 자기들의 깃발과 도리깨를 들고 지켜보고 있으며 다른 한쪽에서는 황제, 교황 및 성직자들이 지켜보고 있다. 1524년에는 황제가 제국 의회를 소집하여 백성들의 불평거리를 개선할 것이라고 희망을 제시하자 안심하는 사람도 있었다. 그러나 의회는 열리지 않았으며 이 거대한 물고기 별자리는 거센 물결을 쏟아 놓고 말았다.

이 모든 것과 종교 개혁은 아무런 관계가 없다. 그와 동시에 종교 개혁을 농민 전쟁과 완전히 떼어놓는 것도 변호할 수 없다. 루터파 목사들을 보름스 칙령을 시행한다는 명목하에 체포할 때마다 심심찮게 농민 총회가 열려서 그들을 풀어 줄 것을 요청했으며 루터는 한 명의 동지로 여겨졌다. 농민들 가운데 몇 사람에게 중재자로 받아들일 사람을 지명하라고 하자 맨 먼저 명단에 오른 사람은 마르틴 루터였다. 공식적 법정이 한 번도 세워진 일이 없고 법적 판결이 한 번도 내려진 일은 없다.

그러나 루터는 농민들의 선언문 가운데 가장 유명한 『12개 항목』(Twelve Articles)에 담겨진 그들의 주장에 하나의 판결을 선언했다. 이 『12개 항목』은 루터를 연상시키는 문구로 시작되었다. "그리스도인 독자에게, 하나님의 평화와 은혜가 그리스도를 통해 넘치기를 바랍니다. ……복음은 반역이나 혼란의 한 구실이 아닙니다." 오히려 그러한 타당한 요구를 거절하는 사람들이 스스로 혼란을 일으키는 사람들이다. "농민들의 호소를 들어 주는 것이 하나님의 뜻이라면 누가 하늘의 왕을 거스르겠습니까? 그분은 이스라엘 자손의 호소를 듣고 바로의 손에서 구원해 주시지 않았습니까?"

처음 항목들은 교회와 관련있었다. 교인에게 목사를 임명하고 퇴거시킬 권리가 있어야 하며 목사는 "거룩한 복음만 전하고 인간적인 것은 덧붙이지 말아야" 했다. 이 뒷대목은 루터의 얘기와 아주 비슷하게 들린다. 목사들은 교인들이 바치는 이른바 소출의 십일조로 검소하게 살아야 했다. 나머지는 가난한 자들의 짐을 덜어 주고 전쟁 때 비상 세금이 필요없도록 하는 데 사용되어야 했다. 이른바 가축의 작은 십일조는 철폐되어야 했다. 그건 "주 하나님께서 가축을 창조하신 다음에 인간이 마음대로 사용하게 하셨기" 때문이다.

본론 부분의 항목에는 공동 전답, 수풀, 물에 대한 해묵은 농경 프로그램이 담겨 있었다. 농부는 자유롭게 사냥하고, 고기를 잡고, 자기 토지가 사냥터로 사용되는 것을 반대할 수 있어야 했다. 서로 감시하에 농부는 나무를 땔감이나 건축용으로 벨 수 있어야 했다. 과부와 고아들에게서 제일 좋은 옷이나 젖소를 앗아가는 상속세는 폐지되어야 했다. 임대료는 토지의 소출에 맞게 조정되어야 했다. 옛 법 대신 새 법이 들어서지 말아야 하며 지역 사회의 목초지는 개인의 손에 넘어가서는 안 되었다.

이전까지의 요구를 뛰어넘는 단 한 가지 항목은 농노 제도의 완전 폐지였다. 토지는 명시된 조건에 따라 임대되어야 했다. 영주가 계약 이상의 노동을 강제로 요구할 경우에는 이것을 임금으로 처리해야 옳았다.

이 『12개 항목』은, 하나님의 말씀에 일치하지 않는 요구는 그 어느 것이든 무효라는 양보 사항을 덧붙였다. 이 모든 프로그램은 보수적이었으며 옛날 봉건 경제와 일치했다. 여기서 눈길을 끄는 점은 정부에 대한 공격이 하나도 없다는 것이다.

이 항목들의 복음주의적인 색채가 루터의 마음에 들었다. 그러나 그는 농민들에게 얘기하면서 그들의 요구를 대부분 무시했다. 교인들이 각자의 목사를 선택하는 권리는 그들이 그에게 봉급을 지불하는 경우에만 해당한다. 설령 그렇더라도 제후들이 용납하지 않는다면 그들은 반역할 것이 아니라 거기서 옮겨 다른 데로 떠나야 했다. 십일조 철폐는 노상 강도 짓이요 농노제 폐지는 그리스도인의 자유를 육신의 한 문제로 전락시키는 짓이다.

루터는 이처럼 이 프로그램을 비판한 다음 그것을 실현할 수 있는 수단을 얘기했다. 그 어떤 상황에서든 일반 사람은 자기를 위해 칼을 잡지 말아야 한다. 저마다 자기 손으로 법을 집행하려고 덤빈다면 "권위, 통치, 질서, 나라는 온데간데없고 살인과 유혈의 참극만" 남을 수밖에 없다.

이 모든 얘기는 지배자들이 저지른 이루 말할 수 없는 비행을 옹호하는 데 그 목적이 있지 않았다. 루터가 제후들에게 얘기할 때는 농부들에게 얘기할 때와는 다르게 농부의 주장을 더 많이 옹호했다. 교인들의 뜻이 목사 선발에 참작되야 했다. 농민들의 불평거리를 개선해 달라는 요구는 당연하고 공정했다. 이러한 혼란을 가져온 장본인들은 바로 제후들이었다. 그들이 아랫사람들의 것을 강도질하고 그들의 가죽을 벗기면서 자기들은 호화롭게 지냈기 때문이다. 참된 해결책은 해묵은 중재의 길이었다.

그러나 이 길은 그 어느 편도 따르려 하지 않았으며 살인과 유혈의 참극이 따를 뿐이라는 루터의 예언만 너무도 분명하게 이루어졌다. 루터는 오래전부터 제아무리 명분이 정당해도 시민이 무기를 들면 어쩔 수 없이 죄 없는 사람들이 피해를 입게 된다면서 극구 반대했다. 그로서는 질서 정연한 혁명은 상상할 수도 없었다. 16세기에 질서 정연한 혁명이 일어난다는 것은 떠올리기 힘들다. 그 당시에는 설득이나 힘을 통한 연합 전선을 구축할 만한 여건이 되지 못했다. 당시 어떤 소수 집단이든 국가의 제도를 휘어잡을 수도, 기술 전쟁으로 그 뜻을 지역 사회에 억지로 지울 수도 없었으며 현대의 선전 수단도 없었다.

농민 전쟁에는 청교도 혁명의 구심점이 없었는데 그 이유는 명백한 프로그램이나 하나로 묶는 통솔력이 전혀 없었기 때문이다. 어떤 그룹에서는 농민의 독재를, 또 어떤 그룹에서는 계급 없는 사회를, 또 어떤 그룹에서는 봉건 제도로 돌아갈 것을, 또 어떤 그룹에서는 교황과 황제를 제외하고는 모든 지배자를 폐지할 것을 원했다. 그 주동자도 어떤 때는 농민이다가, 또 어떤 때는 소수파이다가, 심지어 어떤 때는 기사로 바뀌기도 했다. 분리된 집단은 통합되지 않았다. 심지어는 종교의 통일도 전혀 없었는데 이는 가톨릭과 프로테스탄트 신자들이 함께 했기 때문이다.

알자스에서는 교황 제거를 요구했는데 여기서는 그 투쟁이 종교 전쟁의 양상을 띠었으며 공작과 그의 동생 추기경은 농부들을 "훈족과 반달족처럼 약탈만 일삼는, 믿지 않고 분열을 노리며 버릇없는 루터파 사람들"로 몰아붙이며 샅샅이 뒤졌다. 이 떼거리가 막무가내식으로, 주로 성과 수도원을 약탈하고 사냥터를 습격하며 물고기 웅덩이를 바싹 말리는 데만 관심을 가졌다는 것은 의심할 여지가 없다.

수도원을 약탈하는 농부들.

왼쪽 페이지의 수도원 약탈 그림은 농민 전쟁의 전형적인 모습이다. 그림 윗부분 왼편을 보면 물고기 연못에 그물이 쳐져 있다. 어떤 사람들은 식량을 날라가고 있다. 유혈은 도무지 상상할 수 없다. 한 사람이 겨우 한 손을 잃었을 뿐이다. 곳곳에서 농민들은 농민 전쟁이 아니라 포도주 전쟁이라는 비난이 정당할 만큼 진탕 퍼마시고 또 게워 댔다.

그들의 행동에 대한 또 다른 면이 한 수녀원장의 편지에 어렴풋이 나타나 있다. 그녀는 수녀원에 달걀 한 개, 버터 한 덩어리 남지 않을 때까지 약탈당했다고 얘기한다. 수녀들은 창문을 통해서 민중이 무례하게 구는 것과 불타는 여러 성에서 솟아오르는 연기를 볼 수 있었다.

이 전쟁이 끝나자 튀링겐에서는 70개의 수도원이, 프랑켄에서는 270개의 성과 52개의 수도원이 파괴되었다. 팔츠에서는 농부들에게 굴복하자 그 무질서가 얼마나 엄청났던지 농민들의 지도자들이 과거 당국자들에게 와서 질서 회복을 도와달라고 빌지 않으면 안 될 정도였다. 그러나 이 당국자들은 농부들이 먼저 두들겨맞을 때까지 기다리는 쪽을 택했다.

수도원을 점령하는 농부들.

제16장 베헤못, 리워야단 그리고 거센 물결 | 383

그 밖에 다른 방법이 있었겠는가? 농부들로 새로운 정치, 경제 질서에 적응하게 할 건설적인 계획을 실천에 옮길 만한 사람이 과연 있었는가? 전략적으로 가장 적합한 사람은 황제였을 것이다. 그러나 어느 황제도 이 역할을 떠맡으려 하지 않았다.

그 일을 해낼 수 있다고 독일 방방곡곡에 충분히 알려지고 신뢰받는 사람이 딱 한 명 있었다. 그가 바로 마르틴 루터였다. 그러나 그는 거절했다. 그에게는 목사가 칼을 들고 농부들의 앞장을 서는 것은 자기 직분을 포기하는 것이나 다름없었다. 그가 교황 제도의 신정 정치를 때려 부순 것은 그 자리에 성도들이나 농부들의 새로운 신정 정치를 세우려는 뜻에서가 아니었다. 치안을 유지하기 위해 칼을 휘둘러야 할 사람은 공무원이었다. 후스파 사람들의 선두에 선 지슈카(Jan Žižka)의 역할이나 철기병대를 이끈 크롬웰(Oliver Cromwell)의 역할은 루터에게 맞지 않았다.

뮌처가 반역을 조장하다

그러나 그토록 싫어하던 바로 그 역할을 다른 사람이 떠맡지만 않았어도 루터는 그처럼 거칠게 농부들을 정죄하지는 않았을 것이다. 작센에서는 토마스 뮌처가 아니었다면 농민 전쟁은 없었을 것이다. 추방당하자 그는 일단 보헤미아로 갔으며 거기서 다시 돌아와 아무도 모르게 작센의 한 마을 행정을 휘어잡고 마침내는 농민들에게서 선택받은 사람들의 '분트'를 발견했다. 그는 이 선택받은 사람들은 불경건한 사람들을 죽이고 성도들의 왕국을 건설해야 마땅한 것으로 설파했다.

문제는 경제적 불평거리의 개선이 아니었다. 왜냐하면 작센에서는 농노 제도가 오래전에 폐지되었기 때문이다. 뮌처가 경제적인 개선에 관심을 가진 것은 오로지 종교를 위해서였으며, 그에게는 그 당시 아무도 관찰하지 못하던 것을 꿰뚫어 보는 통찰력이 있었다. 그것은 곧 믿음 그 자체가 물리적 고갈 상태에서는 성장하지 못한다는 사실이다. 그는 외쳤다.

루터는 가난한 사람들이라도 믿음만 있으면 충분하다고 얘기합니다. 그는 고리대금과 여러 세금 때문에 믿음을 받아들이는 문제가 방해받는 걸 보지 못한 것일까요? 하나님의 말씀을 배울 시간이 어디 있습니까? 제후들은 고리대금으로 백성들의 피를 빨고 있으며 개천의 물고기, 공중의 새, 저 풀밭의 풀을 자기들 것으로 잡아 놓고 있습니다. 그런데도 저 거짓말 박사께서는 "아멘!" 하고 있습니다.

저 기회주의자 박사님, 비텐베르크의 새 교황님, 안락의자 박사님, 느긋한 아첨꾼에게 무슨 용기가 있겠습니까? 칼은 하나님께서 지배자에게 맡기신 것이므로 반란이란 있을 수 없다고 그는 말합니다. 그러나 칼의 힘은 전체 공동체의 것입니다. 그 옛날에는 판결이 내려져도 지배자가 정의를 그르칠까 봐 지켜보기만 했습니다.

그런데 지배자들은 정의를 왜곡시키고 말았습니다. 그들을 자리에서 끌어내려야 합니다. 그들의 시체를 쪼아 먹으려고 까마귀들이 몰려들고 있습니다.

이러한 자세로 뮌처는 뮐하우젠에 왔으며 여기서 일어난 농민 전쟁은 그의 책임이었다. 설교대 앞에 서서 그는 긴 비단 깃발을 들어 올렸다. 거기에는 무지개가 그려져 있었으며 '주의 말씀은 영원하도다.' 라는 표어가 적혀 있었다.

그는 "자, 때가 왔습니다." 하고 외쳤다. "여러분 가운데 하나님께 전적으로 내맡긴 사람이 단 세 사람밖에 없어도 10만 명을 두려워할 필요가 없습니다. 전진! 전진! 전진! 모조리 없애 버리시오! 하나님 없는 자들이 소리쳐도 동정하지 맙시다. 깡그리 죽여 버리고 전혀 자비를 보이지 말라고 모세에게 이르신 하나님의 명령을 기억하십시오. 온 지역이 요동하고 있습니다. 타도하시오! 뗑그렁! 앞으로! 전진!"

루터의 『살인자이자 도둑 떼거리인 농민들에 대한 반박』의 표지.

이 지역은 정말 요동하고 있었다. 농민들이 죄다 들고일어났다. 그런데 현인 프리드리히는 지쳐 있었으며 임종의 날을 기다리고 있었다. 그는 동생 요한에게 이런 편지를 띄웠다. "어쩌면 농부들이 하나님 말씀에 대한 방해를 받자 저렇게 일어나는 것이 당연한지도 모르겠군. 숱한 방법으로 가난한 사람들이 지배자들에게 욕을 당해 왔지. 이제 하나님께서 노여움을 우리에게 터뜨리시는 걸세. 그분의 뜻이라면 서민이 지배하게 될 것이요 그렇지 않으면 곧 그 결과가 달라질 것이네. 그러니 우리는 하나님께 기도하면서 죄의 용서를 빌고 문제를 그분께 맡기도록 하세. 하나님의 선한 뜻과 영광에 따라 처리해 주실 테니."

요한은 십일조를 걷는 정부의 권리를 농부들에게 양보했다. 그는 프리드리히에게 "제후로서 우리는 망한 겁니다."라고 썼다.

루터는 이 홍수를 막아 보겠다고 농민들 틈으로 들어가 타일렀다. 그러나 그들은 조롱과 폭력으로 맞섰다. 이어서 그는 붓을 들어 『살인자이자 도둑 떼거리인 농민들에 대한 반박』(Against the Murderous and Thieving Hordes of Peasants)이라는 책을 썼다. 그의 마음에 지옥은 텅텅 비어 있었다. 왜냐하면 모든 마귀가 저 농부들 속에 들어가 있으며 마귀 왕은 토마스 뮌처 속에 있었기 때문이다. 뮌처는 "강도, 살인, 유혈 선동의 앞잡이"였다.

현인 프리드리히 같은 기독교 지배자는 우리의 전투 상대가 육신과 피가 아니라 악의 영들이므로, 자신의 마음을 살피고 저 마귀를 대항할 힘을 달라고 겸손히 기도해야 했다. 그뿐 아니라 그는 자신의 임무를 벗어나 이 미친 농부들에게 조건을 제시해야 했다. 그들이 받아들이지 않는다면 그때 그는 재빨리 칼을 잡지 않으면 안 되었다.

가만히 앉아서 결과를 주께 맡기자는 현인 프리드리히의 계획이 루터에게는 아무 쓸모가 없어 보였다. 그보다는 "내가 만일 서두르지 않았다면 내 영토에서는 이 운동이 나흘도 못 가서 손을 쓸 수도 없이 악화되었을 거야."라고 말하는 헤센의 방백(方伯, landgrave, 지위와 권위가 공작과 같은 독일의 지방 백작) 필리프(Philipp I)가 더 마음에 들었다.

루터는 다음과 같이 말했다.

농부가 공공연하게 반란을 일삼는다면 이는 하나님의 법을 벗어나는 것입니다. 반란은 단순한 살인이 아니라 온 땅을 휩쓸어 황량하게 만드는 대화재와 같습니다. 따라서 반란이 일어나면 모든 곳이 살인자와 피로 흥건해지며 고아와 과부가 생기게 됩니다. 그것은 모든 걸 뒤집어 놓는 큰 재앙이나 다름없습니다. 그러므로 누구든지 은밀하게든 공공연하게든 할 수 있거든 쳐 죽이고 목 졸라 죽이고 찔러 죽이게 하십시오. 반역자보다 더 유해하고 상처를 가져오며 악마적인 것도 없습니다. 그건 마치 미친 개를 죽이지 않으면 안 되는 것과 마찬가지입니다. 그 개를 때려눕히지 않으면 오히려 당신과 온 지역이 물려 죽을 것입니다.

제후들 가운데 일부는 너무 재빠르게 쳐 죽이고 찔러 죽이고 목 졸라 죽였고 토마스 뮌처는 너무 성급하게 그들의 약을 올렸다. 그 가운데 게오르크 공작과 필리프 방백은 아주 신속하게 손을 썼다. 뮌처와 농부들은 프랑켄하우젠 근처에 진을 치고 늘어서 있었다. 그들은 하나님의 의밖에 노리는 게 없으며 유혈을 피하고 싶다는 소식을 띄웠다.

제후는 "토마스 뮌처를 내놓아라. 그러면 다 살려 주겠다."라고 대답했다. 이 제안에 구미가 당겼지만 뮌처가 그의 웅변을 내쏘았다. "겁낼 것 없습니다. 기드온은 몇 명 안 되는 군사로 미디안 군대를 격파시켰습니다. 다윗은 골리앗을 쳐 죽였습니다." 바로 이때 하늘에 무지개가 나타났는데 이것은 뮌처의 깃발의 상징이기도 했다. 그는 그것을 하나의 징조로 가리켜 보였다. 농민들이 뭉쳤다.

그러나 제후들은 이 휴전을 틈타 그들을 포위했다. 포로로 잡힌 사람은 겨우 600명이었다. 5,000명은 도살당했다. 뮌처는 도망쳤지만 끝내 붙잡혀 고문을 받고 목이 잘렸다. 이렇게 해서 제후들은 그 지역을 완전히 제압했다.

농민들의 대몰락이 종교 개혁에 미친 영향

다른 경우도 마찬가지였다. 슈바벤 동맹군을 이끄는 한 장군이 있었는데 그는 수적으로 열세일 때는 협상, 표리부동 작전, 전략 그리고 마지막으로 전투에 응하는 계획을 세웠다. 그는 재주 좋게 농민들을 분산시키고 한 번에 한 무리씩 죽여 나갔다. 농부들은 속아 넘어갔으며 마침내 숫자가 상대편보다 적게 되었다. 10만 명을 해치웠다는 주장도 있었다.

콘라트(Conrad) 주교가 뷔르츠부르크로 개선하는 날 축하식에서도 64명의 시민과 농부가 처형되었다. 이어서 콘라트 주교는 자기 관구를 시찰했는데 그의 곁에는 그의 형 집행관이 수행했다. 이 형 집행관은 272명의 형을 집행했다.

과도한 벌금이 매겨졌으나 아직 농부들의 계급이 근절되지는 않았다. 땅을 일구는 사람들을 다 쓸어버리고 귀족들만 살 수는 없는 노릇이었다. 그리고 농부들의 부(富)가 파괴된 것도 아니었다. 그들에게 아직 벌금을 낼 능력은 있었다. 그러나 독일 정치에 참여하겠다던 그들의 소망은 끝나고 말았다. 300년에 걸쳐서 그들은 뿔 없는 황소가 되었다.

불행하게도 루터의 격렬한 반박서는 인쇄소에서 빠져나오는 데 시간이 걸렸으며, 농부들이 도살당할 때에야 겨우 모습을 내밀었다. 그는 이 책자의 효과를 만회하려고 다른 시사 논평을 썼다. 여기서도 그는 여전히 반역자들의 귀는 총알로 뚫어야 마땅하다고 얘기했지만 포로들에게까지 무자비하게 하고 싶지는 않았다. 모든 마귀들은 농부들을 떠나 지옥으로 돌아가는 대신 이제 마구잡이로 보복만 일삼는 승리자들에게 있었다.

그러나 이 책자는 사람들의 눈에 띄지 않고 "쳐 죽이고 목 졸라 죽이고 찔러 죽여라."라는 한 구절이 루터에게 영원히 씻을 수 없는 오명을 안겨 주었다. 농부들은 그를 배신자로 비난했으며 가톨릭 군주들은 한사코 이 대변재 전체의 책임을 그에게 돌렸다.

상부(上部) 슈바벤 농부들의 항복.
그림 왼쪽 윗부분은 군대가 도착한 모습,
중앙 부분은 농부들이 살육당하는 모습,
아랫부분은 농민들이 항복한 모습을 그리고 있다.

루터와 농부들에 대한 세 가지 관점.
우호적 관점: 루터가 농부들을 가르치고 있다.

결과적으로 농부들은 자기들의 종교적 고향을 재세례파의 주장에서 찾으려 했으며 이것만은 양보할 수 없다고 생각했다. 재세례파 운동이 최종적으로 농민 색채를 띠게 된 것은 전적으로 농민 전쟁의 결과만은 아니었다. 오히려 농장보다는 도시를 보다 쉽게 정화할 수 있었던 박해 때문에 더 그랬다. 그리고 이 농민들이 한꺼번에 떨어져 나간 것도 아니었다. 루터가 죽을 때까지 그의 교인 대부분은 근방의 농민들이었다.

적대적 관점(가톨릭 측): 무장한 루터가 농민화를 신을 준비를 하고 있다.

하지만 비텐베르크 농민들이 등을 돌린 것은 루터의 자세 때문이기도 했다.

그와 동시에 가톨릭 제후들은 이 모든 폭동의 책임을 루터에게 지웠고, 루터파 목사 수백 명이 자발적이든 압력 때문이든 농민 편에 가담함으로써 이 비난은 더욱더 그럴듯하게 채색되었다. 그 후로 가톨릭 지역의 지배자들은 기를 쓰고 복음주의적인 설교자들을 제외시켰다. 바이에른과 오스트리아의 억척스런 가톨릭은 반(反)종교 개혁이 아니라 농민 전쟁에서 시작되었다.

여기서 가장 깊은 상처를 받은 것은 루터의 영혼이었다. 그가 두려워하는 것은 이제 하나님, 마귀, 자기 자신이 아니라 혼란이었다. 그는 어찌나 겁에 질렸던지 때때로 완고하고 무분별하게 나왔으며 아무런 해가 없는 사람들까지도 닥치는 대로 억누르려 했다. 그것은 그들 속에 초기의 토마스 뮌처 같은 사람들이 숨어 있지 않을까 하는 조바심에서였다.

적대적 관점(농민 측) : 한 농부가 루터에게 한 입으로 두말한다면서 비난하고 있다.

이때 루터의 활동 영역은 점점 줄어 갔다. 가톨릭에서는 성직자든 평신도든 냉혹했다. 스위스, 남부 독일의 개신교 도시들, 그리고 재세례파에서는 여러 가지 형태를 발전시켜 나갔다. 비텐베르크마저도 반대 운동에 여러 번 부딪혔으며 소수파들의 새로운 침입에서 벗어날 수 없을 정도였다. 그러나 루터는 남아 있는 지역에서 건축을 계속하기로 마음을 굳혔다.

제17장 인격을 닦는 학교

수녀와 결혼하여 가정을 세우고 위로를 얻다

자신의 믿음을 증거하는 뜻에서 결혼했던 루터는 실제로 한 가정을 세웠으며, 그 어느 위인보다도 다가올 400년의 독일 가정의 기풍을 결정하는 데 큰 역할을 했다. 그는 다른 문제와 마찬가지로 결혼관도 바울과 아우구스티누스의 발자취를 따라 걸었다. 결혼 생활에 대한 그의 입장은 줄곧 가장(家長) 중심주의 색채를 띠었다. 그러나 자신이 직접 결혼한 이후 이 강조점은 방향이 바뀌었다. 곧 그는 결혼 생활을 인격을 닦는 하나의 학교로 묘사하기 시작했다. 이런 의미에서 결혼은 교회가 덕을 훈련하는 장소와 하늘로 가는 가장 확실한 길로 취급해 오던 수도원 제도를 대치한다.

기가 꺾이고, 퇴짜를 맞고, 많은 사람을 잃고, 제재를 받는 몸이었지만 루터는 할 수 있는 일을 해냈다. 그의 지조에 대한 가장 무의식적이요 극적인 증거는 그의 결혼이었다. 그는 모든 기독교 세계는 개혁할 수 없었다 해도 개신교의 목사관은 세울 수 있었으며 또 실제로 그렇게 했다.

사실 그는 그런 일을 할 의사가 전혀 없었다. 바르트부르크 성에 머무는 동안 수도사들이 결혼하기 시작하자 그는 "맙소사! 나에게 딸을 줄 사람은 없을 텐데."라고 소리쳤었다. 결혼하고 난 뒤에, 만약 누가 보름스에서 자신이 6년이 채 못 되어 아내를 맞을 것이라고 얘기했다면 절대 곧이듣지 않았을 거라고 말하기도 했다.

그러나 그의 가르침에서 하나의 실제적인 상황이 나왔으며 이 가르침이 그의 마음을 바꾸는 원인이 되었다. 수도사들뿐 아니라 수녀들까지 수도원을 떠나는 참이었다. 이웃 마을의 수녀들은 자신들의 복음주의적 신념에 비추어 볼 때 어떻게 행동해야 좋겠느냐는 상담을 청해 왔다.

그는 손수 그들의 도피를 거들었다. 이것은 대담한 일이었다. 왜냐하면 수녀 유괴는 사형감이었으며 게오르크 공작이 어김없이 이 법을 시행했기 때문이다. 현인 프리드리히라면 그처럼 매정하지는 않았을지 모르지만 그도 공공연한 범법 행위를 탐탁하게 여기지는 않았다.

루터는 엄연히 위법인 줄 알면서도 아무도 모르게 토르가우의 한 존경받는 시민의 도움을 여기에 동원했다. 그 사람은 60세의 레온하르트 코프(Leonhard Koppe)로서 때때로 수녀원에 청어통을 날라다 주던 상인이었다. 1523년 부활절 전날 밤 그는 12명의 수녀를 그의 포장마차에 집어던졌다. 마치 빈 청어통을 던지듯이.

셋은 집으로 돌아갔다. 나머지 아홉은 비텐베르크로 왔다. 한 학생이 친구에게 얘기한 내용을 들어 보자. "처녀들이 한 수레나 이 읍에 왔어. 모두들 목숨보다는 결혼이 더 간절하다는 거야. 하나님, 더 불행한 일이 일어나기 전에 그들에게 남편감을 허락하소서."

루터는 그들 모두에게 집, 남편 또는 그와 비슷한 지위를 찾아 주는 것을 자기의 책임이라고 생각했다. 그 가운데 명백한 해결책은, 본인 자신이 결혼함으로써 한 건을 처리하는 것이었다. 누군가가 그것을 넌지시 제안했다. 1524년 11월 30일 그는 자신은 그럴 의사가 전혀 없는데, 그것은 성(性) 감정이 없는 돌멩이이거나 결혼에 적의를 품고 있기 때문이 아니라 언제 이단자로 몰려 죽을지 모르는 몸이기 때문이라고 설명했다.

5개월 후 슈팔라틴(Georg Spalatin)은 이 제안을 분명하게 다시 꺼냈다. 루터는 이렇게 대답했다.

> 나더러 결혼하라는 내용에 대해서 답하겠네. 내가 그처럼 유명한 연인으로 알려져 있음에도 결혼하지 않는 것에 대해 놀라지는 말게. 결혼에 대해서 너무 많은 글을 쓰고, 그러다 보니 너무 많은 여인들을 상대하기 때문에, 결혼은커녕 한 여인에게 눈을 줄 여가도 없는 몸이라네.
>
> 나더러 본을 보이라는 말을 하는데 그것은 얼마든지 있어. 나는 동시에 세

마누라를 데리고 열렬히 사랑하다가 둘을 다른 남편들에게 빼앗겼거든. 나머지 왼손으로 간신히 붙잡고 있는 셋째 마누라도 곧 누군가가 낚아채 가고 말 거라네. 한 사람과도 결혼하려 들지 못하는 자네야말로 수줍은 연인이 아니겠나?

그가 익살스럽게 말한 세 명의 아내란 물론 곧 남편을 찾아 줄 마지막 세 수녀를 두고 한 말이다.

카타리나 폰 보라

마침내 모두들 신랑을 찾아가고 카타리나 폰 보라(Katharina von Bora)만 남았다. 도망 나온 지 2년이 되도록 그녀는 여전히 집안 일을 도맡았지만 보다 더 나은 해결책을 기다리고 있었다. 곧 그녀는 비텐베르크에서 공부하는 뉘른베르크의 한 젊은 귀족에게 내정되었다. 추측하건대 그가 집으로 돌아가자 가족이 반대했던 것으로 보인다. 카타리나는 혼자 마음 둘 곳이 없어서 루터에게 일이 얼마나 진행되었냐고 물었다. 그런데 그 뉘른베르크 사람은 이미 다른 여자와 결혼했다는 것이었다. 그러자 루터가 카스파르 글라츠(Kaspar Glatz) 박사라는 사람을 정해 주었지만 카타리나는 죽어도 그 사람에게는 시집가지 않겠다고 버텼다.

그러나 그녀의 처지는 좋지 않았다. 그녀는 이 모든 일이 루터에게 하나의 시련임을 잘 알고 있었다. 그 시련은 농민 전쟁이 한창 벌어지던 때 일어났을 뿐 아니라, 그녀의 일이 가장 길게 끌었기 때문에 더욱더 그랬다.

그 당시에는 결혼 적령이 일렀다. 이런 때 스물여섯 살 난 처녀는 자신의 적령기가 지나간다는 생각에 조급한 마음을 갖기 쉽다. 그녀 자신도 어색해하면서 하루는 비텐베르크에 찾아온 암스도르프(Nikolaus von Amsdorf) 박사에게 좋은 일 좀 해달라고 부탁했다. 미안하지만 글라츠와는 도저히 함께 살 수 없다는 말을 루터에게 전해 줄 수 있겠느냐는 것이었다. 그녀의 이러한 행동은 터무니 없는 것만도 아니었다. 자신은 차라리 암스도르프나 루터를 택하겠다고 말했다. 이 두 사람이 지목된 것은 어쩌면 그들이 통상적인 결혼 연령을 넘어섰으므로 불가능해 보였기 때문인 듯하다. 이때 루터는 마흔둘이었다.

그는 이 제안을 별로 심각하게 받아들이지 않았다. 그러나 어느 날 부모를 방문한 자리에서 농담 삼아 얘기한 것이 부친에게는 실감나는 청혼으로 받아들여졌다. 그에게 소망이 있다면 아들이 대를 이어 주는 것이었다. 이 제안이 루터에게는 아주 다른 이유에서 구미가 당겼다. 그는 자신이 1년도 못 가서 화형주에 매달려 불살라질 거라면 도무지 가정을 시작할 사람이 못 되었다. 그러나 결혼함으로써 카타리나에게는 신분을 주고 자신의 믿음에 대해서는 증거를 제시할 수 있었다.

1525년 5월 그는 죽기 전에 카타리나와 결혼하겠다는 뜻을 비쳤다. 6월 초, 곧 마인츠의 알브레히트가 브란덴부르크의 친척을 따라 자신의 주교령을 세속화할 것을 골똘히 생각하고 있을 때 루터는 이런 편지를 썼다. "내 결혼으로 그가 힘을 얻는다면 언제라도 하겠다. 나는 결혼 생활의 신봉자다. 내 결혼이 비록 요셉의 약혼과 같은 것에 그친다 해도 죽기 전에 하겠다."

이것은 결코 사랑의 결합이 아니었다. 루터는 "내가 아내를 사랑하지 않는 것은 아니지만, 홀딱 반한 것도 아니다."라고 쓰고 있다. 또 어떤 때는 이런 말을 당당하게 하기도 했다. "나는 프랑스나 베네치아를 준다 해도 케티(Käthe, 카타리나의 애칭)와 바꾸지 않겠다. 그녀는 하나님께서 주신 여자요 그보다 더 못한 여자들도 많으니까." 그는 자신이 결혼하는 이유를 셋으로 요약했다. 아버지를 기쁘게 하는 것, 교황과 마귀를 골려 주는 것, 그리고 순교에 앞서서 자신의 증거를 보여 주는 것이었다.

일단 결정이 내려지자 헛소문과 반대를 억누르고 재빨리 일이 진행되었다. 루터는 "내 친구들은 모두 '맙소사, 이건 안 돼.' 하고 소리쳤다."고 말했다. 한 법학자는 "세상과 마귀가 비웃을 것이오. 루터의 일들이 망쳐질 것이오."라고 예언했다. 묘하게도 바로 이때 슈팔라틴은 약혼 기간을 오래 잡을 것을 제안해 왔다. 루터는 이렇게 대답했다. "오늘 일을 내일로 미루지 말라! 늑장 부리다 한니발은 로마를 잃었다. 늑장 부리다 에서는 장자권을 빼앗겼다. 그리스도께서도 '너희가 나를 찾아도 만나지 못할 터이요.' 라고 말씀하셨지. 이처럼 성경, 경험, 모든 만물의 이치를 종합해 볼 때 하나님의 선물은 날아들어 올 때 당장 받지 않으면 안 되는 거야."

이때가 6월 10일이었다. 13일에 루터는 카타리나와 정식으로 약혼식을 올렸으며 이렇게 함으로써 법적으로 이미 결혼한 남자가 되었다. 다음에 이어진 결혼식은 단지 피로연에 불과했다.

이것은 당시 사회의 일대 사건이었다. 날짜는 27일로 정해졌다. 루터는 초청장을 띄웠다. 슈팔라틴에게는 "자넨 꼭 내 결혼식에 참석해야 하네. 난 천사들을 웃기고 악마들을 울렸으니까.", 또 다른 사람에게는 "틀림없이 내 결혼 소문이 거기까지 퍼졌을 걸로 압니다. 나도 믿을 수 없지만 증거가 너무 확실하군요. 부모님을 모시고 오는 목요일에 결혼식을 올립니다. 오실 때 사냥한 고기도 좀 가져오십시오."라고 보냈다.

중매를 서 준 암스도르프에게는 "내가 결혼한다는 소문은 정확하네. 내 아버지의 자손을 보시려는 희망을 저버릴 수 없네. 그리고 많은 사람이 너무도 소심한 때인 만큼 나의 가르침을 몸소 실천할 수밖에 없어. 와 줄 것으로 믿네."라고 보냈고, 한 뉘른베르크 사람에게는 "내 책 때문에 농민들이 크게 화를 내고 있군. 그렇지 않았다면 억울했을 거야. 다른 일들을 생각하고 있는 사이에 하나님께서는 갑자기 나를 카타리나와 결혼시켜 놓고 마셨어. 정식으로 초청하네. 선물은 안 가져와도 좋아. 면제해 줌세."라고 보냈다.

수녀들의 도피를 계획한 레온하르트 코프에게는 "난 결혼할 겁니다. 하나님께서는 기적을 베풀어 세상을 우습게 만드시는 게 좋으신가 봐요. 꼭 결혼식에 참석해 주십시오."라고 보냈다.

이상하게도 코프에게는 또 한 통의 초청장이 보내졌다. 바이마르판 편집자는 이것의 진실성을 의심한다. 아무튼 읽어 보자. "나는 목요일에 결혼하기로 되어 있습니다. 내 안주인 케티와 나는 당신이 최고급 토르가우 맥주를 한 통 가지고 오시길 원합니다. 그 술이 맛없는 거라면 혼자 다 마실 각오를 하셔야 할 겁니다."

정해진 날 오전 열 시, 루터는 종소리에 맞춰 카타리나의 손을 잡고 비텐베르크 거리거리를 한 바퀴 돌았다. 다시 교구 교회로 돌아와 모든 사람이 지켜보는 가운데 현관 앞에서 종교 의식이 진행되었다. 이어서 아우구스티누스 수도회 수도원에서 잔치가 벌어졌다. 점심 후에는 읍 강당에서 댄스 파티가 있었다. 저녁에는 또 한 차례의 잔치가 베풀어졌다. 열한 시가 되자 손님들은 모두 공무원들의 제지를 받으며 아쉬움을 안고 집으로 돌아갔다.

교회 앞에서 결혼식을 올리는 광경. 이 결혼식은 법적 관계를 정하는 약혼이 아니라 공적인 선포다. 신랑, 신부와 하객들은 식을 올리기 전 먼저 피리 소리에 맞춰 거리를 행진했다.

가정 생활

결혼으로 루터의 생활에 많은 변화가 따랐다. "결혼하기 전에는 1년 내내 이 부자리를 새로 깔아 본 일이 없어서 땀으로 범벅이었지. 그러나 나는 너무 바빠서 그런 걸 알아차리지도 못하고 이불 속으로 뛰어들었지." 케티는 집안을 말끔히 치워 놓았다. 적응해 가야 할 문제가 또 있었다. 그는 "결혼 첫해에는 적응할 게 많았어요." 하고 회고했다. "아침에 눈을 뜨면 베개에 두 갈래의 땋은 머리가 놓여 있는 거야. 이건 전에 구경도 못하던 거지."

이어서 그는 곧 남편이란 아내의 소원도 계산에 넣지 않으면 안 된다는 점을 알게 되었다. 케티가 무서워하고 눈물을 흘리는 바람에 그는 슈팔라틴의 결혼식에 참석하는 걸 참았다. 오고가는 길에 농민들의 폭력의 위험이 있었기 때문이다.

루터는 아내를 '내 갈비'라고 웃으면서 얘기했는가 하면 곧잘 '내 주인'으로 부르기도 했다. 또 어떤 때는 케티(Käthe)의 이름을 바꿔 케테(Kette)로 부르며 장난하기도 했다. '케테'란 '쇠고랑'이란 뜻이다.

결혼 생활은 또한 새로운 경제적인 책임을 가져왔다. 둘 다 한 푼도 없이 시작했기 때문이다. 카타리나의 어머니는 그녀가 어릴 때에 돌아가셨다. 그녀의 아버지는 그녀를 수녀원에 넣고 재혼해 버렸다. 부친은 그녀와 아무 상관이 없었다. 루터가 가진 것이라곤 책과 옷 몇 벌뿐이었다. 그는 수도사의 옷을 벗어 버렸기 때문에 수도원의 수입에 기댈 수도 없는 몸이었다. 그는 자기 책에서는 한 푼도 받지 않았으며 대학에서 주는 급료로는 둘이서 겨우 살 정도였다.

1526년 그는 선반을 설치해 놓고 필요한 경우에는 식구를 먹여 살려 볼 요량으로 목공을 배웠다. 그러나 그가 그것을 정말 진지하게 생각했던가 하는 점은 의심스럽다. 그는 말씀을 섬기는 일에만 전념하기로 굳게 다짐했던 사람이요 하늘 아버지께서 공급해 주실 것으로 신뢰하던 사람이다.

천사 가브리엘은 루터 주변의 재산 있는 사람들에게 여러 가지 제안을 하러 다니느라 무척 바빴을 것이다. 선거후는 루터와 그의 신부에게 아우구스티누스 수도회 수도원을 양

결혼할 당시의 카타리나 폰 보라와 마르틴 루터.
루카스 크라나흐 作.

도하고, 월급을 배로 올려 주었으며, 사냥한 고기, 의복, 포도주를 자주 보냈다. 그리고 마인츠의 대주교인 브란덴부르크의 알브레히트는 루터가 받으려 하지 않던 금화 20굴덴(gulden, 네덜란드어로 '금'이란 뜻으로 네덜란드 및 그 영향권 내 국가의 화폐 단위)을 케티에게 선사했다.

결혼과 함께 루터에게 여러 가지 책임이 새로 따랐다면 케티의 경우는 더욱 더 벅찼다. 그처럼 한 치 앞을 내다보지 못하는 남편을 뒷바라지하는 것은 결코 쉬운 일이 아니었다. 루터의 씀씀이가 어찌나 헤프던지, 예술가요 은행가였던 크라나흐는 그의 어음 지불을 거절할 정도였다. 루터는 "내가 구두쇠라는 욕을 먹다니 있을 수 없는 일이야."라고 토를 달았다. 그는 짜증이 날 정도로 태평스러웠다. "빚 갚는 건 걱정 안 해. 케티가 한 가지를 갚고 나면 다른 게 오니까."

케티는 루터를 감시했으며 루터에게는 그럴 필요가 있었다. 친구에게 보내는 한 편지에서 그는 이렇게 적고 있다. "여기 꽃병을 자네 결혼 선물로 보내네. 쉬, 이건 케티가 숨겨 놓았던 걸세."

어떤 면에서는 그가 큰 도움이 되기도 했다. 그는 상추, 배추, 콩, 완두, 참외, 오이를 심어 놓은 밭을 책임졌다. 케티는 마을 건너편의 과수원 일을 맡았

다. 그 과수원에는 사과, 포도, 복숭아, 호두, 배가 있었다. 그녀는 또한 물고기 연못을 가지고 있었는데 거기서 송어, 잉어, 곤들매기, 농어를 낚았다. 그녀는 또 안뜰에서 닭, 오리, 돼지, 소를 길렀으며 도살도 혼자 했다.

1535년에 쓰인 루터의 한 편지에서 그녀의 활동을 엿볼 수 있다. "내 주인 케티가 자네에게 안부를 전하네. 그녀는 밭을 일구고 목초지를 가꾸며 소를 파는 등 일이 '많기도 많어'(이 '많기도 많어.'가 어느 정도였을까?). 그런 틈에도 그녀는 성경 읽기를 시작했어. 부활절 때까지 마치면 금화 50굴덴을 주마고 약속 했지(도대체 어디서 그게 생기겠는가?). 요새 한참 열심이지. 지금은 신명기를 읽고 있다네."

몇 년 후에 그는 췰스도르프에 있는 한 농장을 샀다. 케티는 1년에 몇 주일씩 거기 가 있으면서 그곳을 일궜다. 그럴 때 루터는 그녀에게 이런 편지를 띄웠다. "췰스도르프의 부자 숙녀, 마음은 비텐베르크에 있지만 몸은 항상 췰스도르프에 있는 카타리나 루터 박사 부인께." 또 어떤 때는 "나의 사랑하는 아내 카타리나, 루터 박사 부인, 돼지 시장의 여왕, 췰스도르프의 숙녀에게, 그리고 각하에게 또 무슨 명칭이 필요하다면 여기에 다 갖다 붙이라."라는 식으로 썼다.

루터 뒷바라지가 한층 더 힘들었던 것은 그가 너무도 자주 아팠기 때문이다. 그는 번갈아 가며 통풍, 불면, 감기, 치질, 변비, 결석, 현기증 그리고 할레, 라이프치히, 에르푸르트 및 비텐베르크의 모든 종소리가 울리는 것 같은 귀울림으로 고생했다. 케티는 약초에 관한 지식이 많고 찜질, 마사지에 능했다. 나중에 의사가 된 그녀의 아들 파울(Paul Luther)은 그녀를 가리켜 반(半)의사라고 불렀다. 그녀는 루터에게 포도주는 못 마시게 하고 맥주를 주었다. 이것은 불면에 대한 진정제, 결석에 대한 하나의 해응제(解凝劑) 역할을 했다. 그리고 케티는 손수 맥주를 빚었다.

루터는 집에서 멀리 가 있을 때면 얼마나 그녀의 보살핌을 아쉬워했는지 모른다. 결혼한 지 1년 만에 그는 한 친구에게 이런 편지를 보냈다. "케티는 모든 면에서 어찌나 상냥하고 유쾌하게 나를 보살피는지 몰라. 내 가난을 크로이소스(Kroisos, 엄청난 부로 유명했던 리디아의 마지막 왕)의 재물과도 바꾸고 싶은 마음이 조금도 없을 정도니까."

그는 사도 바울이 갈라디아 교인들에게 띄운 편지를 '나의 카타리나 폰 보라'로 부름으로써 그녀에게 최대한의 경의를 표했다. "나는 그리스도보다 케티를 더 신용하고 있군. 사실은 그리스도께서 날 위해 하신 일이 더 많은데 말이야."

자녀들과 식탁 담화

케티에게는 루터 말고도 생각해야 할 사람이 더 많아졌다. 1525년 10월 21일 루터는 한 친구에게 이렇게 귀띔하였다. "카타리나가 창세기 1장 28절의 말씀을 이루고 있어." 1526년 5월 26일 그는 다른 친구에게 또 이렇게 썼다. "수도사와 수녀에게서 한 아이가 태어날 걸세. 그런 아이의 대부가 될 사람은 위대한 사람이어야 하지 않겠나? 그래서 자넬 초청하네. 시기는 정확히 얘기할 수 없군."

6월 8일에는 이 소식이 퍼져 나갔다. "사랑하는 케티가 어제 두 시에 하나님의 은혜로 작은 아들 한스 루터(Hans Luther)를 이 세상에 데려왔어요. 여기서 줄여야겠네. 산모께서 날 부르시는군." 이 아이가 강보에 싸여 있을 때 루터는 이렇게 말했다. "걷어차 봐, 녀석아. 교황이 날 걷어찼어. 하지만 이 녀석아, 난 자유야." 다음으로 한스의 이력서에 들어간 내용은 이렇다. "한스가 잇몸을 갈면서 귀여운 말썽을 피우고 있다네. 이게 교황이 맛볼 수 없는 결혼의 기쁨이지."

딸이 태어나자 루터는 대모 될 사람에게 이렇게 편지했다. "부인, 하나님께서 나와 케티 사이에서 한 이방인을 만들어 놓으셨소. 기꺼이 이 아이의 대모가 되어 그리스도인으로 만들어 줄 걸로 믿습니다."

자녀는 모두 여섯이었다. 그들의 이름과 생일은 순서대로 다음과 같다.

한스(Hans), 1526년 6월 7일.
엘리자베트(Elisabeth), 1527년 12월 10일.
마크달레나(Magdalena), 1529년 12월 17일.
마르틴(Martin), 1531년 11월 9일.
파울(Paul), 1533년 1월 28일.
마르가레테(Margarete), 1534년 12월 17일.

이 자녀들 말고도 루터가 끌어들인 식구가 많았다. 그들이 결혼하던 날 밤 하객들이 열한 시에 물러가자마자 한 손님이 공무원 몰래 나타났다. 카를슈타트였다. 농민 전쟁을 피해 도망한 그는 숨겨 줄 것을 요청했다. 루터는 그를 작센에서 몰아내는 데 큰 역할을 하긴 했지만, 첫날 밤에 그를 자기 집으로 맞아들였다. 물론 카를슈타트는 무한정 거기에 머무르지 않았다.

그러나 다른 사람들이 속속 들이닥쳤다. 그리고 그 수도원은 병원 노릇을 할 정도로 넓고 또 그러기에 적합했던 만큼 환자들도 받아들였다. 뿐만 아니라 루터 부부는 자기들의 여섯 아이 말고도 친척들 가운데 고아가 된 아이들을 넷이나 길렀다. 이 살림살이를 꾸려 나가기 위해서 그들은 식구 많은 집에서 흔히 하듯이 하숙을 쳤다. 이렇게 해서 모여진 숫자가 자그마치 스물다섯이었다.

물론 케티 혼자서 이런 엄청난 일을 다 해낼 수는 없었다. 남녀 하인들이 있었다. 그러나 총감독은 그녀가 맡았다. 하지만 그녀에게 가장 힘든 것은 자신이 늘 남편의 그늘 속에 가려져 있어야 한다는 것이었다. 그러나 그녀는 그것을 예상했으며 못마땅해하지 않았다. 그녀는 언제나 루터를 박사님으로 부르고 친근한 '자기'(Du) 대신 '당신'(Ihr)이라는 존칭을 썼다.

그러나 루터가 언제나 대화의 중심이었기 때문에 그녀는 때때로 약간 서운

한 경우도 있었음에 틀림없다. 그것은 전적으로 남편의 잘못만은 아니었다. 하숙하는 학생들은 식사 때를 교육의 연장으로 여기고 식탁에 앉을 때마다 필기도구를 들고 와서는 루터의 달변을 하나도 빼놓지 않고 베껴 댔다. 케티는 여기에 대해서 수강료를 따로 받는 게 옳다는 생각을 해보기도 했다. 루터 본인은 한 번도 얘기를 그만두지 않았지만 때로는 성가셔 하기도 했다. 어떤 면에서는 그가 자청해서 먼저 얘기를 꺼내기도 했다. 그가 사탄과의 여러 씨름에 대해 어찌나 장황하게 늘어놓았던지 그런 체험을 해보지 못한 사람은 그 축에 끼지 못하겠구나 하는 생각이 들 정도였다.

케티라고 질 여자가 아니었다. 어느 날 식탁에서 일어나 자기 방으로 물러간 그녀는 기절했다. 나중에 그녀는 자신도 파괴적인 형벌을 체험했다고 이야기했다. 그것도 라틴어로 광고했다. 이때부터 케티는 식탁에 동석할 자격이 생겼다.

식구들과 함께 식탁에 앉아 있는 루터. 용납하기 어렵지만 여기에 빠진 인물이 있다. 안주인 케티가 보이지 않는다.

루터의 『식탁 담화』(Table Talk)는 분량이 많다는 이유 외에도 우리의 주목을 끄는 점이 많다. 그 책의 항목은 모두 6,596개로 그의 작품 가운데 가장 많이 알려진 것이다. 루터의 학생들은 그가 죽은 후 그 모든 이야기를 고르고 분류해서 하나의 책으로 만들어 냈다. 그 책 표지에는 루터가 식구들과 식탁에 앉아 있는 모습을 그린 목판화가 담겨 있다.

이렇게 분류된 책에는 본래 거침없이 주거니 받거니 하며 종잡을 수 없이 얘기할 때의 생동감이 빠지기 마련이다. 그 주제는 감히 입에 담을 수 없는 전능자 하나님에서부터 엘베강의 개구리까지 다양하다. 돼지, 교황, 임신, 정치, 잠언 등등이 서로 밀치락달치락하고 있다. 몇 가지 예를 들어 보면 희미하게나마 그때의 분위기를 알 수 있을 것이다.

수도사들이란 전능하신 하나님의 털코트의 벼룩들이다.

왜 그처럼 과격하냐고 물어서인지 루터가 대답했다. "잔가지는 빵 써는 칼로도 자를 수 있지만 참나무에는 도끼가 필요하다."

하나님께서는 남자들에게 정욕을 이용해서는 결혼으로, 야심을 이용해서는 직분으로, 탐심을 이용해서는 벌이로, 공포를 이용해서는 믿음으로 몰아붙이신다.

인체 조직 가운데 교황이 마음대로 할 수 없는 부분이 딱 한 군데 있는데 그건 엉덩이다.

인쇄는 온 세상에 참된 종교를 전파하는 하나님의 최신, 최선작이다.

나는 교황의 한 기둥이다. 내가 없어지면 그는 더 처량하게 될 것이다.

새들에게는 믿음이 없다. 내가 아무 생각 없이 과수원에 들어서도 그 놈들은 달아나 버리고 만다. 이처럼 우리도 하나님에 대한 믿음이 없다.

1532년에 이 세상이 끝난다는 소문이 꼬리를 잇고 있다. 나도 세상이 오래 가지 않기를 바란다. 내게 지난 10년은 100년으로 느껴진다.

나를 일곱 개의 머리를 가진 괴물로 풍자한 그림이 있다. 머리가 하나밖에 없는데도 당해 내지 못하는데 그쯤 되면 가히 무적일 수밖에.

개야말로 가장 충실한 동물이다. 숫자가 적다면 더 칭찬을 받을 거다.

한 우울증 환자가 자기는 수탉이라면서 수탉처럼 의젓하게 뽐내고 걸으며 꼬꼬댁거렸다. 이때 의사가 자신도 수탉이라면서 며칠 동안 그와 함께 꼬꼬댁거렸다. 그러다가 의사가 "난 이제 더 이상 수탉이 아니야. 당신도 이제 바뀌었군." 하고 말했다. 이 처방은 맞아떨어졌다.

독일은 교황의 돼지. 그러니 우리가 그에게 그 많은 베이컨과 소시지를 대야 할 수밖에.

성스러운 유물에 대한 수두룩한 거짓말 좀 들어 보자! 천사 가브리엘의 날개 깃털을 갖고 있다는 친구가 있는가 하면, 마인츠의 대주교는 모세의 불타는 떨기나무에서 담아 온 불꽃을 보관하고 있다고 하는 정도니까. 그리고 그리스도의 사도는 12명이었는데 독일에는 무슨 조화로 18명이 묻혀 있는가?

루터는 하늘나라에 가면 할 일이 없을 것 같다고 생각하며 이렇게 말했다.

일곱 머리를 가진 괴물로 묘사된 루터.
이 중 한 머리는 주변에 말벌들이 윙윙거리고 있는 광신도의 모습으로 그려져 있다.

"아무런 변화도 없고 아무런 일도 없고 밥 먹는 것도 마시는 것도 없고, 뭐 할 게 있겠나? 어쩌면 볼 건 많을지도 몰라." "맞습니다." 하고 멜란히톤이 대꾸했다. "주여, 우리에게 아버지를 보여 주옵소서. 그리하면 족하겠나이다." "아, 참, 그렇군." 하고 루터가 맞장구쳤다. "그것으로 우리는 충분히 만족하게 될 거야."

노아의 방주는 길이가 약 150m, 너비가 약 25m, 높이가 약 15m였다. 그게 성경에 없었다면 나는 그걸 믿지 않았을 거야. 내가 그 방주 속에 있었다간 죽고 말았을 거야. 이 집의 세 배 크기에 짐승들로 가득 차 있고 또 캄캄했을 걸 생각해 봐.

남들은 나를 고정된 한 개의 항성으로 만들려고 한다. 나는 정처 없는 행성인데도.

투르크 전쟁에서 한 장교가 자기 부하들에게 말했다. 그들이 죽으면 천국에서 그리스도와 함께 식사하게 될 것이라고. 그러던 장교는 도망쳤다. 그리스도와 함께 식사하고 싶지 않았느냐는 질문을 받고 그는 대답했다. 그 날따라 내 금식일이라서.

1538년 5월 26일, 이날은 비가 엄청나게 쏟아졌다. 루터는 이렇게 말했다. "하나님, 감사합니다. 그 양반 우리에게 금화 10만 굴덴어치는 퍼부으시는구면. 옥수수, 밀, 보리, 포도주, 배추, 파, 풀, 우유에 내리는 비니까. 우리의 모든 소유는 공짜지. 그런데 하나님께서 보내신 외아들을 십자가에 못 박은 것은 우리거든?"

루터는 "난 농부의 아들이지. 할아버지, 증조할아버지도 그랬고. 내 아버지께선 날 시장으로 만들려 하셨어. 그분은 만스펠트로 가서 광부가 되셨고 난 학사, 석사가 되었지. 그 다음 난 수도사가 되어 갈색 모자를 벗었어. 아버지께서는 그걸 달가워하지 않으셨지. 이어서 나는 교황을 성가시게 굴고 파계한 수녀와 결혼했네. 이것이 어느 별에 쓰여져 있었겠나?" 하고 말했다.

여기에 인용한 글을 읽기만 해도 모두 이해가 된다. 그러나 루터가 말이 많은 데 대해서 토를 다는 것이 순서일 듯 싶다. 루터는 종종 매우 상스러운 사람으로 얘기되고 있으며 그 실례로 『식탁 담화』가 들먹여지고 있기 때문이다. 그가 괴팍스럽지 않았다거나 그의 세대가 그렇지 않았다고 얘기할 사람은 아무도 없다.

비텐베르크의 거리를 걷노라면 돼지우리, 쓰레기, 도살장의 냄새로 이맛살을 찌푸리지 않는 사람이 없었다. 아무리 점잔 빼는 사람이라도 날마다 당하는 이런 사실에 대해서는 입을 다물지 않았다. 케티는 루터가 참석할 수 없던 날 교인들이 얼마나 모였더냐고 묻는 그에게 이렇게 대답했다. "교회가 너무 꽉 차서 악취가 코를 찌르더군요." "그래." 하고 루터가 말을 받았다. "구두창에 똥이 붙어 있거든."

에라스무스는 한 대화문에서 푸줏간 주인과 생선 장수가 서로 상대방의 물건이 더 더럽다고 우기는 장면을 묘사했다. 루터가 상스러운 말을 즐긴 정도는 당시 문필가들에 비해 약했다. 그러나 그가 그걸 썼다면 다른 언어 분야와 마찬가지로 뛰어났을 것이다. 하지만 입이 걸걸하다 할 분량은 아주 미미하다.

루터를 비방하는 사람들은 그의 90권에 달하는 책 가운데서 방사 성능이 있는 저속한 말들을 몇 페이지나 골라내고 있다. 그러나 그것은 그리스도를 얻기 위해서라면 모든 것을 잃어버리고 그 모든 것을 똥으로 여기겠다는 사도 바울의 말에 비하면 조금도 귀에 거슬리지 않는 엄청난 분량을 보지 못한 처사다.

여기서 루터의 음주에 대해서 한마디하고 넘어가자. 그는 계속 마셔 댔으며 자신의 주량을 두고 약간 자랑하기까지 했다. 그의 맥주잔에는 눈금이 셋 있었다. 그는 첫 번째 눈금을 십계명으로, 두 번째 눈금을 사도신경으로, 세 번째 눈금을 주기도문으로 얘기했다. 주기도문을 지나 찌꺼기까지 한꺼번에 비울 수 있었던 루터는 십계명도 못 비우는 친구 아그리콜라(Stephan Agricola, 원서에 따라 Stephan Agricola로 기입하였으나 Stephan은 루터의 추종자 가운데 한 사람이었고 절친한 친구 중에 성만 같은 다른 인물 즉 Johann Agricola가 있었던 것으로 보아 저자가 혼동한 것이 아닐지 의심스럽다-편집자 주)를 보고 마냥 싱글벙글거렸다.

그러나 루터가 흥겹게 떠들어 대는 상태를 넘어섰다는 기록은 아무 데서도 찾아볼 수 없다.

결혼관

다시 결혼 생활로 되돌아가 보자. 자신의 믿음을 증거하는 뜻에서 결혼했던 루터는 실제로 한 가정을 세웠으며, 그 어느 사람보다도 다가올 400년의 독일 가정의 기풍을 결정하는 데 큰 역할을 했다. 여기서 그의 결혼관에 대해 잠시 살펴보는 것이 좋겠다. 그는 다른 문제와 마찬가지로 결혼관도 바울과 아우구스티누스의 발자취를 따라 걸었다. 결혼 생활에 대한 그의 입장은 줄곧 가장(家長) 중심주의 색채를 띠었다.

루터에 따르면 남자가 먼저 지음받았기 때문에 우두머리다. 여자는 남자를 사랑할 뿐 아니라 존경하고 순종하기로 되어 있다. 남자는 여자를 부드럽게 다스려야 하지만 아무튼 다스리는 권리는 남자에게 있다. 여자에게는 자신의 영역이 따로 있다. 곧 남자는 두 주먹으로도 어찌할 수 없는 자녀들을 그녀는 한 손가락으로 거뜬히 키울 수 있다. 그녀는 자신의 영역에 국한되어야 한다. 루터는 자녀, 교회, 부엌이 여자들의 영역이라는 말은 안 했지만 여자들의 엉덩이가 큰 것은 집에 눌러앉아 있으라는 뜻이라는 말은 했다. 자녀들은 부모에게, 특히 아버지에게 복종해야 한다. 아버지는 국가의 통치자와 마찬가지로 가정에서 동일한 권위를 행사한다. 부모에 대한 멸시는 십계명을 거스르는 일이다.

한번은 루터가 아들을 사흘이나 용서하지 않은 적이 있다. 아들이 용서를 빌고 케티와 다른 사람들이 얘기해 봤지만 소용없었다. 문제는 이 소년이 아버지에게 불순종함으로써 하나님의 위엄에 누를 끼쳤다는 것이었다. 루터가 이런 문제에서만큼은 가끔 하나님을 뺄 수 있었다면 훨씬 더 인간적이었을 것이다. 사과 곁에는 언제나 회초리가 나란히 놓여 있어야 한다는 것이 그의 지론이었다.

결혼이라는 제도를 루터는 가족 관계라는 테두리 안에서 세웠다. 제멋대로의 개인주의가 비집고 들어설 틈이라곤 조금도 없었다. 짝짓는 일도 가족이 알아서 해줄 일이다. 물론 부모들이 자녀에게 역겨운 결합을 강요해서도 안 되었지만 마찬가지로 자녀들도 열렬한 사랑이라는 이유만으로 어른들의 올바른 선택을 거절해서도 안 된다. 이러한 전반적인 모습은 중세로부터 내려온 것으로서, 중세 가톨릭의 성례주의와 농업 사회는 결혼을 가족의 대를 잇고 재산을 보존하기 위한 하나의 제도로 만드는 데 이바지했다. 프랑스에서 일어난 '궁정 연애'라는 낭만적인 혁명은 처음에는 부부 사이의 테두리 밖에서 시작되었으며, 로맨스와 결혼의 결합은 르네상스 시기에 이루어졌다.

이러한 여러 가지 흐름에 대해서 루터는 완전히 이방인이었다. 그의 이상은 리브가였다. 리브가는 식구들이 골라 준 짝을 그대로 받아들인 여자다. 루터의 눈에 야곱은 비난을 받을 만한 사람이었다. 왜냐하면 자기에게 아기를 낳아 준 레아를 얻은 다음에도 단지 라헬의 미모에 반한 나머지 또 다른 7년 동안의 노동을 바쳤기 때문이다.

하지만 루터는 이러한 약점이 인간에게 있다는 걸 기쁘게 여겼는데 그 까닭은 여기서 인간이란 행위가 아니라 믿음으로 구원받는다는 점이 입증되기 때문이다. 그가 이 문제에서는 중세의 견해를 따랐다지만 다른 문제에 있어서는, 특히 동정을 하나의 이상으로 보는 것을 거절한 점에 있어서는 중세의 견해와 절연한 그였다. 바로 이것으로 결혼의 낭만과 품위의 길이 열렸다.

그러나 여기에 따른 직접적인 영향은 정반대였다. 루터의 초기 논쟁에서는 결혼 생활이 가장 초보적인 육체적 수준으로 전락했었는데, 그 이유는 교회의 간섭을 물리치는 뜻에서 루터는 성생활이 밥 먹고 물 마시는 것이나 다름없이 필수적이며 당연한 것으로 주장했기 때문이다. 정조의 은사를 받지 못한 사람들은 만족감을 찾지 않으면 안 된다. 이런 사람들을 거부한다는 것은 결혼보다 간음을 조장한다는 소리나 다름없다.

하지만 이 말을 해석하는 데 주의할 점이 있다. 루터의 뜻은 외적인 정조가 불가능하다는 것이 아니라 성적인 만족이 없는 많은 사람들이 욕망의 고문을 받을 것이요 바로 그런 이유에서 결혼 생활은 수도원 생활보다 더 순결한 상태라는 것이다. 하지만 1525년까지 나온 여러 책자에서 본의 아니게 결혼 생활의 유일한 목적은 죄에 대한 하나의 처방 구실을 하는 것이라는 인상을 풍겼다.

그러나 루터 자신의 결혼 이후 이 강조점은 방향이 바뀌었다. 곧 그는 결혼 생활을 인격을 닦는 하나의 학교로 묘사하기 시작했다. 이런 의미에서 결혼은 교회가 덕을 훈련하는 장소와 하늘로 가는 가장 확실한 길로 취급해 오던 수도원 제도를 대치한다. 루터는 구원을 행위로 얻으려는 모든 처사를 거절하면서, 불굴의 용기, 인내, 자선, 겸손을 배제하지는 않았다.

가정 생활이란 고된 것이다. 가장은 죽을 때까지 날마다 먹을 빵을 걱정해야 한다. 아내에게는 해산의 고통이 따른다. 임신 중에 그녀는 현기증부터 시작해서 두통, 구토, 치통을 앓으며 다리가 부어 오른다. 해산의 고통 중에 있는 아내에게 남편은, "사랑하는 그레테여, 당신은 한 여자, 당신의 일은 하나님께 기쁨이라오. 그분의 뜻 안에서 즐거워하며 아기를 낳아요. 설령 죽는다 해도 그건 하나의 고귀한 일을 위한 것이요. 하나님께 순종하다 당하는 일이지. 당신이 여자가 아니었더라도 그처럼 고귀하고 소중한 하나님의 일을 하면서 고통받다 죽어야 한다면 여자로 태어나는 것을 바랐을 거요."라는 말을 일러 줄 수도 있다.

자녀를 기르는 것은 부모 모두에게 하나의 시련이다. 루터는 자녀에게 "아빤 널 그렇게 사랑하는데 넌 뭘 했니? 시끄럽게 소리 지르고 울고 온 집안을 정신사납게만 했구나." 하고 말한 적이 있다. 어떤 때는 젖먹이가 한 시간이나 울어대서 별별 수단을 다 썼으나 막무가내였다. 이때 루터는 "이런 일 때문에 교부들이 결혼을 험담한 거야. 그러나 하나님께서는 마지막 날이 오기 전에 결혼생활과 나라의 통치가 제 평가를 받게 하셨어."라고 얘기했다. 물론 공격의 정면에 서는 사람은 어머니다. 그러나 아버지가 기저귀를 널어 이웃 사람들이 비웃어도 상관없다. "이웃 사람들이야 웃으라지. 하나님과 천사들은 하늘에서 빙긋이 웃고 계실 테니까……."

결혼한 부부 사이에는 괴로운 순간들이 있다. 루터는 "하나님 맙소사, 결혼생활의 고통이 이렇게 수두룩해서야, 원!" 하고 분통을 터뜨렸다. "아담이 우리의 성품을 헝클어 놓은 거겠지. 아담과 하와가 900년이나 살면서 다투었을 말다툼을 생각해 봐. 하와가 '선악과를 먹은 건 자긴데 뭐.' 하고 덤비면 아담은 '그걸 내게 준 건 누군데?' 하고 튕겼을 것이다."

어느 날 루터가 학생들의 질문을 받고 신이 나서 장광설을 늘어놓고 있었다. 그가 잠깐 숨을 내쉬는 틈을 타서 케티가 끼어들었다. "박사님, 그만 얘기하고 식사나 하시죠?"

루터가 "나 참, 여자들은 입을 열기 전에 주기도문을 외우든지 했음 좋겠단 말야." 하고 쌀쌀하게 말했다. 학생들이 그의 마음을 달래려 했지만 끝내 그는 식사를 거르고 말았다.

어떤 때는 루터가 케티의 말을 받아칠 때도 있었다. 한번은 그녀가 비를 달라고 큰소리로 기도하고 있는데 루터가 내뱉었다. "그렇습니다. 그렇고 말고요, 주님. 우리는 주의 말씀을 핍박하고 주의 성도들을 죽였습니다. 그러니 비를 구할 만한 자격이 있고 말고요."

이런 난관의 일부는 루터와 케티의 일과 휴식의 리듬이 다른 데 있었다. 아이들, 가축들, 하인들과 하루 종일 지낸 케티는 동등한 상대와 얘기하고 싶었고, 하루에 네 번씩 설교하고 강의하고 식사 때마다 학생들과 대화를 나누는 루터는 의자에 기대어 책 속에 빠져들고 싶었다. 이런 때 케티는 입을 열곤 했다. "박사님, 프로이센의 재상이 공작의 동생인가요?"

루터는 "내 일생은 인내다. 교황, 이단자들, 내 아이들 그리고 케티를 모두 참지 않으면 안 되는 나다."라고 말했다. 그러나 그는 그것이 자신에게 좋다는 점을 알아차렸다.

그렇다고 그가 결혼 생활에서 사랑을 배제했다고는 한순간도 상상할 수 없다. 물론 그리스도인은 아내를 사랑해야 한다고 루터는 말했다. 그리스도인은 이웃을 자기 몸처럼 사랑해야 하는데 그의 가장 가까운 이웃은 아내다. 그러므로 아내야말로 그리스도인의 가장 친한 친구여야 한다.

루터는 케티에게 편지할 때, '사랑스럽고 진실한 당신에게'라는 표현을 사용했다. 하나님의 은혜 가운데 가장 위대한 것은 결혼 생활이 사랑에 차 있는 것이다. "첫사랑은 술취한 것이나 다름없다. 술이 깨고 난 뒤라야 진짜 부부애가 싹튼다." 부부는 서로를 기쁘게 하려고 애써야 한다. 옛날에는 다음과 같은 건전한 충고가 신부에게 따랐다. "얘야, 밤에는 남편이 즐겁게 현관을 들어서게 하거라." 신랑에게는 "네가 출근하는 걸 아내가 아쉬워하게 하라."라는 충고가 따랐다. "가장 멋진 인생은 하나님을 믿고 적극적이요 순종하는 아내와 더불어 한마음이 되어 평화롭게 사는 것이다." "육체의 결합은 아무것도 해내지 못한다. 자세와 마음의 결합이 반드시 따라야 한다." "케티, 당신에겐 당신을 사랑하는 남편이 있어요. 여왕 노릇은 다른 사람에게 맡기구려."

그가 몸져누웠다. 죽게 되었다는 생각이 들자 그는 아내에게 고개를 돌리며 이렇게 얘기했다. "나의 가장 사랑하는 케티여, 이게 하나님의 뜻이라면 받아들여요. 당신은 나의 것. 당신은 그걸 확신하고 하나님의 말씀에 굳게 설 거요. 세례에 관한 책을 한 권 쓰고 싶었지만, 하나님의 뜻대로 되겠지. 하나님께서 당신과 한스를 보살펴 주실 거요."

케티가 대답했다. "사랑하는 박사님, 하나님의 뜻이라면 이곳에 혼자 남아 있는 것보다 차라리 당신과 함께 주님 곁에 서고 싶습니다. 그러나 저는 저 자신과 한스만을 생각하는 게 아니랍니다. 당신을 필요로 하는 사람들이 너무 많습니다. 그러니 우리 일이야 걱정하지 마세요. 하나님께서 보살펴 주실 겁니다."

가정의 위로

루터는 가정 생활을 철저하게 즐겼다. 한번은 동료인 요나스(Justus Jonas)가 말했다. 자기는 하나님의 축복이 결실을 맺는 걸 보았으며, 바로 그런 이유에서 책상 위에 벗나무 가지를 하나 걸어 두었다고. 루터가 말했다. "자네 자녀들 생각은 왜 안 하는 건가? 그 애들이 항상 자네 앞에 있으면서 벗나무 가지보다 더 많은 걸 가르쳤을 텐데?"

그러나 루터가 동료에게 배우라고 한 것은 감상적인 것이 아니었다. "오, 사랑하는 하나님, 아담이 가인을 얼마나 사랑했겠습니까? 그럼에도 불구하고 그는 자기 동생을 죽이고 말았군요." 루터는 1538년 식구들을 보면서 이렇게 얘기했다. "그리스도께서는 우리가 어린아이와 같지 않으면 하늘나라에 들어갈 수 없다고 말씀하셨습니다. 하나님, 이건 너무합니다. 우리가 그런 백치가 되어야만 합니까?" 하고.

그러나 우리는 루터가 한스의 바지를 잘라 자기의 떨어진 바지를 기웠을 때 아이들이 누구를 백치로 보았을까 하고 갸우뚱거리게 된다. 그러나 아래와 같은 편지를 받고 기꺼이 아빠를 용서하지 않을 아이가 어디 있겠는가? 1530년 8월 22일, 루터는 네 살짜리 한스에게 이런 편지를 띄웠다.

나의 사랑스러운 아들에게.

글도 잘 배우고 기도도 열심이라니 반갑구나. 얘야, 계속 열심히 하거라. 그럼 아빠가 집에 가서 아주 좋은 걸 구경시켜 주마.

아빠가 어느 아름다운 정원엘 가 보았어. 많은 애들이 예쁜 옷을 입고 나무 아래서 놀더구나. 그러면서 그 애들은 빨간 사과, 배, 앵두, 자두를 거두고 있더라. 좋아라 하며 깡총깡총 뛰면서 노래를 하고 있었어. 그리고 그 애들에게는 멋진 당나귀가 여러 마리 있더구나. 황금 고삐와 은빛 안장이 있는 당나귀가 말야. 나는 과수원지기에게 그 아이들이 누구냐고 물었지. 그랬더니 그 양반은 "저 아이들은 기도하고 배우는 걸 좋아하며 착하게 지내는 아이들이랍니다." 하고 대답하더군.

그래 내가 또 물었지. "여보세요, 나한테도 아들이 있는데 한스 루터라고 합니다. 우리 아이도 이곳에 와서 저 빨간 사과와 배를 따 먹으면서 예쁜 당나귀를 타고 애들과 어울릴 수 있을까요?" 그랬더니 "그 아이가 기도와 공부를 좋아하고 착하면 그 애뿐 아니라 리푸스(Lippus, 멜란히톤의 아들)와 요스트(Jost, 요나스의 아들)도 와도 됩니다. 그들이 오면 황금 호루라기, 북 그리고 멋진 은십자가를 주겠습니다."라고 했단다.

그런데 그땐 너무 이른 아침이라서 아이들이 아직 아침 식사를 하지 않은 참이었어. 그래서 춤을 구경할 수 없었지. 나는 그 정원지기에게 이렇게 말했어. "당장 가서 내 아들에게 이 소식을 전해야겠군요. 우리 한스는 열심히 공부하고 기도할 것입니다. 착하기도 하구요. 그래야 이 과수원에 올 수 있을 테니까요. 그런데 그 앤 레나 아줌마가 데려와야 하는데요?" "그거 좋습니다. 얼른 가서 이 소식을 편지로 알려 주시죠." 하고 그분이 대답하더군.

그러니 나의 사랑하는 아들아, 공부 열심히 하고 기도하거라. 리푸스와 요스트한테도 이걸 얘기해 주려무나. 그래야 모두들 이곳에 올 수 있을 게 아니겠니? 하나님께서 보살펴 주시길 기도한다. 레나 아줌마에게 나 대신 뽀뽀를 해주렴.

너의 사랑하는 아버지, 마르틴 루터

루터는 가족끼리 축하 행사를 즐겼는데 크리스마스 연극 『저 높은 하늘에서』(Vom Himmel Hoch)도 한스와 렌헨(Lenchen, 둘째 딸 마크달레나의 애칭)을 생각하면서 어린이에게 맞게 즐겁게 썼는지 모른다. 여기에 나오는 이 짧은 캐럴도 재미있다.

찬양하세, 아기 주
몸소 우리의 길 걸으셨네.
사람이 되시려 처녀의 몸에서 나신 주
천사들의 노래 받으소서.

영원한 아버지의 아드님
말구유 안 강보에 싸여 계시네.
영원의 하나님, 나타나시네.
우리의 약한 살과 피, 눈물로.

온 하늘로도 휘감을 수 없어라.
포근히 마리아의 무릎에 누워 계신 주.
아주아주 작은 아기
온 세상의 왕이신 주.

마크달레나가 열네 살 되던 해에 죽음의 자리에 들었다. 루터는 이렇게 기도했다. "오, 하나님, 무척 아끼는 아이입니다. 그러나 주의 뜻대로 하소서." 그리고 딸아이를 향해 말했다. "렌헨, 내 귀여운 딸아. 넌 이 아버지와 함께 살고 싶겠지만 하늘의 아버지와 함께 지내는 것도 기쁘지?"

"네, 아빠. 하나님의 뜻이라면요."

이어서 루터는 천 년 동안 어느 성직자도 누리지 못하던 축복을 받고 있으면서도 마음으로는 하나님께 감사할 이유를 찾지 못하는 자신을 두고 한탄했다. 케티는 뒤로 물러섰다. 슬픔을 견딜 수 없었다. 딸아이는 루터의 팔에 안겨 눈을 감았다. 땅에 묻힌 그 아이에게 루터는 "얘, 귀여운 렌헨아. 넌 다시 일어나 별과 태양처럼 빛날 거야. 저 아이가 평화의 세계에 들어가 있고 모든 것이 잘되어 있다는 걸 알면서도 이렇게 슬픈 건 참 이상하군!"

제18장 지역 교회
지역에 따른 종교의 자유를 표방하는 지역주의를 묵인하다

"복음 전파는 보편 교회의 해석에 일치해야 한다. 각 제후는 자기 영토 안에서 최선을 다해 보름스 칙령을 시행하도록 한다." 이 속에 '그의 지역에 그의 종교'(cuius regio eius religio)라는 원리, 곧 각 지역의 통치자가 그 지역의 종교를 결정한다는 원리가 싹트고 있었다. 그 결과는 또 하나의 타협적인 조항이었다. 각 회원은 종교 문제에 있어서 자신이 하나님과 황제에게 답변하고 싶은 대로 행동하도록 각자에게 일임되었다. 이것은 실질적으로 교회의 지역주의(territorial principle)에 대한 묵인이었다.

 여러 가지 이탈로 루터의 활동이 제약을 받은 건 사실이지만 어쨌든 그는 하나의 교회를 설립했다. 열정적인 선교 활동으로 10년이 채 못 되어 북부 독일의 대부분 지역을 개혁 편으로 끌어들일 수 있었다. 이러한 성과를 가져오게 한 것은 선전 활동의 공세였다. 이것은 그때까지 그 유례를 찾아볼 수 없었으며, 그 후로도 정확히 그대로는 되풀이된 적이 없다.

으뜸가는 도구는 소논문과 풍자화였다. 1521년부터 1524년까지 4년 동안 독일에서 발행된 작은 책자의 수는 현재까지 독일 역사의 그 어느 4년 동안보다 많다. 물론 이것은 신문과 잡지가 생긴 이후로 읽을거리가 더 많아졌다는 것이 아니라 소논문의 숫자가 더 많았다는 얘기다. 이 모든 일에 루터가 앞장을 섰으며, 자기 나라 말로 쓴 그의 소논문만 해도 수백 편에 이른다.

또한 엄청난 지원이 있었는데, 그것은 생업과 목숨을 내걸고 이 몹시 골치 아픈 자료들을 거침없이 세상에 펴낸 인쇄업자들의 대담한 행동이었다. 이 지하운동의 단결과 재치는 한 인쇄소의 경우를 통해서 아주 두드러지게 드러났다. 그 인쇄소에서는 자신들의 정체를 조금도 밝히지 않은 채, 콘스탄츠의 주교가 신부들의 사생아들을 눈감아 주고 세금을 물리고 있다고 공격했다. 그 밖에 200여 가지의 다른 일도 이 인쇄소의 신문과 활판을 통해서 추적할 수 있는데, 그들의 정체는 아직까지 밝혀지지 않고 있다. 물론 가톨릭 신자들도 이와 비슷한 반박을 해왔지만 그 양에 있어서는 결코 따라올 수가 없었다.

개혁의 확산

이 소논문 전쟁의 내용을 간단하게 살펴보면, 이것을 널리 퍼뜨리기 위한 방법이나 주제의 선택과 마찬가지로 흥미롭다. 로마 가톨릭의 외적 폐단이 풍자의 대상이었다. 그리스도와 교황이 대조적인 소재로 사용되었다.

한 풍자의 글에서 그리스도는 이런 얘기를 한다. "나는 머리 둘 곳이 없구나." 교황이 여기에 토를 단다. "시칠리아도 내 것이요 코르시카도 내 것인걸. 아시시도 내 것, 페루자도 내 것이구."

그리스도	"믿고 세례를 받는 사람은 구원을 얻을 것이다."
교황	"헌금을 해서 면죄부를 받는 사람은 용서받을 것이다."
그리스도	"내 양을 먹이라."
교황	"나는 내 양의 털을 깎는 사람."
그리스도	"칼을 거둬라."
교황	"율리우스 교황은 하루에도 1,600명을 죽였는걸."

한 풍자화에서는 교황이 무장을 하고 말을 타고 있다. 그 등 뒤에는 마귀 새끼가 수행원으로 따르고 있다. 저만치서 그리스도가 나귀를 타고 오고 있다. 그는 큰 십자가를 앞세우고 있다. 이것을 본 교황은 그만 긴 창을 손에서 떨어뜨리고 만다.

수도원 제도, 여러 가지 상(像), 마술이 많은 조롱을 받았다. "한 새 둥지의 참새 세 마리가 한 수도원의 수도사 100명보다 더 즐겁게 하나님을 찬양한다."

그리스도께서 교황을 무장 해제시키는 모습을 그린 풍자화.

어떤 소논문은 머리 속이 파이고 눈에 바늘구멍이 나 있는 동정녀의 상을 주제로 다룬다. 그 구멍으로 물이 나오게 해서 마리아가 눈물을 흘리는 것처럼 보이게 한다는 것이다.

슈바벤의 한 가톨릭 신자는 비텐베르크에서 공부하는 아들에게 밀랍으로 만든 조그만 어린양을 보내왔다. '하나님의 어린양'(*Agnus Dei*)이라는 제목이 붙어 있었는데 이것이 자기 아들의 불행을 막아 준다는 것이었다. 이 대학생이 자기 어머니에게 보낸 답장이 1523년에 인쇄되었다.

> 사랑하는 어머니, 마르틴 루터 박사님의 가르침 때문에 당황하실 필요도 없고 저에 대해 걱정하지 않으셔도 됩니다. 슈바벤보다는 이곳이 더 안전하니까요.
> 밀랍으로 만든 작은 '하나님의 어린양'을 보내셔서 제가 총에 맞거나 칼에 맞거나 타락하는 일이 없게 하신 것 고맙습니다. 그러나 솔직히 말씀드리자면 그건 제게 좋은 일이라곤 어떤 것도 하지 못하죠. 저는 그것을 믿을 수 없습니다. 하나님의 말씀은 오직 예수 그리스도만 믿을 것을 가르치고 있기 때문이랍니다.

그걸 되돌려 드립니다. 우선 이 편지에 그걸 시험해 보죠. 어디 이 편지가 중간에 누구의 손도 타지 않는지 보지요. 이건 어머니를 향한 감사의 마음이 조금이라도 줄어들었다는 얘기가 아닙니다. 더 이상 어머니도 거룩하다는 소금, 거룩하다는 물을 비롯해서 마귀가 조장하는 모든 바보짓을 믿지 않으시기를 하나님께 기도합니다. 이 어린양을 동생에게 주시지 않기 바랍니다.

그리고 나의 가장 사랑하는 어머니, 아버지께서 제가 비텐베르크에 더 남아 있는 걸 허락하셨으면 합니다. 마르틴 루터 박사의 신약성경을 읽어 보세요. 라이프치히에서 판매되고 있습니다. 저는 비텐베르크에서 갈색 모자를 사렵니다. 사랑하는 아버지, 동생, 여동생들에게 안부를 전합니다.

이 책자들은 루터에 대한 칭송을 잊지 않았다. 이 소논문 가운데는 눈부시게 빛나는 한 모습과 농부가 얘기하는 장면이 그려져 있다. 이 농부는 그에게 하나님이냐고 묻는다. "아니오." 하는 대답이 나온다 "나는 사람을 낚는 어부요. 이름은 베드로라고 하죠. 금방 비텐베르크에서 돌아오는 길이오. 내 동료 사도 마르틴 루터가 일어나서 백성들에게 진상을 얘기하더군요. 나는 한 번도 로마의 주교 노릇을 한 적이 없으며, 결코 가난한 사람들의 흡혈귀가 아니라는 사실을 말입니다. 난 은이나 금을 손에 쥐던 사람이 아니었으니까요. 이 모든 일을 하나님께서 마냥 흐뭇해하신답니다."

마귀는 양쪽에서 도와달라는 요청을 받았다. 가톨릭 측 풍자화를 보면 마귀가 자신의 친구 마르틴 루터의 귀에 속삭이고 있는 모습이 그려져 있다. 그런가 하면 어떤 종교 개혁 측 삽화에서는 책상에 앉아 있는 루터의 방에 갑자기 마귀가 한 통의 편지를 들고 들어선다.

영원한 어둠의 주인이요 이 세상 모든 왕국의 통치자인 짐 루시퍼는 그대 마르틴 루터에게 나의 진노와 불쾌함을 선언하노라. 짐의 사절인 캄페조

한편이 된 루터와 루시퍼를 그린 가톨릭 측 풍자화.

(Campeggio) 추기경과 랑(Lang) 추기경의 보고를 통해 지난 400년 동안 짐을 위해서는 한 번도 사용된 적이 없는 성경을 그대가 다시 부활시켜 놓음으로써 생긴 피해 소식들을 들었노라. 그대가 수도사들과 수녀들을 설득해서 지금까지 잘 섬기던 수도원을 떠나게 했을 뿐 아니라 그대 자신도 짐을 섬기는 일을 등진 배신자가 되었다지. 그러므로 짐은 그대를 화형, 익사형, 참수형으로 핍박하겠노라. 이것은 공식적인 선전 포고이므로 따로 소식을 보내지 않겠노라. 1524년 9월 마지막 날 멸망의 도시에서 짐의 지옥 도장을 찍어 인봉하노라.

연극이 이 책자를 응원했다. 한 연극에서는 그리스도의 나라를 전복하려는 음모가 교황 제도를 통해 어찌나 잘 이뤄졌던지 사탄이 교황과 그의 신봉자들을 잔치에 초대하는 것으로 풍자했다. 그들이 통째로 구운 제후들과 가난한 사람들의 피로 만든 소시지로 실컷 배를 채웠을 때, 한 전령이 불쑥 나타나 이신칭의가 비텐베르크에서 전파되고 있다는 소식을 전했다. 지옥이 뒤집혀 혼란스럽게 되고 그리스도가 주도권을 쥐었다.

마귀가 루터에게 선전 포고문을 전달하는 모습을 그린 풍자화.

이러한 것들은 로마 가톨릭의 폐해에 대한 공격을 잘 보여 주는 것이다. 루터의 적극적인 가르침은 그것보다는 덜 극적이요, 대중에게 전달하는 것도 그만큼 더 어려웠다. 그러나 뉘른베르크에 사는 구두 깁는 시인 한스 작스(Hans Sachs)는 시를 써 루터를 '비텐베르크의 나이팅게일' 로 묘사했는데 그럴듯하다.

루터의 가르침을 들어 봅시다.
아담의 타락에 빠진 우리여.
사람마다 제 속을 구경하노라면
죄의 할큄과 저주를 느끼기 마련,
두려움, 절망, 공포가 엄습하면
누구나 무릎 꿇고 참회하는 법.

이때 눈부시게 비친다오, 대낮의 햇살이.
이때 복음이 사로잡을 수 있는 거라오.
이때 눈에 들어온다오, 하나님의 아들,
우릴 생각하고 모든 일 치르신 그리스도께서.

율법이 성취되고 빚은 갚아졌어요.
사망이 극복되고 저주는 맥이 풀렸어요.
지옥이 파괴되고 마귀는 묶였어요.
우릴 생각하고, 하나님 은혜 베푸셨어요.
그리스도 어린양 모든 죄 치우시니
그리스도께 두는 믿음으로만 승리하는 우리라네.

이와 같이 아주 단순하게 요약된 루터의 가르침이 구석구석 서민들 틈으로 파고들었다. 루터가 평신도에게 호소하는 것이 못마땅하다는 비난이 나돌자 어느 작은 책자의 저자는 이렇게 답했다.

이 엉큼한 바보들아, 눈을 뜨고 보라. 뉘른베르크, 아우크스부르크, 울름, 스위스, 작센에 가 보라. 아낙네들, 아가씨들, 하녀들, 학생들, 수공업자들, 양복 짓는 사람들, 구두 깁는 사람들, 빵 굽는 사람들, 기사들, 귀족들, 작센

의 선거후와 같은 제후들, 이 사람들의 성경 지식이 파리 대학, 쾰른 대학,
아니 이 세상의 모든 교황의 신봉자들을 뺨친단다.

실제적인 교회 문제

그러나 바로 이 복음의 확산을 통해서 교회 조직의 실제적인 문제가 많이 일어났다. 이 문제에 대한 루터의 견해는 결코 뚜렷하지 않았다. 그에게 있어서 참된 교회는 언제나 구속받은 사람들의 교회였다. 이러한 교회는 오로지 하나님께서만 아시며, 이 땅의 이곳저곳에서 그 모습을 드러내며, 숫자가 적고 핍박을 받으며, 종종 감추어져 있으며, 어쨌든 흩어져 있고 영을 묶는 고리 안에서만 통일되어 있다. 그러한 견해의 결과는 구체적인 형태가 없는 하나의 신비스런 교제 외에는 아무것도 없다. 이것이 루터가 그리스도의 나라라는 말로 의미했던 것이다.

그는 그것이 감히 현실적인 모습을 갖출 수 있을 것으로는 보지 않았지만 당시 교회의 형태가 헐린 모습을 그대로 내버려 두려 하지도 않았다. 여기서 택할 수 있는 가능성은, 특수한 구역으로 모일 수 있는 열렬한 사람들을 모으는 것이었다. 그래서 루터는 1522년 한 공동체를 결성할 뻔했다. 그때 그는 양종(兩種) 성찬(빵과 포도주 모두를 배령하는 성찬식)을 원하는 사람들에게 다른 사람들로부터 떨어져 위의 가능성을 받아들이라고 했다.

루터는 양종 성찬이 일상 습관이 된 다음에도 여전히 참된 신자들을 보다 더 깊은 교제로 끌어들이고 싶어했지만, 그와 동시에 지역 사회 사람들로 구성된 교회를 저버리고 싶지도 않았다. 그가 원했던 것은 전체적인 단체 안에서 핵을 이루어 보려는 것이었다. 하지만 그가 보기에 여러 가지 실질적 난제를 도무지 제거할 수 없었으며 1526년에 가서는 자신의 꿈이 불가능하다고 선언했다.

이 점에 대해서는 그의 판단이 틀렸다. 왜냐하면 재세례파들은 성공했기 때문이다. 그러나 그들이 그렇게 할 수 있었던 것은 지역 교회와의 인연을 깨끗

이 끊겼기 때문이다.

　루터의 딜레마는 개인적인 믿음과 체험에 터를 둔 고백 교회와 한 구역의 모든 사람을 포함하는 지역 교회를 동시에 원하는 데 있었다. 이 둘 가운데 하나를 택하라는 강요를 받을 경우에는 대중의 편에 설 그였으며 이것이 그가 움직인 방향이었다.

　그렇게 하기 위해서는 조직을 위한 몇 가지 노력이 필요했다. 1527년에 가서 작센 선거후령은 모두 복음주의 지역 취급을 받을 수 있었다. 옛 관습을 포기하고 나니 여러 가지 면에서 혼란이 따랐다. 특히 교회의 재산과 재정 문제가 그랬다. 수도원들은 빈 집이 되었다. 그렇게 되면 그 수도원의 기금과 수입은 어떻게 되는가? 기부자들이 어떤 경우에는 수백 년 전에 죽기도 했으며 그들의 상속자를 찾는다는 것은 도무지 불가능했다. 토지는 힘센 이웃 사람들이 차지할 위험에 놓였으며 어느 경우든 수입은 줄어들었는데 그건 토지의 목적이 바뀐 이상 소출을 내놓으려 하지 않았기 때문이다.

　둘째로 루터는 획일성을 너무도 싫어했기 때문에 의식의 개혁에서 혼란이 따랐다. 마을 단위로, 아니 심지어는 교회마다 각각 다른 의식을 가졌다. 얼마 안 가서 같은 도시 안에서도 여러 교회의 의식이 달라졌으며 한 교회 안에서도 그것을 바꿔가며 실시했다. 신성한 관습에서 종교적 안정을 느끼던 사람들에게 이러한 다양성과 예측할 수 없는 상태는 정말 심란스러운 것이었다. 루터는 최소한 각 읍 단위로라도 획일성을 세우지 않으면 안 되었다.

　엎친 데 덮친다던가? 교리의 차이로 공공질서가 위태롭게 되었다. 가톨릭의 남은 자들은 어떻게 해서든 살아남았으며 츠빙글리파와 재세례파도 침투해 들어오고 있었다. 공공의 분심이 적극적인 불화를 낳을 정도로 팽배해졌다. 여기에서 루터가 본 해결책은 한 지역에서는 공적으로 하나의 종교만 지키는 것이었다. 이것을 어떻게 통과시키느냐 하는 점은 결코 뚜렷하지 않았다. 그도 그럴 것이 그의 마음에서는 대립하는 원리들이 서로 싸움을 벌이고 있었기 때문이다. 그는 미사를 우상숭배와 신성모독으로 보았지만 아무에게도 믿음을 강요하고 싶지는 않았다. 그 결과가 지역 교회(territorial church)였다. 이 지역 교회의 종교는 한 지역의 대다수인의 종교요 소수는 자유롭게 호의적인 환경으로 옮겨 가 살 수 있었다. 이러한 원리가 가톨릭 신자에게만, 더 나아가서 소수파 교단에만 적용되어야 하는가는 또 다른 문제였다.

그러나 누가 앞장서서 이 혼란을 끝내야 했는가? 지금까지 루터는 회중교회주의(congregationalism) 쪽이었으며, 알텐부르크에서 일반 백성의 소원을 무시하고 성직 수여권을 가진 후원자 혼자서 츠빌링을 해고한 데 대해 완강히 반대하였다.

그러나 서로 독립된 지역교회 회중들은 여러 영역과 관련된 문제들을 처리할 수 없었다. 이런 경우에는 주교들이 문제를 해결해야 했지만 그들은 개혁을 달가워하지 않았다. 설령 그들이 개혁을 받아들였다 해도 루터는 그들에게 그들의 옛날 기능을 부여하려 하지 않았을 것이다. 그것은 신약에서, 목사란 모두 주교라는 확신을 받았기 때문이다. 따라서 그가 자기 동료들을 '로하우의 주교나 토르가우의 주교'로 부른 데는 농담 이상의 의미가 있었다. 그러므로 주교를 대치하는 무슨 제도가 강구되어야 했다. 그러나 이 감독은 무슨 방식으로 누가 선출할 것인가? 교회들이 모여서 선출한다면 누가 교회들을 소집할 수 있겠는가?

경건한 제후

이 모든 문제에 대해서 루터의 대답은, 당분간 제후에게 요청하는 것밖에 없었다. 이때 이 제후의 행동은 통치자의 행동이 아니라 비상 주교의 역할을 할 수 있는 유리한 입장에 놓인 그리스도인 형제의 행동이어야 했다. 모든 교회의 재산은 최소한 일시적으로나마 그의 손에 두어 그로 하여금 목사들, 교사들 및 가난한 사람들을 부양하는 데 그 수입을 재분배하게 해야 했다. 의식과 믿음의 통일성 문제에 있어서 대다수의 뜻이 결정적인 요인이라면 두루 살피며 조사할 필요가 있었다.

작센 지역을 탐방해야 했다. 옛날에는 주교들이 이러한 순회 책임을 졌다. 이제는 선거후에게 그 목적으로 위원회를 구성하게 했다. 위원회가 구성되었다. 루터를 우두머리로 하는 신학자들과 재정 문제를 다룰 법률가들이 임명되었다. 멜란히톤은 각 성직자에게 인쇄해서 보낼 순회 자료 항목을 작성했다. 루터는 서문에서 전체 계획의 잠정적인 성격을 강조했지만 선거후는 위원회 위원들을 '나의 순회자들'로 불렀으며 멜란히톤의 자료는 질문지라기보다는 그대로 실시할 프로그램이었다. 루터가 자기도 모르게 내딛기 시작한 길은 제후의 권위 아래 놓인 지역 교회로 가는 길이었다.

이 순회자들은 두 달 동안 38개 교구를 돌면서 재정, 품행, 예배 형식, 믿음에 대한 조사를 마쳤다. 그들은 재정 문제에 있어서 큰 혼란과 소홀함을 발견했다. 목사관은 비참한 상태에 놓여 있었다. 한 목사는 지붕이 새는 바람에 금화 4굴덴어치의 책을 몽땅 버렸다는 호소를 했다. 순회자들은 교구민에게 개수 책임이 있다는 결정을 내렸다. 도덕은 그다지 충격적이지 않았다. 의식은 몇 가지 제한을 두고 표준화할 필요가 있었다.

믿음 문제에 있어서 결정적 요점은 작센의 모든 복음주의적 양상이었다. 그러므로 개혁을 실천에 옮기는 문제는 시민들 대다수에게 믿음을 강요하는 것이라고 볼 수 없었다. 그러나 반대자들도 있었으며 공적인 평화의 관점에서 볼 때 두 개의 종교가 나란히 존재하도록 허용될 수는 없었다.

이런 이유에서 구교의 남은 사람들은 사라지지 않으면 안 되었다. 이 개혁을 받아들이지 않은 신부는 해고되었다. 젊은 신부들은 자활하도록 했으며 늙은 신부들은 연금을 받았다. 한 목회자는 순회자들이 도착하자마자 자기 요리사와 결혼식을 올렸다. 왜 진작 그렇게 하지 않았느냐는 질문을 받자 그는 그녀가 곧 죽으면 다른 젊은 여자와 결혼할 거라고 했다. 그는 교황편이었음을 판결받고 자리에서 쫓겨났다. 어떤 경우는 한 목회자가 두 교구를 맡고 있는 것이 발각되었다. 가톨릭 지역의 한 교구와 복음주의 지역의 한 교구를 맡아 각각의 의식대로 일을 해냈던 것이다. 이러한 행동은 받아들일 수 없는 것으로 결정되었다.

소수 교단, 곧 츠빙글리파든 재세례파든 소수파 파벌주의자들은 매섭게 감시되었다. 그러나 루터는 츠빙글리파가 재세례파에게 사형선고를 내렸던 것처럼 재세례파들을 다루려 하지는 않았다. 1528년 6월 말까지만 해도 루터는 어떤 질문에 이렇게 대답했다.

> 통치자가 거짓 선지자들을 죽여도 좋냐는 질문을 해오셨군요. 나는 설령 피 흘리는 것이 정당하다 해도 그러한 판단을 내리는 데는 느린 사람입니다. 이 문제에 있어서 나는 교황주의자들과 그리스도 이전의 유대인들의 행동에 몸서리치고 있습니다. 거짓 선지자들과 이단을 죽여도 좋다는 법이 있었다 해도 시간이 지나고 나면 가장 성도답고 순진한 사람들만 살해되었다는 점이 드러났으니까요. ……거짓 교사들을 사형에 처해야 한다는 점은 용납할 수 없습니다. 추방하는 것으로 충분합니다.

그러나 추방 그 자체도 어느 정도의 이론 조정이 필요했다. 루터는 믿음에 대한 어떠한 강제성도 여전히 완강하게 반대했다. 이것으로 믿음의 공적 고백의 제약이 배제되지는 않았다. 그는 종교의 외적인 표현은, 질서와 안정을 위해 제약받을 수도 있다고 주장했다. 이 모든 주장을 하면서도 루터는 자신이 교회를 국가에 종속시키고 있다는 점은 꿈에도 생각지 않았다. 나중에 이 제도가 영국에 소개되어 왕을 교회의 우두머리로 삼았지만 이것은 전혀 입맛에 맞지 않았다.

그러나 그가 보기에 그리스도인 제후들은 분명히 참된 종교를 장려할 책임을 지고 있었다. 루터가 자나 깨나 관심을 가졌던 것은 방해받지 않는 신앙이었다. 누구든 도움이 될 수 있지만 아무도 방해거리가 될 수는 없었다. 제후가 도움을 베푼다면 받아들인다. 만약에 방해를 한다면 그에게 순종하지 않는다. 이것은 루터가 죽을 때까지의 원칙이었다. 하지만 1523년 그의 『국가 정부』(On Civil Government)에서 그어 놓은 교회와 국가 사이의 뚜렷한 선은 이미 흐려지고 있었다.

항의

그럴 수밖에 없었던 것은 복음주의 원리가 정치적인 형세 안에서 위협을 받았으며 그러기에 필연적으로 방어의 책임이 평신도 지도자들에게 떨어졌기 때문이다. 이제부터는 신학자들보다는 선거후들, 제후들, 그리고 자유주의 대표자들이 "이것이 바로 내 입장입니다."라는 말을 하도록 부름받았다. 루터 자신은 믿음의 증거자라기보다 이 믿음의 증거자들의 고문이었다. 격려하고 꾸짖고 안내하고 권면하며 무리한 양보나 옳지 못한 수단을 경고하는 일이 그의 임무였다.

루터주의의 운명은 독일 의회가 황제나 그의 대리인 페르디난트와 손잡고 내리는 결정에 달려 있었다. 루터교가 인정받기 위해 벌인 투쟁과 보름스 의회로부터 아우크스부르크 의회에 이르기까지 일어났던 사건들에서 루터가 담당한 역할을 순서별로 잠깐 살펴보자.

보름스 의회 이후로 모든 독일 지역의 의회마다 루터교 문제를 다루지 않은 의회가 없었다. 맨 먼저 1522년의 뉘른베르크 의회를 들 수 있다. 이것과 보름스 의회의 차이점은 중도파가 사라지고 무자비한 자들과 타협을 모르는 자들이 맞부딪혔다는 점이다. 한 가톨릭 그룹에서는 정치적인 세력을 결성하기 시작했다. 작센 공작 게오르크가 그 가운데 가장 호전적이었으며 자기 동료들에게 불을 지르려는 뜻에서 본인의 손으로 직접 루터의 책자에서 가장 공격적이고 역겨운 구절들을 베껴 쓰기까지 했다. 브란덴부르크 선거후 요아힘, 합스부르크 가, 바이에른 사람들이 그 핵을 이루었다.

한편 자유로운 제국 도시들은 강력하게 개혁 편이었다. 아우크스부르크와 스트라스부르는 그곳에 주교들이 있었지만 이단으로 오염되었다. 의회가 열리고 있던 뉘른베르크에서는 교황의 삼중관에 또 다른 세 개의 테두리가 씌워진다 해도 그들에게 말씀을 포기하게 할 수 없다는 점을 밝혔다. 현인 프리드리히는 언제나처럼 신중한 길을 따르는 가운데 이 의회가 끝날 때까지 비텐베르크 성 교회 미사를 제지하지도 않았지만 루터를 추방하는 일도 거절했다.

각 편은 상대방을 과대평가했다. 페르디난트는 황제에게 보고하면서 독일 지역 안에 루터주의에 감염되지 않은 사람은 천 명 가운데 한 사람도 없을 정도라고 얘기했다. 그러나 프리드리히의 사절은 자신이 경제적 제재를 받을 위험에 직면한 것으로 보고했다. 양편 세력이 이처럼 팽팽하게 맞섰기 때문에 비록 중도파가 없었다 해도 유일한 해결책은 타협이었다. 여기서 가톨릭 측에서 이 양보를 더 환영한 데는 그만한 이유가 있었다. 곧 루터가 실제로 혼란의 방파제가 되었으며, 그가 아니면 그의 추종자들을 도무지 제어할 수 없었고, 제후의 반대에도 불구하고 그가 비텐베르크에 돌아온 것이 혼란을 달래는 데 필수적이었다는 프리드리히의 사절의 보고를 부정할 수 없었기 때문이다.

이 의회는 1523년 3월 6일 회기 중에 애매한 규정을 내리는 것으로 만족했다. 그 규정이란 루터와 그의 추종자들은 다음 총회가 열릴 때까지 출판을 삼가야 하며 교회가 인준한 글 해석과 일치하는 거룩한 복음이 아니면 일체 설교할 수 없다는 것이었다. 이 총회가 다음 해에 다시 뉘른베르크에서 열렸지만 레오 10세와 다를 바 없이 세속적인 메디치 가 출신인 클레멘스 7세(Clemens VII)가 새로운 교황으로 오르는 바람에 별 차이 없이 끝났다. 1524년 4월 18일에 채택된 규정은 이러했다. "복음 전파는 보편 교회의 해석에 일치해야 한다. 각 제후는 자기 영토 안에서 최선을 다해 보름스 칙령을 시행하도록 한다." 이 속에 '그의 지역에 그의 종교'(cuius regio eius religio)라는 원리, 곧 각 지역의 통치자가 그 지역의 종교를 결정한다는 원리가 싹트고 있었다.

누구나 이것이 하나의 휴전이라는 것을 알고 있었으며, 1525년의 농민 전쟁으로 그 갈등이 격화되었던 것은 가톨릭 제후들이 루터교 목사들을 무더기로 목매달았기 때문이다. 그 결과 새로운 종류의 루터주의가 머리를 내밀기 시작했는데 그 양상은 정치색이 짙었다.

이 운동의 수호신은 최근에 개종한 헤센의 방백 필리프였다. 그는 젊고 격정적이요 항상 적극적이었다. 농민 전쟁 때 작센의 제후들은 결과를 하나님께 맡기자고 했지만, 준비 태세를 갖추고 있던 이가 있었으니 바로 그였다. 필리프의 원칙은 세 가지였다. 그는 아무에게도 신앙을 강요하지 않았으며, 스스로 강요당하는 것보다는 싸우려 했으며, 믿음의 종류가 다른 사람들과도 동맹을 맺으려 했다.

이때 그는 복음과 친근한 관계임을 드러내 보이려고 열심이었다. 제국 의회가 1526년 슈파이어에서 다시 소집되었을 때 필리프는 기마병 200명과 루터파 설교자들과 함께 행진해 들어갔다. 설교자들은 이때 설교대에 설 수 없게 되자 여관의 발코니에 서서 4,000명의 군중에게 설교했다. 필리프는 금요일에 소를 통째로 구워 식탁에 올려놓음으로써 자신의 신앙을 분명히 했다. 스트라스부르에서 온 한 대표자는 그가 금식일에 통구이를 전시하는 것보다 더 뜻 깊은 증거를 택했다면 좋았을 것이라고 얘기했다. 오래된 관습에 대한 이런 뻔뻔스런 빈정댐은 아무리 황제가 한가롭더라도 결코 묵인되지 않았을 것이다. 그러나 그는 1525년에 프랑스를 대파시킨 이유로 교황과의 사이에 금이 가 있던 때라서 이 의회에 참석할 수 없었다.

그 결과는 또 하나의 타협적인 조항이었다. 각 회원은 종교 문제에 있어서 "자신이 하나님과 황제에게 답변하고 싶은 대로" 행동하도록 각자에게 일임되었다. 이것은 실질적으로 교회의 지역주의(territorial principle)에 대한 묵인이었다.

이 휴전이 계속되는 3년 동안 북부 독일의 대부분은 루터교가 되었으며 남쪽에서는 스트라스부르, 아우크스부르크, 울름, 뉘른베르크 같은 도시가 그랬다. 콘스탄츠는 개혁을 받아들이고 합스부르크 가와의 인연을 끊고 스위스에 합류했다. 바젤은 1529년에 개혁으로 기울었다.

이 해는 슈파이어 제2회 의회가 열린 해였다. 이 모임의 의의는 신앙 고백을 하는 집단들이 서로 결속되었으며 독일이 두 진영으로 나뉘어졌다는 데 있다. 이 의회가 열리기 전만 해도 상황은 이렇지 않았다. 복음주의자들은 그들대로 믿음과 전략 면에서 나뉘어 있었다. 헤센의 필리프는 가톨릭에서 공격을 생각하고 있다는 말에 속아 프랑스 및 보헤미아와 협상하고 있었다. 프랑스와 보헤미아는 합스부르크 가의 전통적인 원수였다. 이에 대해 제국을 둘로 갈라놓을 마음이 조금도 없던 작센의 제후들은 경악했다.

가톨릭 측에서도 정책 면에 있어서 나뉘어 있었다. 황제는 장갑 낀 손을, 그의 동생 페르디난트는 철갑 낀 주먹을 찬성했다. 슈파이어 의회가 이 문제를 분명히 해주었는데, 그건 페르디난트가 이때 다시 참석하지 못했던 자기 형 카를의 지시를 누르기로 결정하고 이단의 박멸을 요구했기 때문이다. 그의 시도는 비록 큰 성공은 아니었지만, 복음주의자들을 결속시키는 데 이바지했다. 이 시기가 복음주의자들의 제지에 호의적인 것으로 보였던 것은 프랑스, 교황, 투르크가 그때만은 황제의 손아귀에 들어가 있거나 덜 위협적이었기 때문이다.

그러나 의회는 지나치게 페르디난트의 소원에 고분고분한 것만은 아니었으며, 칙령은 생각보다 훨씬 덜 가혹했다. 보름스 칙령은 가톨릭 지역에 대해서만 재차 확인되었다. 다음 총회가 열릴 때까지 잠정적으로 루터주의를 허용할 지역은 제재했다간 소동이 일어날 수밖에 없는 지역뿐이었다. 루터교가 우세한 땅에서는 가톨릭 신자의 종교의 자유가 지켜지도록 해야 했지만 가톨릭이 우세한 땅에서는 이 동일한 자유가 루터교 신자들에게 확대될 필요는 없었다.

이 괘씸한 조치에 대해 복음주의자들은 항의했다. 여기서 항의자, 곧 '프로테스탄트'(protestant)라는 이름이 생긴 것이다. 그들은 한 의회의 다수가 이전 총회의 만장일치 결의를 무효로 돌릴 수 없다고 맞섰다. 그들은 이것이 황제의 의도냐고 따졌다. 이 점에서 그들의 호소를 들어 주지 않을 때는 "하나님의 말씀에 어긋나는 것은 아무것도 동의할 수 없음을 하나님 앞에서 공적으로 항의하고 증거할 수밖에 없다."고 주장했다.

그들의 입장은 여러 가지로 오해되었다. 프로테스탄트 진영에서는 두 번째 단어 '증거한다.' 보다는 '항의한다.' 는 첫째 단어가 너무 강조되었다. 무엇보다도 그들은 자신들의 신앙을 고백하고 있었다. 가톨릭 쪽에서는 이 오해가 악의적이었다. 역사가 얀센은 그들이 종교의 자유에 반대하는 항의를 했다고 적고 있다. 어떤 의미에서 옳은 얘기다. 어느 한 쪽도 관용하지 않았지만, 그들의 항의는 가톨릭 신자들을 위해서는 자유를 요청하고 프로테스탄트 신자들에게는 그것을 부정하는 조치의 불공평함에 대해서였다. 이 항의에 있어서는 츠빙글리파와 루터교 신자들이 한목소리를 내었다.

프로테스탄트의 동맹 : 마르부르크 회담

헤센의 필리프는 한 걸음 더 나아갈 시기가 된 것으로 믿었다. 이 의회의 법령 역시 일시적인 것이었다. 그렇다면 프로테스탄트 신자들은 하나의 공통된 신앙 고백 교단과 하나의 공통된 동맹으로 스스로를 보호해야 마땅했다. 그의 소망은 루터교인들, 스위스 그리고 성찬 문제에 있어서 중간 입장을 취한 스트라스부르 사람들을 하나로 통합하는 일이었다.

그러나 루터에게는 정치적 동맹 같은 건 전혀 뜻밖이었다. 그는 "그러한 동맹의 결과가 유혈이나 그와 비슷한 불행일지도 모르며, 거기에 너무 개입한 나머지 우리가 원할 때는 마음대로 빠져나올 수 없을지도 모르는 만큼, 양심상 그것을 인정할 수 없다. 우리가 스스로 복수하거나 변호하기보다 도살당하러 가는 양이 되어야 옳은 때, 우리의 양심이 그러한 재앙의 감당할 수 없는 무게에 짓눌리거나 우리의 복음이 유혈의 명분이 되는 것보다는 열 번이라도 죽는 편이 더 낫다."고 말했다.

공통된 신앙 고백은 문제가 달랐다. 루터는 미심쩍은 빛을 감추지 못한 채, 그림 같은 필립프의 성에서 독일과 스위스의 신학자들이 모이는 모임에 참석하라는 초청을 받아들였다. 이 성은 란(Lahn)강의 가느다란 강줄기와 마르부르크의 여러 탑이 내려다보이는 언덕 위에 자리 잡고 있었다. 모인 사람들은 유명한 인사들이었다. 그 중에서도 더 이름난 사람들을 보자면, 작센을 대표하는 루터(Martin Luther)와 멜란히톤(Philipp Melanchton), 취리히에서 온 츠빙글리(Ulrich Zwingli), 바젤에서 온 오이콜람파디우스(Johannes Oekolampadius), 스트라스부르에서 온 부처(Martin Butzer)가 있었다.

모두들 연합을 갈망했다. 츠빙글리는 루터와 멜란히톤의 얼굴을 보면서 마냥 즐거워했으며 눈물을 글썽이며 그들과 일치하는 것보다 더 즐거운 일은 없다고 밝혔다. 루터도 마찬가지로 연합을 권했다.

하지만 토의가 시작되자 불길하게도 루터는 책상에 분필로 동그라미를 그리고 그 안에 "이것은 내 몸이니라."라는 말을 써 넣었다. 오이콜람파디우스는 이 말은 은유적으로 해석해야 된다면서 그 이유로 육신은 아무 데도 보탬이 되지 못하며 그리스도의 몸은 이미 하늘에 오르셨다는 얘기를 했다. 루터는 그렇다면 그 승천도 왜 은유적으로 보지 않느냐고 따져 물었다. 츠빙글리가 육신과 영은 서로 합쳐질 수 없는 것이라는 주장을 폄으로 문제의 핵심을 찔렀다. 그리스도의 임재는 오로지 영적일 수밖에 없다는 것이다. 루터는 영과 육은 합쳐질 수 있으며(이 점은 아무도 부인하지 않았다) 영적인 것은 물리적인 것을 배제하지 않는다고 대답했다.

그들은 막다른 지점에 도달한 것으로 보였지만 실제로는 상당한 소득이 있마르부르크 회담 참석자들의 서명.
Joannes Oecolampadius, Huldrychus Zwinglius, Martinus Bucerius, Caspar Hedio, Martinus Luther, Justus Jonas, Philippus Melanchton, Andreas Osiander, Stephanus Agricola, Joannes Brentius.

었다. 그 까닭은 츠빙글리가 성찬은 오직 하나의 기념일 뿐이라는 견해에서 그리스도는 영적으로 임재한다는 입장으로 한 발자국 더 나갔기 때문이다. 그리고 루터도 물리적 임재의 성격이야 어떻든 믿음이 없으면 그것이 아무 소용이 없다는 점을 인정했다. 이렇게 해서 그 어느 것이든 마술적인 견해는 배제되었다.

두 입장의 접근으로 일치에 대한 소망이 얼굴을 내밀었으며 루터파에서 먼저 협정의 규정을 제안했다. 그들은 지금까지 자신들이 스위스 사람들을 오해하고 있었다고 고백했다. 그러면서 자신들의 입장을 밝혔다. 곧 "그리스도께서는 참으로 임재하고 계신다. 곧 실제적으로, 본질적으로 임재하고 계신다. 물론 양적으로나 질적으로나 공간적으로 임재하시는 것은 아니다."

스위스 사람들은 바로 이 발언이 성찬의 영적인 성격을 분명하고 안전하게 보호하지 못한다면서 그 발언을 배척했다. 그들은 무엇이 있긴 있는데 장소적으로는 있지 않다는 식의 말을 이해할 수 없었기 때문이다. 루터는 그들에게 기하학적 개념으로 하나님의 임재를 묘사할 수는 없다고 얘기했다.

공통된 신앙 고백은 실패로 끝났다. 그러나 이때 스위스 사람들은 의견의 불일치는 불일치이고 상호 성찬의 교제는 실천하자고 제안했다. 여기에 "루터는 일시적으로 동의했다." 이것을 우리는 부처의 증거로 알 수 있다. '일시적으로' 란 말은 "멜란히톤이 페르디난트와 황제의 입장을 생각하고 중재에 나섰을 때까지"라는 뜻이다. 이 발언은 아주 의미 깊다. 그건 루터가 흔히들 그에 대해서 말하는 것처럼 철두철미하게 무정한 역할을 맡은 것이 아니라, 스위스 사람들과 합세하려는 순간 멜란히톤이 끼어들면서 왼쪽 사람들에게 붙다 보면 오른쪽 사람들이 따돌림받는다는 걸 깨우쳐 주었다는 뜻이다.

멜란히톤은 아직도 모든 기독교 세계의 개혁과, 루터파와 가톨릭교도들의 화해를 통한 보다 넓은 중세의 통일 유지에 대한 소망을 품고 있었다. 슈파이어에서의 조정은 그에게 확정적인 것으로 보이지 않았지만 거기에 대한 대가로 소수파 교단과의 절연이 따를 것이라는 낌새를 눈치챘다. 루터는 가톨릭교도들에 대해서는 훨씬 더 낙관할 수 없었지만 멜란히톤에게는 자리를 양보했다. 루터로 하여금 타협을 모르는 행로에서 벗어나게 할 수 있었던 딱 한 사람이 있다면 바로 이 멜란히톤이었다. 최종적으로는 루터의 판단이 확정되었으며, 멜란히톤이 기진맥진해 하면서 가톨릭 측 사람들과의 조정을 위해 노력했을 때, 마르부르크에서 흐트러졌던 전선은 다시 회복되어 비텐베르크 협정으로 나타났다.

하나의 연합된 신앙 고백도 실패로 끝나고 상호 성찬 교제도 실패로 돌아갔다. 그럼에도 불구하고 동맹은 가능해야 한다는 주장이 헤센의 필리프에게서 나왔다. 사람들이 모두 한 가지 확신을 가지고 있지는 않더라도 각자 믿고 싶은 대로 믿을 권리를 보호하기 위해서 연합할 수는 있다. 이런 그의 호소는 아주 그럴듯하게 들렸다. 이것은 신학자들뿐 아니라 작센의 평신도 지도자들도 함께 심의하도록 회부되었다.

루터가 국가로부터 많은 도움을 마다하지 않고 기꺼이 받아들이려 한 점이 비난을 받을지 모르겠다. 그러나 그 당시 정치가들은 기독교 신자들로 자신의 신념을 위해서라면 언제라도 무엇이든지 바칠 각오가 되어 있었다는 점을 명심해야 한다. 사실 이 정치가들은 루터 자신보다 잃을 게 더 많았다.

여기에 대한 답변을 작성해서 헤센의 필리프에게 보낸 사람은 작센의 서기였다. 이 서기는 루터와 달리 어떠한 정치적 동맹도 꺼려 하지 않았으며 필리프와는 달리 신앙 고백의 기초에 무관심하지도 않았다. 양편의 이론이 검토되었다. 동맹을 찬성하는 입장에서 본다면 츠빙글리파 중에도 츠빙글리의 견해에 동의하지 않는 좋은 그리스도인이 틀림없이 많다고 얘기할 수도 있었다. 어쨌든 상대가 이교도들이라도 정치적인 동맹은 맺을 수 있었다. 여기에 대한 대답은 배신자들과의 동맹보다는 이교도들과의 동맹이 더 바람직하다는 것이었다. 믿음이 가장 높다. 그러므로 스위스 사람들이 상당한 도움을 줄 수 있다 해도 그것은 거절해야 하며 그 결과는 전적으로 하나님의 손길에 맡겨야 했다.

이것으로서 스위스 사람들은 자신들의 방어를 스스로 맡게 되었다. 1531년, 제2차 카펠 전쟁에서 츠빙글리는 손에 든 칼을 떨어뜨렸다. 루터는 그의 죽음을 목사가 칼을 휘두른 데 대한 하나의 심판으로 보았다.

『아우크스부르크 신앙 고백』

방어를 스스로 맡게 되기는 루터파 사람들도 마찬가지였다. 1530년 황제 카를은 마침내 독일에 오게 되었다. 그는 프랑스와 교황의 코를 꺾었던 때라 독일에 접근하면서도 말로는 각자 알아서 종교 문제에 자신의 견해를 밝혀야 한다는 은혜로운 초청을 띄웠지만, 그 속에는 온건한 수단이 실패할 경우에는 가혹한 수단도 가리지 않겠다는 의도가 있었다.

루터는 이 의회에 참석하는 것이 허용되지 않았다. 여섯 달 동안 그는 다시 바르트부르크에서처럼 '광야'에 있었다. 이번의 성 이름은 코부르크 성이었다. 이때는 비서가 함께 있어 주었으므로 그렇게 외롭지는 않았다. 이 비서의 붓을 통해 루터의 모습을 어렴풋이 알 수 있다. 다음은 루터의 부인에게 보낸 보고 내용이다.

> 은혜로우신 루터 부인, 주인어른과 저희는 하나님의 은혜로 매우 원기 왕성하게 지내고 있습니다.
> 따님 마크달레나의 초상화를 보내셨더군요. 참 잘하셨습니다. 그걸 보고 박사님은 시름을 잊으신답니다. 저희가 묵고 있는 선거후의 성 식탁 맞은 편에 걸어 놓고 보고 계십니다. 처음에는 잘 알아보지 못하셨어요. "내 정신 좀 보게나. 렌헨 아냐? 너무 흐리군."이라고 하시더군요. 박사님은 이제 그 초상화를 좋아하고 계십니다. 초상화의 주인공이 렌헨이라는 걸 아시고 난 뒤부터는 더 자주 들여다보세요. 렌헨은 영락없이 눈, 코, 입이 한스

를 닮았군요. 아니 얼굴 전체가 그렇다고 해야겠군요. 이 말씀을 꼭 드려야겠기에 편지를 띄웁니다.

박사님에 대해서는 아무 걱정 마십시오. 그분은 잘 계십니다. 하나님께 감사드릴 일이죠. 부친이 돌아가셨다는 소식에 처음에는 충격이 심하셨지만 이틀이 지난 다음부터는 정신을 차리고 계십니다. 부고가 날아들자 박사님은 "부친이 돌아가셨어."라고 말씀하셨습니다. 기도서를 쥐고 방으로 들어가셔서 어찌나 슬피 우시던지 이틀 동안 아무 일에도 손을 댈 수 없었습니다. 그러나 그 후로는 괜찮아지셨습니다. 한스, 렌헨, 온 식구들에게 하나님께서 함께 하시길 빕니다.

바르트부르크에서처럼 루터는 성경 연구에 몰두했으며 아우크스부르크에서 복음주의 명분의 변호를 맡은 사람들에게 권면하고 충고하는 일에도 마찬가지였다. 그가 참석하지 않고도 그들이 성공할 수 있다는 것은, 이 운동이 그가 없이도 살아남을 수 있다는 명백한 증거였다. 이때 위대한 증거를 보여 준 사람은 비텐베르크의 수도사나 목사들이나 신학자들이 아니라 자신들의 위신과 목숨을 아끼지 않고 일어선 평신도 제후들이었다.

신성 로마 제국의 카를 5세가 아우크스부르크 시에 가까이 오자 저명인사들이 그를 마중 나갔다. 이 명사들은 모자를 벗고 캄페조 추기경의 축도를 받으려고 무릎을 꿇었다. 그 와중에 작센의 선거후는 꼿꼿이 서 있었다.

다음날에는 중세기의 화려한 행사 역사상 가장 호화찬란한 행렬 가운데 하나가 지나갔다. 금색 명주실로 무늬를 짜 넣은 비단과 다마스크 천으로 지은 옷, 진홍색 예복, 각 가문을 상징하는 색깔의 의복을 걸치고 제국의 선거후들이 그들 가운데 가장 지위 높은 제후인 작센의 선거후 요한(Johann, 현인 프리드리히의 동생이자 계승자)을 앞세우고 줄을 이었다. 이때 요한은 오래된 관습에 따라 황제의 번쩍거리는 칼을 칼집에서 빼어 든 채 걸었다. 그 뒤로는 마인츠의 대주교인 알브레히트, 쾰른의 주교, 오스트리아의 페르디난트, 그리고 그의 형 카를 황제가 뒤따랐다. 그들은 성당으로 행진해 갔으며 거기서 황제와 모든 무리는 높은 제단 앞에 무릎을 꿇었다. 그러나 선거후인 작센의 요한과 방백인 헤센의 필리프는 그대로 서 있었다.

다음날 아침 황제는 루터파 제후들을 따로 불렀다. 요한과 필리프는 말할 것도 없고, 브란덴부르크-안스바흐의 변경백(margrave, 중세 세습 귀족 중 타국과 영토가 맞닿은 봉토를 다스리며 폭넓은 자치권과 군사권을 인정받은 강력한 영주로 실제적인 위계는 후작 이상의 직위)인 나이 많은 게오르크(Georg)도 그 속에 들어 있었다.

황제는 그들에게 그들의 목사들이 아우크스부르크에서 설교해서는 안 된다는 점을 일렀다. 제후들은 반대했다. 황제는 어쨌든 목사들이 지나치게 논쟁적인 설교는 하면 안 된다고 했다. 제후들은 또 반대했다. 황제는 다음날 성체 축일 행렬에 그들이 참석하기를 바란다고 얘기했다. 다시 한 번 제후들은 반대했다. 황제가 계속 자기 주장을 고집하자 변경백이 나서면서 얘기했다. "누구든 제게서 하나님 말씀을 빼앗아 가거나 하나님을 부정하게 하는 것을 내버려 두는 것보다는 차라리 무릎을 꿇고 제 목을 치게 하겠습니다."

황제는 이러한 여러 번의 거절에도 불구하고 기어이 프로테스탄트 신자들에게 입장을 밝히게 했다. 이 사명이 멜란히톤에게 떨어졌다. 그는 여전히 황제와 가톨릭 진영의 온건한 사람들이 기대를 거는 사람이었다. 이때 이 온건파의 중심은 마인츠의 대주교인 알브레히트였는데, 그는 루터에게 결혼 선물을 보내기도 했던 인물이다. 물론 에크와 캄페조는 으르렁거리며 거짓말과 온갖 종류의 꾸며 댄 이야기를 퍼뜨리고 있었다. 그러나 결국 그들이 전체 가톨릭 교회는 아니었다.

멜란히톤 자신은 에라스무스의 색채가 짙었다. 그는 마르틴 루터의 믿음을 부정하고 싶지 않았지만 아치 꼭대기의 종석(宗石)을 치우고 기독교 세계라는 아치를 쓰러뜨리는 사람이 되고 싶지도 않았다. 그는 자기 방에 앉아서 울었다. 그와 동시에 그는 온갖 화해의 방법을 모색하는 가운데 루터파와 가톨릭교도들의 차이는 미사에서 독일어를 사용하는 것 이상으로 심각한 게 아니라는 말까지 했다.

루터는 몹시 걱정이 되어 그에게 편지했다. 곧 자기들의 차이점은 개인적인 토론에 있어서는 멜란히톤이 완강하고 루터가 고분고분하지만 공적인 논쟁에서는 그 반대라는 얘기를 했다. 루터는 자신이 양보하고 멜란히톤이 고집을 피우던 마르부르크에서의 토론을 떠올렸다. 그런데 이제 멜란히톤은 교황까지도 인정하자는 데 찬성하고 있었다. 루터는 교황이 교황 제도를 철폐하기 전에는 결코 화해할 수 없었다. 정말 문제가 되는 것은 개인적, 공적인 논쟁의 차이가 아니라 왼쪽과 오른쪽에 대한 각자의 판단 차이였다. 멜란히톤은 가톨릭교도들을 달래려고 이리저리 노력하다 보니 개혁을 거세해 버릴 위험에 빠져 있었다.

그러나 그는 개혁을 약화시키지 않았다. 『아우크스부르크 신앙 고백』(Augsburg Confession)은 그의 일이었으며, 종당에 그것은 제후들이 표현한 어떤 신앙 고백과도 다름없이 꿋꿋하고 충직한 신앙 고백이었다. 루터는 이것을 두고 무척 기뻐했으며 여기에 담긴 온건한 어조가 자신이 해낼 수 있는 그 어떤 일보다 더 낫다고 생각했다. 첫 번 초안에서 이 『아우크스부르크 신앙 고백』은 작센의 선거후 이름으로만 얘기했지만 마지막 안에서는 하나의 통일된 루터주의 믿음을 고백했다. 스위스 사람들에게 기울고 있었던 헤센의 필리프까지도 여기에 서명했다.

그러나 성찬에 대한 견해는 워낙 까다로워서 스위스 사람들은 사양하고 자신들의 성명을 따로 제출했다. 스트라스부르 사람들도 여기에 서명하지 않고 또 다른 신앙 고백을 들고 나왔다. 아우크스부르크 의회에 제출된 프로테스탄트의 신앙 고백이 모두 셋이었다. 물론 재세례파들에게는 방청권도 없었다.

하지만 복음주의자들의 이러한 분열에도 불구하고 『아우크스부르크 신앙 고백」은 개신교를 강화하고 가톨릭에 맞서는 데 큰 몫을 차지했다. 우리는 『아우크스부르크 신앙 고백』이 발표되던 1530년 6월 25일을 신성 로마 제국의 제삿날로 여겨도 괜찮을 것이다. 이날부터 계속 양 진영의 신앙 고백은 서로 맞섰으며 전투 태세를 갖추고 있었다. 카를 5세는 복음주의자들에게 1531년 4월까지 가톨릭 측 교리에 복종하라고 지시했다. 그때까지도 그들이 마다한다면 그 땐 칼맛을 보게 될 것이라는 얘기였다.

이 위협에 맞서 루터는 로마 진영의 화해파 지도자, 곧 그의 옛 원수이자 친구인 마인츠의 대주교 알브레히트에게 다음과 같은 말로 조정을 호소했다.

> 이제는 믿음의 만장일치를 전혀 바랄 수 없는 만큼, 귀하께서는 다른 쪽에서 평화를 지키도록 노력해 주실 것을 겸손히 간청합니다. 이것은 그들이 그렇게 할 것이요, 우리에게 이 신앙을 믿도록 허용할 것으로 믿고 말씀드리는 얘깁니다. 이 신앙은 이미 고백되었으며 흠이 없는 것으로 밝혀졌습니다. 누구나 다 알고 있듯이 교황이나 황제나 그 어느 누구도 다른 사람에게 믿도록 강요해서는 안 되며 그럴 수도 없습니다. 하나님께서도 억지로 믿음을 강요하는 걸 적절하게 여기시지 않습니다. 하물며 그분의 비천한 피조물들이 어찌 주제넘게 남들에게 믿음뿐 아니라 그들 스스로 거짓말로 여기는 것까지 강요할 수 있겠습니까? 귀하께서나 그 밖에 누구든 새로운 가말리엘이 되어 이 평화의 권고를 추천하시기를 간절히 바랍니다.

루터의 권고는 원칙 위에서가 아니라 마지못한 이유로 받아들여졌다. 곧 황제가 이후 15년 동안 다시 중간에 끼어들 입장이 못 되었기 때문이다.

제19장 교회 교육
성경을 번역하고, 요리 문답, 예배 의식, 회중용 찬송가의 기초를 정비하다

교회의 겉모습은 세워졌지만 루터는 영의 교회가 세상 통치자의 팔로는 생길 수 없음을 잘 알고 있었다. 참된 교회는 말씀 사역장이며, 이 말씀은 가능한 온갖 방법을 통해서 전달된다. 일찍이 루터는 성경이 원전에서 시원시원한 독일어로 번역될 필요성을 느꼈다. 마찬가지로 젊은 사람들을 위한 통일된 교육 자료도 있어야 했다. 교황 제도의 폐단을 제거하고 일반 사람들을 깨우치려면 예배 의식도 수정되어야 했다. 회중이 함께 부르는 노래도 감동을 주고 교훈이 되는 방향으로 개발되어야 마땅했다. 성경, 요리 문답, 예배 의식, 찬송가가 필요했는데 이 넷을 모두 루터 자신이 해내야 했다.

 순회를 통해서 교회의 겉모습은 세워졌지만 루터는 영의 교회가 세상 통치자의 팔로는 생길 수 없음을 잘 알고 있었다. 참된 기독교 교회는 말씀 사역장이며, 이 말씀은 가능한 온갖 방법을 통해서 전달된다.

일찍이 루터는 성경이 원전에서 시원시원한 독일어로 번역될 필요성을 느꼈다. 마찬가지로 젊은 사람들을 위한 통일된 교육 자료도 있어야 했다. 교황 제도의 폐단을 제거하고 일반 사람들을 깨우치려면 예배 의식도 수정되어야 했다. 회중이 함께 부르는 노래도 감동을 주고 교훈이 되는 방향으로 개발되어야 마땅했다. 성경, 요리 문답, 예배 의식, 찬송가가 필요했는데 이 넷을 모두 루터 자신이 해내야 했다.

성경 번역

성경 번역을 위해 루터는 바르트부르크에서의 '강제된 여가 시간'을 활용해 3개월 만에 신약을 모두 번역했다. 구약은 나중에 나왔다. 이 독일어 성경은 루터의 가장 고귀한 업적이다. 그러나 불행하게도 이것을 번역할 수 없는 것은 나라마다 직접 번역한 성경이 있기 때문이다.

독일인들에게는 루터의 번역이 그 어느 것과도 견줄 수 없는 것이었다. 그는 천 년의 전통을 껑충 뛰어넘은 사람이었다. 루터 이전에 성경을 독일어로 번역하려는 시도가 없었던 것은 아니다. 최초의 것으로는 고트족을 복음화한 울필라스(Ulfilas)가 고트족 언어로 번역한 것이 있다. 성경의 부분 부분들은 라틴어역 불가타 성경뿐 아니라 히브리어 성경과 헬라어 성경에서 번역되기도 하였다. 그러나 그 어느 것도 루터의 장엄한 말씨, 폭넓은 어휘, 짙은 향토색, 종교적 심오함을 따라갈 수 없었다. 그는 "나는 아무도 모세가 유대인이라는 것을 눈치채지 못할 정도로 그를 독일 사람으로 만들어 놓으려 애썼다."고 말했다.

다양한 독일어 가운데 기초로 선택된 말은 작센 선거후령의 궁중 언어였으며 여기에 루터가 여행하면서 어느 정도 익숙하게 된 여러 방언을 곁들였다. 그가 적당한 말을 찾느라 치른 고통은 믿어지지 않을 정도다.

처음 번역은 루터의 성에 차지 않았다. 1522년 9월에 처음 출판되었지만, 그는 그것을 1546년 그가 죽던 날까지 수정하였다. 그가 마지막으로 들여다본 페이지는 최신 수정판 교정쇄의 한 부분이었다. 구약성경 번역은 바르트부르크에서 돌아온 다음 시작되었다. 전체 성경의 완역은 1534년에 가서야 이루어졌다. 이것 역시 동료들로 이루어진 위원회의 협력하에 계속 손질되고 보완되었다.

루터는 가끔 단번에 이루 말할 수 없이 적절한 번역을 해내곤 했다. 그렇지 않을 때는 죽을 고생을 치러야 했다. 그런 경우 그는 먼저 원전의 단어 순서에 따라 직역을 했다. 그 다음 단어 하나하나를 따로 뽑아서 그에 대한 비슷한 말을 있는 대로 늘어놓았다. 그런 후 그 의미에 가장 적합할 뿐 아니라 균형과 운율에 보탬이 되는 단어를 골랐다. 이런 후에도 의미가 통하게 하려면 이 모든 걸 제쳐 두고 의역을 해야 했을 것 같다. 마지막으로 직역과 의역이 하나로 합쳐졌다.

어떤 때는 용어가 없어서 단어 찾기 여행을 나서기도 했다. 요한계시록 21장에 나오는 보석의 이름을 명명하느라고 그는 작센 선거후의 궁중 보물을 뒤졌다. 성경의 화폐와 관련해서는 비텐베르크에 있는 고전(古錢) 수장품을 참고했다. 레위기의 제사 대목에서 염소와 수소의 내장에 대한 명칭이 필요하자 그는 연거푸 도살장을 찾으며 백정에게 물었다. 구약성경에 나오는 새들과 짐승들은 힘든 매듭이었다. 슈팔라틴에게 그는 이런 편지를 띄웠다.

> 부엉이, 까마귀, 수리부엉이, 황갈색올빼미, 비명올빼미와 같은 야금, 독수리, 솔개, 매, 새매 같은 맹금은 별로 문제가 되지 않아. 수사슴, 수노루, 영양 같은 것만 해도 괜찮지. 그런데 빌어먹을 트라겔라푸스, 피가르구스, 오리크스, 카멜로파르두스(라틴어역 불가타 성경에 나오는 동물의 이름들) 같은 건 다 뭐라지?

또 다른 문제는 숙어의 번역이었다. 여기에 대해서 루터는 한 언어의 숙어는 다른 언어의 비슷한 숙어로 번역되어야 한다는 주장을 폈다. 그는 라틴어역 불가타 성경의 "평안할지어다, 마리아여, 은혜가 가득 찬"(Ave Maria gratia plena, 영어로는 'Hail, Mary, full of grace' 이다)과 같은 식의 번역이 싫었다. "이걸 글자 그대로 옮겨 놓으면 어느 독일 사람이 알아들을 것인가? 금화가 가득 찬 지갑이라든지 맥주가 가득 찬 통 같은 건 이해가 가지만 은혜가 가득 찬 아가씨가 도대체 어떻단 말인가? 그보다는 차라리 '리베 마리아'(Liebe Maria, 독일어로 '경애하는 마리아' 또는 '사랑하는 마리아'를 의미하며, 영어로는 'Dear Mary'에 해당한다)라는 말이 더 낫다. '리베'(liebe, 독일어로 '사랑, 동정, 애착, 호의' 등을 의미하는 단어)라는 말보다 더 함축적인 말이 또 어디 있겠는가?"

이 말이 함축적인 말이라는 건 틀림없지만 거기에 담긴 의미는 정확히 '은혜를 받은' 이라는 말이 아니었다. 그러기에 루터는 그의 공식 번역본에서는 이 말을 사용하지 않았다. 이것이 번역자의 애로 사항이다. 번역자는 언제나 그 고장 특유의 토착어를 사용해야 하는가? 프랑스 사람이 백부장을 경찰관으로, 독일 사람이 총독을 시장으로 부른다면 팔레스타인이 서방으로 옮겨 온 셈이다.

바로 이것이 루터의 번역에서 어느 정도 허용된 일이다. 유대 지방이 작센에 옮겨 심어졌으며 여리고에서부터 예루살렘에 이르는 길은 튀링겐의 숲속에 그대로 놓였다. 뉘앙스와 표현의 변화를 통해 루터는 그 지역의 말로 생생하게 이해하게 만들었다. "한 시내가 있어 나뉘어 흘러 하나님의 성 곧 지존하신 이의 성소를 기쁘게 하도다."라는 대목을 읽으면서 그는 성벽과 탑으로 둘러싸인 중세의 도시와 그 주변으로 육중한 교각을 씻으며 지나가는 해자의 싱싱한 물결을 연상했다.

이런 대목에서 말이 해낼 수 없는 일은 그림이 보충해 주었다. 루터의 성경에는 그림이 아주 많았는데 특히 구약성경의 앞 부분과 신약성경의 요한계시록이 그랬다. 성경에서 이 부분에만 그림을 국한시키는 것은 독일에서 하나의 관습이었다. 복음서와 서신서는 시작하는 첫 글씨만 조그만 그림으로 장식되었다. 왜 그랬는지는 알 수 없다. 복음서에 그림을 넣는 데에 반대할 이유가 하나도 없었다. 뒤러(Albrecht Dürer)의 마리아의 생애나 그리스도의 수난에 관한 목판화집, 또는 숀가우어(Martin Schongauer)의 예수 탄생화들을 보면 이것을 알 수 있다.

마르틴 루터의 성경은 인습적인 제약이 허용하는 선에서 여러 가지 그림으로 장식되었다. 그의 일생 동안 여러 판이 나왔는데 거기에 나온 목판화만도 500개 정도였다. 그러한 그림들은 가장 훌륭한 예술 작품은 아니었지만 성경을 독일화하는 데 이바지했다. 모세와 다윗을 현인 프리드리히나 요한 프리드리히로 착각할 정도였다.

'천사와 씨름하는 야곱.' 루카스 크라나흐 作.

    루터 성경의 판이 거듭되면서 화가에 따라 그림이 달라지는 흥미로운 현상을 볼 수 있는데 특히 크라나흐(Lucas Cranach)에서 렘베르거(Georg Lemberger)에 이르는 발전이 그렇다. 여기서 우리는 르네상스에서 바로크로 넘어가는 변화를 느낄 수 있다. 야곱이 천사와 씨름하는 모습을 그린 그림을 각각 비교해 보라. 크라나흐의 그림에는 공간의 균형이 있고 배경도 그럴듯하다. 렘베르거의 그림에는 찡그림과 긴장이 어우러져 있는데 나무들까지도 이 씨름에 끼어들고 있다.

    불행하게도 요한계시록의 그림은 모두 그 시대를 반영하는 것이었다. 교황을 적그리스도로 보려는 유혹을 물리칠 수 없었다. 1522년 9월에 나온 신약성경의 첫 판에는 일곱 산 위에 앉아 있는 붉은 옷 입은 여자의 머리 위에 교황의 삼중관이 씌워져 있다. 무저갱에서 올라온 짐승은 수사의 옷을 걸치고 있다. 타락한 바벨론은 누가 보아도 로마다. 바티칸 궁전의 벨베데레 정원, 판테

'천사와 씨름하는 야곱.' 게오르크 렘베르거 作.

온 신전, 산탄젤로 성을 몰라볼 사람은 아무도 없었다. 게오르크 공작은 이러한 그림을 보고 어찌나 노발대발했던지 현인 프리드리히에게 편지를 띄울 정도였다.

그 결과 1522년 12월 판에서는 삼중관이 한 겹의 왕관으로 바뀌었다. 하지만 나머지 내용은 그대로 남아 있었다. 나머지 내용이 어느 정도로 눈에 띄지 않았는가 하면 루터의 적수인 엠저(Hieronymus Emser)까지도 자신의 성경에 크라나흐의 그림을 빌려다 넣을 정도였다. 1530년 판 신약성경에서 루터는 용의 입에서 나오는 개구리들이 자신의 적수인 파버(Johann Faber), 에크(Johann Eck), 엠저라는 주해를 달았다. 1534년, 현인 프리드리히가 죽은 다음에 나온 신구약 합본 완역판에서 목판화들이 최종 마무리되었는데 교황의 삼중관이 그대로 다시 그려졌다.

루터 성경 요한계시록에 나오는 음녀 바벨론에 관한 삽화. 판이 거듭되면서 세부 묘사가 달라진다. 1522년 9월 판에서는 음녀 바벨론이 교황의 삼중관을 쓰고 있다(좌측 화보). 교황의 삼중관 때문에 게오르크 공작이 현인 프리드리히에게 어찌나 강하게 항의했던지 1522년 12월 판에서는 결국 삼중관이 한 겹의 왕관으로 바뀌어 그려졌다(우측 화보).

1534년, 프리드리히가 죽은 다음에 출간된 판에서는 도로 삼중관이 등장하고 있다.

번역에서의 교리적인 문제들

　번역할 때 가장 어려운 일은 장면을 생생하게 만드는 것이 아니라 분위기와 사상을 포착하는 것이다. "번역은 아무나 몸에 익힐 수 있는 기술이 아니다." 번역에는 올바른 신앙의, 신실한, 근면한, 하나님을 경외하는, 숙달된, 실제적인 마음이 필요하다.

　루터는 번역에 명석한 두뇌가 필요함을 덧붙이지 않았지만, 그에게는 성경에 대한 사상이 있었다. 이 사상이 그가 한 일과 하지 않고 남겨 둔 일에 모두 영향을 미쳤다. 그는 사소하게 어긋난 점은 굳이 맞추려고 하지 않았는데 그 이유는 하찮은 잘못은 전혀 관심 밖이었기 때문이다. 어떤 때는 성경의 점 하나하나까지도 거룩한 것으로 말할 정도였으며, 또 어떤 때는 구약이 신약에서 인용되면서 생긴 잘못 같은 미미한 흠에 대해서는 경솔하다 싶을 정도로 무관심했다.

　그에게 있어서 성경은 엄격히 하나님의 말씀과 동일하지 않았다. 하나님의 말씀이란 '그리스도 안에서의 구속의 일'이다. 곧 그리스도 안에서 하나님께서 육신으로 모습을 드러내셨듯이 성경 안에서 구속의 일이 구체적으로 드러나는 것이다. 그리고 그리스도께서 성육신하셨을 때 인간의 특징을 박탈당하지 않으셨듯이 말씀의 매개인 성경에도 인간의 여러 약점이 빠져 있는 것이 아니다.

　따라서 루터는 선지자들의 글을 인용한 복음서의 내용을 구약의 본문에 뜯어 맞추려는 유혹을 조금도 받지 않았다. 마찬가지로 그는 '베드로의 부인'에 대한 여러 가지 예고를 부인 자체에 대한 여러 가지 설명과 조화시키려 하지도 않았다.

　그러나 교리적인 문제가 관련될 때는 상황이 달랐다. 루터는 의인은 율법의 행위가 아니라 믿음으로 살아야 한다는 바울의 메시지에 비추어 가며 신약성경을 읽었다. 이 교리가 신약 전체에서 똑같이 강조되고 있지 않으며 야고보서에서는 부정되는 것으로 보인다는 사실이 루터의 눈길을 끌었다.

그는 1522년 판 신약성경 머리말에서 야고보서를 '지푸라기 서신서'로 낙인 찍었다. 한번은 야고보와 바울을 조화시킬 수 있는 사람에게는 자기의 박사 모자를 주겠다는 말까지 했다.

하지만 그는 성경의 정경에서 야고보서를 빼지는 않았으며 때때로 조화를 시도함으로써 자기 스스로 그 모자를 쓰려 했다. 그는 "믿음은 살아 움직이는, 가만히 있지 못하는 것이다. 그것은 활동을 안 할 수 없다. 우리가 행위로 구원받는 것은 아니다. 그러나 행위가 전혀 없다면 그 믿음은 무언가 잘못되었음에 틀림없다."라고 썼다. 이것은 그저 야고보서를 바울 서신 기준으로 해석한 것이다.

그 결과 신약성경 안에서도 여러 가지 등급이 있다는 얘기가 나왔다. 루터는 요한복음을 제일로, 바울 서신과 베드로전서를 그 다음으로, 그 밖에 다른 복음서를 세 번째로, 그리고 히브리서, 야고보서, 유다서, 요한계시록은 종속적인 위치를 차지하는 것으로 보았다. 그는 요한계시록의 모호성 때문에 요한계시록을 신용하지 않았다. 그는 "계시란 모름지기 보여 주는 맛이 있어야지."라고 말했다.

이러한 여러 가지 전제가 그의 번역에 영향을 미쳤지만 정도는 아주 미약하다. 그럼에도 불구하고 지나치게 바울적인 색채가 여기저기서 드러난다. 그 유명한 보기는 루터가 '믿음으로 의롭다 하심을 받음'을 '오직 믿음으로만 의롭다 하심을 받음'으로 번역한 것이다. 어떻게 해서 이런 재량권을 행사하게 되었느냐는 비난을 받자 곧 그는 단어가 아니라 사상을 번역했으며 독일어에서는 '오직 -만'이 있어야 원문의 의미가 밝혀진다고 대답했다. 일생을 통해 수정 작업에서 손을 떼지 않은 그였지만 이 '오직'이라는 단어만은 포기하지 않았다.

또 어떤 때는 이보다 융통성을 보이기도 했다. 1522년에 그는 '율법의 행위로'라는 뜻의 헬라어를 '행위의 공로로'라는 뜻의 독일어로 번역했다. 1527년에는 여기에 직역을 집어넣었다. 이것이 그의 마음을 상하게 했음에 틀림없다. 그는 정직한 일꾼이었으며, 판을 거듭할수록 신약성경은 원전에 가깝게 수정되었다.

그러면서도 루터의 특유한 견해가 번역에 하나의 뉘앙스를 던져 주곤 했는데 이 경우 오역은 아니었다. 바울의 축복에 있어서, '모든 지각에 뛰어난 하나님의 평강'을 루터는 '모든 이성을 초월하는 평화'로 번역했다. 우리는 이것을 따질 수 없다. 그는 '모든 완전한 이해를 능가하는'과 같이 번역할 수도 있었지만 인간의 이성이 하늘의 높이를 이해하기에는 부족함을 절실하게 확신했기 때문에 여기서 그가 볼 수 있는 것은 자신이 가장 싫어하는 것에 대한 확증일 뿐이었다.

루터에게 신약이 바울의 책이라면, 구약은 그리스도인의 책이었다. 오직 유대인들의 의식법만 철폐되었을 뿐이었다. 도덕법은 아직도 가치가 있었는데 그 까닭은 그것이 자연법과 일치했기 때문이다. 그러나 윤리보다 더 중요한 것이 신학이었다. 구약은 구속의 드라마를 어렴풋이 보여 주고 있었다. 아담은 인간 타락의 본보기였다. 노아는 하나님의 노여움을 맛보았으며 아브라함은 믿음으로 구원받고 다윗은 참회를 보여 주었다. 선재하던 그리스도께서 구약 곳곳에서 일하고 계셨으며 여러 선지자들과 시편 저자의 입을 통해 말씀하고 계셨다.

루터 시대에 유행하던 구약에 대한 그리스도 중심의 해석을 두드러지게 보여 주는 보기는 그의 성경 그림에서 찾아볼 수 있다. 수백 가지의 목판화 가운데 예수 탄생화가 그것이다. 이 그림을 우리 같으면 복음서에서 찾겠지만 에스겔서의 첫 페이지에 나와 있다. 구약성경을 이런 식으로 읽었기에 루터는 기독론적인 의미의 그림자를 잘 피할 수 없었다. '여호와의 인자하심'은 '은혜'로,

'이스라엘의 구원자'는 '구주'로, '생명'은 '영원한 생명'으로 번역되었다. 바로 이런 이유로 바흐(Johann Sebastian Bach)는 시편 16편을 부활절 찬송으로 대할 수 있었다.

루터의 재량은 시편에 와서 극에 달했는데 그것은 그가 가장 마음 편하게 생각하던 곳이 바로 시편이었기 때문이다. 시편이야말로 그가 늘 통과하던 영적 갈등의 기록이었다. 그가 시련이라는 말을 즐겨 사용한 것을 배제할 수 없다. 시편 90편에서 영어 번역이 '은밀한 죄'로 얘기하는 것을 루터는 '깨닫지 못하는 죄'로 옮겼다. 그는 수도원에서 온갖 잘못을 다 떠올려서 그것을 고해하고 용서받으려 했지만 모두 허사로 돌아가고 말았던 일을 생각하고 있었다. "우리에게 우리 날 계수함을 가르치사 지혜로운 마음을 얻게 하소서."라는 대목이 루터에게 오면 아주 무뚝뚝하다. "우리가 죽음을 생각하고 현명한 사람이 되게 가르쳐 주소서."

루터는 어찌나 시편을 드나들었던지 시편의 질을 높여 놓았을 정도였다. 원전에서는 가끔 단락이 끊기고 의미가 항상 쉬워 보이지만은 않는다. 루터는 이것을 이해하기 쉽게 설명했다. 자신의 한밤중의 씨름을 대변하는 대목에 이르면 자유롭게 풀어 옮겼다. 시편 73편을 그 예로 들어 보자.

제 마음이 괴롭고 제 뼈들이 으스러집니다. 저는 아무것도 모르는 바보일 수밖에, 주 앞에 한 마리 짐승 같을 수밖에 없습니다. 그래도 저는 마냥 주께 매달리렵니다. 주께서는 오른손으로 저를 붙드시고 권고로 인도하십니다. 마침내 명예의 왕관을 씌워 주실 것입니다. 그것만 제게 있다면, 땅이고 하늘이고 달라고 조르지 않겠습니다. 몸과 영혼은 저를 실망시켜도 주께서는 영원히 하나님이십니다. 제 마음의 위로이십니다. 저의 분깃이십니다.

성경은 루터의 번역 그대로도 하나의 훌륭한 교육 도구였지만 더 필요한 게 있었다. 이것은 분명히 어린이들을 위한 것이었지만 무지하기는 마찬가지인 어른들을 위해서도 필요했다. 어린이들을 가르쳐야 할 곳은 교회, 학교, 가정 세 군데였으며 그러기 위해서는 목사, 교사, 부모가 먼저 훈련을 받아야 했다. 여기서 가톨릭 학교를 시립 학교로 바꿔 종교를 포함한 의무 교육 제도를 도입해야 한다는 루터의 주장이 나온다.

루터는 "성경을 이해하려면 언어를 꼭 알아야 한다."는 이론을 폈다. "그런데 이 언어를 배울 수 있는 곳은 학교뿐이다. 부모들은 자기 자녀들을 하루 종일 학교에 보낼 수 없다면 반나절이라도 보내야 한다. 장담하건대 독일 절반의 학교 학생수는 4,000을 넘지 못할 것이다. 지금부터 3년 후에는 어디서 목사와 교사들을 얻을 것인지 모르겠다."

요리 문답

하지만 목사, 교사, 부모의 훈련만 가지고는 충분하지 못했다. 그들에게는 또한 자녀들에게 맞는 종교 서적을 쥐어 주어야 했다. 중세의 요리 문답은 성인을 위한 것이었으므로 그것이 모델이 되지는 못했다. 인문주의자들이 먼저 시작했는데 『에라스무스의 대화』(Colloquies of Erasmus)가 그 본보기다. 보헤미아 형제단에게도 어린이용 질문 책자가 있었다. 그러나 그 자료는 너무 빈약했다. 청소년을 위한 종교 서적의 첫 번째 골격은 종교 개혁의 창작으로 보아도 과장이 아니다.

루터는 너무 바빠서 이 임무를 다른 사람들에게 맡기려 했으며 이들은 열심히 씨름했다. 그가 비텐베르크로 돌아와 자신의 요리 문답을 내기까지의 7년 동안, 그의 협조자들은 현대 재판으로 다섯 권에 해당하는 방대한 자료를 내놓았다.

대부분 이 자료는 조잡했으며 다음과 같은 식으로 요약되었다. "너는 나쁜 아이다. 너는 영원히 지옥에서 벌받아야 할 아이야. 그러나 하나님께서 네 대신 자신의 아들인 예수 그리스도를 처벌하셨지. 만일 네가 하나님을 존경하고, 사랑하고, 순종하면, 너는 용서받을 수 있어." 이 '만일'이라는 단어가 루터의 마음에 거슬렸다. 그건 고해 제도에서처럼 인간의 공로를 회복시켜 놓는 일이었다.

멜란히톤마저도 너무 도덕적이었다. 그의 교본은 신약성경의 윤리적인 부분에 이교 세계 현인들의 말을 엄청나게 묶어 놓은 것이었다. 어떤 요리 문답은 성경의 숨은 말과 겉으로 드러난 말을 싸움 붙였으며, 어떤 요리 문답은 심지어 성례를 영적인 것으로 처리하기까지 했다. 이제 루터 자신이 이 사명을 시도할 수밖에 없었다.

그는 1529년에 두 개의 요리 문답을 내놓았다. 하나는 성인용 대요리 문답으로서 부부 생활에 대한 항목이 너무 길어 청소년용으로는 적당하지 않았다. 다른 하나는 어린이용 소요리 문답이었다. 둘 다 다섯 가지 항목으로 이루어져 있었다. 곧 죄의 거울이 되는 십계명, 용서의 선포인 사도신경, 자비의 수용인 주기도문, 그리고 은혜의 채널인 세례와 성찬이 그것이었다.

대요리 문답의 경우 설명은 비교적 상세했으며 말씨는 때때로 논쟁적이었다. 오직 주님만 섬기라는 명령을 설명하면서 가톨릭의 성인 숭배를 꾸짖는가 하면 성례 항목에서는 과격파들을 비난하고 있다. 어린이를 위한 소요리 문답은 전혀 논쟁적이지 않으며, 흉내 낼 수 없이 독창적인 신앙 고백이다. 그리스도의 죽음 항목에서는 처벌의 대치가 아니라 모든 어둠의 세력에 대한 승리가 강조되었다.

나는 예수 그리스도……를 믿습니다. 그분은 버림받고 저주받은 나를 모든 죄와 죽음과 마귀의 권세로부터 구원하셨습니다. 금이나 은이 아니라 자신의 귀하고 거룩한 보혈과 죄 없이 당하신 고난과 죽음으로 그리하셨습니다. 그러므로 나는 그분께 속한 사람이며, 그분의 나라 안에서 살고, 그분이 죽은 자들로부터 일어나셔서 살아 계시고 영원히 다스리시는 것과 마찬가지로 영원한 의와 순결과 축복 속에서 그분을 섬깁니다.
이것은 참으로 진리입니다.

루터는 에라스무스의 『자유 의지에 관하여』(On the Freedom of the Will)를 반박하면서 쓴 책과 이 요리 문답을 빼놓고는 자기 작품이 모두 없어져도 상관없다는 얘기를 한 적이 있다.

이 요리 문답을 대충 읽고 내던질 하찮은 것으로 보지 말게. 박사인 나도 바로 어린아이처럼 아침마다 이걸 또박또박 읽어야 한다네. 그리고 시간이 있으면 주기도문과 십계명, 사도신경, 시편을 읽어야 한다네. 나는 날마다 이걸 읽고 또 읽어도 원하는 만큼의 수준에 이르지 못하거든.
그런데 이 영리한 양반들은 한 번 훌쩍 읽고서 박사들의 박사가 되려 한단 말씀이야. 그러니 나는 그들이 그들 생각처럼 현명한 박사들이 아니라는 점을 설득시켜 드려야 할 참일세.
하나님의 말씀에 몰두하다 보면 세상, 육신, 마귀 그리고 모든 못된 생각을 이기는 데 도움이 되지. 이것이야말로 마귀를 내쫓아 버리는 참된 성수(聖水)일세.

루터의 의도는 이 요리 문답을 교회에서 설교의 기초로 삼도록 하는 것이었지만 특히 가정에서 그렇게 사용하기를 바랐다. 한 가정의 아버지는 최소한 일주일에 한 번은 자녀들과 하인들의 상태를 점검해야 옳았다. 자녀들이 배우려 하지 않을 땐 밥을 주지 말아야 했다. 하인들이 거절할 경우에는 해고시켜야 했다.

"전능하사 천지를 만드신 하나님 아버지."

"이름이 거룩히 여김을 받으시오며."

"안식일을 기억하여 거룩히 지키라."

"네 이웃의 아내를 탐내지 말라"(본문에서는 이 목판화에 "간음하지 말라."라는 계명을 연관 짓고 있다―편집자 주).

이 요리 문답은 각 항목에 적절한 성경의 일화가 목판화로 재미있게 묘사되어 있었다. "전능하사 천지를 만드신 하나님 아버지를 내가 믿사오며"라는 대목에는 자연스럽게 창조의 장면이 따랐다. "이름이 거룩히 여김을 받으시오며"에는 설교하는 장면이 곁들여져 있었다. "안식일을 기억하여 거룩히 지키라."라는 대목에서는 교회 안에 모인 독실한 그룹과 산에서 나무를 하는 사람이 대조되었다. 하지만 루터는 결코 엄격한 안식일주의자는 아니었으며 그가 이 그림들을 고른 것은 우연한 일이 아니었다. "간음하지 말라."라는 계명에 따르는 목판화는 아주 온건하다. 곧 하프를 타고 있던 다윗이 발을 씻는 밧세바의 모습을 보고 유혹을 받는다. 루터는 요리 문답 시간이 끝날 때는 시편이나 찬송가를 부르라고 제안했다.

예배

루터가 또 하나 훌륭하게 기여한 것은 공적인 예배 부문이다. 그는 이것을 처음에는 순수성을 도모하기 위해서, 다음에는 교육의 한 매개로서 수정했다. 아직 바르트부르크에 머물고 있을 때 그는 전례에 몇 가지 변화가 필요함을 깨닫고 카를슈타트의 첫 번 시도에 박수갈채를 보냈다. 하지만 루터 자신은 그러한 문제에 있어서 아주 보수적이었으며 소중한 미사를 될 수 있는 대로 적게 바꾸고 싶어했다. 핵심은 인간의 공로에 대한 모든 구실을 제거해야 한다는 데 있었다.

루터는 1523년에 복음 교리에 필수적인 최소한의 수정을 시도했다. 그의 『미사 형식』(*Formula Missae*)은 라틴어로 쓰였다. 미사 전문(典文)은 사라져 버렸는데 그 이유는 거기에 희생제사에 대한 얘기가 나오기 때문이다. 루터는 초대 교회에서 성찬을 하나님께 감사드리고 그리스도를 통해서 하나님과 그리고 서로가 교제하는 하나의 행동으로 강조하던 점을 회복시켰다. 맨 처음 루터교의 미사는 오로지 참된 그리스도인들이 찬양과 기도에 참여하고 그리하여 그들의 속사람이 힘을 입는 예배의 한 행동이었다.

  그러나 곧 이어서 루터는 많은 사람을 상대로 하는 예배의 행동은 거기에 설명이 따르지 않으면 안 된다는 점을 깨닫게 되었다. 교회는 지역 사회를 포괄하였으므로 그 회중이 비텐베르크의 읍민과 주변 촌락의 농부들로 이루어져 있었다. 이 농민들이 루터의 라틴어 미사 수정판을 얼마나 이해할 수 있었겠는가? 물론 그들은 빵뿐 아니라 포도주까지도 그들에게 허락되는 것을 변화로 받아들였을 것이요 들리지 않게 읊조리는 부분이 어딘지 모르게 없어졌다는 것도 알아차렸을 것이다. 그러나 미사가 여전히 외국어로 진행되었던 만큼 그들이 희생제사의 개념이 사라졌다는 점을 파악하기는 불가능했다. 그러므로 이 미사는 독일어로 진행되지 않으면 안 되었다.

  이것을 루터보다 먼저 뼈저리게 느낀 사람들이 있었다. 뮌처는 독일어 미사를 준비해서 사용했다. 루터는 이것이 뮌처의 작품이라는 것을 깨닫기 전까지는 무척 좋아했다.

  점점 루터는 자신이 이 수정 작업을 몸소 시도하지 않으면 안 되겠다는 결론을 내렸다. 1526년 그는 『독일어 미사』(The German Mass)를 내놓았다.

  모든 것이 독일어였고 '주여, 불쌍히 여기소서.' (Kyrie eleison)라는 응답만 헬라어였다. 그러나 이러한 변화에도 불구하고 중요한 뼈대는 그대로 남아 있었다. 1536년 스위스에서 온 한 방문객이 있었다. 보다 단순한 의식에 익숙해 있던 그는 루터교 신자들이 교황 제도의 요소를 많이 안고 있는 것처럼 느꼈다.

  무릎 꿇기, 제의(祭衣)들, 제대를 향해 절하기, 서로 마주 보고 있는 독서대와 설교대가 그랬다. 빵과 포도주를 들어 올리는 것마저도 1542년까지 계속되었다. 루터에게는 이런 문제가 별로 중요하지 않았다. 그는 옛날의 형식주의에 또 다른 형식주의를 대치시키고 싶지 않았으며 예전 문제에 있어서는 아주 넓은 자유와 변화를 허용했다. 핵심은 라틴어 미사에서처럼 독일어 미사에서도 미사 전문 대목이 사라진 것이었다. 그 자리에는 성찬을 받으라는 간단한 권면이 들어섰다.

그러나 이 예배의 전체적인 흐름은 두 가지 면에서 바뀌어 있었다. 곧 성경 말씀과 교훈이 더 많아졌다. 미사 전문이 사라지고 복음서와 서신서가 더 중요한 자리를 차지했으며 성찬 제정사는 독일어로 베풀어졌고 설교가 더 큰 몫을 차지했다. 광고가 설교만큼 긴 경우도 드물지 않았다. 이렇게 해서 교회는 기도와 찬송의 집일 뿐 아니라 하나의 강의실이 되었다.

음악

전례에 있어서 가장 큰 변화는 음악이었다. 특히 사제가 단조로운 목소리로 읊는 성가, 성가대의 합창, 회중이 부르는 찬송이 그러했다. 루터는 이 셋을 모두 수정하려고 했다. 그것을 실시하지는 못한다 해도 최소한 방향을 제시하고 영감을 줄 자질은 그에게도 있었다. 그는 류트를 탈 줄 알았고 노래도 불렀다. 물론 자신의 자작곡 솜씨가 재치 있다고는 보지 않았다. 현대 전문가들은 그의 찬송가에 담겨 있는 곡 가운데 정확히 몇 곡이 그의 자작곡인가 하는 점에 대해서 의견이 분분하다. 물론 그도 간단한 가락은 작곡하고 화음을 붙이고 편곡했다. 무엇보다도 그는 음악에 대한 열성이 대단한 사람이었기에 고무시키고 격려하는 데 큰 도움이 되었다. 그는 이렇게 말했다.

> 음악은 하나님의 훌륭하고 아름다운 선물이다. 이것을 통해서 나는 종종 깨우침을 받고 감동을 받아 즐겁게 설교하곤 한다. 성 아우구스티누스는 자기도 모르게 음악에 도취했다가 그게 죄 된 것이라는 생각이 들 때는 양심이 괴로워 못 견뎌 했다. 그는 탁월한 영혼의 소유자였으므로 오늘날 살아 있었다면 우리와 같은 생각을 했을 것이다.
> 음악을 무시하는 괴짜들은 신경 쓸 것 없다. 음악은 하나님의 선물이다. 음악은 마귀를 쫓아내며 사람들을 흥겹게 해준다. 곧 사람들은 음악으로 모든 노여움, 음탕함, 오만 같은 것을 잊는다.

신학 다음으로 내가 가장 높이 평가하는 것이 음악이다. 음악에 대해서 아는 게 별로 없긴 하지만 이것을 어느 무엇과도 바꾸지 않겠다. 체험을 통해서 하나님의 말씀 다음으로 오직 음악만이 인간 감정의 아내이며 가정 교사라고 극찬할 가치가 있다는 것이 입증되고 있다. 우리가 아는 대로 마귀들에게는 음악이 성가시고 견디기 힘든 것이다. 음악을 듣고 있노라면 내 마음은 부풀어 오르고 넘쳐흐른다. 음악이 비참한 역경에서 힘을 주고 건져 준 적이 그 몇 번이었던가.

뒤러와 루터가 개혁을 위해 손을 잡았을 때 한 사람은 늙었고 한 사람은 젊었다는 사실이, 어쩌면 독일의 루터교에 있어서 회화 예술이 기울고 음악적인 믿음의 표현을 선호하는 경향이 일어난 이유를 어느 정도 설명해 줄 수 있을지도 모르겠다.

전례에 있어서 먼저 손을 대야 할 음악적인 부분은 사제가 단조로운 목소리로 읊는 부분으로서, 여기에는 서신서와 복음서도 포함되었다. 루터가 성경의 단어 하나하나를 분명히 들리게 하고 이해시키는 데 그처럼 열성적이었다는 점을 생각하면 그가 왜 음악을 완전히 중단하고 자연스런 목소리만 놔두지 않았는가 하는 궁금증이 생길 수도 있다.

여기에 대한 대답은 건축학적인 구조에서 찾을 수 있다. 당시 건물의 구조는 말하는 말보다는 노래하는 말에 더 어울리도록 되어 있었다. 그러나 루터는 온갖 수단을 다 동원해서 그 의미를 전달하려 했다. 한 음절에는 오직 하나의 음만 사용해야 했으며 오르간 반주로 말소리가 흐려져서는 안 되었다. 복음서의 본문과 십자가 위에서의 일곱 마디 말씀은 사복음서 전체의 것을 뒤섞지 말아야 했다. 바흐가 왜 '마태 수난곡'(St. Matthew's Passion)을 썼는가 하는 점은 루터교의 전통으로만 설명된다. 그 의미는 한 걸음 더 나아가 극적인 색채로 강조되어야 했다. 서신서와 복음서에 대한 그레고리오 성가는 단음이었으며 끝에 가서만 음성이 낮아졌다.

  루터는 복음서 기자의 설명, 그리스도의 말씀, 사도들의 말에 각각 다른 음역을 끌어들였다. 중간 음역을 그가 높이 잡은 것은 그의 음성이 테너였기 때문이다. 그러나 그는 자신은 하나의 제안을 하는 것에 지나지 않으며 집례자에 따라서 자신의 전례 음역에 맞는 곡을 찾고 그것을 채택해야 한다고 설명했다.

  그리고 선법(旋法)도 달라져야 했다. 그리스도께서는 명랑하셨기 때문에 복음서에는 제6선법을 사용해야 하고, 바울은 좀 우울한 사람이었기 때문에 제8선법을 사용해야 했다. 이러한 용어에 대해서는 한마디 설명이 필요하다. 오늘날은 조(調)가 많지만 음계는 장음계와 단음계 둘뿐이다. 모든 조의 음정은 다(C)조의 음정이요 조를 바꿀 때는 임시표가 사용된다. 16세기에는 여덟 개의 선법이 유행이었으며 선법마다 음정이 달랐다. 옥타브의 각 음은 임시표 없이 시작되고 높아졌다. 루터가 독일어 성경의 산문을 위한 곡에 대해서 이처럼 주의를 기울인 결과 오라토리오의 길이 열리게 되었다.

  이러한 사명을 완수하는 데 있어서 그가 어느 정도의 도움을 받았는지는 그의 협력자 발터(Johann Walther)의 설명에 잘 나타나 있다. 발터는 이렇게 썼다.

> 40년 전 루터는 자신의 독일어 미사를 준비하기 위해 작센의 선거후와 그의 동생 불변공 요한에게 부탁하여 콘라트 루프(Konrad Rupff)와 나를 비텐베르크로 부르고 여덟 개의 그레고리오 시편송 선법의 성격과 음악에 대한 토론을 벌였다.
>
> 그는 서신서와 복음서 그리고 그리스도의 참된 몸과 피의 성찬 제정사에 대한 곡을 준비했다. 그는 그 노래를 부르고 나서 그의 노력에 대해 의견을 말해 달라고 했다. 나는 많은 시간을 그와 함께 노래하면서 유쾌하게 보냈다. 아무리 노래해도 그는 진력이 나지 않는 눈치였다. 그뿐 아니라 그는 음악에 대해서 언제나 달변을 늘어놓을 수 있었다.

다음으로 수정해야 할 요소는 성가대의 합창곡이었다. 여기에는 네덜란드의 대위법적인 다성(多聲) 종교 음악이 훌륭하게 사용될 수 있었다. 루터는 이것을 참 좋아했다. 그레고리오 성가의 멜로디를 기본으로 삼았으며 거기에 셋 내지는 넷 또는 그 이상의 음이 정교한 장식음과 함께 대위법적으로 교대되었다. 루터는 1538년에 발표된 라우(Georg Rhau)의 작품집 서문에서 음악에 대한 찬사를 한 문단에 집약시켜 표현했다. 네덜란드의 다성 합창곡에 대한 더없이 적절한 묘사가 여기에 담겨 있다.

음악이라는 자유로운 예술을 사랑하는 모든 사람에게 마르틴 루터 박사는 하나님 아버지와 우리 주 예수 그리스도의 은혜와 평안을 기원합니다.
음악이라는 고귀한 예술을 하나님께서 선물로 주셨는데 이걸 온 마음을 다해 극찬하고 싶어도 어디서부터 시작하고 어디서 끝맺어야 할지 모르겠군요. 이 세상에는 각자의 음이 없는 게 하나도 없습니다. 눈에 보이지 않는 공기라도 지팡이로 후려치면 노래를 부릅니다. 짐승들과 새들의 노래는 한층 더 신비롭습니다. 다윗은 음악가로서 새들의 노래를 두고 경탄과 기쁨을 감추지 못했습니다. 그렇다면 그 어느 것과도 견줄 수 없는 사람의 목소리에 대해서는 무슨 말을 해야겠습니까? 이교도 철인들은 사람의 혀가 어떻게 말과 노래, 웃음과 탄식으로 마음의 생각을 표현할 수 있는가를 설명하려 했지만 허사로 끝나고 말았습니다.
음악은 하나님의 말씀 다음으로 높이 평가해야 마땅합니다. 그건 이 음악으로 모든 감정이 동요하기 때문입니다. 이 세상에 그 어느 것도 슬픈 사람을 즐겁게 하고, 즐거운 사람을 슬프게 하고, 풀이 죽은 사람을 힘있게 하며, 거만한 자들을 누그러뜨리고, 도도한 사람을 겸손케 하며, 앙심 품은 사람을 달래는 데 있어서 이처럼 막강한 힘을 발휘하지 못합니다.
성령께서는 다윗이 수금을 타자 사울의 악한 영이 쫓겨났다는 말을 기록함으로써 음악에 찬사를 보내고 있습니다. 교부들은 음악이 언제나 교회 안에 있어야 한다고 강조했습니다. 바로 이런 이유로 노래와 시가 그렇게 많은 것입니다.

이 소중한 선물이 오직 인간들에게만 베풀어져 있는 것은 그들이 하나님을 찬양하고 높이도록 창조받았다는 점을 기억하게 하려는 뜻에서입니다. 자연스러운 음악을 잘 다듬어 놓으면 음악이라는 놀라운 하나님의 작품을 통해 그분의 위대하고 완벽한 지혜를 보고 경탄하기 마련입니다. 음악에 있어서 하나의 음성이 단순한 파트를 맡고 그 주위로 높고 낮은 셋, 넷, 다섯의 다른 음성이 뜀박질하고 깡충거리며 그 단순한 파트를 신비롭고 우아하게 만드는 것은, 마치 하늘에서 파트너에게 정중하게 허리 굽혀 인사하고 포옹한 후 두 손을 맞잡고 신나게 돌며 춤추는 스퀘어 댄스를 추는 것이나 다름없습니다.

이걸 주님의 이루 말할 수 없는 기적으로 보지 못하는 사람은 정말이지 얼간이요 사람 취급을 받을 자격이 없습니다.

루터에 의하면, 적어도 음악의 장점은 논쟁적이지 않다는 데 있다. 그는 음악에 있어서만은 한 번도 다툰 일이 없었다. 네덜란드의 훌륭한 다성 합창곡은 가톨릭적이었지만 루터는 그 이유 때문에 그 노래를 사랑하지 않거나 거기서 손을 떼지 않았다.

그리고 바이에른의 공작들이 어찌나 포악한 원수들이었던지 그에게서 편지를 받는 지역 주민은 누구든지 위험한 처지에 놓일 정도였지만, 그는 개의치 않고 바이에른의 작곡가 젠플(Ludwig Senfl)에게 편지를 띄웠다. "음악에 대한 사랑 때문에 이 편지를 쓰지만 이로 인해 귀하가 조금이라도 위험에 처하게 되는 일은 없기를 바랍니다. 예술을 사랑하고 예술가를 칭송하는 사람을 비난하는 이가 어디 투르크엔들 없겠습니까? 아무튼 바이에른 공작들이야 나를 싫어하지만 내가 그들을 칭송하며 누구보다 존경하는 건 그들이 음악을 가꾸고 높이기 때문입니다." 에라스무스가 정치 세계 안에서 유럽의 통일을 유지해 보려고 노력했다면 루터는 이 통일을 음악의 세계 안에서 보존했다.

대위법적인 다성 합창곡에는 합창단이 필요했다. 루터의 훈련받은 합창대에 대한 노력은 아주 억척스러웠다. 게오르크 공작의 선창자(cantor, 성가의 독창부를 부르는 사람으로 중세 시대에는 성당의 음악 담당 관리 내지는 교회 음악 학교의 교장을 가리키기도 했다)이자 라이프치히 논쟁 때 12파트의 성가대 지휘자였던 게오르크 라우를 비텐베르크로 데려와 궁중 합창단의 선창자와 교회의 지휘자로 일하게 했다. 독일 제후들이 후원한 합창단은 거기서 훈련받은 가수가 많이 나왔다는 점에서 주목할 만하다.

요한 프리드리히가 현인 프리드리히의 너그러움으로 오래 지속되던 합창단을 해체했을 때 루터의 슬픔은 컸다. 이걸 보상하는 뜻에서 합창단이 여러 도시에서 생겼으며 무엇보다도 어린이들은 학교에서 철저한 훈련을 받았다.

루터와 멜란히톤을 찬양하는 노래.

맨 마지막의 그리고 가장 큰 개혁은 회중의 노래였다. 중세의 전례는 거의 전부가 집례자와 성가대에게 국한되어 있었다. 회중이 자국어로 응답하는 부분은 참 적었다. 루터는 회중 노래의 아버지로 불릴 정도로 이 요소를 발전시켰다. 그의 만인제사장설이 가장 구체적으로 실현된 부분이 바로 이 대목이었다. 이곳이 바로 루터교가 철저하게 민주적인 단 한 가지 대목이다. 모든 사람이 노래를 불렀다. 전례의 부분 부분이 찬송으로 바뀌었는데 사도신경과 '거룩하시도다'(Sanctus)도 마찬가지였다. 회중은 이제 "나는 믿습니다."가 아니라 "우리는 한 분 하나님을 믿습니다."라고 노래했다. 회중은 선지자 이사야가 어떻게 높이 들린 보좌에 앉으신 주님을 뵙고 스랍 천사들의 "거룩하다, 거룩하다, 거룩하다." 하는 화답 소리를 들었는지를 직접 노래했다.

찬송가

그리고 1524년 루터는 23곡의 찬송이 담긴 찬송가를 하나 내놓았다. 그가 작사자였으며 어떤 것은 스스로 작곡하기도 했다. 그 가운데 12곡은 라틴어 찬송가를 자유롭게 풀어 놓은 것이었다. 여섯 곡은 시편을 운문으로 다듬어 놓은 것이었다. 고뇌와 구원에 대한 체험이 있기에 그는 시편을 개인적인 감정을 넣어 자유롭게 번역할 수 있었다. '깊은 곳에서'는 '무시무시한 곤경에서'가 되었다.

저 유명한 종교 개혁의 군가, '내 주는 강한 성이요'(A Mighty Fortress)는 나중에 나온 찬송가에만 들어 있다. 루터의 가사와 곡, 무엇보다도 루터의 종교적 성격의 요약이 바로 여기에 나타나 있다. 이 찬송가는 라틴어역 불가타 성경의 시편 46편에 기초한 것이다. 루터는 개인적인 신앙 생활에 있어서는 라틴어를 계속 사용했다. 라틴어는 곧 그를 키워 온 언어였다. 히브리어로는 이 시편의 시작이 "하나님은 우리의 피난처시요"로 되어 있지만 라틴어로는 "우리의 하나님은 피난처시요"이다. 이와 비슷하게 루터는 "내 주는 강한 성이요"라고 번역했다.

루터 찬송가의 한 페이지.

비록 이 찬송의 기초는 시편 46편이지만 아주 자유롭게 다뤄지고 있으며 거기에는 바울 서신과 요한계시록의 흔적이 많이 담겨 있다. 공들여 채석한 울퉁불퉁한 석재(石材) 같은 단어들이 웅장한 음과 어울려 하늘의 무수한 군대의 행진곡이 되고 있다. 만군의 주 하나님께서 음흉한 흑암의 왕을 후려치고 순교한 성도들의 원한을 풀어 주시는 대목에 이르면 이 찬송가는 높은 음이 되면서 우주적인 대결의 긴장을 보여 준다.

루터파 사람들은 노래를 배웠다. 주 중에 전체 회중의 노래 연습 시간이 주어졌으며 가정에서도 요리 문답이 끝난 뒤 가족끼리 노래하도록 권고되었다. 한 예수회 수사의 증거처럼 "루터의 설교보다는 그의 찬송가로 죽은 사람이 더 많았다." 이 노래가 어떻게 일반 사람들에게 전달되었는지는 마크데부르크 시의 한 연대기에 잘 나타나 있다.

부활절과 오순절 사이에 있는 세례 요한 축일이었다. 옷감을 짜서 내다 파는 한 노인이 성문을 통해 오토 황제(Otto I)의 동상 앞으로 다가섰다. 거기서 그는 사람들에게 노래를 부르면서 찬송가를 사라고 내놓았다. 이른 아침 미사에서 돌아오다가 모여든 무리를 본 시장이 하인에게 무슨 일이냐고 물었다. 그는 "저기 한 늙은 불한당이 있는데요. 그 자가 노래를 부르면서 이단자 루터의 찬송가를 팔고 있습니다."라고 대답했다. 그러자 시장은 그 노인을 체포해서 감옥에 넣었다. 그러나 200명의 시민이 중재에 나선 바람에 그는 풀려났다.

이 노인이 마크데부르크 시가지를 누비며 부른 찬송들 가운데는 루터의 '깊은 곤경에서' (Aus tiefer Not)가 있었다.

깊은 곤경에서 주께 부르짖나이다.
오, 하나님이여, 제 소원을 들으소서.
제 걱정을 귀담아들으소서.
오, 아버지여, 제게 가까이 오소서.
제가 저지른 잘못과 악
그것만 보시는 주님이시라면
어찌 감히 주 앞에 서리오?

주께 넘치는 것은 말로 다 할 수 없는 은혜뿐
언제라도 용서하는 은혜라.
제아무리 선한 삶으로도
주의 얼굴을 뵐 수 없는 우리들.
자랑하며 다가설 사람 어디 있으리.
살아 있는 것 모두가 벌벌 떠니
그들을 구원할 수 있는 것은 주의 은혜뿐이라.
그러므로 나 하나님만 신뢰하고
내 주장 버리네.
그분만 믿어야 하는 나
그분의 은혜만을 신뢰하겠네.
주의 약속의 말 내게 있으라.
내 들은 말 나의 위로라.
나 그 말씀 영원히 붙잡으리.

제20장 교회의 목회자
명설교자이자 탁월한 강사요 능력 있는 기도의 사람으로 살다

성경 번역, 요리 문답 작성, 전례 개혁, 찬송가 창작에 골고루 걸출했던 루터는 설교대에서 외치는 설교, 강의실에서 하는 강의, 다락방에서 올리는 기도에도 마찬가지로 뛰어났다. 그의 다재다능함은 정말 놀랍다. 그의 시대에 그와 견줄 수 있는 사람은 아무도 없었다. 설교가 중심이 된 것은 종교 개혁 덕분이다. 설교대는 제단보다 더 높았다. 그것은 구원이란 말씀을 통해서 오는데 전파되지 않는 말씀은 곧 죽은 말씀이라는 루터의 주장 때문이었다.

성경 번역, 요리 문답 작성, 전례 개혁, 찬송가 창작에 골고루 걸출했던 루터는 설교대에서 외치는 설교, 강의실에서 하는 강의, 다락방에서 올리는 기도에도 마찬가지로 뛰어났다. 그의 다재다능함은 정말 놀랍다. 그의 시대에 그와 견줄 수 있는 사람은 아무도 없었다.

설교

설교가 중심이 된 것은 종교 개혁 덕분이다. 설교대는 제단보다 더 높았다. 그것은 구원이란 말씀을 통해서 오고 이 말씀 없이는 빵과 포도주에 성례적 특성이 없는데 전파되지 않는 말씀은 곧 죽은 말씀이라는 루터의 주장 때문이었다.

이것은 설교가 종교 개혁 때 고안되었다는 이야기는 아니다. 루터가 태어나기 100년 전, 베스트팔렌 지역만 해도 1만 편의 설교가 인쇄되어 있었다. 남아 있는 것은 라틴어 인쇄물밖에 없지만, 그 설교는 독일어로 전달되었다. 그러나 설교가 높임을 받은 것은 종교 개혁 덕분이었다.

앞 장에서 설명한 모든 교육 장치가 최고의 효용성을 발휘하는 곳은 바로 설교대였다. 비텐베르크의 개혁자들이 폭넓은 종교 교육 운동을 벌인 것도 이 설교를 통해서였다.

일요일 하루에도 공식 예배가 세 번 있었다. 아침 다섯 시에서 여섯 시까지는 바울 서신을 중심으로, 아홉 시에서 열 시까지는 복음서를 중심으로, 오후에는 편리한 시간에 오전의 주제나 요리 문답을 중심으로 예배를 드렸다. 주중이라도 교회에 열쇠가 채워지지 않았다. 월요일과 화요일에는 요리 문답, 수요일에는 마태복음, 목요일과 금요일에는 사도들의 서신, 토요일 밤에는 요한복음을 가르쳤다.

어느 한 사람이 이 전체 짐을 지지는 않았다. 한 그룹의 성직자들이 이 일을 함께 했다. 그러나 그 가운데 천재적인 소질을 가진 사람은 루터였다. 그는 가정 예배를 포함해서 일요일에 네 번 설교하는 경우가 많았으며 분기별로는 한 주간에 나흘씩 두 주에 걸쳐서 요리 문답을 가르쳤다.

남아 있는 그의 설교는 모두 2,300편 정도이다. 가장 많았던 해는 1528년인데, 145일 동안 195번의 설교를 한 것으로 나타나 있다.

복음주의 예배와 가톨릭 예배. 왼편의 복음주의 예배 장면을 보면 독실한 청중들이 설교를 경청하면서 참회의 모습을 보이고 있다. 강단 밑의 소녀는 성경을 읽는 듯하다. 오른편의 가톨릭 예배 장면을 보면 사람들이 가벼운 표정으로 묵주를 굴리고 있다. 중앙의 기둥 뒤에서는 한 남자가 서서 양쪽 편을 가리키고 있다.

그가 설교대에서 탁월한 이유는 그의 설교 직분에 대한 열성에서 찾을 수 있다. 목회자의 사명은 말씀을 강론하는 것이다. 인생의 상처에 대한 치료와 영원한 행복의 향유를 찾을 수 있는 곳은 이 말씀의 강론뿐이다. 설교자는 날마다 양떼에 대한 관심 때문에 죽어야지 그렇지 않으면 자기 양떼를 곁길로 인도하고 만다.

가끔 루터는 이 설교대에서 제사장과 레위인처럼 자신도 그냥 지나치고픈 마음에 사로잡힐 때가 있다고 실토했다. 그러나 루터는 어느 낙심한 설교자에게 준 충고를 한사코 자신에게 되풀이했다. 한번은 한 설교자가 설교란 하나의 짐이요 자신의 설교는 항상 짧으니 이걸 그만두고 전에 하던 직업이나 계속해야 할 것 같다는 불평을 털어놓았다. 그때 루터는 이렇게 말했다.

만약 베드로와 바울이 여기 있다면 자네가 당장 그들처럼 능숙하게 되고 싶어하는 걸 두고 꾸짖을 걸세. 사람이 걸을 수 없을 때는 기어 다니는 것만도 다행이지. 최선을 다하게. 한 시간 동안 설교할 수 없거든 30분만 하든지, 그것도 못하겠거든 15분만 하게나.

제발 다른 사람을 흉내 내려 하지 말게. 문제의 핵심을 짤막하고 간단하게 얘기하고 나머지는 하나님께 맡겨요. 오직 그분의 영광만 바라보고 박수갈채는 바라지 말고 하나님께서 자네에게는 입을, 듣는 사람에게는 귀를 주실 것을 기도하게나.

사실 설교는 사람의 일이 아닐세. 내 나이도 많고(이때 그는 48세였다) 경험도 적지 않지만 설교할 때마다 두려운 건 마찬가지지.

세 가지 사실이 가장 확실하다고 얘기할 수 있겠네. 첫째, 있는 재주 없는 재주 다 부려서 설교 준비를 부지런히 했는데도 마치 물이 손가락 사이로 빠져나가듯이 허탕을 치고 마는 경우가 있지. 둘째, 자네가 준비한 초안을 내팽개쳤는데 하나님께서는 자네에게 은혜를 주시는 거야. 이때 자네는 아주 훌륭한 설교를 하고 청중은 흐뭇해하지. 그러나 자네는 성이 차지 않을 걸세. 셋째, 자네가 아무것도 준비할 수 없었는데 듣는 사람이나 자네가 모두 만족해하는 경우가 있어요. 그러니 하나님께 기도하고 모든 걸 그분께 맡기도록 하게.

루터의 설교는 기독교 교회력과 각 주일에 맞도록 오래전부터 정해진 가르침에 따라 순서가 짜여졌다. 이 분야는 혁신하지 않았다. 그는 보통 오전 아홉 시 예배에 설교했으므로 그의 설교는 좋아하던 바울 서신이 아니라 주로 복음서에 대한 것이었다. 본문이 "오직 의인은 믿음으로 말미암아 살리라."라는 바울의 말이 아니더라도 그는 얼마든지 동일한 요점을 복음서의 중풍병 환자의 경우에서 찾아낼 수 있었다. 곧 이 중풍병 환자는 자신의 병이 치료되기 전에 먼저 죄의 용서를 받았다.

해마다 루터는 강림절, 크리스마스, 주현절, 사순절, 부활절, 오순절 같은 큰 절기 때면 동일한 본문을 가지고 설교했다. 그가 30년을 두고 한 가지 주제에 대해서 설교한 내용을 살펴보면 해마다 뭔가 새로운 면을 보여 주는 싱싱한 맛에 놀라지 않을 수 없다. 이번에는 별로 신통한 게 없구나 하는 생각이 드는 순간 눈을 번뜩이게 하는 내용이 드러나곤 한다.

유다가 예수님을 배신한 행적을 실례로 들어 보자. 유다가 은 30냥을 가지고 와서 "내가 무죄한 피를 팔고 죄를 범하였도다."라는 말을 하자 "그것이 우리에게 무슨 상관이냐." 하고 제사장이 대꾸한다. 이에 대해 루터는 이 세상에 배신자의 고독처럼 견디기 어려운 것도 없다고 토를 단다. 그 이유는 배신자의 공모자들조차도 동정하지 않기 때문이다.

설교의 주제는 하나님의 숭고함에서부터 돼지의 게걸스러움에 이르기까지 다양하다. 맺음말은 앞뒤가 맞지 않는 경우가 많았는데 그 까닭은 설교 다음에 광고가 있었기 때문이다. 이 광고 시간만 해도 설교 시간과 맞먹는 경우가 잦았는데 그건 다음주에 있을 모든 일을 설명하면서 거기에 맞는, 어쩌면 맞지 않는 권면과 혹평을 곁들였기 때문일 것이다. 설교와 광고의 몇 가지 예를 살펴보자.

첫 번째 보기는 그가 어떻게 설교에서 직접 광고로 넘어가고 있는가를 보여준다. 이 설교에서 언급된 재정적인 어려움은 제후의 간섭에도 불구하고 해결되지 않았으며 이에 따라 회중은 각각 4펜스씩 내라는 독촉을 받고 있다. 루터는 개인적으로는 대학 교수로서 제후에게 월급을 받고 있기 때문에 상관이 없다는 점을 밝힌다. 1528년 11월 8일의 설교는 자기 종을 용서한 주인에 관한 것이었다. 다음에 나오는 발췌문은 물론 아주 간략하게 간추린 것이다.

> 이 주인은 하나님 나라의 한 모형입니다. 이 종이 용서받은 것은 그가 자기 동료 종을 용서했기 때문이 아닙니다. 그 반대입니다. 곧 그는 자기 동료에게 어떤 일을 하기 전에 용서를 받았습니다. 여기서 용서에는 두 가지가 있다는 것을 알 수 있죠. 그 첫째는 우리가 하나님으로부터 받는 용서요, 둘째는 우리가 이 땅에 사는 어느 누구에게나 악의를 품지 않고 베푸는 용서입니다.
> 그러나 여기서 혼동하지 말아야 할 점이 있는데 그것은 공적 통치와 영적 통치입니다. 공적인 입장의 제후는 용서할 수도 없으며 그렇게 해서도 안 됩니다. 깨어지고 상한 마음을 다스리는 그리스도의 임무와 그의 임무는 다릅니다.
> 황제의 임무는 자신들의 죄를 인정하지도 않고 빈정대면서 뻣뻣하게 고개를 쳐드는 악당들을 다스리는 것입니다. 그러기에 황제는 평화가 아니라 피의 상징인 칼을 들고 다닙니다. 그러나 그리스도의 나라는 괴로워하는 양심을 위한 것입니다. 그리스도께서는 "내가 너희들에게 요구하는 것은 동전이 아니라 너희들이 이와 똑같은 일을 하는 것이다."라고 말씀하십니다. 그리고 이 비유에 나오는 주인도 종에게 수도원을 찾아가라고 얘기하

는 것이 아니라 동료들에게 똑같은 자비를 베풀어야 한다는 점을 일러 주고 있습니다.

그러나 여러분 비텐베르크 사람들에게 내가 할 얘기는 무엇일까요? 나는 여러분에게 차라리 작센의 법전을 설교하는 것이 나을 것 같습니다. 그 이유는 여러분이 여전히 고리대금, 강도질, 도둑질을 계속하면서 그리스도인이 되고 싶어하기 때문입니다.

이처럼 죄악에 깊이 빠진 사람들이 어떻게 용서받기를 기대할 수 있겠습니까? 여기에 반드시 필요한 것은 황제의 칼이지만 내 설교는 자신들의 죄를 뼈저리게 느끼고 견딜 수 없어 하는 상한 마음의 사람들을 위한 것입니다.

이번 주간은 교회 헌금 주간인데 한 푼도 내지 않으려는 사람이 많습니다. 배은망덕한 사람들은 스스로 부끄러워해야겠습니다. 여러분 비텐베르크 사람들은 이제 학교와 병원의 부담을 덜게 되었습니다. 모두 공동 기금으로 처리되고 있지요.

여러분에게 4펜스씩 요구하는 이유는 이렇습니다. 이 돈은 목사들, 학교 교사들, 교회 관리인들을 위한 것입니다. 목사들은 여러분의 구원을 위해 일하면서 복음의 값진 보배를 여러분에게 전해 주고 성례를 집전하고 질병에 걸릴 위험을 무릅쓰고 여러분의 가정을 방문하고 있습니다. 학교 교사들은 자녀들을 훈련시켜서 훌륭한 공무원, 재판관, 목사를 만들고 있습니다. 교회 관리인들은 가난한 사람들을 보살피고 있습니다.

지금까지 공동 기금으로 이들을 보살폈지만 이제 여러분에게 그 보잘것없는 4펜스를 요구한다 해서 여러분은 들고일어납니다. 이는 복음 전파, 자녀 교육, 가난한 자에 대한 도움을 여러분이 원치 않는다는 얘기가 아니고 무엇이겠습니까?

이것은 나를 위한 얘기가 아닙니다. 난 여러분에게서 한 푼도 받는 게 없습니다. 난 제후의 거지이니까요. 그러나 이제 와서 생각해 보니 여러분을 그 횡포자들과 교황의 신봉자들에게서 해방시켜 준 것이 잘못이었던 것 같습니다.

배은망덕한 짐승들이여, 여러분은 복음의 보배를 받을 자격이 없습니다. 여러분에게서 발전이 없다면 나는 설교를 그만두고 돼지에게 진주를 던지고 말겠습니다.

자, 이제 한 가지 광고하겠습니다. 부목사에게 결혼식 전에 축복을 받고 싶은 부부들은 일찍 나오십시오. 시간이 정해져 있습니다. 여름에는 아침 여덟 시와 오후 세 시, 겨울에는 아침 아홉 시와 오후 두 시입니다. 여러분이 늦게 오면 내가 직접 축복해 줄 수밖에 없는데 이걸 달가워할 양반은 아무도 없을 겁니다.

그리고 초대받은 손님들은 결혼식 전에 충분히 준비를 해서 오리 아줌마 때문에 거위 양이 기다리는 일이 없도록 해야겠습니다.

1529년 1월 10일의 말씀은 갈릴리 가나의 결혼 잔치에 관한 것이었다. 루터는 결혼에 관해 축의를 표하며 이렇게 말했다.

세 가지 신분이 있는데 기혼자, 독신, 과부가 그것입니다. 이것은 어느 것이나 다 좋습니다. 어느 것도 무시해서는 안 됩니다. 처녀라고 과부보다 더 존경할 필요도 없고 과부라고 아내보다 더 존경할 필요도 없는 것은 양복장이라고 백정보다 더 나을 게 없는 것과 같습니다.

마귀가 가장 반대하는 신분은 결혼한 사람이지요. 성직자들은 일과 걱정으로 시달리는 걸 싫어해 왔습니다. 그들이 두려워한 것은 바가지 긁는 아내, 골치 아픈 자녀들, 어려운 친척들, 또는 돼지나 소가 죽는 것이었습니다. 그들은 햇빛이 창문에 환하게 비쳐 들어올 때까지 잠자리에 누워 있길 원하고 있지요.

우리의 조상님네들은 일찍이 이걸 아시고 "애야, 신부나 수녀가 되렴. 그러면 시간이 얼마든지 있을 거다."라고 하시곤 하셨습니다. 나는 언젠가 결혼한 사람들이 수도사들에게 "당신들은 그걸 쉽게 얘기하죠. 그러나 우린 아침에 일어나면 어디서 빵을 찾아야 할지 모른답니다." 하고 말하는 걸 들은 적이 있습니다.

결혼 생활이란 하나의 무거운 십자가입니다. 싸우지 않는 부부가 어디 있겠습니까? 부부가 한마음인 것도 하나님의 은혜입니다. 성령께서는 이 세상에 세 가지 경이로운 일이 있다고 말씀하십니다. 곧 형제들의 마음이 하나인 것, 이웃들이 서로 사랑하는 것 그리고 남편과 아내가 하나인 것이 그것입니다. 한마음인 부부를 보면 장미 화원에 앉아 있는 기분이 듭니다. 그런데 그것은 드문 일입니다.

그리스도의 탄생에 대한 설교

루터의 예수 탄생에 대한 설교는 일품이다. 전체적인 얘기는 아무 기교도 없어 보이지만 준비하는 과정에서 그는 아우구스티누스(Aurelius Augustinus), 베르나르두스(Bernardus), 타울러(Johann Tauler) 그리고 『그리스도의 생애』(Vita Christi)의 저자인 작센의 루돌프(Ludolf von Sachsen)의 해석을 독파했다. 이렇게 준비된 내용에 루터의 해박한 신학 지식이 담겨졌고 풍부한 상상력으로 생생하게 묘사되었다. 여기에 그 한 예가 있다.

하늘에서 그처럼 대대적으로 광고된 일이 이 땅에서는 얼마나 볼품없고 소박하게 일어나던가! 이 땅에서 일어난 방법은 이렇습니다.

나사렛이라는 동네의 비천하기 짝이 없는 사람들 가운데 한 가난한 젊은 아내가 있었습니다. 그녀는 조금도 존경을 받지 않았기 때문에 아무도 그녀가 지닌 경이를 눈치채지 못했습니다. 그녀는 말이 없었고 자랑하지 않았지만 남녀종이 없는 자기 남편을 잘 받들었습니다.

이런 그들이 집을 떠났습니다. 아무 얘기가 없지만 어쩌면 그들에게는 마리아가 타고 갈 나귀 한 마리쯤은 있었는지도 모르겠습니다. 아니면 그녀가 걸어서 간 것으로 생각할 수도 있습니다. 갈릴리의 나사렛에서 예루살렘 저편에 있는 베들레헴까지 가자면 하룻길로는 부족했습니다. 요셉은 '예루살렘에 가면 친척들이 있을 테니 뭐든지 다 빌릴 수 있을 거야.'라고 생각했습니다. 생각이야 참 그럴듯했지요.

결혼한 지 1년밖에 안 된 새색시가 집에서 애를 낳지 못하고 무거운 몸을 이끌고 사흘 길을 여행해야 한다는 것은 참으로 딱한 노릇이었습니다. 그보다 더 가엾은 것은 도착했을 때 누울 자리도 하나 없다는 사실이었습니다. 여관은 꽉 차 있었습니다. 어느 누구 하나 배부른 여자에게 방을 내주려 하지 않았습니다. 그녀는 할 수 없이 마구간으로 가서 만물의 조물주를 낳아야 했습니다. 아무도 양보하려 들지 않았기 때문이죠.

1534년 판 루터 성경에 나오는 '그리스도의 탄생' 삽화. 왼편에 루터의 문장(紋章)이 그려져 있다. 그는 십자가는 죽음을 뜻하는 검정색으로, 장미는 믿음의 기쁨을 뜻하는 흰색으로, 바탕은 하늘의 기쁨을 상징하는 푸른색으로, 동그란 테두리는 영원한 행복을 의미하는 황금색으로 하기를 원했다.

아, 너 비참한 베들레헴이여, 수치스럽구나! 마리아가 설령 거지나 결혼하지 않은 몸이었다 해도 그런 상황에서는 누구나 도움을 베풀었어야 마땅했다는 점을 생각하면 그 여관은 유황불의 저주를 받아 타 버렸어야 합니다. 지금 이 자리에 앉아 있는 여러분 가운데는 이렇게 생각하는 사람이 많을 것입니다. '내가 그 자리에 있었다면! 당장 그 아기를 도와주었을 텐데! 그 기저귀를 이 손으로 빨았을 텐데! 목자들과 함께 말구유에 누워 계신 주님을 뵙는 게 얼마나 즐거웠겠는가!'

아무렴, 그러셨겠죠! 여러분은 그리스도가 얼마나 위대한 분이신가를 알기 때문에 이렇게 얘기합니다. 그러나 그때 그곳에 있었다면 베들레헴 사람과 마찬가지였을 것입니다. 이런 생각을 하는 것 자체가 유치하고 어리석습니다. 여러분, 왜 오늘 이것을 실천하지 않습니까? 여러분의 이웃에 그리스도께서 살고 계십니다. 그분을 섬겨야 마땅합니다. 곤경에 놓여 있는 이웃에게 하는 일은 곧 주 그리스도께 하는 일이니까요.

출산은 더 비참했습니다. 누구도 첫 아이를 낳는 이 젊은 여인을 눈여겨보지 않았습니다. 그 딱한 처지를 마음에 두는 사람이 없었습니다. 출산에 꼭 필요한 것도 갖추지 못했다는 것을 알아챈 사람이 있을 리 없었습니다. 아무런 준비도 없이, 불도 없이, 등도 없이, 캄캄한 밤에 단 둘이 있었습니다. 출산 때면 흔히 베푸는 도움을 제공하는 사람이 한 사람도 없었습니다. 여관에 몰려든 사람들은 저마다 흥청거렸고 아무도 이 여인에게 관심을 갖지 않았습니다.

내 개인적인 생각입니다만 요셉과 마리아가 때가 그처럼 임박한 줄 알았다면 나사렛에 그냥 남아 있었을지도 모르겠습니다. 마리아가 무엇을 강보로 사용했을까요? 옷가지들, 어쩌면 그녀의 베일 정도였을 것입니다. 물론 오늘날 아헨에 전시되고 있는 요셉의 짧은 승마용 바지는 그때 없었을 것입니다.

여성들이여, 생각해 보십시오. 이 아기를 씻겨 줄 사람이 아무도 없었다는 걸 말입니다. 따뜻한 물은커녕 찬물도 없었죠. 장작불도 없고, 등불도 없었습니다. 차디찬 구유가 바로 침대요 목욕통이었습니다. 어느 누가 이 가련한 산모에게 도움을 주었습니까? 전에 아기를 가져 본 일이 없는 이 여인에게 말입니다. 어린애가 얼어 죽지 않은 것이 신기할 지경입니다. 마리아를 목석으로 만들지 마십시오. 사람들은 하나님 앞에서 은총을 받을수록 더 부드럽기 마련입니다.

그러니 이 탄생 사건을 오늘날 우리가 애기를 낳는 것처럼 생생하게 그려 봅시다. 아기 그리스도께서 젊은 어머니의 무릎에 누워 계십니다. 이 아기보다 더 귀여운 아기가 이 세상에 또 어디 있겠으며 이 어머니보다 더 사랑스런 어머니가 또 어디 있겠습니까! 그녀의 처녀성보다 더 우아한 것이 또 어디 있겠습니까! 아무것도 모르는 아기를 보십시오!

그러나 만물이 그의 것이니 이 아기를 보고 두려워할 것이 아니라 위로를 받아야 마땅합니다. 아무것도 의심할 게 없습니다. 이 광경을 보고 위로를 받지 않을 사람이 어디 있습니까? 이제 죄, 사망, 지옥, 양심, 죄책의 권세가 극복되는 길은 여러분이 이 젖먹이를 믿는 것입니다. 여러분을 심판하기 위해 오신 것이 아니라 구원하려고 오셨다는 걸 믿으십시오.

요나서 강해

루터의 설교가 흔히 강의식이었듯이 그의 강의도 보통 설교 조였다. 그는 강의실에서든 설교대에서든 언제나 가르쳤으며, 설교대에서든 강의실에서든 언제나 설교했다.

그의 요나서 강의는 성 교회에서 전한 다수의 설교보다 더 설교 조다. 루터는 성경의 다른 인물도 마찬가지였지만 요나를 자신의 체험의 거울로 다뤘다. 여기 그의 강해 요약을 소개한다.

요나는 앗수르의 막강한 왕을 꾸짖도록 보냄을 받았습니다. 여기에는 용기가 필요했습니다. 우리가 그곳에 있었다면 홀몸으로 그런 강력한 제국을 공격하는 것을 바보짓으로 여겼을 것입니다.

오늘날 우리 가운데 한 사람이 그러한 사명을 띠고 투르크족에게 간다면 코웃음 칠 사람이 얼마나 많겠습니까? 혈혈단신으로 교황에게 맞서는 것이 우스꽝스럽게 보이던 때가 얼마나 많았습니까? 그러나 하나님의 일은 언제나 겉으로 봐서는 바보짓입니다.

"요나가……여호와의 얼굴을 피하여……다시스로 가려고 배삯을 주고 배에 올랐더라." 하나님을 모르는 사람들은 하나님 없이 사는 사람들의 도시로 가면 하나님을 피할 수 있을 것이라 생각하기 마련입니다.

요나가 거절한 이유는 무엇입니까? 첫째, 그 임무가 너무 컸기 때문입니다. 그때까지 이방인들에게 가도록 선택받은 선지자는 하나도 없었습니다. 또 다른 이유는 그가 니느웨에 적대감을 느꼈기 때문입니다. 그의 생각에 하나님은 오로지 유대인들만의 하나님이었습니다. 그러므로 그는 이방인들에게 하나님의 은혜를 외치기보다는 차라리 죽고 싶었습니다.

이때 하나님께서 폭풍을 일으키셨습니다. 왜 하나님께서는 요나를 처벌하면서 다른 승객들까지 끌어들여야 하셨을까요? 우리는 하나님께 이래라저래라 할 입장이 못 되며 이 문제에 있어서는 그 배를 탄 다른 사람들도 마찬가지였습니다. 우리는 모두 죄를 범하고 있으니까요.

배 위의 사람들이 이 폭풍에는 기필코 특별한 이유가 있다고 믿은 것을 보면, 그 폭풍은 아주 갑작스러웠던 것 같습니다. 타고난 이성을 통해 선원들은 하나님이 하나님이심을 알고 있었습니다. 이성의 빛은 큰 빛입니다. 그러나 하나님이 하나님이라는 건 당장이라도 믿으려 하지만 하나님이 '당신'에게 하나님이라는 사실은 믿지 않는 게 이성입니다. 이 사람들이 하나님께 부르짖었습니다. 여기서 그들이 하나님이 하나님이심을, 곧 남들에게는 하나님이심을 믿었지만, 그들을 도와줄 것으로 정말 믿지는 않았다는 점이 드러납니다. 그렇지 않았다면 그들이 요나를 물에 내던지지 않았을 것입니다. 그들이 아등바등하며 그 배를 건진 것은 교황 신봉자들이 이런저런 행위로 구원받으려고 애쓰는 것이나 다름없습니다.

요나는 배 밑창에서 잠들어 있었죠. 죄를 지은 사람의 모습이 바로 그것입니다. 아무런 양심의 가책도 느끼지 못하는 겁니다. 하나님께서 요나의 죄를 용서하지 않으셨다면 그는 그 죄를 다시 생각해 보지 않았을 것입니다. 그러나 사람들이 흔들어 깨운 바람에 눈을 떠 폭풍우에 시달리는 배를 보고 그는 죄의식을 느꼈습니다. 그의 양심이 활동을 시작한 겁니다. 그때야 그는 죽음의 아픔과 하나님의 분노를 느꼈습니다. 그 배뿐 아니라 이 온 세상이 그에게는 너무 좁아 보였습니다. 그는 자신의 잘못을 인정하고 다른 모든 것을 털어 버렸습니다. 이것이 참회의 결과입니다. 다른 모든 세상은 죄가 없어 보이고 자기 자신만 죄인으로 보이는 것이 참회입니다.

그러나 요나는 아직 공적으로 인정할 단계에 이르지는 않았습니다. 씨름하는 선원들을 하나님께서 그들 모두를 자신과 함께 쓸어버리시려는 순간까지 그냥 내버려 뒀습니다. 아무도 죄를 실토하려 하지 않았습니다. 할 수 없이 그들은 제비를 뽑았습니다. 상처란 드러내기 전에는 치료될 수 없으며 죄란 실토하기 전에는 용서받을 수 없는 법. 여기서 그들이 제비 뽑은 게 죄를 범한 것이라고 얘기하는 사람도 있습니다만 성경에서 제비뽑기가 금지되고 있는지 나로서는 모르겠습니다.

이때 요나가 "나는 히브리 사람이요 바다와 육지를 지으신 하늘의 하나님 여호와를 경외하는 자로다." 하고 말했습니다. 죄를 토해 놓고 나면 그 죄와 양심의 짓눌리는 무게가 더 커지게 됩니다. 이때 비록 약하긴 하지만 믿음이 불타기 시작합니다. 하나님의 노여움이 우리를 따라와 덮칠 때 거기에 나타나는 건 언제나 죄와 불안, 이 두 가지입니다. 이때 죄는 그대로 놔두고 불안만 가지고 씨름하는 사람들이 있습니다. 그래서는 아무 도움도 되지 않습니다. 이것은 믿음과 은혜가 없을 때 이성이 하는 일입니다.

요나는 "나는 히브리 사람이요 참 하나님을 섬기는 사람입니다."라는 말로 자신의 죄가 가장 크다는 점을 고백했습니다. 이것으로 그는 더욱더 핑계할 수 없는 사람이 되고 말았습니다. 그리고 요나는 "나를 들어 바다에 던지라."라고 말했습니다.

선원들은 자백으로 모든 일이 다 끝난 줄 알고 다시 노를 저으려 했습니다. 이 수치는 하나님을 배반한 데서 오는 것이었기에 수천 배나 더 깊은 그 수치의 깊이를 재야 할 사람은 요나밖에 없었습니다. 그런 사람에게 이 땅 어느 구석엔들, 아니 지옥엔들 숨어들 곳이 있었겠습니까! 그는 자신의 구원을 내다보지 못했습니다. 하나님께서는 이런 경우 모든 영광과 위로를 낚아채시고 오직 수치와 황량한 상태만을 남겨 주십니다.

이어서 온 것은 죽음이었습니다. 사망이 쏘는 것은 죄이기 때문이죠. 요나는 스스로 "나를 들어 바다에 던지라." 하고 사형 선고를 내렸습니다.
우리가 여기서 언제나 명심해야 할 점은 요나가 끝을 내다볼 수 없었다는 점입니다. 그가 본 것은 오로지 죽음, 죽음, 죽음뿐이었습니다. 이 죽음이 더욱더 비참했던 것은, 그것이 하나님의 분노를 건드린 데서 온 죽음이었기 때문입니다. 순교자로 죽는 건 그렇게 나쁘지 않지만 그 죽음이 벌일 경우엔 끔찍한 겁니다. 설령 하나님의 노여움을 느끼지 않는다 해도 죽음 앞에서 부들부들 떨지 않을 사람이 어디 있겠습니까? 그러나 죄와 양심이 그대로 있는 이상 하나님과 이 세상 앞에서 그 수치를 그대로 견딜 수 있는 사람이 있겠습니까?

요나의 마음에 얼마나 괴로운 투쟁이 일어났을까요? 그는 피땀을 흘렸을 겁니다. 그는 동시에 죄, 자신의 양심, 마음의 감정, 죽음, 하나님의 노여움을 이겨 내지 않으면 안 되었습니다.

이 바다만 가지고는 부족하다는 듯이 하나님께서는 큰 물고기를 준비해 놓으셨습니다. 이 괴물이 무시무시한 입을 쩍 벌리는 순간 산봉우리 같은 이가 들쭉날쭉 늘어서 있는 모습이 눈에 들어왔습니다. 파도가 몰아치면서 요나가 그 뱃속으로 떠밀려 들어갔습니다.

이 얼마나 엄청난 시련의 순간입니까? 이처럼 하나님의 노여움, 죽음, 지옥, 저주 앞에서는 양심이 풀이 죽기 마련입니다. "요나가 밤낮 삼 일을 물고기 뱃속에 있으니라." 이 세상에 해가 돋은 이후로 이처럼 길었던 밤과 낮이 또 없었습니다. 그의 오장육부가 흔들렸습니다. 자기 위치를 둘러볼 겨를도 없었습니다. 그저 '언제 이게 끝나나? 언제 도대체 언제?' 하는 생각뿐이었습니다.

어느 누가 사람이 물고기 뱃속에서 빛도 음식도 없이 홀몸으로 사흘 밤낮을 지내다가 살아 나올 수 있을 것이라고 상상할 수 있겠습니까? 이것이 성경 이야기가 아니라면 누구나 한낱 동화로 취급할 것입니다.

그러나 하나님은 지옥에도 계십니다.
"요나가 물고기 뱃속에서 그의 하나님 여호와께 기도하여." 물론 물고기 뱃속에 있으면서 아름다운 시를 짓지는 않았겠지만 이것은 그가 무얼 생각하고 있었는지를 보여 줍니다. 그는 자신이 구원받을 것을 기대하지 않았습니다. 그는 죽을 수밖에 없는 몸이라 생각했지만 그래도 기도했습니다. "내가 받는 고난으로 말미암아 여호와께 불러 아뢰었더니."
이것은 우리가 언제나 하나님께 기도해야 한다는 걸 보여 줍니다. 여러분이 부르짖을 수 있다면 여러분의 괴로움은 끝난 것입니다. 여러분이 하나님께 부르짖을 수 있다면 지옥은 더 이상 지옥이 아닙니다.

그러나 이것이 얼마나 어려운지는 아무도 모릅니다. 통곡, 부들거림, 탄식, 의심은 이해가 되지만 부르짖는 것, 이것만은 할 수가 없는 거죠. 양심, 죄, 하나님의 노여움이 우리의 목을 죄어도 본성은 부르짖을 수 없습니다.

요나는 부르짖을 수 있었다는 대목에 이르렀을 때 승리했습니다. 여러분이 고통 속에 있을 때 주께 부르짖으십시오. 그러면 그 고통이 가벼워질 것입니다. 그저 부르짖기만 하면 됩니다. 주께서 원하시는 건 당신의 공로가 아닙니다. 이성은 이것을 이해하지 못하기 때문에 항상 하나님의 마음을 달랠 뭔가를 끌어들입니다. 그러나 끌어들일 거라곤 하나도 없습니다. 하나님의 노여움을 가라앉히는 데 필요한 것은 한 번의 부르짖음뿐이라는 걸 이성은 믿지 못합니다.

"주의 파도와 큰 물결이 다 내 위에 넘쳤나이다." 요나는 이 물결을 '주의 것'으로 부르고 있습니다. 한갓 바람결에 흩날리는 나뭇잎 소리만 들어도 군대가 깜짝 놀라는데 이 바다에서 요나의 상황이 오죽했겠습니까? 심판의 날에 모든 천사와 피조물이 하나님의 위엄을 보고 어떻게 되겠는지 상상만이라도 해보십시오.

"내 영혼이 내 속에서 피곤할 때에 내가 여호와를 생각하였더니." 이것은 심판의 하나님에게서 돌아서서 아버지 하나님을 바라보는 것입니다. 그러나 이것은 사람의 힘으로 되지 않습니다. "나는 감사하는 목소리로 주께 제사를 드리며 나의 서원을 주께 갚겠나이다." "여호와께서 그 물고기에게 말씀하시매 요나를 육지에 토하니라." 죽음의 도구가 생명의 심부름꾼이 된 것입니다.

기도

루터는 무엇보다도 기도의 사람이었다. 그러나 학생들이 자신의 기도 골방에까지 들어오는 것은 막았기 때문에 설교와 대화에 비해 기도에 관한 기록은 많이 남아 있지 않다. 그가 전례를 위해 작성한 기도, 교회 관리인용 기도, 그리고 보름스에 있을 때 그의 방 친구가 엿들었다는 기도가 책으로 엮어져 있을 뿐이다. 다음에 나오는 주기도문에 대한 해석 요약은 루터의 것으로 믿어도 괜찮을 것이다.

루터는 자신의 교독문 낭독자들에게 이렇게 말하도록 가르치고 있다.

오, 하늘의 아버지, 사랑하는 하나님, 저는 눈을 들어 올리거나 손을 펴서 주께 기도할 자격이 없는 자입니다. 그러나 주께서는 우리 주 예수 그리스도를 통해서 기도할 것을 명령하시고 그 방법을 가르쳐 주셨으므로 "오늘날 우리에게 일용할 양식을 주옵소서." 하고 아룁니다.

오, 사랑하는 주 아버지, 이 땅에 사는 동안 주의 복을 내리소서. 은혜롭게 주의 평화를 주시고 전쟁이 없게 하소서. 우리의 황제에게 지혜와 이해력을 허락하셔서 그가 지상의 나라를 평화롭고 행복하게 다스리게 하소서. 모든 왕들, 제후들과 귀족들에게 선한 권면을 베푸셔서 자신들의 땅을 고요하고 정의롭게 다스리게 하소서. 특별히 우리의 사랑하는 땅의 지도자를 보호하소서. 그의 입술에 악담이 없게 하시고 신의와 순종으로 그를 섬기도록 모든 신하에게 은혜 베푸소서. 우리에게 좋은 기후와 이 땅의 열매를 허락하소서. 우리의 집, 땅, 아내, 자녀를 주께 부탁하나이다. 우리가 그들을 다스리고 양육하며 기르게 도우소서. 타락한 사탄과 악한 천사들을 물리치셔서 이 일이 방해받지 않게 하소서. 아멘.

"우리가 우리에게 죄 지은 자를 사하여 준 것같이 우리 죄를 사하여 주옵소서." 사랑하는 주 아버지, 주 앞에서는 아무도 의롭지 못하니 우리에게 심판을 베풀지 마소서. 우리의 범죄를 우리의 것으로 돌리지 마소서. 영과 몸에 내리는 이루 다 말할 수 없는 주의 자비에 대해 배은망덕한 우리, 생각 밖으로 날마다 실수하고 있는 우리를 탓하지 마소서. 우리가 얼마나 착한가 나쁜가를 가리지 마시고 주의 사랑하는 아들 예수 그리스도를 통해 분에 넘치게 주시는 주의 자비를 베푸소서.

우리에게 상처를 입히고 잘못을 저지른 모든 원수와 그 밖의 사람들, 그들을 마음에서부터 용서하오니 주께서도 용서하소서. 주를 거스름으로써 더없이 큰 죄를 범하는 그들을. 그러나 그들이 멸망한다 해서 우리가 도움받는 것은 하나도 없나이다. 차라리 그들이 복받기를 원하나이다. 아멘.

(이 시간에 결코 용서할 수 없다고 느끼는 사람이 있다면, 용서할 수 있도록 은혜를 구하기 바랍니다. 그러나 이것은 설교 시간에 다뤄야 할 문제입니다.)

제21장 신앙을 위한 투쟁
강한 성(城)이신 주를 의지하여 끝나지 않는 영적 싸움을 싸우다

성경이 루터에게 엄청난 의미를 지녔던 것은 그것이 교황에게 반대하는 논쟁의 원전이었기 때문이 아니라 확실한 것에 대한 하나의 바탕이었기 때문이다. 루터는 교황과 교회 회의의 권위를 배척했으며 내면적인 말씀에서부터 시작하는 선지자들처럼 자신 안에서부터 시작할 수도 없었다. 속 말씀을 내세우는 선지자들과의 실랑이의 핵심은 낙담하는 순간 자기 내면에서 찾아볼 수 있는 것은 글자 그대로 캄캄함뿐이라는 것이었다. 뭔가를 밖에서 붙잡지 않고서는 낭패할 수밖에 없던 그였다. 그런데 그는 이것을 성경에서 찾았다.

언제나 가르침과 설교보다 더 친근하고 개인적인 것이 루터의 목회 상담이었다. 강의실에서나 설교대에서나 이 개인적인 면이 없었던 적은 한 번도 없었다. 그러나 영혼을 치료하는 이 의사는 비슷한 증세에 맞는 것으로 자신이 발견했던 것만을 고집하는 경향이 짙었다.

바로 이런 이유에서, 그가 다른 사람의 영적 고통을 어떻게 다루었는지를 알아보려면 그 자신의 문제들과 그와 다른 사람에게 도움이 되었던 처방들을 더 분석할 수밖에 없다.

루터의 끈질긴 투쟁

맨 먼저 그에게 고질병이 있었다는 점을 빠뜨릴 수 없다. 남들은 그렇게도 단단하게 신앙으로 묶어 준 사람이었지만 자신의 신앙 투쟁은 그칠 줄 몰랐다. 이것이 가장 두드러졌던 시기는 1527년이었던 것 같다. 이러한 우울증의 재발과 관련해서 우리는 그 우울증의 이유가 신체적인 것이었는지 잘 알 수 없다. 그의 여러 가지 병과 낙담 사이의 상관관계를 발견하려는 노력은 지금까지 성공하지 못했다. 여기서 명심할 점은 그의 영적인 병은 신체적인 병이 시작되기 이전 수도원에서부터 극심했다는 사실이다. 겉으로 드러난 여러 가지 사건에서 원인을 찾는 것이 보다 더 적절할 것이다.

여러 번의 위기는 수도사가 되겠다고 맹세하게 한 뇌우, 거룩하신 분에 대한 공포로 휘청이게 한 첫 미사 집례, 그리고 1527년 과격파들의 영향으로 촉진되었다. 1527년의 위기는 자신의 추종자들은 믿음을 위해 죽어 가는데 루터 자신은 여전히 침대에서 잠을 자고 있다는 사실과 관련이 있었다. 엄습해 왔던 이 위기에서 벗어나면서 그는 자신이 아직도 살아 있다는 자책과 씨름했다. 그는 "나는 여러 동료 신앙 고백자들과 달리 그리스도를 위해 피를 쏟을 자격이 없는 사람이야. 하지만 이 영광은 복음서 기자 요한 같은 사랑받는 제자에게도 허용되지 않았지. 그는 나보다 훨씬 더 악랄하게 교황 제도에 불리한 책을 썼는데도 말야."

비록 여러 가지 외적인 사건이 그에게 영향을 미친 것도 사실이지만, 그 '영혼의 어두운 밤'은 성격상 결코 눈에 보이는 사건으로 일어난 것이 아닌지도 모른다. 신체적인 쇠약함은 그 원인이라기보다는 결과인 경우가 많았다.

우울증의 내용은 언제나 동일했다. 곧 하나님이 선하시다는, 특히 '나에게' 선하시다는 믿음의 상실이었다. 1527년 끔찍한 '안페히퉁'(Anfechtung, 믿음의 시련)을 겪은 뒤 루터는 이렇게 쓰고 있다. "일주일이 넘도록 나는 죽음과 지옥 문 가까이 있었다. 온몸이 부들부들 떨렸다. 그리스도께서는 온데간데없으셨다. 나는 좌절과 하나님에 대한 모독으로 몸서리치고 있었다."

그 후에 따른 고뇌는 그가 영혼을 고치는 의사였기에 더욱더 격렬했다. 자신과 다른 사람들을 위해 처방한 약이 실제로 독이라면 자신의 책임이 얼마나 무서웠겠는가.

그에게 있어서 큰 문제는 이 우울증의 출처를 아는 것이 아니라 그걸 극복하는 법을 아는 것이었다. 이 주제를 두고 계속 얘기하는 가운데 그는 자신과 교

Die recht warhafft vñ

Gründtlich Hystori oder geschicht Von brůder Hainrich inn
Diethmar verprent/ durch Martinum Luther be-
schriben sampt dem Zehenden Psalmen auß-
gelegt zů Wittemberg: M. D. xxv.

루터의 추종자였던 쥐트펜의 헨드릭의 순교.

구 사람들을 위한 하나의 기술을 만들어 냈다.

그가 제시한 첫째 위로는 영혼의 여러 가지 격렬한 갈등은 순전히 종교적인 문제들을 확실하게 해결하는 데 있어서 꼭 필요하다는 반성이었다. 정서적인 여러 가지 반응은 과도하게 통렬할 수도 있는데 그건 마귀가 언제나 한 마리의 이를 한 마리의 낙타로 바꿔 놓기 때문이다. 그럼에도 불구하고 인간이 하나님과 함께 하는 길은 평온할 수만은 없다.

내가 좀더 오래 산다면 나는 여러 가지 '안페히퉁'에 대해 쓰고 싶다. 그 시련이 없이는 아무도 성경, 믿음, 하나님에 대한 공포나 하나님의 사랑을 이해할 수 없기 때문이다. 한 번도 시험을 받아 본 일이 없는 사람은 소망의 의미를 모른다.

루터는 지나친 정서적 감수성은 계시의 한 방법이라는 말에 가까운 발언을 한 적이 있다. 쉽게 황홀한 상태에 오르거나 낙담한 상태에 빠지는 사람들은 보통 사람들과는 다른 관점에서 현실을 바라볼 수 있는지도 모른다. 그래도 그것은 하나의 참된 관점이다. 어떤 문제나 종교적 대상이 일단 그런 관점에서 비춰지면 보다 덜 예민한 다른 사람들도 새로운 위치에서 바라볼 수 있으며 그 통찰이 유효하다는 것을 입증할 수 있을 것이다.

우울증

루터는 자신의 우울증이 필요하다고 느꼈다. 그와 동시에 이 우울증은 무시무시했으며 무슨 방법으로든 피해야 하고 극복해야 했다. 그의 전 생애는 이 우울증에 대한 투쟁이자 믿음을 위한 싸움이었다.

이 점이 바로 우리의 관심을 크게 사는 대목이다. 왜냐하면 우리도 낙심하며 그 낙담을 달랠 방법을 알고 싶어하기 때문이다. 루터에게는 두 가지 방법이 있었다. 그 하나는 정면 공격이요 다른 하나는 간접적인 방법으로 접근하는 것이었다.

때때로 그는 마귀와 직접 맞부딪혔다. 이러한 무대 장치를 보고 현대의 독자는 재미있다는 생각을 하며 루터를 진지하게 받아들이지 않기 쉽다. 그러나 마귀가 루터에게 말하는 내용은 우리가 반성하는 순간에 스스로에게 말하는 것이요, 한 걸음 더 나아가 오직 사소한 난제만이 마귀의 일로 돌려졌다는 점을 주목할 필요가 있다.

모든 중대한 대결에 있어서 공격자는 하나님 자신이었다. 마귀는 한숨 돌리게 하는 대상이었다고나 할까. 비교하자면, 루터는 신성모독적 발언을 하지 않고도 그의 원수를 뭔가 괴롭힐 수 있는 존재로 의인화해서 얘기하는 걸 즐겼다. 그는 이러한 싸움에 대해 다음과 같이 신나게 얘기하고 있다.

> 내가 잠자리에 들면 언제나 마귀는 날 기다리고 있다. 그가 날 괴롭히기 시작할 때 나는 "마귀야, 자야겠어. '낮에는 일하고 밤에는 자거라.' 하는 게 하나님의 명령이잖아. 그러니 제발 가 줘." 하고 대답한다. 그래도 듣지 않고 여러 가지 죄의 목록을 들고 나오면 "그래, 이 친구야. 다 알고 있어. 자네가 그냥 지나친 것보다 더 많은 죄를 알고 있는 나야. 여기 몇 개 더 있으니 그것까지 묵살하게나."라고 말한다.
> 여전히 물러서지 않고 날 성가시게 굴면서 죄인으로 비난하면 그를 꾸짖으면서 "성 사탄이시여, 날 위해 기도해 주십시오. 혼자만 거룩하신 분. 하나님께 가서 당신에게 필요한 은혜나 구하시구려. 날 말끔히 정돈해 주고 싶거든 '의사여, 네 몸의 병을 고치게나.'" 하고 말한다.

루터는 무모하게도 더 큰 대결은 하나님을 상대로 치르려 했다. 그는 "나는 하나님을 상대로 더 초조하게 다투는 경우가 많은데, 그때마다 나는 하나님의 여러 가지 약속을 잡고 늘어지지."라고 말했다.

가나안 여인은 루터에게 끝없는 경이와 위로의 근원이었는데 그것은 그녀가 대담하게 그리스도와 논쟁을 벌였기 때문이다. 이 여인이 와서 자기 딸을 고쳐 달라고 요청했을 때, 그리스도께서는 자신이 오로지 이스라엘 집안의 잃어버린 양들에게만 보냄을 받았으며 더욱이 자녀의 빵을 빼앗아 개들에게 주는 것은 있을 수 없는 일이라고 대답하셨다.

그녀는 그 판단을 놓고 따지지는 않았다. 자신이 한 마리의 개라는 점을 인정했다. 그녀가 요청한 것은 개에게 어울리는 일, 곧 자녀들의 식탁에서 떨어진 부스러기를 핥는 것뿐이었다. 그녀는 그리스도의 말씀을 그대로 받아들였다. 그러자 그분은 그녀를 한 마리의 개가 아니라 이스라엘의 한 자녀로 취급하셨다.

이 모든 내용은 우리에게 위로를 주려는 의도에서 기록되었다. 곧 하나님께서 얼마나 깊숙이 자신의 얼굴을 감추시는지를 또 우리의 지표가 우리의 감정이 아니라 하나님의 말씀이어야 한다는 점을 깨닫도록 기록된 내용이다.

그리스도의 대답은 모두 "안 돼."로 들렸지만 실제로 "안 돼."라는 뜻으로 말씀하시지는 않았다. 그분은 그녀가 이스라엘 집안이 아니라는 말씀도, 그녀가 한 마리의 개라는 말씀도, 실제로 "안 돼."라는 말씀도 하지 않으셨다. 하지만 그래도 그분의 모든 대답은 "그래."보다는 "안 돼."로 들렸다.

여기서 우리가 낙담할 때 마음으로 느끼는 내용이 드러난다. 우리의 마음은 겉으로 드러난 "안 돼."밖에 보지 못한다. 그러므로 우리의 마음은 그 "안 돼." 밑에 깊숙이 숨겨져 있는 "그래." 쪽을 향하면서 확고한 믿음으로 하나님의 말씀에 매달려야 한다.

간접적인 방법

하지만 루터는 때때로 맞붙어 싸워서 끝장내려는 노력에 대해 그러지 말라는 충고를 하기도 했다. 그는 이렇게 말했다.

> 마귀와 논쟁하지 말라. 그는 아담, 아브라함, 다윗을 상대로 자신의 수법을 다 썼고 약점을 정확히 알고 있는 놈이니까. 그리고 이 마귀는 끈질기다. 첫판에 때려눕히지 못하면 여러 번 소모전을 시작해서 우리가 녹초가 되어 포기하게 만들어 버린다.
>
> 모든 문제를 떨어 버리는 편이 훨씬 더 낫다. 친구를 찾아가 그것과 상관없는 얘기들, 이를테면 베네치아의 시국 같은 걸 끄집어내어 주고받아라. 혼자 있는 걸 피하라. 하와도 혼자 동산에서 거닐다가 꾀임에 빠졌다. 나도 혼자 있을 때 당한 시험이 가장 힘겨웠다.
>
> 다른 그리스도인 형제나 현명한 상담자를 찾아가 보라. 교회의 교제로 당신을 단단히 옭아매라. 그리고 또한 신나는 모임, 여자 친구들을 찾아서 함께 식사하고 춤추고 농담을 즐기며 노래하라. 입맛이 당기지 않더라도 억지로라도 먹고 마셔라. 금식처럼 잘못된 방법도 없다.

한번은 루터가 낙담 추방의 비결을 세 가지 제시했다. 첫째는 그리스도에 대한 믿음이요, 둘째는 노골적으로 화를 내는 것이요, 셋째는 여성에 대한 사랑이다. 특히 음악을 추천했다. 마귀는 흥겨워하는 걸 못 배기기 때문에 음악을 싫어한다.

루터의 주치의 얘기다. 어느 날 친구 몇 명을 데리고 그와 함께 노래나 부르며 지내려고 찾아갔더니 기절해 있었다. 그러나 친구들이 노래를 시작하자 그는 언제 그랬느냐는 듯이 일어나 어울렸다. 가정 생활은 하나의 위안이요 기분 전환이었다. 한밤중에 마귀의 공격을 받을 때 그의 아내가 있어 주는 것도 마찬가지였다. "그럴 때면 내 케티에게 돌아서서 '내게 그런 시험에 빠지지 말라고 금지 명령을 내려요. 그리고 그 쓸데없는 성가심에서 날 건져내 줘요.' 하고 말하지."

손으로 하는 노동도 하나의 위안이었다. 루터에게는 마귀를 내쫓는 좋은 방법이 하나 있었는데, 그건 말에 안장을 채우고 밭에 거름을 주는 것이었다. 싸움을 피하라는 이 모든 충고를 통해서 루터는 어떻게 보면 믿음을 믿음의 결핍에 대한 하나의 치료법으로 처방한다. 논

마귀와 죽음이 인간을 괴롭히는 모습.
루카스 크라나흐의 미완성 그림.

쟁을 포기하는 것은 그 자체가 신비주의자들의 방념에 가까운 신앙의 행동이요, 인간이 비본질적인 일로 소일하고 있는 사이 무의식의 세계에서 역사하시는 하나님의 회복력에 대한 신뢰의 표현이다.

바로 이런 이유에서 루터는 삶을 유쾌하게 받아들이는 새나 어린아이들을 곧잘 지켜보았다. 아들 마르틴의 젖 먹는 모습을 보고 그는 이런 말을 했다. "아가야, 교황, 주교들, 게오르크 공작, 페르디난트 그리고 마귀가 네 원수란다. 그런데 넌 태평하게 젖만 빠는구나."

네 살짜리 아나슈타시아(Anastasia)가 그리스도, 천사, 하늘에 대해서 종알거리자 이렇게 말하기도 했다. "얘야, 우리가 그 믿음을 굳게 붙잡을 수만 있다면 오죽 좋겠니?" 이에 아이는 "왜요? 그걸 안 믿으세요?"라고 물었다.

나중에 루터가 이렇게 토를 달았다.

> 그리스도께서는 어린아이들을 우리의 선생님으로 만드셨어. 내가 박사이긴 하지만 아직도 한스와 마크달레나와 똑같은 학교에 다닐 수밖에 없는

게 원통하단 말야.

우리 가운데 "하늘에 계신 우리 아버지여."란 말씀의 의미를 제대로 이해할 수 있는 사람이 어디 있는가? 이 말씀을 순수하게 믿는 사람은 누구나 종종 이런 말을 할 것이다. "나는 하늘과 땅 그리고 그 속에 있는 모든 것의 주인이다. 천사 가브리엘은 내 종이고, 라파엘은 내 경호원이다. 그리고 내가 어려울 때마다 내 영혼을 떠받드는 천사들이 있지. 하늘에 계신 아버지께서는 이들에게 날 보살피게 하셔서 내 발이 돌에 부딪히는 일이 없도록 하실 것이다."

그런데 이러한 믿음을 다짐하고 있는 동안 내 아버지께서는 내가 감옥에 내던져지고 물에 빠져 죽고 참수당하게 내버려 두시거든. 이렇게 되면 믿음은 비틀거리고 나는 허약해진 나머지 "그게 사실이라는 걸 어떻게 알지?" 하고 절규한다.

천사와의 씨름

어린아이들의 모습을 지켜보고만 있으면 이 문제가 해결되는 것은 아니었다. 이 대결은 직접 부딪혀야 했다. 루터의 걱정거리가 세상과 교회의 상태에 대한 것만이었다면, 사실 상황이 그렇게 나쁘지 않았다는 점을 깨닫는 것만으로도 다시 기운을 차릴 수 있었을 것이다.

그의 만년에 비관적인 판단을 많이 하긴 했지만, 루터는 이런 얘기를 할 수 있었다. "나는 우리의 교회를 못마땅하게 그리는 것이 아니라 순수하고 빗나가지 않은 가르침으로 왕성해지는 교회, 날마다 훌륭한 목사들과 더불어 불어나는 교회를 그리고 있다."

때로는 이 우울증이 루터 자신과 관계되기도 했다. 바르트부르크에서 그의 감정이 오락가락했던 것을 생각해 보면, 그는 경솔할 정도로 자신만만한 사람이거나 한없이 겁 많은 사람이 아니었을지 의심하게 된다. 그의 경우는 그가 하나님께 어떤 주장도 내세울 수 없었다는 대답밖에 없었으며, 그렇다면 "하나님은 자비로운 분이신가?"라는 질문이 줄을 이었다. 우리가 이런 의심의 공격을 받을 때 돌이킬 방향은 어디인가? 여기에 대해 루터는 아무도 그 방향은 모르지만 언제나, 어디엔가에 있다고 대답하곤 했다.

루터의 신학의 출발점을 캐는 것은 쓸데없는 일이다. 그것은 어느 곳에서나 시작된다. 그리스도 자신도 일정하지 않게 나타나셨다. 선한 목자로 나타나시는가 하면 때로는 복수하는 심판관으로 나타나시기도 한다. 그런데 그리스도께서 적의를 나타내실 경우 루터는 하나님께 향하면서 "나는 네 하나님 여호와니라."라는 첫 계명을 다시 떠올리곤 했다. 이 선언은 동시에 하나의 약속이었으며 하나님께서는 자신의 약속에 충실하지 않으시면 안 되었다.

루터를 그린 1523년도 동판화. 다니엘 호퍼 作.

그런 경우 우리는 이렇게 말하지 않으면 안 된다. "지금까지 신뢰하던 모든 것을 버립니다. 주님, 당신만이 홀로 도움과 위로를 주십니다. 절 도와주마고 하신 그 말씀을 믿습니다. 오, 나의 하나님 주여. 당신에게서 즐겁고 흐뭇한 말씀이 들려옵니다. 그것만 붙잡으렵니다. 제게 거짓말하지 않으실 줄로 믿습니다. 당신의 겉모습이야 어떻든 약속하신 건 지켜 주실 것입니다. 세상 없어도 그것만은."

또 한편으로, 하나님께서 시내산 봉우리를 감싼 폭풍우 구름 사이로 숨으시거든, 말구유 주위로 모여서 어머니 무릎에서 둥실거리는 아기 예수를 바라보고 세상의 소망이 여기에 있다는 걸 알라. 혹시 그리스도와 하나님께 다가설 수 없거든 저 푸른 하늘을 바라보고 기둥 하나 없이 온 하늘을 떠받치는 하나님의 솜씨를 경탄하라. 아니면 가장 하찮은 꽃 한 송이를 들고서 그 작디작은 꽃잎에서 하나님의 솜씨를 읽으라.

종교의 모든 외형적인 보조 수단도 높이 평가되었다. 루터는 자신의 세례를 아주 중요하게 여겼다. 마귀가 공격해 올 때 그는 "난 세례받은 사람이야." 하고 맞서곤 했다. 가톨릭교도 및 과격파와의 싸움에서도 그는 자신이 박사라는 점을 들먹이면서 스스로 위안을 삼았다. 이 박사 학위가 그에게 권위와 말할 권리를 주었다.

성경이라는 반석

그러나 언제든지 그리고 무엇보다도 루터에게 훌륭한 객관적 보조 수단은 성경이었다. 그 까닭은 성경이 그리스도 안에서 드러난 하나님을 계시하는 기록이기 때문이다. "그리스도인의 참된 순례지는 로마나 산티아고 데 콤포스텔라가 아니라 선지서들, 시편 그리고 복음서들이다."

성경이 루터에게 엄청난 의미를 지녔던 것은 그것이 교황에게 반대하는 논쟁의 원전이었기 때문이 아니라 확실한 것에 대한 하나의 바탕이었기 때문이다. 그는 교황과 교회 회의의 권위를 배척했으며 내면적인 말씀에서부터 시작하는 선지자들처럼 자신 안에서부터 시작할 수도 없었다. 속 말씀을 내세우는 선지자들과의 실랑이의 핵심은 낙담하는 순간 자기 내면에서 찾아볼 수 있는 것은 글자 그대로 캄캄함뿐이라는 것이었다.

뭔가를 밖에서 붙잡지 않고서는 낭패할 수밖에 없던 그였다. 그런데 그는 이것을 성경에서 찾았다.

우리가 볼 때 그가 성경에 접근한 방법은 무비판적이었지만 그렇다고 고지식한 것은 아니었다. 성경의 모든 기록 가운데 그 속에 나오는 등장 인물들의 믿음처럼 그를 놀라게 하는 것도 없었다.

곧 마리아는 자신이 잉태했다는 천사 가브리엘의 소식을 곧이들었으며, 요셉은 자신의 불안을 달래 주는 꿈을 그대로 믿었으며, 목자들은 하늘이 열린 것과 천사들의 노래를 믿었으며, 동방 박사들은 선지서의 말을 믿고 당장 베들레헴으로 달려갈 수 있었다.

그리스도의 탄생에는 세 가지 기적이 있었다. 곧 하나님께서 사람이 되셨고, 처녀가 임신했으며, 마리아가 믿었다는 점이 그것이다. 이 가운데 가장 위대한 기적은 맨 마지막 것이다.

동방 박사들이 자신들의 판단만 믿고 별을 따르지 않고 그냥 예루살렘으로 직행하자 하나님께서는 이 별을 하늘에서 옮겨 버리셨다. 그러자 그들은 당황한 나머지 헤롯에게 가서 문의했으며 헤롯은 자기 박사들을 불렀고 이들은 성경을 뒤졌다. 이것이 바로 우리에게서 별이 사라져 버릴 때 꼭 해야 할 일이다.

그러나 바로 이곳이 루터의 생각을 도무지 알 수 없는 대목이다. 그의 고통에 대한 묘사는 충분히 이해가 된다. 그가 나가는 문을 제시하는 순간 우리는 그만 헛발을 딛고 나뒹군다. 여기서 우리도 단테가 연옥에서 베르길리우스에게 그랬듯이 루터를 내버려 두고 우리를 낙원으로 인도할 수 있는 베아트리체를 찾을 수밖에 없는 것인가?

어쩌면 결국 여기서도 루터의 한두 마디가 도움이 될지도 모르겠다. 왜냐하면 그는 복음을 하나의 기적이라기보다는 하나의 경이로운 일이라고 선포했기 때문이다. 이 놀라운 사건을 체험하려면 루터를 길잡이로 삼는 게 제일 좋다. 성경 인물들의 영적인 낙담과 그들이 주님의 손길을 더듬을 수 있었던 방법을 루터의 힘차고 예리한 표현을 빌려서 들어 보는 것이다. 이것은 이미 그가 요나서를 해석하는 데서 엿보았다.

더 상세한 설명은 아브라함이 이삭을 제물로 바치는 장면에 대해 그가 묘사한 것을 통해 들어 보자. 하나님께서 이 제물을 명령하셨고 마지막에 천사가 말렸다는 첫머리의 가정을 제외하고는, 전부 내면의 투쟁에 관한 기록이다. 이는 서서히 모습을 드러내는 통찰력이나 껍질이 하나씩 벗겨지는 계시로 어렵지 않게 해석되고 있다. 이 이야기에 대한 루터의 해석을 직접 들어 보자.

아브라함은 다 늙어서 기적같이 얻은 자식을 제물로 바치라는 얘기를 하나님께 들었습니다. 이 아들은 나중에 여러 왕과 큰 민족의 아버지가 되기로 되어 있었습니다. 아브라함은 이때 얼굴이 파랗게 질렸지요. 자기 자식을 잃는다는 것으로 그친 것이 아니라 하나님이 한낱 거짓말쟁이로 보였습니다. 언제는 "이삭에게서 네 후손이 나올 것이다."라고 하시고 이제 와서 "이삭을 죽여라." 하시다니.

이처럼 잔인하고 앞뒤가 다른 하나님을 증오하지 않을 사람이 어디 있겠습니까? 아브라함은 그 답답한 마음을 누구에게든 얼마나 털어놓고 싶었겠습니까? 사라에게 이 얘기를 할 수 없었을까요?

그러나 그는 누군가에게 얘기를 했다가는 자신이 설득을 당하고 말 것이요, 그러다간 그 명령을 수행하지 못할 것이라는 걸 너무도 잘 알고 있었습니다.

제사 장소로 지정된 모리아산은 좀 멀리 떨어져 있었습니다. 아브라함은 아침 일찍 일어나 나귀에 안장을 얹고 제물을 태울 장작을 준비하여 두 종과 아들 이삭을 데리고 하나님께서 일러 주신 곳으로 떠났습니다. 아브라함은 나귀에 안장 얹는 일을 남에게 맡기지 않았습니다. 몸소 제물을 태울 장작을 짐승에게 지웠습니다.

그러는 동안 내내 후손에 대한 자신의 소망, 자신의 아들이 그 장작에 불탈 것을 생각하고 있었습니다. 그가 집어 드는 바로 그 장작에 불살라지게 되어 있었습니다. 이 몸서리치는 상황에서 그는 다시 한 번 생각해 보는 시간을 갖지 않았겠습니까? 그는 사라에게 자초지종을 얘기할 수 없었을까요? 그 얼마나 속으로 흐느끼면서 아파했겠습니까! 그는 나귀에 장작을 실으며 자신이 무슨 일을 하고 있는지 잊을 정도로 그 일에 열중했습니다.

그는 두 명의 종과 아들 이삭을 데리고 떠났습니다. 그때 그의 속에서는 모든 것, 즉 사라, 식구들, 가정, 이삭이 모조리 죽었습니다. 이것이 바로 누더기를 걸치고 재를 뒤집어쓰는 것입니다. 만약 이것이 하나의 시험에 지나지 않는다는 걸 알았다면 그처럼 괴로워하지 않았을 것입니다. 마찬가지로 우리가 시험을 당하고 있는 동안에는 그 끝이 보이지 않습니다.

길을 떠난 지 사흘 만에 아브라함은 그 산이 멀리 바라보이는 곳에 다다랐습니다. 그 사흘 동안 그가 싸웠을 싸움을 생각해 보십시오! 여기서 아브라함은 두 종과 나귀를 떼어놓고 장작은 이삭의 등에 지우고 자기는 횃불과 제사용 칼을 들었습니다. 그동안 내내 그는 "이삭아, 네가 희생제물이란 걸 너와 네 어머니가 알았다면……." 하는 생각을 하고 있었습니다.

그리고 둘은 길을 떠났습니다. 여기서 무슨 일이 일어났는지는 이 세상 사람 아무도 모릅니다. 함께 걸어간 두 사람밖에. 아버지와 세상에 하나뿐인 그의 자식, 곧 앞으로 무슨 일이 닥칠지 모르지만 순종할 준비가 되어 있는 아들과 그런 아들을 잿더미로 남겨 두고 돌아와야 하는 아버지, 그 두 사람밖에는 아무도 모릅니다.

"아버지." 하고 이삭이 말했습니다. 아브라함은 "얘야, 내가 듣고 있다." 하고 대답합니다. "아버지, 불씨도 있고 장작도 있는데 번제물로 드릴 어린양은 어디 있습니까?" 하고 이삭이 물었습니다. 혹 빠뜨린 게 없느냐고 묻는 자식에게 "얘야, 번제물로 드릴 어린양은 하나님께서 마련하신단다." 하고 아브라함은 대답했습니다.

산에 도착하자 아브라함은 제단을 쌓고 그 위에 장작을 올려놓았습니다. 이제 이삭에게 얘기를 털어놓을 수밖에 없었습니다. 소년은 멍해졌습니다. 그는 "아버지께선 잊으셨습니까? 저는 어머니 사라의 노년에 기적같이 태어난 아들인데요. 저는 약속의 아들입니다. 아버지께서도 저를 통해서 한 위대한 민족의 아버지가 되시기로 되어 있구요."하고 항의했음에 틀림없습니다. 아브라함 역시 하나님께서는 잿더미를 가지고도 약속을 이루고야 마실 것이라고 답변했음에 틀림없습니다.

이어서 아브라함은 아들을 묶어서 장작더미 위에 올려놓았습니다. 아버지가 칼을 높이 쳐들었습니다. 소년은 목을 내밀었습니다. 하나님께서 한순간만이라도 주무셨다면 소년은 죽고 말았을 것입니다. 소년은 한 마리의 도축용 양이나 다름없었습니다. 역사를 통틀어, 그리스도께서 보이신 순종을 빼놓고 이만한 순종이 또 없었습니다.

그러나 하나님께서는 지켜보고 계셨습니다. 모든 천사도 마찬가지였습니다. 아버지는 칼을 쳐들었으나 아들은 눈 하나 깜짝하지 않았습니다. 천사가 "아브라함! 아브라함!" 하고 소리쳤습니다. 죽음의 시간에 하늘의 왕께서 대기하고 계시는 이 모습을 보십시오. 우리 사람들은 "우리는 살면서 죽는다."라고 말하지만 하나님께서는 "아니야, 우리는 죽으면서 살지." 하고 대답하십니다.

루터가 한번은 이 이야기를 가정 예배 시간에 읽었다. 이걸 다 마치자 케티가 말했다. "전 못 믿겠군요. 하나님께서 자기 아들이라면 그렇게 취급하지 않으셨을 거예요."

루터는 "그러나 케티, 하나님께서는 자기 아들도 그렇게 하셨어요."라고 대답했다.

루터가 그리스도의 수난에 대해서 묘사하는 장면을 또 들어 보자.

이 이야기는 더없이 인간적인 수준에서 전개되고 있다. 여기서 우리는 그리스도의 죽음이 하나의 처형이었기 때문에 무엇보다도 소름돋는다는 점을 깨닫는다. 이것은, 그 죽음은 앞으로 무엇이 일어날 것인지를 아는 사람이 정해진 순간에 목숨을 잃는 것을 뜻한다. 나이가 지긋한 사람일 경우에는 죽음의 천사가 그를 날개로 감싸고 평화롭게 사라지도록 한다. 그런데 예수께서는 모든 기능이 제대로 발휘되는 젊음을 가지시고서도 그대로 죽음을 맞으러 가셨다.

그분의 고통은 범법자들의 것에 견줄 수 없었다. 강도는 단순히 십자가에 못 박힐 뿐 모욕은 받지 않았다. 그리스도께는 "네가 정말 하나님의 아들이거든 어서 십자가에서 내려와 보아라."라는 빈정댐이 퍼부어졌다. 이건 마치 "하나님은 공평하셔. 죄 없는 사람을 십자가에 매다실 리가 있을라구." 하는 얘기나 다름없다. 그리스도께서는 이 순간 단지 한 명의 인간이셨다.

바로 이때 나에게와 마찬가지로 그분에게도 마귀가 다가서서 "너는 내 것이다." 하고 지껄였다. 그리스도께서 모욕을 당하고 나자 태양이 빛을 잃었으며 땅이 부들부들 떨었다. 괴로운 양심은 바람에 날리는 나뭇잎 소리만 들어도 철렁하기 마련인데 해가 온데간데없고 땅이 휘청거리는 순간 얼마나 등골이 오싹했겠는가?

그리스도께서는 자포자기의 상태에서 절규하셨다. 이 말씀이 예수께서 당시 사용하셨던 아람어 그대로 기록되어 있는 것은 우리로 하여금 그 짙은 황량함을 맛보게 하려는 뜻에서다. "엘리 엘리 라마 사박다니 하시니 이는 곧 나의 하나님, 나의 하나님, 어찌하여 나를 버리셨나이까 하는 뜻이라." 그러나 버림받은 자의 기도가 '나의 하나님'으로 시작되고 있는 데 주목하라. 이 절망의 부르짖음은 하나의 신앙 고백이었다.

루터가 직접 쓴 '내 주는 강한 성이요'의 악보.

루터가 가장 우울했던 해에 다음과 같은 찬송가 가사를 지었다는 것은 얼마나 놀라운 일인지 모른다.

내 주는 강한 성이요 방패와 병기 되시니
큰 환난에서 우리를 구하여 내시리로다.
옛 원수 마귀는 이때도 힘을 써
모략과 권세로 무기를 삼으니
천하에 누가 당하랴.

내 힘만 의지할 때는 패할 수밖에 없도다.
힘 있는 장수 나와서 날 대신하여 싸우네.
이 장수 누군가. 주 예수 그리스도,
만군의 주로다. 당할 자 누구랴.
반드시 이기리로다.

이 땅에 마귀 들끓어 우리를 삼키려 하나
겁내지 말고 섰거라. 진리로 이기리로다.
친척과 재물과 명예와 생명을
다 빼앗긴대도 진리는 살아서
그 나라 영원하리라.

제22장 루터가 미친 영향
다재다능한 독일의 선지자, 모든 개신교의 원줄기가 되다

루터가 독일 사람들에게 끼친 가장 깊은 영향력은 그들의 종교에서 찾을 수 있다. 그의 설교는 회중들에게 읽혀졌으며, 그의 전례는 노래로 불렸으며, 그의 요리 문답은 가장이 자기 식구들에게 다시 설명해 주었으며, 그의 성경은 겁 많은 사람에게 용기를 주고 죽어 가는 사람들에게 위로가 되었다. 그리고 그의 종교 개혁 운동은 여러 가지 개신교를 세우는 데 있어서, 더러는 시발점 노릇을 하기도 하고 더러는 조력자 노릇을 하기도 했다. 모든 개신교의 원줄기는 루터라고 할 수 있다. 심지어 가톨릭 교회까지도 그에게 많은 신세를 졌다. 가톨릭 교회가 루터의 종교 개혁으로부터 엄청난 충격과 아울러 그 본을 따서 개혁하고픈 무서운 충동을 받았음은 분명하다.

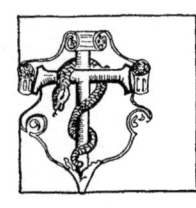 루터의 생애 가운데 1530년의 『아우크스부르크 신앙 고백』부터 1546년 임종에 이르는 마지막 16년을 전기 작가들은 아예 빼 버리거나 그 이전 생애에 비해 무성의하게 다룬다. 루터의 마지막 생애가 그의 사상을 결정하지도 않았고 그의 업적에 있어서도 중요한 시기가 아니었다는 점을 생각하면 소홀한 취급이 어느 정도 정당화된다.

1531년에 그가 자신을 평가한 내용에는 잔인한 익살 이상의 의미가 담겨 있다. "교황 신봉자들은 마귀처럼 물어뜯고 할퀴면서 내가 이 죄 많은 몸을 처분하는 데 도움을 주려 하지. 그런데 전과는 달리 이번에 날 내놓는 것이 하나님의 뜻이 아니라면 거기에 대해서도 찬송과 감사를 돌려야겠다. 이 몸은 살 만큼 산 몸. 이 몸이 없어져야 그들은 루터의 무게를 제대로 느낄걸." 그의 얘기는 옳았다. 그의 여러 사상은 완숙했고, 그의 교회는 자리를 잡았으며, 동료들은 이를 계속 추진했다.

사실 그의 나머지 생애가 교회와 국가의 규제를 받았던 만큼 동료들은 공적인 분야에서 이 일을 떠맡지 않을 수 없었다.

헤센의 방백 필리프의 중혼

공적 무대에서 이처럼 추방되는 것이 더욱 그를 짜증나게 했는데, 그것은 그동안의 극적인 갈등과 일로 건강이 약화되어 나이에 비해 너무 성미가 급한 노인, 토라지기 잘하고 괴팍스럽고 어떤 때는 말씨가 상스러운 노인이 되었기 때문이다. 이것이 또한 작가들이 이 기간을 짤막하게 다루고 넘어가려는 또 다른 이유이기도 하다.

차라리 덮어 버리고 싶은 자질구레한 일들이 그 밖에도 많다. 그러나 이러한 일들을 자주 들먹이면 그의 명예가 훼손된다 해서 기록하지 않고 그냥 넘어갈 수는 없다.

이 가운데 가장 두드러진 사건은 헤센의 방백(方伯, landgrave, 지위와 권위가 공작과 같은 독일의 지방 백작) 필리프(Philipp I)의 중혼(重婚)에 대한 루터의 태도였다. 필리프 방백은 애정과는 상관없이 순전히 정략적인 이유로 나이 열아홉에 게오르크 공작의 딸과 결혼식을 올렸다. 필리프는 낭만적인 결혼 생활이 되지 않자 밖으로 돌면서 닥치는 대로 자신의 욕구를 채웠다.

그러던 그가 회심한 후 어찌나 양심이 괴로웠던지 성찬식에는 감히 참여하지도 못했다. 정말 마음에 드는 배필만 찾을 수 있다면 자신도 가정 생활의 울타리 안에서 만족할 수 있을 것이라고 생각했다.

이 어려운 문제를 해결할 수 있는 방법은 여러 가지였다. 필리프가 가톨릭 신자로 남아 있었다면 결혼 생활의 결함을 근거로 해결책을 찾을 수도 있었다. 그러나 그는 루터교 신자가 된 이상 교황에게서 어떠한 배려도 기대할 수 없었다. 가톨릭의 방법대로 따르는 걸 허용할 루터도 아니었다.

두 번째 방법은 이혼하고 재혼하는 일이었다. 오늘날에는 개신교 단체 가운데 이러한 방법에 호의를 보일 사람들이 아주 많을 것이다. 특히 필리프가 어릴 적에 사랑하지 않는 상대와 억지로 결혼했다는 점을 생각하면 더욱 그렇다.

그러나 루터는 이 대목에서 복음서를 해석하면서 그리스도께서 간음 외에는 이혼을 허락하시지 않았다는 마태의 보고를 그대로 고수했다.

한편으로는 루터도 대책이 필요함을 느꼈다. 그러던 가운데 구약시대 족장들의 관습에서 방법을 찾았다. 그들은 중혼, 아니 일부다처제를 실시하고 살았지만 하늘의 불만을 샀다는 명백한 증거가 아무 데도 없었다. 필리프는 둘째 아내를 데리고 살아도 양심에 꺼릴 게 없다는 충고를 받았다. 하지만 그렇게 하자면 그 지역의 법을 어기는 것이므로 비밀로 해야 했다. 이 사실을 새 장모가 지키지 않았다.

그러자 루터는 자신의 충고는 고해실에서 한 것이요 고해실의 비밀을 지키기 위해서는 거짓말도 정당할 수 있다는 근거에서, 거짓말을 하라고 조언했다. 그러나 이 비밀도 새어 나갔으며 그걸 부인해 봐야 소용없게 되었다.

루터는 여기에 대해, 만약 이후로 중혼을 하고 싶은 사람이 있다면 "차라리 마귀에게 지옥탕에서 목욕하게 해달라고 부탁하는 게 나을 걸." 하고 마지막 토를 달았다.

이 모든 일화가 프로테스탄트 운동에 정치적으로 큰 손해를 가져왔는데 그것은 필리프가 황제에게서 사면을 받아내려면 프로테스탄트 신자들과의 군사동맹에서 빠져나올 수밖에 없었기 때문이다. 필리프가 비굴하게 황제의 은총을 구하는 광경은 어느 정도 아이러니했는데, 그건 유럽 곳곳에 카를의 사생아들이 깔려 있었고 교황이 이들을 적자로 만들어 국가의 높은 관직에 앉을 수 있게 해줬기 때문이다.

이에 비하면 루터의 문제 해결안은 단지 하나의 한심하고도 딱한 꾀에 지나지 않았다. 그는 먼저 결혼을 하나의 정치적인 도구로 전락시킨 못된 제도를 공격했어야 했다. 그리고 나서 프로테스탄트적인 이혼을 통한 문제 해결을 채택했다면 일이 잘 풀렸을지도 모른다.

재세례파들에 대한 태도

루터 말년의 두 번째 국면은 소수파, 특히 재세례파들에 대한 냉담하고 완고한 태도이다. 그들의 성장은 지역 교회에 있어 심각한 문젯거리로 등장했다. 1529년 복음주의자들의 협력으로 슈파이어 의회에서 그들에게 사형이 선고되었음에도 불구하고 그 순교자들의 대담하고 흠잡을 데 없는 삶 때문에 많은 개종자들이 생겨났으며, 이들이 기성 교회의 교인을 줄어들게 할 정도로 위협을 주는 시점에 이르렀기 때문이다.

헤센의 필리프는 이 소수파 사람들의 생활을 루터교 신자들의 것보다 더 건전하게 보았다. 재세례파를 비난하는 글을 쓴 한 루터교 목사도 이들이 가난한 사람들과 함께 다니며, 아주 겸손하게 보였으며, 기도를 많이 하고 복음서를 읽었으며, 단정한 생활과 선행, 이웃 돕기, 증여하고 빌려 주기, 물건 나눠 쓰기, 아무에게도 큰소리치지 않기, 서로 형제자매로 살기를 강조했다고 증거했다.

이러한 사람들이 작센에서 선거후 요한에게 처형을 당했다. 그러나 이 순교자들의 피는 다시 교회의 씨앗으로 나타났다.

루터는 이 모든 문제 때문에 더욱더 착잡했다. 1527년 그는 재세례파들에 대해 이런 글을 썼다.

> 가난한 사람들이 그처럼 비참하게 죽음에 던져지고 불태워지고 잔인하게 살해되는 것은 옳지 않다. 나는 이에 대해 죽을 만큼 괴로움을 느낀다.
> 아무나 자기가 좋아하는 걸 믿게 내버려 두라. 잘못 믿은 사람은 나중에 지옥불에서 충분히 처벌받을 것이다.
> 치안 방해만 없다면 그들에게 성경과 하나님의 말씀으로 반대하는 것으로 충분하다. 불로는 되는 게 없다.

이것은 물론 루터가 한 가지 신앙을 또 다른 신앙만큼 좋은 것으로 여겼다는 것은 아니다. 무엇보다도 그는 잘못된 신앙 뒤에는 지옥불이 따를 것이라고, 그리고 참된 신앙을 강제로 창조할 수는 없지만 거기에 대한 방해거리는 제거할 수 있다고 굳게 믿었다.

물론 통치자는 신앙이 모독을 받는 일이 없도록 해야 한다. 1530년 루터는 여기서 한 걸음 더 나아가 치안 방해와 신성모독에는 처벌을 가해야 하며 사형도 불사해야 한다는 입장을 밝혔다. 이렇게 해서 강조점은, 올바르지 않은 신념에서 말과 행동을 통한 그 신념의 공개적인 표명으로 옮겨졌다.

하지만 이것이 그들의 자유에 큰 도움이 되지는 못했다. 그 이유는 루터가 치안 방해로 본 것이라야 공직과 군복무의 기피 정도였고, 신성모독이라야 사도신경의 한 조항을 배척하는 정도였기 때문이다.

1531년에 한 성명서가 나왔는데 이것은 멜란히톤이 작성하고 루터가 서명한 것이었다. 여기에서 목회직의 거절은 참을 수 없는 신성모독으로, 교회를 붕괴시키는 일은 성직자단에 대항하는 치안 방해 또는 선동으로 묘사되어 있

재세례파 설교자.

다. 1536년에 발표된 성명서 역시 멜란히톤이 작성하고 루터가 서명한 것인데, 여기서는 평화적인 재세례파들과 혁명적인 재세례파들에 대한 구별이 없어져 버렸다.

헤센의 필리프는 체포한 30여 명의 재세례파들에 대한 처리 문제로 여러 도시 당국과 대학들에게 자문을 구했다. 그는 끝까지 사형 집행을 반대했으며 결국 추방 이상의 처벌을 내리지 않았다. 그러나 이것도 별 효력이 없었다. 그 까닭은 재세례파들이 이 땅은 주님의 것이라면서 떠나려 하지 않았기 때문이다.

필리프가 받은 답변 가운데 가장 가혹한 것은 루터파에게서 온 것이었다. 멜란히톤은 재세례파들이 소극적으로 정부, 서약, 사유 재산, 신앙이 다른 사람과의 결혼 등을 거절하는 그 자체가 공공질서를 붕괴시키는 것이며 따라서 치안 방해에 해당한다고 우겼다. 재세례파들이 신성모독의 처벌에 항의하는 것 자체가 신성모독이었다. 유아 세례를 언짢게 보다 보면 이교도 사회가 되어 버리고 교회로부터의 이탈이 따를 수밖에 없으며, 소수파가 하나의 떼를 짓는 것 자체가 하나님에 대한 불경이었다.

루터는 이 성명서에 서명하는 것이 별로 내키지 않았을지도 모르겠다. 아무튼 그는 각 성명서에 추신을 달았다. 첫 번 성명서에는 이런 말을 덧붙였다. "나는 여기에 동의한다. 물론 그들을 칼로 처벌하는 것이 잔인해 보이지만, 그들이 말씀 사역을 정죄하는가 하면 확실한 교리도 없이 참된 교리를 억누름으로써 공공질서를 뒤엎으려 하는 것은 더 잔인하다." 두 번째 문서에 루터가 덧붙인 말은 가차 없는 처사를 자비로 누그러뜨려 달라는 호소였다. 1540년 그는 『식탁 담화』에서 헤센의 필리프의 입장, 곧 오직 치안을 방해하는 재세례파들만 처형하고 나머지는 단지 추방하자는 입장으로 물러섰다고 기록하였다.

그러나 루터는 기쁘게 자신들을 도축용 양으로 바친 사람들을 위해 얘기할 수 있었던 무수한 기회를 놓치고 말았다. 우리는 그가 프리츠 에르베(Fritz Erbe) 사건으로 큰 감동을 받지 않았을까 하는 생각을 하게 된다. 에르베는 16년의 감금 생활 후에 바르트부르크 성에서 죽었다. 그의 지조 때문에 아이제나흐 인구의 절반이 재세례파로 돌아섰다는 걸 알았다면 루터도 그처럼 가혹한 처벌의 효과에 대해서 곰곰이 생각해 봤을지도 모르겠다.

 루터의 입장을 이해하기 위해서는 재세례파가 모든 경우에 사회적으로 해를 끼쳤다는 점을 꼭 명심해야 한다. 루터가 평화적인 재세례파에 대해서까지 사형에 처하자는 성명서에 서명하던 해는 그들 가운데 한 그룹이 평화적인 방법을 포기했던 해였다.
 10여 년에 걸친 쉴 새 없는 박해에 진저리가 나자 1534년(원서에는 1536년으로 기재되어 있는데, 재세례파의 뮌스터 반란이 1534년에 일어난 사실에 비추어 오기라고 판단하고 수정하였다—편집자 주) 곳곳에서 광신자들은 주님의 계시를 받았다. 그 계시의 내용은 그들이 더 이상 도축용 양 노릇을 할 것이 아니라 낫을 가지고 추수하는 천사 노릇을 해야 한다는 것이었다. 강제적인 수단을 써서 그들은 베스트팔렌 지역의 뮌스터 시를 점령한 다음 그곳에서 신정 통치를 시작했다. 이것은 토마스 뮌처가 꿈꾸던 것이었다.
 가톨릭 신자들과 프로테스탄트 신자들 모두는 이 새로운 다니엘과 엘리야의 통치를 억누르는 데 힘을 합쳤다. 일련의 사태는 평화롭다고만 하던 재세례파들의 평판에 이루 말할 수 없는 먹칠을 했다. 이 한 번의 계기를 통해서 양의 가죽 속에 이리가 들어가 있을지도 모르니 그들이 가면을 벗어던지기 전에 처단해야 하지 않겠는가 하는 두려움이 생기게 되었다.

 루터의 경우에 또 하나 명심할 점은 튀링겐 지역의 재세례파 지도자 멜히오르 링크(Melchior Rinck)가 프랑켄하우젠 전쟁터에서 뮌처와 함께 있었다는 사실이다. 하지만 이 모든 것을 고려한다 해도 멜란히톤의 성명서가 평화적인 사람들을 말살하는 것을 정당화했다는 점은 잊을 수 없다.

여기서 루터와 멜란히톤의 경우에 유념해야 할 점은 두 사람 모두 종교 재판 시의 교회처럼 하나님의 진리는 알아볼 수 있으며 알아볼 수 있으면 인류에게는 그것을 구김 없이 보존해야 할 최상의 의무가 있다는 확신이 강했다는 점이다. 재세례파는 인간의 영혼을 더럽히는 자들로 취급되었다.

루터는 그들에게 가혹하기보다 너그러웠던 경우가 더 많았다. 그는 죽을 때까지, 믿음은 억지로 강요할 것이 아니요, 개인적으로는 믿고 싶은 것을 믿을 수도 있으며, 정통 교리에 대한 공개적인 공격에만 처벌을 내려야 하고, 속박을 받아야 할 것은 이단이 아니라 오직 치안 방해와 신성모독뿐이라고 주장했다.

유대인들에 대한 태도

또 다른 반대 그룹으로 루터의 관심을 끈 사람들은 유대인이었다. 처음에는 그들을 그리스도를 배척한 목이 뻣뻣한 백성이라고 믿었지만, 그 당시의 유대인들에게 조상의 죄를 뒤집어씌울 수가 없었으며 그들이 교황 제도의 타락과 부패 때문에 기독교를 배척하는 것도 얼마든지 용서해 줄 수 있었다. 그는 이렇게 말했다.

> 내가 만일 유대인이라면 교황에게 손들고 나가지 않고 열 번이라도 고문을 받겠다.

> 교황 신봉자들의 품행이 얼마나 지저분하던지 선한 그리스도인이라면 누구나 그들 가운데 한 사람이 되기보다는 유대인이 되고 싶을 것이요, 유대인은 그리스도인이 되기보다는 돼지가 되고 싶을 것이다.

유대인들을 속박하고 헐뜯으며 개처럼 미워하면서 그들에게 무슨 좋은 일을 할 수 있겠는가? 그들에게 일을 주지 않고 억지로 고리대금업을 시킨다 해서 그게 무슨 도움이 되겠는가? 우리가 유대인들에게 취해야 할 방법은 교황의 법이 아니라 그리스도의 사랑의 법이다. 어떤 사람들이 목이 뻣뻣한 외고집이라 해서 그게 그렇게 문제될 게 무엇인가? 우리 모두가 선한 그리스도인은 아니다.

루터는 교황 제도의 폐단을 제거하고 나면 자신의 개혁으로 당장 유대인들이 회심할 것이라고 낙관하고 있었다. 그러나 루터가 몇몇 유대교 율법학자를 개종시키려 했더니 오히려 그들이 그를 유대인으로 만들려 했다. 한 유대인이 교황 신봉자에게 매수되어 그를 살해하려 한다는 소문도 완전히 못 믿을 소리는 아니었다.

그리고 루터의 말년에, 곧 그가 종종 신경이 날카로워져 고통받고 있던 때, 모라비아에서 그리스도인들이 속아 넘어가 유대교로 개종하고 있다는 소식이 날아들었다. 루터는 이에 한바탕 고함을 지르면서 유대인들을 모두 팔레스타인으로 쫓아 버리자고 했다. 또 이것이 어려울 경우에는 그들에게서 고리대금업도 금하고, 흙을 일구며 먹고 살게 하고, 회당은 불살라 버리고, 성경을 포함한 책들을 빼앗아 버려야 한다고도 했다.

루터가 이런 내용의 책자를 쓰기 전에 세상을 떠났다면 얼마나 좋았을까 하는 아쉬움이 따르기도 한다. 그렇지만 그가 말한 내용과 그 이유를 분명히 하지 않으면 안 된다. 그의 입장은 전적으로 종교적이었으며 그 어느 면에서도 인종 차별이 아니었다. 그에게 있어서 최악의 죄는 하나님께서 그리스도 안에서 자신을 계시하신 것을 끈질기게 배척하는 것이었다. 유대인들이 수백 년에 걸쳐 고난을 받는 것은 하늘의 불만을 사고 있다는 하나의 표시였다. 종교의 지역주의 원칙은 유대인들에게도 적용되어야 했다. 그들은 억지로라도 그곳을 떠나 자기 조국으로 가게 해야 했다. 이는 강제적인 시온주의 계획이었다.

그러나 그것이 가능하지 않을 경우엔 유대인들이 흙을 일구며 살게 하자고 루터는 제안했다. 그는 자신도 모르게 유대인들이 농사를 짓고 살던 초기 중세의 상황으로 되돌아가고 있었다. 토지에서 쫓겨나자 그들은 상업에 손을 댔으며, 상업에서 추방되자 돈 빌려 주는 일에 손을 댔다. 루터는 이 과정을 뒤집으려 했으며 그렇게 함으로써 저절로 유대인들이 그의 시대보다 더 안전한 입장에 놓이게 될 것이라고 생각했다. 하지만 유대인 회당을 불사르고 책을 몰수하자는 것은 광신적인 개종자였던 페퍼코른의 계획 가운데 가장 악독한 짓을 부활시키는 것이었다.

한마디만 덧붙이자. 이와 비슷한 책자가 루터가 살던 때에 영국, 프랑스, 스페인에 나타나지 않은 것은, 이러한 나라에서는 유대인들이 이미 완전히 추방되었기 때문이다. 다른 많은 면과 마찬가지로 이 문제에 있어서 통일되지 않은 독일은 일부 지역에서는 유대인들을 추방하고 프랑크푸르트와 보름스 같은 곳에서는 그들을 묵인했다.

이 상황에서 우스운 것은 여호와께서는 사교(邪敎)에 빠지는 사람들에게 성내신다는 점을 들어 루터가 자신의 입장을 변호한 데 있다. 하나님을 이런 식으로 묘사하는 것이 정당한지를 따지는 사람이 있었어도 거기에 귀 기울이지 않았을 루터지만, 인간이 하늘의 재앙을 흉내 내는 데 대해서 성경 자체가 찬성하지 않는다는 점은 한 번쯤 되새겨 볼 만한 일이었다.

교황주의자들과 황제

루터가 더욱더 가혹하게 대한 세 번째 그룹은 교황 신봉자들이었다. 교황에 대한 공격이 한층 신랄했던 것은 어쩌면 그것밖에 달리 할 일이 없었기 때문인지도 모른다. 보름스에서처럼 공적으로 보다 더 알찬 신앙 고백을 할 수 있는 기회가 루터에게는 다시 주어지지 않았으며 다른 사람들에게 닥쳐온 순교도 그는 그냥 지나쳐 버렸다. 그는 독설을 휘두름으로써 이것을 대신했다. 생애가 거의 끝나 갈 무렵 그는 누가 보아도 상스러운 풍자화가 삽입된 도해 책자를 내놓았다. 모든 경우에 있어서 그는 완전히 자제력을 잃었다.

황제에 대한 그의 태도는 문제가 달랐다. 루터가 마지막까지 큰 망상을 품었던 대목이 바로 여기다. 1531년까지만 해도 그는 카를 황제가 관용을 베풀었다고 칭송했으며 황제가 교황 신봉자들의 시달림에 굴복한다는 건 믿으려 하지 않았다.

그러나 만약에 황제가 그렇게 할 경우 그리고 무기로 복음을 제지할 경우 신하들이 할 일은 그의 깃발 아래서 섬기는 걸 거부하는 것뿐이요, 그 밖의 것에 관해서는 롯을 소돔에서 구원하신 주께 그 결과를 맡길 수밖에 없었다. 하나님께서 개입하셔서 자기 백성을 보호하지 않으신다 해도 그분은 여전히 주 하나님이시요, 어떤 상황에서든 신하는 임명받은 권세자들에게 무기를 들고 대들어서는 안 되었다.

하지만 그 이듬해에 루터는 사도 바울이 '권세자들'(powers)이라는 복수형 단어를 사용했으며 일반 사람이 오로지 권세자에게만 맡겨진 칼을 집어 들 수는 없지만 한 권세자가 칼을 들어 다른 권세자를 제지하는 것은 합당할 수도 있음을 간파했다. 바꿔 말하자면, 정부의 한 부에서 다른 부의 부당한 행위를 견제할 필요가 있을 때는 힘을 사용할 수도 있다는 얘기다.

신성 로마 제국은 입헌 군주국이었으며, 황제는 대관식에서 어떤 독일 사람도 그의 얘기를 듣지 않고서는 또한 그가 판결을 받기 전에는 추방하지 않겠다고 서약했다. 물론 이 조항이 이단 혐의를 받은 한갓 수도사를 보호하는 데는 적용되지 않았지만 제후들과 선거후들이 관련될 경우에는 상황이 바뀌었다. 만일 카를이 이 서약을 지키지 않는다면 하위 통치자들은 무기를 들고서라도 그에게 저항할 수 있었다.

법률학자들이 이렇게 루터에게 제시한 공식은 대인기를 끌게 될 수밖에 없었다. 루터파 사람들은 1555년에 그들이 법적인 인정을 받을 때까지만 이 공식을 사용했다. 그 후부터는 칼빈주의자들이 이 표어를 치켜들고서 하위 통치자란 말을 프랑스의 하위 귀족과 동의어로 삼았다. 그 후로 영국의 청교도들은 하원을 그렇게 취급했다. 후기 역사가들은 루터주의를 정치적으로 굴종적인 것으로 칼빈주의를 비타협적인 것으로 못 박다시피 하는데, 이 신조의 근원을 루터파 사람들의 토양에 비추어 검토해 봄직하다.

그러나 이것은 루터의 착상이 아니었다. 물론 그가 그 타당성을 인정하기는 했지만, 언제나 어느 정도 미심쩍어 하는 태도를 취했으며 그의 조건이 도대체 실제로 성취되었을까 싶을 정도로 제한을 두었다. 루터는 황제에게 무력으

하위 통치자, 작센의 선거후 요한 프리드리히.

로 저항할 수 있는 경우는 그가 미사를 다시 끌어들일 때가 아니라 오직 루터주의자들에게 억지로 미사에 참석하도록 할 때뿐이라고 생각했다. 실제로 황제는 이것을 루터가 죽고 난 뒤 요구했는데, 헤센의 필리프를 사로잡아 성찬식에 억지로 참석하게 한 일이 그것이다. 이 경우를 두고 루터가 칼을 쓰기에 적합한 시기로 생각했을지는 영원히 알 수 없다. 그는 언제라도 불순종할 각오가 되어 있던 사람이지만, 주의 기름부음을 받은 자를 때리려고 손을 쳐드는 것은 굉장히 꺼렸다.

말년의 루터.

이러한 문제들이 그의 마지막 몇 년간의 생애 동안 관심을 끈 공적인 문제였지만 그는 어느 경우에도 성명서를 쓰는 이상의 행동을 취하지는 않았다. 그는 그보다 더 제한된 임무에 몰두하곤 했는데 그것은 그가 좋아서 한 일이었다. 그는 "젖소가 젖을 바치는 것은 하늘에 가기 위해서가 아니라 그것이 젖소의 체질이기 때문이다."라고 말했다.

말이 나왔으니 말이지만, 마르틴 루터는 자신은 자신의 목사직으로 유럽의 운명을 해결할 수는 없었으나 이 목회가 바로 그의 체질이라고 하며 대학과 교구의 일들을 위해 아낌없이 자신을 바쳤다. 그는 죽을 때까지 설교, 강의, 상담, 저작을 계속하였다.

그리고 젊은 날의 화려한 도전이 제아무리 질병, 일, 낙심, 괴팍스러움으로 찌그러졌다 해도, 꼭 필요한 경우에는 언제나 균형 감각을 갖고 공격의 정면에 서곤 했다. 그가 인생을 마감할 때 일어난 일도 바로 그 예이다.

루터는 비텐베르크의 여자들이 목이 파인 옷을 입는 게 어찌나 눈꼴사납던지 다신 돌아오지 않겠다면서 집을 떠나 버렸었다. 그의 주치의가 가서 데려오

긴 했지만 돌아오자마자 만스펠트의 백작들이 영지 분쟁의 조정자 노릇을 해달라는 요청을 해왔다. 멜란히톤은 너무 아파서 갈 수 없었다. 그러나 루터는 너무 아파서 살 수 없었다. 그는 가서 백작들을 화해시키고 돌아오는 길에 눈을 감았다.

루터의 후기 생애가 그렇다고 꺼져 가는 불길의 바지직 소리 정도로 치부할 것은 아니다. 자신의 논쟁적인 책자들에서 때때로 야비하고 상스러운 모습을 보이기도 했지만 그의 인생 가운데 노심초사했던 여러 가지 일들의 핵심을 담은 그 작품들을 돌아보면 그는 끊임없이 성숙해 갔고 예술적 창의성에 있어서도 발전해 갔다.

성경 번역은 마지막 숨을 거두는 순간까지 수정을 거듭했다. 설교와 성경 주석은 눈부신 절정에 이르렀다. 앞서 인용한 이삭을 제물로 바치는 부분의 묘사도 1545년의 저서에서 뽑은 것이다. 루터의 종교적, 윤리적 원칙을 설명하기 위해 이 책 곳곳에 인용한 대목 가운데는 후기 작품에서 뽑은 것도 더러 있다.

루터가 미친 영향

루터가 영향력을 끼친 영역은 세 군데가 눈에 띈다.

그 첫째는 그의 조국 독일이다. 그는 자신을 '독일의 선지자'라 불렀다. 교황 제도의 나귀들을 상대하자면 스스로 그처럼 외람된 직함을 가져야 한다고 그는 말했다. 그리고 그는 말할 때마다 "나의 사랑하는 독일인들이여."라고 하며 얘기했다.

독일 국민성을 이루는 데 있어서 루터만큼 기여한 사람이 없다는 얘기가 자주 들린다. 독일인들의 정치에 대한 무관심과 음악에 대한 열정은 이미 루터에게서도 찾아볼 수 있었다.

이들의 언어는 그의 손으로 어찌나 다듬어졌는지 그들이 그에게 입은 은혜의 정도를 식별하기 어려울 정도다. 독일 사람 아무나 붙잡고 루터 성경 한 대목을 읽으면서 기가 막히게 아름답지 않느냐고 물어보라. 그건 독일 사람이라면 누구나 다 쓰는 말씨라고 대답할 것이다. 그 이유는 간단하다. 독일 사람 하나하나가 루터의 번역본을 교과서로 삼아 교육받기 때문이다.

루터가 독일인에게 미친 영향 가운데 가장 폭넓은 것은 가정 생활에 대한 것이다. 사실 종교 개혁이 깊숙이 영향을 끼친 삶의 영역이 있다면 바로 가정이다. 경제는 자본주의의 길로, 정치는 전제 정치의 길로 가 버렸다. 그러나 가정은 루터가 식구들에게 표본으로 세워 놓았던 대로 다정하고 경건한 가장(家長) 중심주의 성격을 띠었다.

루터가 독일 사람들에게 끼친 가장 깊은 영향력은 그들의 종교에서 찾을 수 있다. 그의 설교는 회중들에게 읽혀졌으며, 그의 전례는 노래로 불렸으며, 그의 요리 문답은 가장이 자기 식구들에게 다시 설명해 주었으며, 그의 성경은 겁 많은 사람에게 용기를 주고 죽어 가는 사람들에게 위로가 되었다. 영국 사람 가운데 국민의 종교 생활에서 이와 비슷한 위치를 차지하는 사람이 없는 것은 영국인 중 루터의 지식 범위와 다양성을 따라갈 사람이 아무도 없었기 때문이다. 영국의 성경 번역은 틴데일(William Tyndale)의 일이요, 기도서는 크랜머(Thomas Cranmer)의 일이요, 요리 문답은 웨스트민스터 신학자들의 일이었다. 설교 스타일은 래티머(Hugh Latimer)에게서 유래했으며, 찬송가는 와츠(Isaac Watts)에게서 나왔다. 게다가 이 모든 사람이 똑같은 시대를 살지도 않았다. 다섯 사람 이상의 일을 루터는 혼자서 해냈다. 하나 더 말하자면, 어휘의 풍부함과 화려함 그리고 세련된 스타일에 있어서도 그와 견줄 사람은 셰익스피어(William Shakespeare)밖에 없다.

독일 사람들이 스스로를 그러한 독일인이라고 내세우는 것도 당연하다. 그러나 수천 년의 역사를 더듬어 이 사람과 비교할 수 있는 사람을 찾는다고 해

보자. 루터의 여러 능력 가운데 한 가지 능력만 놓고 봐도 독일인 가운데 루터만한 수준에 이른 이가 없었다. 사실 어느 독일 역사가는 "300년 동안 실제로 루터를 이해한 사람이 딱 한 명 있는데 그가 바로 바흐(Johann Sebastian Bach)이다."라고 얘기한다.

하나님과 씨름한 사람으로서 루터에 비길 만한 사람을 찾으려 한다면 유대인 바울, 북아프리카 변방의 로마 사람 아우구스티누스(Aurelius Augustinus), 프랑스 사람 파스칼(Blaise Pascal), 덴마크 사람 키에르케고르(Søren Kierkegaard), 스페인 사람 우나무노(Miguel de Unamuno), 러시아 사람 도스토예프스키(Fyodor M. Dostoyevsky), 영국 사람 번연(John Bunyan), 미국 사람 에드워즈(Jonathan Edwards) 쪽으로 머리를 돌릴 수밖에 없다.

바로 이것이 두 번째 큰 영역, 곧 교회의 영역에서 루터의 영향이 자기 나라 이상으로 넓게 뻗어나가는 이유다. 루터주의는 스칸디나비아를 장악했으며 미국에서도 폭넓은 지지를 받고 있다. 그것 말고도 이 운동은 그 외의 여러 가지 개신교를 세우는 데 있어서, 더러는 시발점 노릇을 하기도 하고 더러는 조력자 노릇을 하기도 했다. 모든 개신교의 원줄기는 루터라고 할 수 있다.

그리고 루터가 자기 국민에게 끼친 영향력은 다른 국민에게도 마찬가지로 작용했다. 예를 들면 그의 성경 번역은 영어로 성경을 번역하는 일에 영향을 끼쳤으며 최초의 영어 성경에 달린 틴데일의 머리말은 루터의 것에서 따온 것이다. 그의 전례상의 개혁도 마찬가지로 『성공회 기도서』(Book of Common Prayer)에 영향을 끼쳤다.

그리고 가톨릭 교회까지도 그에게 많은 신세를 지고 있다. 흔히들 만약에 루터가 나타나지 않았다면 에라스무스식의 개혁이 승리했거나 스페인식의 개혁이 뒤따랐을 것이라는 얘기를 한다. 물론 어림짐작이다. 그러나 가톨릭 교회가 루터파 사람들의 종교 개혁으로부터 엄청난 충격과 아울러 그 본을 따서 개혁하고픈 무서운 충동을 받았음은 분명하다.

세 번째 영역은 루터에게 가장 중요했다. 그것은 곧 종교의 영역이다. 그를 심판해야 하는 대목은 바로 여기다. 종교에 있어서 그는 히브리인이었지 맑은 연못에서 흥겹게 놀거나 올림포스산에서 잔치나 벌이는 여러 남녀 신들을 허황되게 그리는 헬라인이 아니었다.

루터의 하나님은 모세의 경우처럼 폭풍우 구름 사이에 계시며 바람 날개를 타고 다니시는 하나님이었다. 그분이 눈만 깜박거려도 이 땅은 사시나무 떨듯 떨고, 사람들은 그분 앞에서라면 바다에 떨어진 물 한 방울에 불과할 뿐이었다. 그분은 위엄과 능력의 하나님이요, 헤아릴 수 없고 무시무시하며 상대가 되지 않으며 화가 나면 모조리 태워 버리는 분이시다. 그런가 하면 그 무서운 분은 자비로운 분이시기도 하다. "아버지가 자식을 긍휼히 여김같이 여호와께서는 자기를 경외하는 자를 긍휼히 여기시나니."

그러나 어떻게 우리는 이것을 알게 되는가? 그리스도 안에서, 오직 그리스도 안에서이다. 그분은 누추한 구유에서 태어나 사람들에게 배척당하고 야유받으며 범죄자로 죽게 되셨다. 하나님께 부르짖으셨지만 그 대답으로는 오직 땅이 진동하고 해가 캄캄하게 빛을 잃었을 뿐, 하나님에게조차 버림받으셨다. 그리고 바로 그 시각에 그분은 우리의 모든 불의를 짊어지고 박멸하셨으며, 지옥의 군대를 짓밟고 그 무서운 분의 노여움 속에 우리를 그냥 놔두지 않는 사랑을 드러내셨다.

더 이상 루터는 바람결에 흩날리는 나뭇잎의 바스락 소리에 부들부들 떨지 않았으며 성 안나에게 도움을 청하기는커녕 천지를 울리는 뇌성과 먹구름을 가르고 꽂히는 벽력에도 비웃을 수 있다고 자신 있게 말할 수 있었다. 바로 이 진리 때문에 그는 이런 말을 할 수 있었다.

여기 제가 확고부동하게 서 있습니다.
저는 달리 어찌할 도리가 없습니다.
하나님이여, 이 몸을 도우소서.
아멘.

참고 문헌

마르틴 루터와 그의 시대에 관한 문헌

Albrecht, Otto. "Luthers Katechismen," *Schriften des Vereins für Reformationsgeschichte*, XXXIII(1915).

Althaus, Paul. "Die Bedeutung des Kreuzes im Denken Luthers," *Vierteljahrschrift der Luthergesellschaft*, VIII(1926), 97-107.

_____. "Luthers Haltung im Bauernkrieg," *Jahrbuch der Luthergesellschaft*, VII(1925), 1-39.

Archivio di Firenze. "I manoscritte Torrigiani," *Archivio stor. italiano*, XXIV(1876).

Arnold, Franz Xaver. *Zur Frage des Naturrechts bei Martin Luther*(1937).

Bainton, Roland H. *Bibliography of the Continental Reformation*(1935).

_____. "The Development and Consistency of Luther's Attitude Toward Religious Liberty," *Harvard Theological Review*, XXII(1929), 107-149.

_____. "Dürer and Luther as the Man of Sorrows," *Art Bulletin*, XXIX(1947), 269-272.

_____. "Eyn Wunderliche Weyssagung Osiander, Sachs, Luther," *Germanic Review*, XXI, 3(1946), 161-164.

_____. "Luther's Struggle for Faith," *Gerhard Ritter Festschrift*. Also in *Church History*, XVII(1948), 3-16.

_____. *The Martin Luther Christmas Book*(1948).

_____. Review of Boehmer's *Road to Reformation*, *Church History*, XVI(1947), 167-176.

Balan, Petrus. *Monumenta Reformationis Lutheranae*(1884).

Barge, Hermann. *Andreas Bodenstein von Karlstadt*, I-II(1905).

Bauer, Karl. "Die Heidelberger Disputation Luthers," *Zeitschrift für Kirchengeschichte*, XXI(1901), 233-268, 299-329.

_____. *Die Wittenberger Universitäts-theologie*(1928).

Benz, Ernst. *Wittenberg und Byzanz*(1940).

Berbig, Georg. "Die erste kursächsische Visitation in Ortsland Franken," *Archiv für Reformationsgeschichte*, III(1905–1906), 336–402; IV(1906–1907), 370–408.

Berger, Arnold E. *Reihe Reformation*. "Deutsche Literatur" series:

_____. *Die Schaubühne*, I & II(1935–1936).

_____. *Die Sturmtruppen*(1931).

_____. *Lied, Spruch, und Fabeldichtung*(1938).

_____. *Satirische Feldzüge*(1933).

Betchke, Werner. *Luthers Sozialethik*(1934).

Beyer, Hermann Wolfgang. "Der Christ und die Bergpredigt," *Luther Jahrbuch*(1932), 33–60.

Bezold, Friedrich. "Luthers Rückkehr von der Wartburg," *Zeitschrift für Kirchen-geschichte*, XX(1900), 186–233.

Blanke, Fritz. *Der verborgene Gott bei Luther*(1928).

Bluhm, H. S. "The Significance of Luther's Earliest Extant Sermon," *Harvard Theological Review*, XXXVII(1914), 175–181.

Blume, Friedrich. *Die evangelische Kirchenmusik*(1931–1934).

Boehmer, Heinrich. *Der junge Luther* ; 3rd ed.(Heinrich Bornkamm, ed., 1939). English trans. (from the German of 1929), *Road to Reformation*(1946).

_____. "Luthers Ehe," *Luther Jahrbuch*, VII(1925), 40–76.

_____. *Luthers Romfahrt*(1914).

Bönhoff. "Die sächsische Landeskirche und die Visitation des Jahrcs 1529," *Beiträge zur sächsischen Kirchengeschichte*, XXXVIII(1929), 8–48.

Boller, Fritz. *Luthers Berufung nach Worms*(dissertation, 1912).

Bornkamm, Heinrich. "Christus und das erste Gebot in der Anfechtung bei Luther," *Zeitschrift für systematische Theologie*, V(1928), 453–477.

_____. *Das Wort Gottes bei Luther*(1933).

_____. *Luthers geistige Welt*(1947).

Brandenburg, Erich. "Martin Luthers Anschauung von Staat and Gesellschaft," *Schriften des Vereins für Reformationsgeschichte*, LXII(1901).

Brandt, Otto H. *Der deutsche Bauernkrieg*(1920).

_____. *Die Fugger*(1928).

_____. *Der grosse Bauernkrieg, zeitgenössische Berichte*(1925).

_____. *Thomas Müntzer, sein Leben und seine Schriften*(1933).

Brieger, Theodor. "Aleander und Luther 1521. Die……Aleander-Depeschen," *Quellen und Forschungen zur Reformationsgeschichte*, I(1884).

_____. *Das Wesen des Ablasses*(1897).

_____. "Indulgenzen," *Realencyklpädie*, 3rd ed.

Bring, Ragnar. *Dualismen hos Luther*(1929).

Buchwald, Georg. *D. Martin Luthers Leben und Lehre*(1947).

_____. "Luther Kalendarium," *Schriften des Vereins für Reformationsgeschichte*, XLVII(1929).

_____. *Predigten D. Martin Luthers*, I & II(1925–1926).

Bühler, Paul Theodor. *Die Anfechtung bei Martin Luther*(1942).

Bullen, Henry Lewis. *The Nuremberg Chronicle*(1930).

Burgdorf, Martin. *Luther und die Wiedertäufer*(1928).

Buszin, Walter E. "Luther on Music," *The Musical Quarterly*, XXXII(1946), 80–97.

Carlson, Edgar M. *The Reinterpretation of Luther* (1948).

Clemen, Otto. *Beiträge zur Reformationsgeschichte*, I–III(1900–1903).

_____. *Flugschriften aus den ersten Jahren der Reformation*, I–IV(1907–1911).

Cohrs, Ferdinand. "Die evangelischen Katechismusversuche vor Luthers Enchiridion," *Monumenta Germaniae Paedagogica*, XX–XXIII, XXXIX(1900).

Denifle, Heinrich. *Luther und Lutherthum*, I–III(1904–1909).

Deutsche Reichstagsakten, jüngere Reihe. I(1893), Kluckhorn, ed.; II–IV(1896–1908), Wrede, ed.; VII(1935), Kühn, ed.

Diem, Harold. *Luthers Lehrevon den zwei Reichen*(1938).

Dittrich, Ottmar. *Luthers Ethik*(1930).

Dress, Walter. *Martin Luther, Versuchung und Sendung*(1937).

Drews, Paul. *Disputationen Dr. Martin Luthers in den Jahren* 1535–1547(1895).

_____. "Entsprach das Staatskirchentum dem Ideale Luthers?" *Zeitschrift für Theologie und Kirche*, XVIII(1908).

_____. *Willibald Pirkheimers Stellung zur Reformation*(1887).

Ebstein, Wilhelm. *Dr. Martin Luthers Krankheiten*(1908).

Eger, Karl. *Die Anschauungen Luthers vom Beruf*(1900).

Elert, Werner. *Morphologie des Lutherthums*, I & II(1931–1932).

Farner, Alfred. *Die Lehre von Kirche und Staat bei Zwingli*(1930).

_____. *Huldreich Zwingli*, II(1946).

Fendt, Leonard. "Der Lutherische Gottesdienst des 16. Jahrhunderts," *Aus der Welt christlicher Frömmigkeit*, V(1923).

Fife, Robert. *Young Luther*(1928).

Fischer, Robert. H. *"Propter Christum,"* in *Luther's Early Theology*(unpublished dissertation, Yale University, 1947).

Foerster, Erich. "Fragen nach Luthers Kirchenbegriff aus der Gedankenwelt seines Alters," *Festgabe Julius Kaftan*(1920).

Franz, Günther. *Der deutsche Bauernkrieg*, I & II(1933–1935).

Friedensburg, Walter. "Die Reformation und der Speierer Reichstag," *Luther Jahrbuch*, VIII(1926), 120–195.

Friedmann, Robert. "Conception of the Anabaptists," *Church History*, IX(1940), 341–365.

Fullerton, Kemper. "Luther's Doctrine and Criticism of Scripture," *Bibliotheca Sacra*, LXIII(1906), 1–34, 284–299.

Gebhardt, Bruno. *Die Gravamina der deutschen Nation*, 2nd ed.(1895).

Gennrich, Paul Willhelm. *Die Christologie Luthers im Abendmahlstreit* 1524-1529(1929).

Gerke, Friedrich. "Die satanische Anfechtung in der *Ars moriendi* und bei Martin Luther," *Theologische Blätter*, XI(1932), 320-331.

Gieseler, Johann C. L. *Lehrbuch der Kirchengeschichte*, I-VIII(1824-1857).

Gravier, Maurice. *Luther et l'opinion publique*(1942).

Grisar, Hartmann. *Luther*(English), I-VI(1913-1917).

_____. *Luther-Studien*, I-VI(1921-1933), Nos. 2, 3, 5, and 6, "Luthers Kampfbilder."

Habler, Konrad. "Die Stellung der Fugger zum Kirchenstreite des 16. Jahrhunderts," *Historische Vierteljahrschrift*, I(1898), 473-510.

Hahn, Fritz. "Luthers Auslegungsgrundsätze und ihre theologische Voraussetzungen," *Zeitschrift für systematische Theologie*, XII(1934), 165-218.

_____. "Zur Verchristlichung der Psalmen durch Luthers Übersetzung," *Theologische Studien und Kritiken*, CVI(1934-1935), 173-203.

Hamel, Adolf. *Der junge Luther und Augustin*, I & II(1934-1935).

Harnack, Theodosius, *Luthers Theologie*, I & II(1862-1886).

Hasenzahl, Walter. "Die Gottverlassenheit des Christus," *Beiträge zur Förderung christlicher Theologie*, XXXIX(1937), 1.

Hausrath, Adolf. *Luthers Leben*, I & II(1913-1914).

Held, Paul. "Ulrich von Hutten," *Schriften des Vereins für Reformationsgeschichte*, XLVI(1928).

Hermann, Rudolf. "Luthers These 'Gerecht und Sünder'," *Zeitschrift für systematische Theologie*, VI(1928), 278-338, 497-537; VII(1930), 125-172.

Hermelink, Heinrich. "Der Toleranzgedanke im Reformationszeitalter," *Schriften des Vereins für Reformationsgeschichte*, XXVI(1908).

Hertsch, Erich. *Karlstadt und seine Bedeutung für das Lutherthum*(1932).

Hildebrandt, Franz. *Melanchthon : Alien of Ally?*(1946).

Hill, Richard S. "Not So Far Away in a Manger," *Music Library Association Notes*, III(1945), 12-36.

Hirsch, Emanuel. "Initium Theologiae Lutheri," *Festgabe Julius Kaftan*(1920).

Holborn, Hajo. *Ulrich von Hutten*(1929, English trans. 1937).

Holl, Karl. "Luther," *Gesammelte Aufsätze zur Kirchengeschichte*, I(1932).

Hovland, Clarence Warren. *Luther's Treatment of "Anfechtung" in His Biblical Exegesis from the Time of the Evangelical Experience to 1545*(unpublished dissertation, Yale University, 1950).

Hunzinger, August Wilhelm. *Das Furchtmotiv in der Katholischen Busslehre*(1906).

Iwand, Hans Joachim. *Rechtfertigungslehre und Christusglaube*(1930).

Jacob, Günther. "Der Gewissensbegriff in der Theologie Luthers," *Beiträge zur historischen Theologie*, IV(1929).

Joachimsen, Paul. "Das Zeitalter der Reformation," *Propylaenweltgeschichte*, V(1930), 4-216.

_____. "Luther und die soziale Welt," *Martin Luthers Ausgewählte Werke*, VI(1923).

_____. *Sozialethik des Luthertums*(1927).

Kalkoff, Paul. *Ablass und Reliquienverehrung an der Schlosskirche zu Wittenberg*(1907).

_____. *Aleander gegen Luther*(1908).

_____. "Briefe, Depeschen und Berichte über Luther vom Wormser Reichstage 1521," *Schriften des Vereins für Reformationsgeschichte*, XV(1898), 2.

_____. *Der Wormser Reichstag von 1521*(1922).

_____. "Die Anfänge der Gegenreformation in den Niederlanden," *Schriften des Vereins für Reformationsgeschichte*, XXI(1903-1904).

_____. "Die Bulle *Exsurge*," *Zeitschrift für Kirchengeschichte*, XXXV(1914), 166-203.

_____. "Die von Cajetan verfasste Ablassdekretale," *Archiv für Reformationsgeschichte*, IX(1911-1912), 142-171.

_____. *Die Depeschen des Nuntius Aleander*(1897).

_____. *Die Entstehung des Wormser Edikts*(1913).

_____. "Die Vermittlungspolitik des Erasmus," *Archiv für Reformationsgeschichte*, I (1903-1904), 1-83.

_____. "Erasmus, Luther, und Friedrich der Weise," *Schriften des Vereins für Reformationsgeschichte*, XXXVII(1919).

_____. "Forschungen zu Luthers römischen Prozess," *Bibliothek des Königlichen preussischen historischen Instituts in Rom*, II(1905).

_____. *Luther und die Entscheidungsjahre der Reformation*(1917).

_____. "Zu Luthers römischen Prozess," *Zeitschrift für Kirchengeschichte*, XXV(1904), 90-147, 272-290, 399-459, 503-603; XXXI(1910), 48-65, 368-414.

Kattenbusch, Ferdinand. "Die Doppelsichtigkeit in Luthers Kirchenbegriff," *Theologische Studien und Kritiken*, C(1927-1928), 197-347.

Kawerau, Gustav. "Thesen Luthers *De Excommunicatione*" and "Thesen Karlstadts," *Zeitschrift für Kirchengeschichte*, XI(1890), 477-483.

Kawerau, Waldener. "Die Reformation und die Ehe," *Schriften des Vereins für Reformationsgeschichte*, X(1892).

Kiessling, Elmer Carl. *The Early Sermons of Luther*(1935).

Kirn, Paul. *Friedrich der Weise und die Kirche*(1926).

Koehler, Walther. "Das Marburge Religionsgespräch 1529," *Schriften des Vereins für Reformationsgeschichte*, XLVIII(1929).

_____. *Die Geisteswelt Ulrich Zwinglis*(1920).

_____. *Die Quellen Luthers Schrift "An den christlichten Adel"*(1895).

_____. *Dokumente zum Ablassstreit von 1517*(1902).

_____. "Entstehung der *Reformatio ecclesiarum Hassiae* von 1526," *Deutsche Zeitschrift für Kirchenrecht*, XVI(1906), 199-232.

_____. "Luther und das Lutherthum in ihrer weltgeschichtlichen Auswirkung," *Schriften des Vereins für Reformationsgeschichte*, LI(1933).

_____. *Luther und die Kirchengeschichte*(1900).

_____. *Luthers 95 Thesen*(1903).

_____. *Reformation und Ketzerprozess*(1901).

_____. "Sozialwissenschaftliche Bemerkung zur Lutherforschung," *Zeitschrift für die gesammte Staatswissenschaft*, LXXXV(1928), 2, 343-353.

_____. "Wie Luther den Deutschen das Leben Jesu erzählt hat," *Schriften des Vereins für Reformationsgeschichte*, XXXV(1917).

_____. "Zwingli und Luther," *Quellen und Forschungen zur Reformationsgeschichte*, VI(1924).

Kohlschmidt, K. "Luther im Kloster," *Vierteljahrschrift der Luthergesellschaft*, XIII(1931), 4-18, 33-56.

Kolde, Theodor. "Ältester Bericht über die Zwickauer Propheten," *Zeitschrift für Kirchengeschichte*, V(1882), 323-333.

_____. "Innere Bewegungen unter den deutschen Augustinern und Luthers Romreise," *Zeitschrift für Kirchengeschichte*, II(1878), 460-472.

_____. "Luther und sein Ordensgeneral in Rom," *Zeitschrift für Kirchengeschichte*, II(1878), 472-480.

Köstlin, Julius. *Luthers Theologie*, I & II(1901).

Köstlin, Julius, and Kawerau, Georg. *Martin Luther*, I & II(1903).

Kroker, Ernst. *Katherina von Bora*(1906).

Kühn, Johannes. "Die Geschichte des Speyrer Reichstage 1529," *Schriften des Vereins für Reformationsgeschichte*, XLVII(1929).

_____. *Toleranz und Offenbarung*(1923).

_____. "Zur Entstehung des Wormser Edikt," *Zeitschrift für Kirchengeschichte*, XXXV(1914), 372-392, 529-547.

Kurz, Alfred. *Die Heilsgewissheit bei Luther*(1933).

Lammers, Heinrich. "Luthers Anschauung vom Willen," *Neue deutsche Forschungen*, I(1935).

Lamparter, Helmut. "Luthers Stellung zum Türkenkrieg," *Forschungen zur Geschichte und Lehre des Protestantismus*, IX(1940), 4.

Lau, Franz. *"Äusserliche Ordnung" und "Weltlich Ding" in Luther's Theologie*(1932).

Lewin, Rheinhold. "Luthers Stellung zu den Juden," *Neue Studien zur Geschichte der Theologie und der Kirche*, X(1911).

Lilje, Hanns. "Luthers Geschichtsanschauung," *Furche-Studien*, II(1932).

Link, Wilhelm. "Das Ringen Luthers um die Freiheit der Theologie von der Philosophie," *Forschungen zur Geschichte und Lehre des Protestantismus*, IX(1940), iii.

Littell, Franklin Hamlin. *The Anabaptist View of the Church*(unpublished dissertation, Yale University, 1946).

Loescher, Valentin Ernst. *Vollständige Reformations-acta*, I–III(1720–1729).

Loewenich, Walter. "Luthers *Theologia crucis*," *Forschungen zur Geschichte und Lehre des Protestantismus*, II(1929), 2.

Lohmann, Annemarie. "Zur geistigen Entwicklung Thomas Müntzers," *Beiträge zur Kulturgeschichte des Mittelalters und der Renaissance*, XLVII(1931).

Ludwig, Martin. "Religion und Sittlichkeit bei Luther bis······1520," *Quellen und Forschungen zur Reformationsgeschichte*, XIV(1931).

McGiffert, Arthur C. *Martin Luther*(1917).

MacKinnon, James. *Luther and the Reformation*, I–IV(1925–1930).

Matthes, Kurt. "Das Corpus Christianum bei Luther," *Studien zur Geschichte der Wirtschaft und Geisteskultur*, V(1929).

_____. "Luther und die Obrigkeit," *Aus der Welt christlicher Frömmigkeit*, XII(1937).

May, Jacob. *Der Kurfürst, Cardinal und Erzbischof Albrecht II von Mainz*(1865).

Meinecke, Friedrich. "Luther über christliches Gemeinwesen und christlichen Staat," *Historische Zeitschrift*, CXXI(1920), 1–22.

Meinhold, Peter. "Die Genesisvorlesungen Luthers und ihre Herausgeber," *Forschungen zur Kirchen-und Geistesgeschichte*, VIII(1936).

Merz, Georg. *Glaube und Politik*. 2nd ed.(1933).

Miegge, Giovanni. *Lutero*(1946).

Müller, Alphons Victor. *Luther und Tauler*(1918).

_____. *Luthers Werdegang bis zum Turmerlebnis*(1920).

Müller, Hans Michael. *Erfahrung und Glaube bei Luther*(1929).

Müller, Karl. *Kirche, Gemeinde und Obrigkeit nach Luther*(1910).

_____. *Luther und Karlstadt*(1907).

_____. "Luthers Äusserungen über das Recht des bewaffneten Widerstands," *Sitzungsberichte der Königlichen Bayerischen Akademie der Wissenschaften, philosophischhistorische Klasse*, VIII(1915).

_____. "Luthers römischer Prozess," *Zeitschrift für Kirchengeschichte*, XXIV(1903), 46-85.

Müller, Nikolaus. *Die Wittenberger Bewegung*. 2nd ed.(1911).

Murray, Robert Henry. *Erasmus and Luther*(1920).

Negwer, Joseph. "Konrad Wimpina," *Kirchengeschichtliche Abhandlungen*, VII(1909).

Nettl, Paul. *Luther and Music*(1948).

Nitsch, Friedrich. *Luther und Aristoteles*(1883).

Olsson, Herbert. *Grundproblemet i Luthers Socialethik*(1934).

Pallas, Karl. "Briefe und Akten zur Visitationsreise des Bischofs Johannes VII von Meissen im Kurfürstentum Sachsen 1522," *Archiv für Reformationsgeschichte*, V(1907-1908), 217-312.

Panofsky, Erwin. *Albrecht Dürer*, I & II(1943).

Paquier, Jules. *L' Humanisme et la réforme : Jérome Aléandre*(1900).

Pascal, Roy. *The Social Basis of the German Reformation*(1933).

Pastor, Ludwig von. *History of the Popes*, VII & VIII.

Pauck, Wilhelm. *Heritage of the Reformation*(1950).

____. "Historiography of the German Reformation During the Last Twenty Years," *Church History*, IX(1940), 305-340.

Pauls, Theodor. *Luthers Auffassung von Staat und Volk*(1925).

Paulus, Nikolaus. *Geschichte des Ablasses*, I–III(1922–1923).

_____. *Johann Tetzel*(1899).

_____. *Protestantismus und Toleranz im 16. Jahrhundert*(1911).

Pinomaa, Lenhart. "Der Zorn Gottes in der Theologie Luthers," *Annales Academiae Scientiarum Fennicae*, XLI, 1(1938).

Planitz, Hans von. "Hans von Planitz Berichte aus dem Reichsregiment in Nürnberg 1521–1525," *Schriften der Königlichen sächsichen Kommission für Geschichte*(1889).

Prenter, Regin. *Spiritus Creator*(1944).

Preuss, Hans. *Die Vorstellungen von Antichrist in späteren Mittelalter*(1906).

____. *Martin Luther der Christenmensch*(1942).

____. *Martin Luther der Deutsche*(1934).

____. *Martin Luther der Künstler*(1931).

____. *Martin Luther der Prophet*(1933).

Raynaldus(Rinaldi), Odoricus. *Annales Ecclesiastici*, XX(1691).

Reiter, Paul J. *Martin Luthers Umwelt, Charakter und Psychose*, I & II(1937–1941).

Reu, Michael. *The Augsburg Confession*(1930).

_____. *Luther's German Bible*(1934).

Reymann, Heinz. *Glaube und Wirtschaft bei Luther*(1934).

Rieker, Karl. *Die rechtliche Stellung der evangelischen Kirche Deutschlands*(1893).

Rietschel, Ernst. "Das Problem der unsichtbar-sichtbaren Kirche bei Luther," *Schriften des Vereins für Reformationsgeschichte*, L(1932).

_____. "Luthers Anschauung von der Unsichtbarkeit und Sichtbarkeit der Kirche," *Theologische Studien und Kritiken*, LXXIII(1900), 404–456.

Rietschel, Georg. *Luther und die Ordination*(1889).

Ritter, Gerhard. *Luther, Gestalt und Tat*(1943).

_____. "Renaissance und Reformation," *Neue Propylaenweltgeschichte*(1942).

Rockwell, William Walter. *Die Doppelehe des Landgrafen philip von Hessen*(1904).

Rupp, Ernest Gordon. *Martin Luther : Hitler's Cause or Cure?*(1946).

Schade, Oskar. *Satiren und Pasquillen aus der Reformationszeit*, I–III(1856–1858).

Scheel, Otto. *Dokumente zu Luthers Entwicklung*(1929).

_____. *Martin Luther*, I(2nd ed. 1921) & II(3rd & 4th eds. 1930).

Schempp, Paul. "Luthers Stellung zur heiligen Schrift," *Forschungen zur Geschichte und Lehre des Protestantismus*, II & III(1929).

Schirrmacher, Friedrich W. *Briefe und Acten zu der Geschichte······des Reichstages zu Augsburg 1530*(1876).

Schmidt, Hans. "Luthers Übersetzung des 46. Psalms," *Luther Jahrbuch*, VIII(1926), 98–119.

Schneider, Charles. *Luther, poète et musicien*(1942).

Schou, Hans. *Religion and Morbid Mental States*(1926).

Schrade, Leo. "The Choral Music of the Lutheran 'Kantorei'," *Valparaiso University Pamphlets*, Series No. 2(1946).

Schramm, Albert. *Luther und die Bibel. Die Illustrationen der Lutherbibel*(1923).

Schubert, Hans von. *Bekenntnisbildung und Religionspolitik 1529–1530*(1910).

_____. "Bündnis und Bekenntnis 1529–1530," *Schriften des Vereins für Reformationsgeschichte*, XXVI(1908).

_____. "Der Reichstag von Augsburg," *Schriften des Vereins für Reformationsgeschichte*, XLVIII(1930).

_____. "Die Anfänge der evangelischen Bekenntnisbildung," *Schriften des Vereins für Reformationsgeschichte*(1928).

_____. "Die Vorgeschichte der Berufung Luthers auf den Reichstag zu Worms 1521," *Sitzungsberichte der Heidelberger Akademie der Wissenschaften philosophischhistorische Klasse*, III(1912).

_____. "Lazarus Spengler"(Hajo Holborn, ed.), *Quellen und Forschungen zur Reformationsgeschichte*, XVII(1934).

_____. "Luthers Frühentwicklung," *Schriften des Vereins für Reformationsgeschichte*, XXXIV(1916).

_____. *Reich und Reformation*(1910).

Schulte, Aloys. *Die Fugger in Rom*(1904).

_____. "Die römische Verhandlungen über Luther 1520," *Quellen und Forschungen aus italienischen Archiven und Bibliotheken*, V–VI(1904), 32–52.

Schwiebert, E. G. "The Electoral Town of Wittenberg," *Medievalia et Humanistica*, III(1945), 99–116.

Seeberg, Erich. *Luthers Theologie* : vol. I, *Die Gottesanschauung*(1929); vol. II, *Christus*(1937).

Seeberg, Reinhold. "Luthers Anschauung von dem Geschlechtleben und der Ehe," *Luther Jahrbuch*, VII(1925), 77–122.

Seidemann, Johann Karl. "Luthers Grundbesitz," *Zeitschrift für die historische Theologie*, XXX(1860), 375–564.

Smith, Preserved. *Erasmus*(1923).

_____. *The Life and Letters of Martin Luther*(1911).

Smith, Preserved, and Jacobs, C. M. *Luther's Correspondence*, I & II(1913–1918).

Söderblom, Nathan. *Humor och melankoli*(1919).

Spitta, Friedrich. *Ein feste Burg*(1905).

Stange, Carl. "Karfreitagsgedanken Luthers," *Zeitschrift für systematische Theologie*, IX, 1(1932), 55–92.

_____. "Luthers Gedanken über Tod……," *Zeitschrift für systematische Theologie*, X(1933), 490–513.

_____. "Luthers Gedanken über die Todesfurcht," *Greifswalder Studien*, VII(1932).

_____. "Luthers Theorie von gesellschaftlichen Leben," *Zeitschrift für systematische Theologie*, VII(1929), 57–124.

Stolze, Wilhelm. "Bauernkrieg und Reformation," *Schriften des Vereins für Reformationsgeschichte*, XLIV(1926).

Stomps. M. A. H. "Die Anthropologie Martin Luthers," *Philosophische Abhandlungen*, IV(1935).

Stracke, Ernst. "Luthers grosses Selbstzeugnis 1545," *Schriften des Vereins für Reformationsgeschichte*, XLIV(1926).

Strohl, Henri. "L' épanouissement de la pensèe religieuse de Luther de 1515 à 1520," *Études ······d' histoire et de philosophie religieuse ······de l' Université de Strassbourg*, IX(1924).

Thiel, Rudolf. *Luther*, I & II(1936–1937).

Thoma, Albrecht. *Katherina von Bora*(1900).

Tililä, Osmo. "Das Strafleiden Christi," *Annales Academiae Scientiarum Fennicae*, B, XLVIII, 1(1941).

Tiling. "Der Kampf gegen die *Missa Privata* in Wittenberg," *Neue Kirchliche Zeitschrift*, XX(1909), 85–130.

Törnall, Gustaf. *Andligt och världsligt regemente hos Luther*(1940). German trans., *Geistliches und weltliches Regiment bei Luther*(1947).

Ulmann, Heinrich. *Franz von Sickingen*(1872).

Vignaux, Paul. "Luther, Commentateur des Sentences," *Études de philosophie médiévale*, XXI(1935).

Vogelsang, Erich. "Der angefochtene Christus bei Luther," *Arbeiten zur Kirchengeschichte*, XXI(1932).

_____. "Die Anfänge von Luthers Christologie," *Arbeiten zur Kirchengeschichte*, XV(1929).

Völker, Karl. *Toleranz und Intoleranz im Zeitalter der Reformation*(1912).

Von Rohr, John. *A Study of the Anfechtung of Martin Luther*(unpublished dissertation, Yale University, 1947).

Wagner, Elizabeth. "Luther und Friedrich der Weise auf den Wormser Reichstag von 1521," *Zeitschrift für Kirchengeschichte*, XLII(1923), 331-390.

Waldeck, Oscar. "Die Publizistik des Schmalkaldischen Krieges," *Archiv für Reformationsgeschichte*, VII(1909-1910), 1-55.

Walser, Fritz. "Die politische Entwicklung Ulrich von Hutten," *Historische Zeitschrift Beiheft*, XIV(1929).

Walther, Wilhelm. *Für Luther wider Rom*(1906).

Wappler, Karl. *Inquisition und Ketzerprozesse in Zwickau zur Reformationszeit*(1908).

Wappler, Paul. "Die Stellung Kursachsens und des Landgrafen Philipp zur Täuferbewegung," *Reformationsgeschichtliche Studien und Texte*, XIII-XIV(1910).

_____. "Die Täuferbewegung in Thüringen," *Beiträge zur neueren Geschichte Thüringens*, II(1913).

Watson, Philip S. *Let God Be God : An Interpretation of the Theology of Martin Luther*(1947).

Wendorf, Hermann. "Der Durchbruch der neuen Erkenntnis Luthers," *Historische Vierteljahrschrift*, XXVII(1932), 124-144, 285-327.

_____. *Martin Luther*(1930).

Werdermann, Hermann. *Die deutsche evangelische Pfarrfrau*. 3rd ed.(1940).

_____. *Luthers Wittenberger Gemeinde*(1929).

Wernle, Paul. *Der Evangelische Glaube* : vol. I, *Luther*(1918); vol. II, *Zwingli*(1919).

Wiedemann, Theodor. *Dr. Johann Eck*(1865).

Winter, F. "Die Kirchenvisitation von 1528 in Wittenberger Kreise," *Zeitschrift für die historische Theologie*, XXXIII(1863), 295-322.

Wiswedel, Wilhelm. *Bilder und Führgestalten aus dem Täufertum*, I & II(1928-1930).

Wolf, Ernst. "Johannes von Staupitz und die theologischen Anfänge Luthers," *Luther Jahrbuch*, XI(1929), 43-86.

_____. *Luthers Praedestinationsanfectungen*(1925).

_____. "Staupitz und Luther," *Quellen und Forschungen zur Reformationsgeschichte*, IX(1927).

_____. "Über neuere Lutherliteratur," *Christentum und Wissenschaft*(1933).

Wünsch, Georg. *Die Bergpredigt bei Luther*(1920).

Zarncke, Lilly. "Der Begriff der Liebe in Luthers Äusserungen über die Ehe," *Theologische Blätter*, X, 2(1931), 45-49.

_____. "Der geistliche Sinn der Ehe bei Luther," *Theologische Studien und Kritiken*, CVI(1934), 20-39.

_____. "Die naturhafte Eheanschauung des jungen Luther," *Archiv für Kulturgeschichte*, XXV(1934-1935), 281-305.

_____. "Luthers Stellung zur Ehescheidung und Mehrehe," *Zeitschrift für systematische Theologie*, XII(1934), 98-117.

루터와 동시대를 산 인물들에 관한 문헌

Beatus, Rhenanus. *Briefwechsel*(Horawitz and Hartfelder, eds., 1836).

Carlstadt, Andreas. *De coelibatu*(1521). (Yale Library.)

____. *Karlstadts Erklärung*. Walch XX, 313–322.

____. *Von Abtuung der Bilder*(Lietzmann, ed., 1911).

____. *Von dem alten und neuen Testament*. Walch XX, 286–305.

____. *Von dem widerchristlichen Missbrauch des Herren Brod und Kelch*. Walch XX, 92–109.

Dürer, Albrecht. *Dürers Briefe, Tagebücher und Reime*(Thausing, ed., 1872).

Erasmus, Desiderius. *Ausgewählte Werke*(Hajo and Annemarie Holborn, eds., 1933).

____. *Erasmi Eplstolae*, I–XI(Mr. and Mrs. P. S. Allen, eds., 1906–1947).

____. *Erasmi Opuscula*(Wallace Ferguson, ed., 1933).

____. *Opera*, I–XI(LeClerc, ed., 1703–1706).

Hutten, Ulrich von. *Opera*, I–XII(Bocking, ed., 1859–1862).

Kessler, Johann. *Johannes Kesslers Sabbata*(Egli, ed., 1902).

Menius, Justus. *Der Widerteuffer Lere und geheimnis*(1530).

Müntzer, Thomas ; Boehmer, Heinrich ; and Kirn, Paul. *Thomas Müntzers Briefwechsel*(1931).

Pirckheimer, Willibald. "Eccius Dedolatus," *Hutteni Opera*, IV.

Ratzeberger, Matthäus. *Die handschriftliche Geschichte Ratiebergers über Luther*(1850).

Sachs, Hans. *Hans Sachsens ausgewählte Werke*, I(1923).

Sanuto, Marino. *I Diarii di Marino Sanuto*, XXVIII(1890).

Schedel, Hartmann. *Das Buch der Chroniken*(1493).

Seckendorf, Veit Ludwig von. *Commentarius historicus et Apologeticus de Lutheranismo*, I & II(1692).

Spalatin, Georg. *Annales Reformationis*(Cyprian ed., 1718).

Spengler, Lazarus. *Schutzrede und christenliche Antwort*(1519).

본문 삽화에 관한 문헌

Barbagallo, Corrado. *Storia Universale*, IV, "Evo Moderno"(1936).

Boehmer, Heinrich. *Der junge Luther*(Heinrich Bornkamm, ed.(1939).

Clemen, Otto. *Flugschriften aus den ernsten Jahren der Reformation*, I–III(1907–1909).

Geisberg, Max. *Bilder-Katalog*(1930).

_____. *Die deutsche Buchillustration*, I(1930).

_____. *Die Reformation im Einblatt Holzschnitt*(1929).

Joachimsen, Paul. "Das Zeitalter der Reformation," *Propylaenweltgeschichte*, V(1930).

_____. *Die neue Propylaenweltgeschichte*(1912).

Pflugk-Harttung, Julius von. *Im Morgenrot der Reformation*(1912).

Schramm, Albert. *Luther und die Bibel*(1923).

Schreckenbach, Paul. *Martin Luther*(1921).

삽화 출처

페이지	
34-36	Emil Reicke, *Der Lehrer in der deutschen Vergangenheit*(1901), Nos. 36, 41, and 48.
38	Luther Kalender(1909), p. 34.
41	Friedrich Gerke, "Die satanische Anfechtung in der Ars Moriendi und bei Luther," *Theologische Blätter*, II(1932), 321.
42	Hartmann Schedel, *Das Buch der Chroniken*(1493).
45	*Propylaenweltgeschichte*, V, 12.
47	J. A. Herbert, *Illuminated Manuscripts*(1911), p. 238.
54	Michael Reu, *Dr. Martin Luthers Leben*(1917), p. 42.
56	*Propylaenweltgeschichte*, V, 14.
58	Luther's Bible(Sept., 1522).
62-66	Albert Schramm, *Die Bilderschmuck der Frühdrucke*, X(1927), Tafel 57, Nos. 91-94.
73	*VJLG*, XV(1933), opp. p. 16.
84	Luther's Bible(1541). Albert Schramm, *Luther und die Bibel*, Tafel 277, p. 542.
97	F. Lippmann, ed., *Lucas Cranach*(1895), No. 34.
98-99	Alfred Woltmann, *Holbein*(1866), opp. p. 74.
103	Geisberg, *Bilder-Katalog*, No. 1293.
104	Geisberg, *Reformation*, Plate XIV, 7.
105	From a contemporary tract *On Aplas von Rom*(n. d.).
107	Schreckenbach, p. 64.
109	Barbagallo, IV, 349.
125	Boehmer, p. 135.
129	Boehmer, p. 195.
131	Thomas Wright, *History of Caricature*(1864), 258, No. 151.
132	Paul Drews, *Der evangelische Geistliche*(1905), 51, No. 39.
147	Schreckenbach, p. 145.
148	Boehmer, p. 179.
152	Hartmann Schedel, *Das Buch der Chroniken*(1493).
155	Boehmer, p. 229.

160	Schreckenbach, p. 138.
167	After Holbein, Cf. Bainton, *Castellio*, pp. xi, 44.
176	Dürer, "Melancolia." Art Credit: Albrecht Duerer(1471-1528). Melancholia I, 1514. Engraving.
179	Hutten, *Gesprächbuchlein*.
180	Clemen, Flugschriften, III(1909), 239.
183	*Propylaenweltgeschichte*, V, 99.
200	Boehmer, p. 289.
210	Justus Hashagen, *Martin Luther*(1934), p. 41.
213	*Passional Christi und Antichristi*(reprint 1885).
218	Pflugk-Harttung, p. 523.
227	Boehmer, p. 304.
233	Hjalmar Holmquist, *Martin Luther*(1917), p. 136.
235	Schreckenbach, p. 103.
238	*Propylaenweltgeschichte*, V, 87.
242	Schreckenbach, p. 100.
252	Pflugk-Harttung, p. 437.
256	*Illustrirte Zeitung*(1917).
267	Kunstverlag Bruno Hansmann, *Cassell*, No. 32335.
269	Geisberg, *Bilder-Katalog*, No. 302.
272	Albert Schramm, *Luther und die Bibel*, Tafel 107, No. 190.
275	Boehmer, p. 277.
287	Geisberg, *Reformation*, XXVI, 27.
309	Geisberg, *Bilder-Katalog*, No. 671.
319	Schreckenbach, p. 90.
325	Luther's Bible(1534, facsimile 1934).
327	Paul Hohenemser, ed., *Flugschriftensammlung Gustav Freytag*(1925), p. 95.
330	Barbagallo, IV, 338.
346	Pflugk-Harttung, p. 396.
350	Geisberg, *Bilder-Katalog*, No. 420.

362	Gunther Franz, *Bauernkrieg*, p. 413.
366	Boehmer, p. 151.
376	Otto Brandt, *Der deutsche Bauernkrieg*(1929), p. 25.
378	Franz, *Bauernkrieg*, p. 101.
382	*Propylaenweltgeschichte*, V, 109.
383	Wilhelm Hansen, *Das deutsche Bauerntum*(1938), p. 70.
386	Otto H. Brandt, *Der grosse Bauernkrieg*(1925), opp. p. 184.
390-391	Franz, *Bauernkrieg*, p. 215.
392(상)	Geisberg, *Reformation*, X, 7.
392(하)	Friedrich Bezold, *Geschichte der deutschen Reformation*(1890), p. 361.
393	Gerhard Ritter, *Propylaenweltgeschichte*(2nd ed.), p. 255.
401	Adolf Bartels, *Der Bauer in der deutschen Vergangenheit*(1900), No. 58.
403	Geisberg, *Bilder-Katalog*, Nos. 423 and 424.
407	Aurifaber, *Tischreden*(1568).
410	Geisberg, *Die deutsche Buchillustration*(1930), Tafel 139, No. 309.
426	Clemen, *Flugschriften*, I(1907), 69.
428	Geisberg, *Die deutsche Buchillustration*, III(1930), Tafel 142, No. 312.
429	Clemen, *Flugschriften*, III(1909) 362.
442	*Propylaenweltgeschichte*, V, 140.
456	Luther's Bible(1534, facsimile 1934).
457	Albert Schramm, *Luther und die Bibel*, Tafel 222, No. 433.
458	Albert Schramm, *Luther und die Bibel*, Tafel 19, No. 28; Tafel 26, No. 35; Tafel 192, No. 336.
466(상)	Geisberg, *Die Reformation*, IX, 25.
466(하)	*Luther Kalender*(1909), pp. 99, 101.
474	*Luther-Jahrbuch*, XV(1933), 107.
476	Hans Preuss, *Martin Luther der Künstler*(1931), opp. p. 104.
481	Geisberg, *Reformation*, XX, 28.
488	Albert Schramm, *Luther und die Bibel*, Tafel 129, No. 233.
502	Hjalmar Holmquist, *Martin Luther*(1917), p. 153.

507	*Lucas Cranach Ausstellung im deutschen Museum Berlin*(1937), p. 1933.
509	Schreckenbach, p. 71.
516	Charles Schneider, *Luther, poète et musicien*(1942), p. 71.
524	Luther's Bible(1534, facsimile 1934), adapted from the title page of Hosea.
531	*Luther Jahrbuch*, XV(1933), 106.
532	Schreckenbach, p. 152.

사명선언문

너희가 흠이 없고 순전하여……세상에서 그들 가운데 빛들로
나타내며 생명의 말씀을 밝혀 _ 빌 2:15-16

1. 생명을 담겠습니다
만드는 책에 주님 주신 생명을 담겠습니다.
그 책으로 복음을 선포하겠습니다.

2. 말씀을 밝히겠습니다
생명의 근본은 말씀입니다.
말씀을 밝혀 성도와 교회의 성장을 돕겠습니다.

3. 빛이 되겠습니다
시대와 영혼의 어두움을 밝혀 주님 앞으로 이끄는
빛이 되는 책을 만들겠습니다.

4. 순전히 행하겠습니다
책을 만들고 전하는 일과 경영하는 일에 부끄러움이 없는
정직함으로 행하겠습니다.

5. 끝까지 전파하겠습니다
모든 사람에게, 땅 끝까지, 주님 오시는 그날까지
복음을 전하는 사명을 다하겠습니다.

서점 안내

광화문점 서울시 종로구 새문안로 69 구세군회관 1층
　　　　　02)737-2288(T)　02)737-4623(F)

강남점 서울시 서초구 신반포로 177 반포쇼핑타운 3동 2층
　　　　02)595-1211(T)　02)595-3549(F)

구로점 서울시 구로구 시흥대로 577 3층
　　　　02)858-8744(T)　02)838-0653(F)

노원점 서울시 노원구 동일로 1366 삼봉빌딩 지하 1층
　　　　02)938-7979(T)　02)3391-6169(F)

분당점 경기도 성남시 분당구 황새울로 315 대현빌딩 3층
　　　　031)707-5566(T)　031)707-4999(F)

일산점 경기도 고양시 일산서구 중앙로 1391 레이크타운 지하 1층
　　　　031)916-8787(T)　031)916-8788(F)

의정부점 경기도 의정부시 청사로47번길 12 성산타워 3층
　　　　　031)845-0600(T)　031)852-6930(F)

인터넷서점　www.lifebook.co.kr